Jonathan Coe Erste Riten

Jonathan Coe

Erste Riten

Roman

Aus dem Englischen
von Sky Nonhoff

PIPER
MÜNCHEN ZÜRICH

Die Originalausgabe erschien 2001 unter dem Titel
»The Rotters' Club« bei Viking in London.

Von Jonathan Coe ist bei Piper
außerdem erschienen:

Allein mit Shirley
Ein Hauch von Liebe
Das Haus des Schlafes
Replay

ISBN 3-492-04370-4

Gesetzt aus der Baskerville
Satz: Uhl+Massopust, Aalen
Druck und Bindung: Pustet, Regensburg
Printed in Germany

www.piper.de

Für Janine, Matilda und Madeline

Inhalt

An einem blauschwarzen, sternklaren Abend im Jahr 2003 gingen zwei junge Leute in Berlin zum Abendessen. Sie hießen Sophie und Patrick.

Die beiden waren sich nie zuvor begegnet. Sophie war mit ihrer Mutter nach Berlin gereist, Patrick mit seinem Vater. Sophies Mutter und Patricks Vater waren früher einmal flüchtig befreundet gewesen, aber das war schon ewig her. Vorübergehend war Patricks Vater in Sophies Mutter verknallt gewesen, als sie noch zur Schule gingen. Zuletzt hatten sie vor 29 Jahren miteinander gesprochen.

– Wo sind sie wohl hingegangen? fragte Sophie.
– In irgendeinen Club. Ne Techno-Disco wahrscheinlich.
– Meinst du das ernst?
– Natürlich nicht. Mein Vater war noch nie in seinem Leben in einem Club. Seine neueste Platte ist von Barclay James Harvest.
– Von wem?
– Genau.

Sophie und Patrick starrten aus dem Fenster, als der riesige, hellerleuchtete Glas-Beton-Kasten des neuen Reichstags in den Blick rückte. Das Restaurant im Fernsehturm über dem Alexanderplatz drehte sich schneller als erwartet. Offenbar war die Geschwindigkeit seit der Wiedervereinigung verdoppelt worden.

– Was ist mit deiner Mutter? fragte Patrick. Geht's ihr wieder besser?
– Ach, das war nichts. Sie hat sich im Hotel ein bißchen hin-

gelegt. Danach war alles wieder okay. Wir sind dann noch einkaufen gegangen. Hier, den Rock hab ich gekriegt.

– Sieht echt toll aus.

– Na ja, wenn das mit Mum nicht passiert wär, hätte dein Dad sie bestimmt nicht erkannt.

– Nein, wahrscheinlich nicht.

– Und wir würden jetzt nicht hier sitzen. Muß wohl so was wie Schicksal sein.

Es war schon eine merkwürdige Situation. Ihre Eltern waren einander spontan um den Hals gefallen, obwohl es so lange her war, daß sie befreundet gewesen waren. Mit einer Art freudiger Erleichterung hatten sie ihr Wiedersehen gefeiert, als würde diese zufällige Begegnung in einem Berliner Kaffeehaus eine Brücke über die vergangenen Jahrzehnte schlagen, die Jahre vergessen machen, in denen sie sich nicht gesehen hatten. Dies wiederum führte dazu, daß sich eine leichte Befangenheit in Sophies und Patricks Zusammentreffen mischte. Sie hatten nichts gemein, von der Vergangenheit ihrer Eltern abgesehen.

– Spricht dein Vater oft über seine Schulzeit? fragte Sophie.

– Wo du's grad sagst. Hat er eigentlich nie getan. Aber jetzt sind ein paar Leute von damals wieder aufgetaucht. Zum Beispiel war da einer, der hieß…

– Harding?

– Ja. Du hast von ihm gehört?

– Ein bißchen. Ich wüßte gern mehr.

– Erzähl ich dir. Außerdem erwähnt Dad manchmal deinen Onkel. Deinen Onkel Benjamin.

– Ja, klar. Sie waren ziemlich gute Freunde, nicht wahr?

– Und wie.

– Wußtest du, daß sie mal zusammen in einer Band gespielt haben?

– Davon hat er nichts gesagt.

– Und von der Schülerzeitung, für die sie geschrieben haben?

– Davon auch nichts.
– Ich weiß das alles von meiner Mutter. Sie kann sich haargenau an damals erinnern.

Und dann begann Sophie zu erzählen. Es war schwierig, einen Anfang zu finden. Die Ära, über die sie sprachen, schien zu den dunkelsten Kapiteln der Weltgeschichte zu gehören. Sie sah ihn an und sagte:

– Hast du dir schon mal vorzustellen versucht, wie es war, bevor du geboren wurdest?
– Was meinst du? Als ich noch in der Gebärmutter war?
– Nein. Wie die Welt aussah, bevor du kamst.
– Nicht so richtig. Ich hab keine Phantasie für so was.
– Aber an bestimmte Dinge von früher erinnerst du dich schon. Sagen wir mal, an John Major.
– Schwammig.
– Na ja, so war er ja auch. Und Margaret Thatcher?
– Nein. Ich war … fünf oder sechs, als sie zurücktrat. Wieso fragst du mich das?
– Weil wir noch weiter in der Zeit zurückgehen müssen. Viel weiter.

Sophie hielt inne. Ein Stirnrunzeln überschattete ihr Gesicht.

– Ich kann dir das alles erzählen, aber vielleicht findest du es auch bloß öde. Es ist eine Geschichte ohne Ende. Sie hört mittendrin auf. Ich hab keine Ahnung, wie sie ausgeht.
– Vielleicht kann ich ja das eine oder andere ergänzen.
– Ja? Würdest du?
– Na klar.

Zum ersten Mal lächelten sie einander an. Während die von Baukränen beherrschte Skyline Berlins hinter ihr in Sicht kam, betrachtete Patrick Sophies Züge, die anmutige Kurve ihres Kinns, die langen schwarzen Wimpern, während ein unklares Gefühl in ihm aufstieg, ein Gefühl der Dankbarkeit, daß er sie getroffen hatte, vermischt mit einem

Funken Neugier, was die Zukunft für ihn bereithalten mochte.

Sophie goß sich Mineralwasser aus einer marineblauen Flasche ein und sagte:

– Dann laß uns anfangen, Patrick. Laß uns die Zeit zurückdrehen, dahin, wo alles anfing. In einem Land, das wir beide wahrscheinlich gar nicht erkennen würden. England im Jahr 1973.

– Meinst du wirklich, daß das damals so anders war?

– Total anders. Denk doch mal nach! Eine Welt ohne Handys und Videos und Playstations. Es gab nicht mal Faxgeräte. Eine Welt ohne Prinzessin Diana oder Tony Blair, eine Welt, in der niemand je an einen Krieg im Kosovo oder Irak gedacht hätte. Damals gab es nur drei Fernsehprogramme, Patrick. Drei! Und die Gewerkschaften waren so mächtig, daß sie einen Sender einfach mal so eben für einen Abend abschalten konnten. Manchmal mußten die Leute sogar ohne Strom auskommen. Stell dir das mal vor!

Die Kleine und der Freak

Winter

1

Stell dir das mal vor!

15. November 1973. Ein Donnerstagabend, Nieselregen, der sacht gegen die Fensterläden fällt, während die Familie sich im Wohnzimmer versammelt hat. Alle außer Colin, der unterwegs zu einem Termin ist und seiner Frau und den Kindern Bescheid gegeben hat, daß sie nicht auf ihn zu warten brauchen. Eine schmiedeeiserne Stehlampe spendet mattes Licht. Im Kohleofen zischt es.

Sheila Trotter liest in der *Daily Mail*: *»Die Treue zu halten, in guten und in bösen Tagen, in Gesundheit und Krankheit – dies ist die Grundlage, die Ehepaare auch in schwierigen Zeiten zusammenstehen läßt.«*

Lois liest *Sounds*: *»Er, 18, Katzenfan, sucht Girl aus London, das auch auf Sabbath steht. Nur Freaks bitte.«*

Paul, schon damals frühreif, liest in *Unten am Fluß*: *»Der Anblick eines Flugzeugs wird Stammesangehörige in entlegensten Gebieten Afrikas wider Erwarten wohl kaum verwundern; ein solcher Anblick liegt außerhalb ihrer Vorstellungskraft.«*

Was Benjamin angeht ... Er sitzt wahrscheinlich gerade am Eßtisch und macht seine Hausarbeiten; mit gerunzelter Stirn und konzentriert vorgeschobener Zunge. (Eine Eigenart unserer Familie: Meine Mutter sieht genauso aus, wenn sie vor ihrem Laptop hockt.) Geschichte vielleicht. Jedenfalls etwas, das ihm nicht leicht von der Hand geht. Sein Blick schweift zur Uhr auf dem Kaminsims. Systematiker, der er ist, hat er sich ein Zeitlimit gesetzt. Noch zehn Minuten. Zehn Minuten, um zur Lösung der Aufgabe zu kommen.

Ich tue mein Bestes, Patrick, ganz ehrlich. Aber es ist gar nicht so einfach, die Geschichte meiner Familie zu erzählen. Onkel Benjamins Geschichte, um genau zu sein.

Ich bin nicht mal sicher, ob das wirklich der optimale Anfang ist. Aber wahrscheinlich ist es egal, wo man beginnt, und ich habe mich für diesen Abend entschieden. Einen Novemberabend vor fast dreißig Jahren, der bereits dunkel den Winter ankündigt.

Den 15. November 1973.

Lange Gesprächspausen waren an der Tagesordnung. Sonderlich viel wurde in der Familie nie geredet. Alle waren einander ein Rätsel, und nicht zuletzt wohl auch sich selbst; bis auf Lois natürlich. Ihre Bedürfnisse waren simpel und klar umrissen, und am Ende wurde sie dafür bestraft. Na ja, jedenfalls sehe ich das so.

Ich glaube nicht, daß sie besonders hochtrabende Ansprüche ans Leben hatte. Ich glaube, sie wollte einfach Leute um sich herum haben, ein bißchen Unterhaltung. Bei der Familie hätte durchaus eine Plaudertasche aus ihr werden können; aber sie war keine von denen, die dauernd mit kichernden Freundinnen um die Häuser zog. Sie wußte genau, was sie wollte, da bin ich mir ganz sicher; schon damals, obwohl sie gerade erst sechzehn war. Und sie wußte auch, wo sie danach Ausschau halten mußte. Seit ihr Bruder jeden Donnerstag auf dem Heimweg von der Schule das neue *Sounds* kaufte, war es zu ihrem verstohlenen wöchentlichen Ritual geworden, so zu tun, als würde sie die Anzeigen für Poster und Klamotten (*»Arbeiterhemden aus Baumwolle in Schwarz, Blau, Knallrot, Bordeaux – besonders stark im Partnerlook«*) auf den letzten Seiten studieren, obwohl ihre wahre Aufmerksamkeit den Kontaktanzeigen galt. Was sie wollte, war ein Mann.

Sie hatte mittlerweile fast alle Anzeigen durch. Langsam begann sie zu verzweifeln.

»Flippiger Typ (20) sucht verrücktes Girl (16 und drüber) zwecks Partnerschaft. Stehe auf Quo und Zep.«

Nee, das war's auch nicht. Wollte sie überhaupt einen flippigen Typ? Und ging sie tatsächlich als verrückt durch? Wer waren eigentlich Quo und Zep?

»Supertyp sucht Klassegirl (17–28), das ihm schreibt. Fan von Tull und Pink Floyd.«

»Zwei Freaks suchen anschmiegsame Bräute, 16 und drüber.«

»Kerl (20), Umgebung Kidderminster, sucht attraktive(s) Girl(s).«

Kidderminster lag nur ein paar Meilen entfernt, daher hätte er durchaus etwas sein können, wäre da nicht der in Klammern angegebene Plural gewesen. Den hatte sie durchschaut! Der wollte seinen Spaß und sonst gar nichts. Obwohl das in gewisser Weise sogar vorzuziehen war, verglichen mit der Hoffnungslosigkeit, die in vielen der anderen Anzeigen mitschwang.

»Enttäuschter, einsamer Typ (21), langes dunkles Haar, sucht Kontakt zu rücksichtsvollem, einfühlsamem Girl mit kreativer Ader; progressiv, Folk, Kunst.«

»Einsamer, unattraktiver M (22) sucht weibliche Gefährtin. Aussehen nicht wichtig. Moodies, BJH, Camel etc.«

»Einsamer Who- und Floyd-Fan sucht Freundin für Love & Peace. Kreis Stockport.«

Ihre Mutter legte die Zeitung beiseite und sagte: »Möchte jemand eine Tasse Tee? Limonade?«

Als sie in die Küche gegangen war, legte Paul seine Kaninchensaga weg und griff nach der *Daily Mail.* Mit müdem, skeptischem Gesichtsausdruck begann er zu lesen.

»Girl für Trip nach Indien gesucht. Start Ende Dez.«

»Girls gesucht, die etwas von der Welt sehen wollen. Bitte schreibt unter...«

Ja, sie wollte etwas von der Welt sehen, jetzt, da sie direkt dran dachte. Der Wunsch war langsam in ihr gewachsen, verstärkt durch Reisesendungen im Fernsehen und Farbfotos in der Beilage der *Sunday Times,* die ihr zeigten, daß es jenseits der Ortsgrenzen von Longbridge ein ganzes Universum zu entdecken gab, jenseits der Busstation, an der sie immer auf den 62er wartete, jenseits Birminghams und sogar jenseits Englands. Ja, natürlich wollte sie es sehen; und ihre Eindrücke mit jemandem teilen. Sie sehnte sich nach jemandem, der ihre Hand hielt, während der Mond über dem Tadsch Mahal aufging. Sie sehnte sich danach, geküßt zu werden, sanft, aber ganz, ganz lange, vor der atemberaubenden Kulisse der kanadischen Rockies. Sie sehnte sich danach, Ayers Rock im Morgengrauen zu erklimmen. Sie sehnte sich nach jemandem, der um ihre Hand anhielt, während die untergehende Sonne ihre blutroten Finger über den rosa gefärbten Minaretten der Alhambra ausstreckte.

»Motorroller-Boy aus Leeds, okay aussehend, sucht Freundin (17–21) für Disco und Konzerte. Bitte mit Foto.«

»Freundin gesucht, Alter egal, aber nicht über 1,50 m. Beantworte alle Zuschriften.«

»Fertig.«

Benjamin schloß sein Aufgabenheft und zog eine Riesenshow ab, während er seine Stifte und Bücher in seiner Schultasche verstaute. Sein Physikbuch fiel langsam auseinander, daher hatte er es mit einem Stück Rauhfaser eingebunden, das von den Tapezierarbeiten im Wohnzimmer vor zwei Jahren übriggeblieben war. Auf sein Englischbuch hatte er einen großen Fuß gekritzelt, der aussah wie der am Schluß des Monty-Python-Vorspanns.

»So, das war's für heute.« Er stand über seiner Schwester, die sich auf dem Sofa ausgestreckt hatte. »Komm, gib wieder her.«

Es hatte ihm noch nie in den Kram gepaßt, wenn Lois das *Sounds* eher als er zu lesen bekam. Offenbar neidete er ihr den privilegierten Zugang zu höchst geheimen Informationen. Tatsächlich aber waren ihr die Artikel vollkommen egal, denen sein verschärftes Augenmerk galt. Meist waren ihr schon die Überschriften ein Rätsel: *»Beefheart kommt* *im Mai«, »Heep mit neuem Album«, »Auflösungsgerüchte um Fanny«.*

»Was ist ein Freak?« fragte sie, als sie ihm das Magazin zurückgab.

Benjamin lachte hämisch und zeigte auf ihren neunjährigen Bruder, der mit amüsiert-herablassendem Gesichtsausdruck die *Daily Mail* studierte. »Da drüben sitzt einer.«

»Weiß ich. Aber ein echter Freak – ich meine, das bedeutet doch irgendwas.«

Benjamin erwiderte nichts; womit es ihm gelang, den Eindruck zu erwecken, daß er die Antwort nur zu gut kannte, wenngleich er es aus irgendwelchen Gründen vorzog, sie nicht öffentlich zu machen. Die meisten Leute betrachteten ihn als klugen Kopf, auch wenn er ganz offensichtlich das genaue Gegenteil davon war. Er schien eine bestimmte Ausstrahlung zu haben, eine nur so vor Selbstbewußtsein strotzende Aura, die ihm irrtümlich als jugendliche Reife ausgelegt wurde.

»Mutter«, sagte Paul, als sie mit seiner Limonade zurückkam, »wieso kaufen wir eigentlich diese Zeitung?«

Sheila starrte ihn seltsam verstimmt an. Sie hatte ihn x-mal gebeten, sie »Mum« und nicht »Mutter« zu nennen.

»Einfach so«, sagte sie. »Warum nicht?«

Paul blätterte durch die Seiten. »Da stehen doch nichts als Platitüden und Kauderwelsch drin.«

Benjamin und Lois prusteten los. »Ich dachte, Kauderwelsch wär ein australisches Tier«, sagte sie.

»Der fast nie gesichtete Kauderwelsch«, sagte Benjamin und gab ein paar Trötgeräusche von sich, die dem sagenhaften Tier alle Ehre gemacht hätten.

»Nehmen wir nur mal diesen Leitartikel«, fuhr Paul unbeeindruckt fort. »Es ist immer noch ein unvergleichliches historisches Schauspiel, das die Herzen aller Briten bewegt. Nichts auf der Welt rührt uns mehr als eine königliche Hochzeit.«

»Und?« Sheila gab einen Löffel Zucker in ihren Tee. »Ich bin auch nicht mit allem einverstanden, was ich da drin lese.«

»*Als Prinzessin Anne und Mark Philips durch das Portal von Westminster Abbey schritten, breitete sich jenes erhabene Lächeln auf ihren Gesichtern aus, wie es nur wahrhaft seligen Menschen eigen ist.* Ich brauch 'ne Kotztüte, aber schnell! *Das Gebetbuch mag dreihundert Jahre alt sein, doch seine Gelübde strahlen so hell wie das gestrige Sonnenlicht.* Ich muß mich übergeben! *Die Treue zu halten, in guten und in bösen Tagen …*«

»Schluß jetzt, Herr Neunmalklug!« Das Beben in Sheilas Stimme reichte aus, einen Augenblick lang die Unruhe hörbar zu machen, die ihr jüngster Sohn in ihr auslöste. »Trink das jetzt aus, und dann ab ins Bett!«

Jetzt ging es erst richtig los, als Benjamin lautstark ins Geschehen eingriff, aber Lois hörte gar nicht mehr zu. Das war bestimmt nicht die Art von Verständigung, nach der sie sich sehnte. Sie kehrte ihnen den Rücken und zog sich in ihr Zimmer zurück , in ihre Welt der romantischen Tagträume, ein Königreich unendlicher Schönheit und unbegrenzter Möglichkeiten. Was das neue *Sounds* anging, war sie doch noch fündig geworden. Sie brauchte auch kein weiteres Mal mehr nachzusehen, da die Chiffre-Nummer ganz einfach zu behalten (247, die Wellenlänge, auf der man Radio One empfangen konnte) und die Anzeige ihrer Wahl von geradezu makelloser, magischer Schlichtheit war. Vielleicht war das der Grund, warum sie wußte, daß sie für sie bestimmt war, nur für sie allein.

»Langhaariger Freak sucht Girl. Birmingham und Umgebung.«

2

Unterdessen saß Lois' Vater Colin in einem Pub namens »The Bull's Head« in King's Norton. Sein Chef, Jack Forrest, war an die Bar gegangen, um drei Pints Brew XI zu besorgen, worauf Colin gezwungen war, die stockende Konversation mit Bill Anderton zu gestalten, einem Betriebsrat aus dem British-Leyland-Werk in Longbridge. Das vierte Mitglied der Runde, Roy Slater, war noch nicht eingetroffen. Colin empfand es als echte Erleichterung, als Jack von der Bar zurückkam.

»Cheers«, prosteten sich die drei zu. Nachdem sie die Gläser wieder abgesetzt hatten, ließen sie einen kollektiven Seufzer hören und wischten sich den Schaum von den Oberlippen. Dann schwiegen sie für einen Augenblick.

»Übrigens, das ist ein völlig formloses Treffen«, sagte Jack Forrest plötzlich, als das Schweigen eine Spur zu lang und unbehaglich geworden war.

»Ja, absolut formlos«, sagte Colin.

»Ist mir recht«, sagte Bill. »Ist mir nur recht.«

Ganz formlos nippten sie an ihrem Bier. Colin ließ seinen Blick durch den Pub schweifen, um eine Bemerkung über die Dekoration loszuwerden, aber dann fiel ihm keine ein. Bill Anderton starrte in sein Bier.

»Ein echt gutes Bier haben die hier«, sagte Jack.

»Hm?« sagte Bill.

»Ich sagte, ein echt gutes Bier haben die hier.«

»Nicht übel«, sagte Bill. »Hab schon schlechteres getrunken.«

Das war natürlich in jenen Tagen, als Männer noch nicht gelernt hatten, offen über ihre Gefühle zu sprechen. In den Tagen, als kooperative Meetings zwischen Management und Belegschaft noch nicht zum Firmenalltag gehörten. In gewisser Hinsicht waren sie Pioniere, diese drei.

Colin übernahm die nächste Runde; von Roy war immer noch nichts zu sehen. So saßen sie da und tranken ihre Pints, während sich ihre Gesichter matt auf den Tischplatten spiegelten. Die Tische waren dunkelbraun, dunkler als dunkelbraun, schokoladenbraun, Sorte Zartbitter. Die Wände waren in einem helleren Braun gestrichen, Vollmilch. Der Teppichboden war braun, durchsetzt von kleinen Sechsecken in einem leicht anderen Braun. Die Decke hätte eigentlich grauweiß sein sollen, war aber tatsächlich braun, gebeizt vom Nikotin einer Million filterloser Zigaretten. Die meisten der Wagen auf dem Parkplatz draußen waren braun, so wie auch die Kleidung der Bedienungen. Niemand im Pub bemerkte, daß der Raum von brauner Farbe beherrscht wurde, und falls doch, war es niemandem eine Bemerkung wert. Es waren braune Zeiten.

»Tja, Leute«, sagte Jack Forrest, »seid ihr inzwischen drauf gekommen?«

»Worauf?« sagte Bill.

»Warum wir heute abend hier sind«, sagte Jack. »Ich hab euch nicht zufällig ausgesucht. Genausogut hätte ich jeden anderen Personalmanager oder Betriebsrat hierher bitten können. Hab ich aber nicht getan. Es hat schon seinen Grund, warum gerade ihr beiden hier seid.«

Bill und Colin wechselten einen Blick.

»Ihr habt was gemeinsam, versteht ihr.« Selbstzufrieden musterte er die beiden. »Kommt ihr drauf, was ich meine?«

Sie zuckten mit den Schultern.

»Eure Kids gehen zur selben Schule.«

Colin war der erste, der ein Lächeln über die Lippen brachte.

»Anderton – na klar. Mein Ben hat einen Freund namens Anderton. Sie sind in derselben Klasse. Er hat schon öfter von ihm gesprochen.« Etwas beinah Herzliches lag in seinem Blick, als er Bill ansah. »Ach, das ist Ihr Junge.«

»Genau. Duggie. Und Ihr Sohn ist also Bent.«

Colin schien das zu verwirren, wenn nicht sogar zu empören. »Nein, *Ben*«, berichtigte er. »Ben Trotter. Kurz für Benjamin.«

»Ich weiß, wie er heißt«, sagte Bill. »Aber so nennen sie ihn eben. Bent Rotter. Na, haben Sie's kapiert?«*

Colin verzog gekränkt den Mund. »Kinder können sehr grausam sein«, sagte er.

Jack lächelte versöhnlich in die Runde. »Na, das sagt wohl einiges über das Land, in dem wir leben«, sagte er. »England in den Siebzigern. Die alten Gegensätze spielen keine Rolle mehr. Wir leben in einem Land, wo ein Gewerkschaftler und ein aufstrebender junger Angestellter – die nächste Beförderung steht schon ins Haus, was, Colin? – ihre Söhne auf dieselbe Schule schicken können, ohne daß sich jemand etwas dabei denkt. Beides helle Köpfe, beide pfiffig genug, um die Aufnahmeprüfung zu bestehen, tja, und jetzt gehen sie zusammen auf die Penne. Und was sagt uns das über den Klassenkampf? Daß er vorbei ist. Waffenstillstand. Friedenszeiten.« Er griff nach seinem Bier und hielt es feierlich in die Höhe. »Chancengleichheit.«

Colin murmelte zustimmend und nippte an seinem Glas. Bill sagte keinen Ton; seiner Meinung nach existierte der Klassenkampf wie eh und je, und auch in Ted Heaths ach so gleichberechtigten Siebzigern ging es immer noch mit Zähnen und Klauen zur Sache, aber er war nicht in der Stimmung, jetzt eine Diskussion vom Zaun zu brechen. An diesem Abend gingen ihm andere Dinge durch den Kopf. Er

* Bent Rotter; dt. etwa »Schweinepriester«, »linke Sau«, »Drecksack«

griff in seine Jackentasche, tastete nach dem Scheck und fragte sich erneut, ob er jetzt völlig irre wurde.

Vielleicht war es ein Fehler gewesen, auch Roy Slater einzuladen. Das Problem mit Slater war, daß er von allen gehaßt wurde, Bill Anderton eingeschlossen, der eigentlich ein bißchen mehr Solidarität mit seinem Waffengefährten hätte zeigen können. In Bills Augen jedoch war Slater ein Betriebsrat der übelsten Sorte. Er hatte null Talent für Verhandlungen, kein Einfühlungsvermögen für die Interessen der Leute, die er repräsentieren sollte, und nicht den blassesten Schimmer von politischen Zusammenhängen. Er war bloß ein Schaumschläger, der nichts als Ärger machte, immer auf die nächste Konfrontation aus, wobei er ein ums andere Mal den kürzeren zog. In der Gewerkschaft war er eine unbedeutende Nummer, irgendwo ganz unten auf der Hierarchieleiter in Longbridge. Normalerweise begegnete Bill ihm mit reservierter Höflichkeit, doch heute abend konnte er sich nicht darauf beschränken; es war Ehrensache, daß sie den Machenschaften des Managements gemeinsam die Stirn boten. Allein dieser Umstand reichte schon, daß er sich fragte, was für ein Spiel Jack mit ihnen trieb. So brachte man doch nur die Opposition auseinander – indem man zwei Leute zusammenspannte, die sich noch nie hatten ausstehen können.

»Gar nicht so übel, das hier, was?« sagte Roy, wobei er Bill grob in die Rippen stieß, während sie die in rotes Leder eingebundenen Speisekarten studierten. Inzwischen waren sie in ein Berni Inn an der Stratford Road umgesiedelt.

»Nun machen Sie sich mal nicht gleich naß, Slater«, sagte Bill und zog seine Lesebrille hervor. »Umsonst gibt's gar nichts in diesem Geschäft, falls Sie's noch nicht bemerkt haben.«

»Laß mich bei dieser Gelegenheit bemerken, daß du da absolut falsch liegst«, sagte Jack. »Alle hier Anwesenden sind meine Gäste, und jeder kann bestellen, was immer er will. Die Rechnung übernimmt British Leyland, über Kosten reden wir hier also nicht. Also los, Leute. Jeder nach seinem Gusto.«

Roy bestellte Filetsteak und Pommes frites; Colin bestellte Filetsteak und Pommes frites; Bill bestellte Filetsteak, Pommes frites und Erbsen, und Jack, der in den Ferien immer nach Südfrankreich fuhr, bestellte Filetsteak mit Pommes frites, Erbsen und Champignons, eine besondere Note, die den anderen nicht verborgen blieb. Während sie auf ihr Essen warteten, versuchte Jack ein Gespräch über die ehelichen Aussichten von Prinzessin Anne und Captain Mark Philips in Gang zu bringen, ohne großen Erfolg allerdings. Roy schien keine Meinung zum Thema zu haben, Bill interessierte es nicht (»Brot und Spiele, Jack, Brot und Spiele«), und Colin war abgelenkt. Er starrte hinaus ins Dunkel, über den Parkplatz in die stockdüstere Nacht, und niemand hätte sagen können, worüber er nachdachte. Ob er sich Sorgen machte wegen Ben und seines Spitznamens? Vermißte er Sheila und das leise Zischen des Kohleofens? Oder sehnte er sich einfach nur zurück nach den alten Zeiten in der Konstruktionsabteilung, ehe er seinen jetzigen Job angenommen hatte, diese verdammte Stelle, die wie ein Aufstieg ausgesehen hatte und so schnell zum Alptraum geworden war?

»So funktioniert das nicht, Jack«, sagte Bill gerade. Sein Ton war freundlich, aber streitlustig, schon leicht angeheitert durch sein fünftes Bier. »Du schaffst die soziale Ungerechtigkeit nicht aus der Welt, indem du den Feind ab und zu zum Abendessen einlädst.«

»Ach, vergiß es, Bill. Das ist bloß der Anfang. In ein paar Jahren wird die Mitbestimmung der Arbeitnehmer Gesetz sein. Teil der Regierungspolitik, verstehst du?«

»Welcher Regierung?«

»Egal welcher. Macht keinen Unterschied. Ich sage dir, wir stehen vor dem Beginn einer neuen Ära. Arbeitgeber und Arbeitnehmer – deren gewählte Vertreter, um genau zu sein – werden zusammen am Tisch sitzen und *gemeinsam* Entscheidungen treffen. Die Firmenziele *gemeinsam* entwickeln. Vereinigte Interessen. Gemeinsame Grundlagen. Darauf arbeiten wir hin. Und wir müssen es schaffen. Die dauernden Konflikte blockieren unsere Industrie.«

»Mann«, sagte Slater plötzlich und ohne ersichtlichen Grund, »das ist wirklich ein verdammt gutes Steak.« Sein Essen war zuerst gekommen, und er hatte nicht auf die anderen gewartet. »Gebt mir das jeden Tag der Woche, und wir können miteinander reden. Ihr versteht schon, was ich meine.«

Bill schenkte ihm keine Beachtung. »Jack, der Punkt ist doch, daß die Konflikte nicht einfach so aus heiterem Himmel entstehen. Und das scheint eure Seite nicht zu begreifen. Ich rede von Mißständen. Echten, unerträglichen Mißständen.«

»Auch darum werden wir uns gemeinsam kümmern.«

Bill hielt inne und sah sein Gegenüber mit schmalen Augen an, während er an seinem Bier nippte. Die Kellnerin kam mit dem Essen, und für einen Moment war er abgelenkt, einmal vom Anblick seines Steaks, dann vom Anblick ihrer Beine, der in feinstes Nylon gehüllten Schenkel, der Verlockung ihres von einer weißen Bluse umschmeichelten Körpers. Der Mensch war eben doch ein Gewohnheitstier. Er zwang sich zum Wegsehen und konzentrierte sich wieder auf Jack, der seine Pommes frites mit Salz und Ketchup eindeckte, als gäbe es morgen keines mehr. Bill schnitt ein Stück von seinem Steak ab, ließ es sich auf der Zunge zergehen (zu Hause bekam man so etwas nicht) und sagte dann: »Wo das hinführen wird, sieht ja wohl ein Blinder.«

»Was meinst du?«

»Ist doch alles bloß Taktik. Teile und herrsche. Ein paar Angestellte werden in die Chefetage geladen, dürfen mit am Konferenztisch sitzen und sich wichtig fühlen. Man weiht sie in ein paar Interna ein – nichts Entscheidendes, bloß ein paar Bröckchen, damit sie glauben, sie wären mit im Boot. Und plötzlich fühlen die sich gebauchpinselt und fangen an, die Dinge aus dem Blickwinkel der Konzernleitung zu sehen, während diejenigen, für die sie sich eigentlich einsetzen sollen... tja, während die sich langsam fragen, warum diese Burschen den halben Tag oben bei den Bossen verbringen und nicht unten am Fließband, wo die wirklichen Probleme sind. So ähnlich wird's doch laufen, stimmt's nicht, Jack?«

Kopfschüttelnd legte Jack Forrest sein Besteck hin und sagte zu Colin: »Hast du das gehört? Ich meine, wie sollen wir dagegen ankommen? Diese ewige Gewerkschafter-Paranoia.«

»Jetzt hör mal zu, Genosse«, nuschelte Roy, den Mund voller Pommes frites, in Bills Richtung. »Wenn die beiden Gentlemen uns bei 'nem guten Dinner ab und zu mal ihre Ansichten verklickern wollen, wo liegt das Problem? Nehmen, was man kriegen kann, darum geht's doch, Mann. Jeder ist sich selbst der Nächste, das ist doch wohl klar.«

»Gut gesprochen«, sagte Bill. »Wie eine echte Säule der Arbeiterschaft.«

»Was meinst du, Colin?«

Colin sah nervös zu seinem Boss hinüber. Er haßte Auseinandersetzungen dieser Art, die sowieso zu nichts führten.

»Es sind die Streiks, die immer wieder den Fortschritt der Firma beeinträchtigen«, sagte er schließlich, an seinen Teller gewandt, während er zögernd seine feste Überzeugung kundtat, auch wenn er diese erst aus den tiefsten Tiefen seiner Weltanschauung zutage fördern mußte. »Ich weiß nicht, ob wir sie durch die erwähnten Maßnahmen beenden können, aber trotzdem muß endlich Schluß sein mit den pausenlosen Streiks. In Deutschland, Italien oder Japan gibt es diese Probleme nicht. Nur hier bei uns.«

Bill hielt im Essen inne und starrte Colin mit nachdenklichem, bohrendem Blick an. Er hätte eine Menge Antworten parat gehabt, doch er sagte nur: »Ich frage mich, worüber sich Ihr Sohn und meiner auf dem Nachhauseweg unterhalten.«

Jack nutzte die Gelegenheit, eine leichtere Note in das Gespräch zu bringen: »Über Mädchen und Popmusik wahrscheinlich«, sagte er, worauf Bill klein beigab und sich auf sein Steak und das nächste Bier konzentrierte. Ein Steak war schließlich ein Steak, Punkt.

Bill und Roy, die in dieselbe Richtung mußten, waren gezwungen, sich ein Minicab nach Hause zu teilen. Roy zog eine Grimasse, als er den Turbanträger hinter dem Steuer sah, und wandte sich zu seinem Begleiter, um irgend einen ausländerfeindlichen Schwachsinn abzusondern, doch Bill ließ sich darauf nicht ein. Er ließ Roy hinten einsteigen und machte es sich demonstrativ auf dem Beifahrersitz bequem, wo er die zwanzigminütige Fahrt mit dem Fahrer verplauderte. Er erfuhr, daß dessen Familie, Einwanderer der zweiten Generation, in Small Heath wohnte; daß es ihnen in Birmingham gefiel, weil es so viele Parks gab und die Berge nicht weit entfernt waren; daß sein älterer Sohn Medizin studierte, der jüngere aber Probleme mit Schlägern in der Schule hatte.

Als eine kurze Gesprächspause entstand, beugte sich Roy nach vorn und sagte zu Bill: »Was sollte das vorhin? Was Sie zu Trotter gesagt haben. Worüber sich Ihre Kids auf dem Nachhauseweg unterhalten?«

»Bloß so eine Bemerkung«, antwortete Bill.

»Ihre Söhne gehen also auf die gleiche Schule, stimmt's?«

»Was geht Sie das an, Slater?«

»Trotters Junge geht doch aufs King William's. Diese Scheiß-reiche-Söhnchen-Akademie in Edgbaston.«

»Ich habe keine Ahnung, wovon Sie reden. Und Schulgeld bezahlen wir auch nicht. Die Schule wird staatlich subventioniert. Er ist ein heller Kopf, das ist alles. Ich sorge nur dafür, daß er die besten Startchancen hat.«

Roy erwiderte nichts darauf, lehnte sich aber zufrieden zurück, offenbar in dem Glauben, daß er einen Kratzer im Lack des Kollegen entdeckt hatte. Abgesehen von einem hingeworfenen »Good bye«, wechselten sie kein Wort mehr miteinander.

Als Bill nach Hause kam, stellte er fest, daß Irene bereits ins Bett gegangen war. Er zog eine finstere Miene, als er den Papierkram auf dem Eßtisch sah, und beschloß, die Erledigung auf morgen zu verschieben. Es war fast Mitternacht. Er zog den Scheck aus seiner Jackentasche und begutachtete ihn ein weiteres Mal im Schein der Leselampe.

Er irritierte ihn immer noch. Ein Scheck vom Stiftungsfonds über 145 Pfund, ausgestellt auf einen Namen, den er nicht entziffern konnte. Nicht unterzeichnet von Harry, dem Vorsitzenden, oder von Miriam, der äußerst attraktiven Sekretärin (apropos, war das seine blühende Phantasie, oder hatte sie ihn während des gestrigen Meetings tatsächlich dauernd angestarrt?), sondern von ihm selbst. Und trotzdem konnte er sich nicht daran erinnern. Darüber hinaus hatte die Bank den Scheck zurückgeschickt, weil der Betrag nur in Buchstaben, nicht aber als Zahl eingetragen worden war; ein Fehler, der ihm sicher nicht unterlaufen wäre. Es sei denn, der Job wuchs ihm langsam über den Kopf. Es sei denn, er hielt den Druck nicht mehr aus.

Er legte den Scheck auf die Ablage in seinem Büro und trank noch ein Bier, bevor er zu Bett ging.

Jack Forrest und Colin hatten sich auf dem Parkplatz des Restaurants voneinander verabschiedet. Jack war eher zwiespältiger Meinung über den Abend. »Ob uns das weitergebracht hat? Was meinst du?« Sein Atem bildete kleine Wolkenfetzen in der Winterluft. Es würde Frost geben.

»Ich denke schon«, sagte Colin, der immer versuchte, die

Dinge von der positiven Seite zu sehen. »Ich würde sagen, es war durchaus…«

»Konstruktiv?«

»Ja, genau.«

»Gut. Ja, ich glaube, du hast recht. Konstruktiv, das war es.« Er rieb sich die Hände. »Da liegt was in der Luft, hm? Hoffentlich hat meine Frau die zweite Decke rausgelegt.«

Sie schüttelten sich die Hände und gingen ihrer Wege. Ihre Wagen standen an den gegenüberliegenden Enden des Parkplatzes. Colin schimpfte leise und erlaubte sich schließlich ein paar mildere Flüche, während er mit dem Schloß seines braunen Austin 1800 kämpfte, die widerspenstige Verriegelung zu bezwingen versuchte, die er höchstpersönlich konstruiert hatte. Vor ein paar Jahren erst; er wußte noch genau, wie überzeugt er davon gewesen war.

3

Mittwoch nachmittags hatten sie eine Doppelstunde Englisch bei einem Schotten namens Mr. Fletcher, der extrem nuschelte, obwohl schon sein Akzent schwer genug zu verstehen war; sie verdächtigten ihn, Alkoholiker zu sein. Die meisten hatten eine Heidenangst vor Mr. Fletcher, weil er sofort zu brüllen anfing, wenn er die Nerven verlor, und die verlor er in jeder Stunde, manchmal sogar zwei- oder dreimal. Der einzige, der sich nicht vor ihm zu fürchten schien, war Harding. Andererseits fragten sich alle – speziell Benjamin – schon lange, was Harding überhaupt Angst einjagen mochte.

Doppelstunden waren anders. Wenn nach 40 Minuten die Glocke schrillte, mußte man sitzen bleiben, als sei nichts passiert. Meist redete der Lehrer einfach weiter, wie um zu betonen, daß das Läuten keine besondere Beachtung verdiente, da ohnehin erst die halbe Zeit verstrichen war, wobei es mühsam war, die Aufmerksamkeit der Jungen während dieser Minuten aufrechtzuerhalten, wenn draußen die Korridore von Hunderten jugendlicher Füße dröhnten, während der Rest der Schule von Klassenzimmer zu Klassenzimmer rannte. Langsam verhallte der Donner der Schritte, das Schlagen der Türen, dann kehrte wieder Stille ein, worauf es keine Ausflucht mehr gab, sich dem gebetsmühlenartigen Sermon von Mr. Fletcher weiter zu entziehen.

»Das war eine Meisterleistung, Spinks, eine veritable Meisterleistung«, sagte er, während drei Jungen mit hochroten Gesichtern an ihre Tische zurückkehrten. Sarkasmus, unbeleckt von Humor oder Wärme, war die wesentliche Geisteshaltung Mr. Fletchers. »Wenn Hollywood an die Verfilmung vom *Fänger im Roggen* geht, wirst du ganz sicher den Holden Caulfield spielen. Bei deinem Dialekt werden sie die Handlung allerdings nach Birmingham verlegen. Tja, die Rolle kann sich Peter Fonda wohl abschminken. Nun ja…« – er hob die Stimme, um das Gelächter zu ersticken, das sich sowieso nicht erhob – »…wer sind die nächsten? Trotter, Harding, Anderton, Chase. Hört sich an wie eine vermaledeite Anwaltskanzlei. Was habt ihr für uns vorbereitet?«

Die drei Angesprochenen erhoben sich (Harding hatte vor ein paar Minuten gebeten, austreten zu dürfen, und wurde jeden Moment zurück erwartet), und Philip Chase, der inoffizielle Sprecher der Gruppe, verkündete: »Die Gerichtsszene aus *Wer die Nachtigall stört,* Sir. Von mir und Trotter dramatisiert.«

»Von Trotter und mir, Chase. Nur der Esel nennt sich zuerst.«

»Ja, Sir. Ich spiele Atticus Finch, den Angeklagten.«

»Den *Verteidiger,* nicht den Angeklagten.«

»Ja. Entschuldigen Sie, Sir. Anderton spielt Mr. Gilmer, den, äh… den Staatsanwalt. Trotter spielt Richter Taylor, und Harding…«

In genau diesem Augenblick wurde die Klassentür aufgerissen, und Harding kehrte unter allgemeinem Gejohle zum Unterricht zurück.

»Harding spielt Tom Robinson, Sir.«

Die Erklärung war völlig überflüssig, da Hardings Makeup Bände sprach. Sein Gesicht war unter einer Maske aus blauschwarzer Tinte verschwunden. Er mußte das Fläschchen in seiner Tasche versteckt haben, als er zur Toilette gegangen war. Es handelte sich um einen erstaunlichen Anblick, nicht zuletzt aufgrund der durchscheinend blassen Ringe um seine Augen, aber auch, weil er aus irgendeinem unerfindlichen Grund seine Nase ausgelassen hatte, die nun wie ein weißes Ausrufezeichen aus seinen Zügen ragte. Die Klasse rastete aus. Der Raum gellte vor hysterischem Gelächter, wie ein Vogelhaus zur Fütterungszeit, bis das Getöse nach einer ohrenbetäubenden halben Minute in etwas überging, das wie schweres Maschinengewehrfeuer klang, als die 22 Jungen die Deckel ihrer Tische in einer Woge der Begeisterung wieder und wieder herunterknallen ließen. Mr. Fletcher verzog keine Miene, während er darauf wartete, daß sich der Tumult wieder legte; der Geduldsfaden riß ihm erst, als Harding den Bogen überspannte und sich von den Beifallsstürmen dazu hinreißen ließ, mit wedelnden Händen und ausgestreckten Fingern vor der Tafel auf und ab zu stolzieren – eine Darbietung, die sich weniger Al Jolson als der wöchentlichen TV-Ausstrahlung der *Black and White Minstrel Show* verdankte. Mr. Fletcher erhob sich und klopfte barsch auf sein Pult.

»Ruhe jetzt!«

Als sie später zusammen an der Bushaltestelle standen, kamen Chase, Trotter und Anderton überein, daß dies eine saudumme Idee ihres Freundes gewesen war, die sie von vornherein hätten unterbinden müssen. Der Spaß hatte sich ins genaue Gegenteil verkehrt, und nun hatte jeder die Aufgabe, sechs Seiten zum Thema »Rassische Stereotypen« zu schreiben, die am nächsten Morgen um neun in Mr. Fletchers Fach zu liegen hatten; es war insbesondere eine Niederlage für Benjamin, der sonst nie irgendwelche Strafen aufgebrummt bekam. Harding selbst mußte am Samstagmorgen zum Nachsitzen kommen. Umrundet von Fans, stand er an der Bushaltestelle auf der anderen Straßenseite (Harding wohnte im Norden Birminghams, in Sutton Coldfield), immer noch Reste seiner Kriegsbemalung im Gesicht; die anschließend erzwungene Wäsche hatte nicht verhindert, daß ein ozeanblauer Schimmer zurückgeblieben war. Wenigstens die Hälfte seines Publikums war weiblich, wie Benjamin beobachtete. Die Mädchenschule befand sich auf demselben Gelände, und obwohl kaum offizieller Kontakt zwischen den beiden Schulen bestand – erst ab der elften Klasse gab es gemeinsame Unternehmungen –, kam es im Bus auf dem Nachhauseweg häufig zu Begegnungen zwischen den Geschlechtern. Harding hatte offenbar keinen Mangel an Verehrerinnen; er war nicht im mindesten zerknirscht und sonnte sich im Schein seiner wachsenden Popularität.

Benjamin und seine Freunde waren blaß vor Neid. Die Mädchen auf ihrer Seite der Haltestelle blieben ganz unter sich, warfen höchstens mal einen spöttischen Blick in ihre Richtung, verhielten sich aber sonst so abweisend, daß es schon an Feindseligkeit grenzte. Auch Lois wäre es nicht im Traum eingefallen, in solchen Momenten mit ihrem Bruder zu sprechen, auch wenn sie nur ein paar Schritte voneinander trennten. Von der kratzbürstigen Zuneigung, die sie zu Hause füreinander hegten, blieb nichts als peinliche Verlegenheit, sobald ihre Freundinnen in der Nähe waren. Es war schlimm genug, daß man sie »die Rotters« nannte, ein Spitzname, mit dem sie sich abfinden mußten, seit jemandem aufgefallen war, daß man ihre Namen zu »Bent Rotter« und »Lowest Rotter«* verballhornen konnte. Noch schlimmer aber war, daß Benjamin immer noch seine Schuluniform tragen mußte, während Lois, jetzt in der zehnten Klasse, dank der liberaleren Vorschriften an der Mädchenschule anziehen konnte, was sie wollte. (Heute trug sie ihren langen Jeansmantel mit dickem weißem Pelzkragen über einem gerippten Acrylrolli und mit Stickereien verzierten Jeans.) Dieser Umstand hatte die Kluft zwischen ihnen noch vergrößert, so daß ein unvoreingenommener Umgang miteinander vollkommen unmöglich war, bevor sie nicht wieder in der unbeobachteten Abgeschiedenheit ihres Elternhauses angekommen waren.

* Lowest Rotter; dt. etwa: »Lumpenhund«

»Wird ’ne lange Nacht, was, Jungs?« sagte eine tiefe Stimme hinter ihnen. Als sie sich umdrehten, stand ihr alter Feind Culpepper vor ihnen: Captain des Football-Juniorenteams, Captain des Cricket-Juniorenteams, Möchtegern-Champion und schon seit Ewigkeiten Zielscheibe ihres Gespötts. Wie immer hatte er seine Bücher und seine Sportsachen in derselben ausgebeulten Sporttasche verstaut, aus der der Griff seines Squash-Schlägers hervorragte wie ein erigierter Penis. »Sechs Seiten jeder, stimmt’s? Da sitzt ihr bestimmt noch morgen früh dran.«

»Verpiß dich, Culpepper«, sagte Anderton.

»Uuuh«, gab er mit gespieltem Respekt zurück. »Wahnsinn! Da hast du’s mir aber gegeben!«

»War doch bloß ein Gag, mehr nicht«, sagte Benjamin. »Und du hast genauso gelacht wie alle anderen.«

»Ihr seid doch selbst schuld«, sagte Culpepper und wischte sich die Nase, wobei sich zeigte, daß selbst seine Taschentücher mit seinem Monogramm bestickt waren – nicht, daß sich jemand darüber gewundert hätte. »Fletcher ist ein abartiger alter liberaler Softie. Der läßt Nigger nicht so einfach durch den Kakao ziehen.«

»So was sagt man nicht«, sagte Chase. »Und das weißt du ganz genau.«

»Was? Nigger?« sagte Culpepper und genoß die Wirkung, die die beiden Silben bei ihnen erzielten. »Wieso nicht? Genauso steht’s in dem Roman. Harper Lee hat’s doch selbst geschrieben.«

»Das ist was anderes.«

»Okay, okay. Bimbo. Schuhbürste. Schwarze Sau.« Nachdem es ihm nicht gelang, sie damit zu provozieren, fügte er hinzu: »Ist doch eh ein Scheißbuch. Wieso müssen wir so was lesen? Ich fall da jedenfalls nicht drauf rein. Ist doch alles Propaganda.«

»Ist uns echt schnurz, was du denkst«, sagte Anderton, und um das zu unterstreichen, wandten sie sich von ihm ab und steckten die Köpfe zusammen. Wie immer redeten sie über Musik. Anderton gab fast sein gesamtes Taschengeld für Platten aus und hatte unlängst *Stranded* von Roxy Music erstanden. Er versuchte, Chase die Scheibe schmackhaft zu machen; dagegen könne er seine abartigen Genesis-Alben in die Tonne treten. Benjamin hörte halbherzig zu. Beide Bands ließen ihn kalt, ebenso wie das Eric-Clapton-Tape, das ihm seine Eltern zum Geburtstag geschenkt hatten. Er war auf der Suche nach etwas Neuem, das über Rockmusik hinausging … und davon abgesehen, wurde er gerade von etwas abgelenkt, das an der gegenüberliegenden Haltestelle vor sich ging. Offenbar redete Harding mit – unglaublich, aber wahr: er redete wirklich mit ihr – Cicely Boyd, der gertenschlanken Göttin, die in der Juniorengruppe der Theaterwerkstatt den Ton angab. Wie war das möglich? Ihre Unnahbarkeit war legendär, und trotzdem stand sie da mit großen Augen und offenem Mund, während er mit Händen und Füßen die Highlights seines letzten Streichs zum Besten gab. Wie vor den Kopf gestoßen, sah Benjamin den beiden zu, als sie, noch unglaublicher, an einem Finger leckte und über seine Wange rieb, um etwas von den Tintenresten zu entfernen.

Er stieß seine Freunde in die Rippen. »Seht euch das an.« Die musikalische Debatte war vergessen.

»Verdammte Tat!«

»Scheiße …«

Selbst Anderton, den anderen in Sachen Sexualpolitik allemal eine Nasenlänge voraus, war sprachlos angesichts der Lässigkeit, mit der Harding den Jackpot knackte. Und es gab offensichtlich nichts, was sie tun konnten – außer zu glotzen, bis Sekunden später der 62er eintraf und sie zum Oberdeck hinaufstiegen, den einen oder anderen sehnsüchtigen Blick über die Schulter inbegriffen.

»Der hat Nerven«, sagte Chase, als der Bus sich wieder in Bewegung setzte. »Dabei war's doch seine Idee. Jetzt haben wir den Ärger, und er sahnt ab.«

»Die Idee an sich war doch schon bekloppt«, sagte Anderton. »Ich hab's ja gleich gesagt, aber ihr hört mir ja nie zu. Die Rolle hätte sowieso nur einer spielen dürfen. Richards.«

»Aber der ist nicht in unserer Klasse.«

»Genau. Deshalb hätten wir das Ganze von vornherein abblasen sollen.«

Richards war der einzige schwarze Schüler ihres Jahrgangs; tatsächlich sogar der einzige schwarze Schüler an der ganzen Schule. Der hochgewachsene, leicht melancholisch wirkende Junge stammte aus der Karibik, wohnte am Rand von Handsworth und war neu am King William's. Anderton war übrigens der einzige, der ihn Richards nannte. Die anderen 95 Jungen des Jahrgangs riefen ihn »Rastus«.

»Da arbeiten wir stundenlang an der Szene«, maulte Chase, »und dann können wir sie nicht mal aufführen.«

»Pech.«

Der Bus quetschte sich durch den Verkehr in Selly Oak und fädelte sich dann auf die breitere Bristol Road South ein, auf der es schneller weiterging. Chases Haltestelle kam zuerst, kurz vor Northfield, und als er ausstieg, passierte etwas Seltsames. Das Mädchen, das hinter ihnen gesessen hatte – ein Mädchen, das sie unzählige Male gesehen hatten, ohne daß sie ihnen je aufgefallen wäre –, stieg hinter ihm die Stufen hinunter, doch just in dem Moment, bevor sie verschwand, warf sie einen Blick in Benjamins Richtung. Es war ein vieldeutiger Blick: unauffällig, heimlich, aber eben doch nicht ganz verstohlen. Er blieb zwei oder drei Sekunden an Benjamin haften; die Augen unter der dunklen Ponyfrisur musterten ihn ganz genau, und der Anflug eines Lächelns spielte um ihre vollen Lippen. Noch ein, zwei Jahre, dann hätte Benjamin vielleicht verstanden, daß sie mit ihm flirtete. Doch jetzt verwirrte ihn ihr Blick nur, löste eine Kettenreaktion verschiedenster Gefühle aus, die ihn wie einen Ölgötzen zu ihr herüberstarren ließen. Bevor er auch nur eine Miene regen konnte, war sie verschwunden.

»Wer war das?« fragte er.

»Sie heißt Newman oder so ähnlich. Claire Newman, glaube ich. Wieso, stehst du auf sie?«

Benjamin antwortete nicht. Statt dessen sah er neugierig nach draußen, wo Chase ihr die St. Lawrence Road hinunter folgte. Er ging unnatürlich langsam, wahrscheinlich, weil er zu schüchtern war, sie zu überholen. Zu dem Zeitpunkt hätte man sich kaum vorstellen können, daß sie eines Tages Freunde werden würden, geschweige denn, wenn auch nur kurz und glücklos, Mann und Frau.

Das Mädchen hieß tatsächlich Claire Newman. Darüber hinaus hatte sie eine ältere Schwester namens Miriam, die als Sekretärin bei British Leyland in Longbridge arbeitete.

Als Claire an diesem Nachmittag nach Hause kam, war das Haus verlassen; ihre Eltern und ihre Schwester waren noch bei der Arbeit. Sie stellte die Schultasche auf den Küchentisch, holte sich ein paar Cracker aus einer Keksdose und strich Butter und Frischkäse darauf. Sie nahm sich einen Teller für die Cracker und ging nach oben. Bevor sie das Zimmer ihrer Schwester betrat, blieb sie auf dem obersten Treppenabsatz stehen. Es war wunderbar still im Haus. Genau die richtige Atmosphäre für böse Taten.

Miriam versteckte ihr Tagebuch unter einer Kommode, zusammen mit einem roten Männerhemd aus Nylon, das sie offenbar aus sentimentalen Gründen aufbewahrte, und einem satten Vorrat Pillenpackungen. Claire hatte das Versteck zwei Wochen zuvor entdeckt und war mittlerweile bestens informiert über das Privatleben ihrer Schwester, das neuerdings ziemlich aufregend geworden war. Sie zog das Tagebuch hervor, stellte den Teller neben sich auf den Boden und hockte sich im Schneidersitz daneben. Sie leckte sich den Frischkäse von den Fingern und blätterte gespannt zur letzten Seite.

Ihre Augen huschten über den neuesten Eintrag, der sich

aber als Enttäuschung erwies. Dann war also nichts passiert in der Zwischenzeit: Miriams aktuelle *Amour* war immer noch Phantasie. Doch zumindest wurden die Details immer aufschlußreicher.

20. November

War gestern abend bei einem weiteren Meeting der Stiftung. Die üblichen Anwesenden (Victor das Ekel inbegriffen). Mr. Anderton diesmal nicht vorne, sondern gegenüber von mir. Ich führte Protokoll, wie immer. Er sah mich an, so wie die vorherigen Male auch, und ich erwiderte seinen Blick. Es konnte gar nicht klarer sein, was er dachte; unglaublich, daß keiner was merkte. Ich glaube, er ist ziemlich alt, aber so irre sexy, daß ich mich kein Stück konzentrieren konnte und die Hälfte nicht mitbekam. Ich will, will, will, daß er mich tkcif, und ich weiß, daß er es auch will. Dann fast die ganze Nacht wach gelegen und mir vorgestellt, auf welche Weisen er mich nekcif könnte und wie sich das anfühlen würde. Wir müßten es irgendwo in der Fabrik tun, zum Beispiel in den Duschen, wo die Männer sich nach der Schicht waschen gehen. Ich stellte mir vor, wie wir es da drin tun, wie er meinen Rock hochschiebt und mich tkcel, bis ich komme. Ich muß unbedingt mit ihm sprechen. Er kann mich haben, und ich weiß, daß er es genauso will, wenn nicht noch mehr. Ich bin bestimmt nicht die erste, aber das macht mir nichts. Es muß endlich passieren, sonst vergehe ich noch vor Sehnsucht.

Unten fiel die Küchentür ins Schloß. Claire schob das Tagebuch in sein Versteck zurück und rappelte sich hoch. Wahrscheinlich war ihre Mutter aus der Anwaltskanzlei zurück, in der sie arbeitete. Wahrscheinlich hatte sie unterwegs noch im Supermarkt eingekauft und brauchte jetzt bestimmt Hilfe beim Auspacken.

Frühling

4

Einige Wochen später, am Nachmittag des 13. Februar 1974, war alles still am Werk in Longbridge. Die Bristol Road, zu dieser Tageszeit sonst von parkenden Autos gesäumt, war so gut wie ausgestorben. Irene Anderton genoß die seltsame Ruhe, als sie, den schweren Korb mit den Lebensmitteln in der Hand, vom Einkauf zurückkam. Sie nahm den Korb in die andere Hand und winkte der Streikpostenkette am Südeingang zu; einige der Männer erkannten sie und winkten zurück. Ein jähes Stolzgefühl durchdrang ihre Brust. Ihr Mann bedeutete diesen Menschen etwas; er war ein Held für sie. Ohne ihn als Anführer hatten sie keine Chance. Sie ging den Hügel zur Bushaltestelle hinauf. Es war ein langer Weg, aber manchmal verzichtete sie darauf, den Bus zu nehmen, und heute war ein besonders schöner Tag, dank der angenehmen Stille, die sich über die ganze Gegend gebreitet hatte. Sonst machte man sich gar nicht bewußt, was für einen Lärm die Montagebänder verursachten, die den ganzen Tag hinter den Fabriktoren ratterten. Man war so daran gewöhnt, daß es einem erst auffiel, wenn sie stillstanden.

Sie kaufte eine *Evening Mail* beim Zeitungshändler und blätterte sie auf einer Bank im Cofton Park durch. Sie hielt sich jedoch nicht lange auf; es dämmerte bereits, und es wurde kalt. Es war ein eisiger Winter gewesen. In einem Artikel zum Streik wurde auch Bill erwähnt, obwohl er nicht abgebildet war. Doch das war bestimmt ganz in seinem Sinne.

Als sie nach Hause kam, saß er am Eßtisch, Stapel von Unterlagen vor sich. Wie immer steckte er bis über beide Ohren in Arbeit. Wenn er eines an den Zeitungen haßte, dann, daß sie bei jedem Streik sofort unterstellten, den Arbeitern ginge es sowieso nur darum, im Pub herumzuhängen oder sich zu Hause auf die faule Haut zu legen. Bill wäre nie auf die Idee gekommen, etwas Derartiges zu tun. Als Betriebsratsvorsitzender hatte er sich dauernd mit neuem Papierkrieg auseinanderzusetzen; es war einfach nie Land in Sicht. Oft brütete er bis Mitternacht über seinen Unterlagen, und auch von den Versammlungen kam er immer erst spät nach Hause. Sie glaubte nicht, daß einer von den Werksbossen auch nur annähernd so hart arbeitete. Die hatten nicht den blassesten Schimmer von dem, was er tat. Zwar verbrachte er immer weniger Zeit am Fließband, aber das konnte man ihm nicht vorwerfen. Er hatte jetzt andere Verpflichtungen, die schwer auf seinen Schultern lasteten. Kein Wunder, daß er langsam graue Haare bekam, wenn auch nur ganz leicht um die Schläfen.

Er war immer noch ein sehr gutaussehender Mann. Nicht schlecht für einen, der auf die Vierzig zuging.

Sie gab ihm einen Kuß auf die Stirn. »Magst du einen Tee, Schatz?«

Er lehnte sich zurück, reckte sich und legte den Federhalter aus der Hand. »Das wär prima.« Er wies auf die ungelesene Korrespondenz. »Mein Gott, man wird einfach nie fertig.«

»Du schaffst das schon«, sagte sie. »Ist Duggie schon da?«

Bill zog ein genervtes, wenn auch nicht völlig verständnisloses Gesicht. »Seit einer Viertelstunde. Er hat sich gleich nach oben verzogen. Er war wieder im Plattenladen. Er wollte sich vorbeischleichen, aber ich hab die Tüte gesehen.«

Wie aufs Stichwort tönte ein dumpfer Drumbeat durch die Zimmerdecke. Reggae, obwohl weder Bill noch Irene in der Lage gewesen wären, ihn als solchen zu identifizieren. Bob Marley übrigens.

»Ich sag ihm, er soll die Musik leiser machen. So kannst du doch nicht arbeiten.«

Mit dieser Ankündigung ging sie nach oben, während Bill sich wieder dem Brief widmete, den er bei ihrem Eintreffen verstohlen unter einen anderen geschoben hatte. Was gar nicht nötig gewesen wäre; aber eigentlich ging es auch nicht so sehr um den Inhalt, sondern um die Gewissensbisse, die in ihm aufkamen, sobald Miriams Name im Spiel war oder er an sie denken mußte. Er wußte, daß er sich mit der Sache keinen Gefallen tat. Dennoch: Wenn er nur an ihren geschmeidigen Körper dachte, die sinnlichen Brüste, die sich verlangend an ihn preßten... Und sie war inzwischen die neunte – oder sogar schon die zehnte? Traurig, was er nach achtzehn Jahren Ehe auf dem Kerbholz hatte. Die meisten hatte er bei der Arbeit kennengelernt, Schreibkräfte oder Näherinnen; was wohl aus diesem Rotschopf aus der Kantine geworden war... Nicht zu vergessen diese Reise nach Italien vor zwei Jahren, während der er die Fiat-Werke in Turin besucht hatte und abends in der Hotelbar diese Paola kennengelernt hatte, wirklich ein wunderschönes Mädchen... Doch mit Miriam war es irgendwie anders, leidenschaftlicher, zugleich einfacher und komplizierter als bei seinen anderen Affären. In gewisser Weise machte sie ihm sogar angst, wenngleich er sich dies bislang nicht eingestanden hatte.

Wiederum konnte er seinen Ärger kaum unterdrücken, als er den Brief ein weiteres Mal las.

Verehrter Genosse Anderton,

hiermit möchte ich mich über die Arbeit von Miss Newman als Sekretärin des Stiftungskomitees beschweren.

Miss Newman ist keine gute Sekretärin. Sie kommt ihren Pflichten nicht in angemessener Weise nach.
An dieser Stelle möchte ich insbesondere Miss Newmans auffällige Unaufmerksamkeit ansprechen. Bei den Sitzungen des Stiftungskomitees läßt sich diese Abwesenheit ein ums andere Mal beobachten. Offenbar gehen ihr Dinge durch den Kopf, die mit ihren Obliegenheiten als Sekretärin nichts zu tun haben. Ich erspare mir hier Einlassungen, worum es sich bei diesen Dingen handeln könnte.
Ich habe im Rahmen des Stiftungskomitees eine Reihe von Vorschlägen und Eingaben zu Gehör gebracht, die durch Miss Newmans Verschulden nicht zu Protokoll genommen worden sind. Dies gilt auch für andere Mitglieder des Komitees, insbesondere aber für mich. Meines Erachtens kommt Miss Newman ihren Pflichten in keiner Weise nach.
Ich wende mich in dieser Angelegenheit dringlich an Dich, Genosse Anderton, und schlage hiermit vor, Miss Newman mit sofortiger Wirkung von ihren Aufgaben zu entbinden. Ihre Stellung als Schreibkraft im Werkssekretariat bleibt davon selbstverständlich unberührt. Obwohl ich sie auch nicht für eine gute Stenotypistin halte.

Mit genossenschaftlichen Grüßen,
Victor Gibbs

Bill wischte sich über die Stirn und gähnte; eine Gebärde, die bei ihm eher Anspannung als Müdigkeit signalisierte. Das hatte ihm gerade noch gefehlt – dieser Schnüffler, der ihm das Leben mit seinen Beanstandungen und hinterlistigen Anspielungen noch schwerer machte. Wie kam dieser Mann dazu, Miriam – und ihm – dergleichen zu unterstellen? Keine Frage, sie hatten ein Lächeln zuviel ausgetauscht, sich wohl einmal für den Bruchteil einer Sekunde zu lang in die Augen geschaut. Mehr war nicht nötig gewesen. Trotzdem fand er es bezeichnend, daß dies ausgerechnet Gibbs ins Auge gestochen war.

Das Stiftungskomitee war ins Leben gerufen worden, um soziale Einrichtungen, hauptsächlich Schulen und Krankenhäuser, mit kleinen Spenden aus dem Gewerkschaftsfonds zu unterstützen; Victor Gibbs fungierte als Schatzmeister des Komitees. Er arbeitete als Buchhalter im Controlling, einer von diesen geleckten Typen in Schlips und Kragen, bei dem der anbiedernde Gebrauch der Anrede »Genosse« pure Speichelleckerei darstellte – fast schon eine Beleidigung, was Bill anging. Er kam aus dem Süden von Yorkshire, ein sauertöpfischer, unfreundlicher Griesgram; bedeutsamer war allerdings, daß er auch ein Betrüger zu sein schien. Bill war sich dessen inzwischen so gut wie sicher – jedenfalls fand er keine andere Erklärung für jenen mysteriösen, mit seiner Unterschrift versehenen Scheck, den die Bank vor drei Monaten hatte zurückgehen lassen. Seine Unterschrift war gefälscht worden; wenn auch ziemlich perfekt, wie er einräumen mußte. Seitdem hatte Bill der Bank mehrere Besuche abgestattet, um die Zahlungen des Komitees zu überprüfen, und war dabei auf drei weitere, auf denselben Empfänger ausgestellte Schecks gestoßen, von denen zwei Miriams und einer seine Unterschrift trugen. Wiederum handelte es sich um fast perfekte Fälschungen, die Bill jedoch nicht hinters Licht führen konnten; Gibbs mußte verrückt sein, wenn er glaubte, daß er damit durchkommen würde. Auf alle Fälle war Bill froh, seinem Instinkt gefolgt zu sein, daß er abgewartet und weiterer Beweise geharrt hatte. Damit saß er am längeren Hebel. Falls Gibbs weiter Ärger wegen Miriam machte, würde er ihm zeigen, was eine Harke war. Die miese Tour würde er ihm heimzahlen; und zwar doppelt und dreifach.

Bill heftete den Brief sorgfältig ab. Die Ehre einer Antwort wäre zuviel des Guten gewesen, aber vernichten wollte er ihn auch nicht. Zu gegebener Zeit mochte das Schreiben noch mehr als nützlich sein. Darüber hinaus hatte er es sich zum Prinzip gemacht, niemals Dokumente zu vernichten. Er war dabei, ein Archiv des Klassenkampfs zusammenzustellen, in dem jedes noch so winzige Detail zählte und das für kommende Generationen von unschätzbarem Wert sein würde. Sein Plan war, es irgendwann einer Universitätsbibliothek zu vermachen.

Die Musik oben war leiser gestellt worden. Er hörte, wie Irene und Doug miteinander stritten; keine von den heftigen Auseinandersetzungen, die es manchmal gab, nur ein bißchen Gemecker und Gemaule. Das war okay. Die beiden kamen gut miteinander aus. Seine Familie war völlig intakt. Nur er trug immer weniger dazu bei.

Die nächsten Blätter auf dem Stapel standen in engem Zusammenhang: ein Zettel, auf den er letzte Woche am Schwarzen Brett in der Kantine gestoßen war, und ein gedrucktes Flugblatt, das kürzlich im Werk die Runde gemacht hatte.

Auf dem handgeschriebenen Zettel stand:

DIE SCHWEINE VON DER IRA HABEN GESTERN BEI EINEM BUSATTENTAT 12 MENSCHEN IN MANCHESTER GETÖTET. AKZEPTIERT KEINE IRISCHEN MÖRDER-SCHWEINE ALS KOLLEGEN!

Bei dem Flugblatt handelte es sich um den Erguß einer Vereinigung, die sich »Bund aller Briten« nannte, eines ultrarechten Ablegers der National Front, aber noch schlechter organisiert. Bill fand ihre Propaganda einfach nur armselig und hätte sie normalerweise sofort dem Papierkorb überantwortet. Doch es gab Gerüchte, daß diese Gruppe hinter dem Anschlag auf zwei asiatische Teenager steckte, die halb totgeschlagen vor einem Imbiß in Moseley aufgefunden worden waren; man mußte sich diesen Auswüchsen stellen, bevor die Welle der Gewalt auch auf das Werk übergriff.

Angewidert überflog er die ersten Zeilen.

Britische Arbeiter!
Wacht auf und schließt euch zusammen.

Eure Arbeitsplätze sind bedroht. Eure Heimat und euer Lebensunterhalt stehen auf dem Spiel.
Eure Existenz ist so bedroht wie nie zuvor.
Weder Heath noch Wilson, noch Thorpe haben den Mumm, der Einwanderungswelle der Farbigen endlich Einhalt zu gebieten. Sie alle sind Sklaven jener liberalen Gesinnung, die die Schwarzen nicht bloß toleriert, sondern auch noch über die hier geborenen Engländer stellt. Sie rollen den Schwarzen die roten Teppiche aus und scheren sich einen Dreck darum, daß wir unsere Häuser und Jobs verlieren.
Wenn ihr euch umseht, werdet ihr feststellen, daß sich die Zahl der Schwarzen überall verzehnfacht hat. Wir **MÜSSEN** mit ihnen zusammenarbeiten, ohne daß uns jemand gefragt hat, ob wir das überhaupt **WOLLEN**.
Wenn das auch eure Meinung ist, hier noch ein paar wissenschaftliche **FAKTEN**:
1. Schwarze sind nicht genauso intelligent wie Weiße. Ihr Gehirn ist genetisch nicht im selben Maße

entwickelt. Wie also sollen sie für die gleiche Arbeit geeignet sein?
2. Schwarze sind von Natur aus fauler als Weiße. Weshalb sonst haben wir Engländer uns Afrika und Indien untertan gemacht statt umgekehrt? Weil die weiße Rasse den Schwarzen überlegen ist. Historische **FAKTEN**.
3. Schwarze kennen nicht dieselbe Hygiene wie wir. Und trotzdem sollen wir mit ihnen an denselben Plätzen arbeiten, in derselben Kantine essen, sogar dieselbe Toilette benutzen. Welche Auswirkungen hat das auf unsere Gesundheit? Welche Krankheiten werden dadurch verbreitet? Und weit und breit ist niemand, der sich darum kümmert.

Bill las nicht weiter. Er verwandte ohnehin schon zuviel Zeit auf die Organisation von Diskussionsrunden und anderen Veranstaltungen, um diesem Unsinn entgegenzuwirken. Selbst die Infoblätter der Gewerkschaft zum Thema Rassismus mußte er in den meisten Fällen selbst verfassen. Diese Schmierereien deprimierten ihn einfach nur. Alle machten es sich so hundserbärmlich einfach. Dauernd fanden die Leute irgendwelche Gründe, um sich gegenseitig an die Kehle zu gehen, statt sich als Arbeiterschaft gegen den gemeinsamen Feind zu verbünden. Manchmal schienen ihm alle Anstrengungen einfach bloß für die Katz zu sein.

Seine düstere Stimmung – durch seine Gewissensbisse wegen Miriam noch verstärkt – hellte sich ein paar Minuten später durch das Fernsehprogramm minimal auf. Irene hatte ihm seinen Tee gebracht, stark und mit viel Zucker, und zusammen sahen sie sich vom Sofa aus die Lokalnachrichten an; ihre Hand lag zärtlich auf seinem Knie (entweder schien sie es nicht zu bemerken, oder es machte ihr nichts aus, daß er diese Gesten nie erwiderte). Der dritte Bericht war über den Streik in Longbridge.

»Dann waren ja die Leute vom Fernsehen da«, sagte Irene. »Haben sie mit dir gesprochen?«

»Nein, sie waren schon weg, als ich kam. Aber ich glaube sowieso nicht, daß sie …«

Er brach mittendrin ab und fluchte wie ein Fuhrkutscher, außer sich vor Wut, als Roy Slater – verdammt noch mal, Slater, das Arschloch! – auf dem Bildschirm in das Mikro eines Reporters sprach. Wie, in drei Teufels Namen, hatte Slater es hingekriegt, als erster vor die Kameras zu kommen? Was fiel ihm ein, sich über den Arbeitskampf auszulassen, bevor überhaupt eine offizielle Absprache getroffen worden war?

»Die von oben nehmen uns doch bloß aus«, sagte Slater mit seiner schroffen, ausdruckslosen Stimme. »Jedesmal, wenn sie ihre Versprechungen einschränken, geht das auf Kosten unserer Lohntüten. Das kann so nicht weitergehen. Es muß …«

»Darum geht's doch gar nicht, du Idiot!« rief Bill. »Mit den Löhnen hat der Streik doch gar nichts zu tun!«

»Womit denn?« sagte Doug, der, angelockt vom Geräusch des Fernsehers, in der Wohnzimmertür aufgetaucht war.

»Diese verdammte Pfeife!« Einen Augenblick lang war Bill sprachlos vor Wut. »Es geht um Recht und Unrecht«, erklärte er dann, wenn auch weniger seinem Sohn als einem nicht vorhandenen Fernsehpublikum. »Sie haben die Löhne gekürzt, weil sie die Körperpflege nach der Schicht nicht länger als Arbeitszeit anerkennen. Es geht um das Recht auf Sauberkeit und Hygiene.«

»… und wenn es ewig dauert«, war Slater auf dem Bildschirm zu hören. »Wir wollen unser Geld. Wir haben ein Recht auf unser Geld. Und wir werden …«

»*Es geht nicht um dein verdammtes Scheißgeld!*« brüllte Bill, während er sich mit der Hand durch das langsam schütter werdende Haar fuhr. »Der hat doch nicht den blassesten Schimmer! Der weiß doch überhaupt nicht, wovon er redet!«

»Ist das nicht dieser muffige Typ«, warf Irene ein, »der letztens im Club so grob zu mir war? Als du Drinks holen warst?«

»So ist der doch immer. Eine ganz linke Bazille. Was fällt dem eigentlich ein, sich zum Sprecher von…« Er wurde vom schrillen Läuten des Telefons unterbrochen. Bill erhob sich. »Da hast du's. Jede Wette, das ist Kevin. Der hat das bestimmt auch gesehen. Und jetzt ist Schluß mit lustig.« Er nahm den Hörer ab und bellte: »Hallo?«

Es war nicht Kevin. Es war Miriam.

»Hallo, Bill. Bist du allein?«

Ab und zu war er immer noch in der Lage, sich selbst zu überraschen; er brauchte nur ein oder zwei Sekunden, um den Schock zu verdauen, dann war er wieder ganz Herr der Lage.

»Oh, hallo, Kev. Ja, hab ich auch gesehen. Tja… was meinst du dazu? Wie sollen wir jetzt vorgehen?«

Auch Miriam war inzwischen an diese Art Versteckspiel gewöhnt. »Ich rufe wegen morgen abend an, Bill. Hast du Zeit?«

»Na ja.« Er warf einen Seitenblick zu seiner Frau hinüber, die aber ganz auf den Fernseher konzentriert war. »Das könnte schwierig werden. Ich weiß nicht, ob wir das so hinkriegen.«

»Aber, Bill, Liebling.« Meinte sie das ehrlich, oder sagte sie das nur, um ihn zu becircen? »Es ist doch Valentinstag.«

»Ja, ich weiß. Aber…«

»Und ich hab die Wohnung für mich allein.«

Damit brachte sie ihn kurz zum Verstummen.

»Claire geht in die Disco. Außerdem ist Elternabend am King William's. Mum und Dad sind den ganzen Abend weg.«

So wie ich auch, Miss Dummschlau, schoß es Bill durch den Kopf. *Daran hast du wohl nicht gedacht.* Gleichzeitig aber eröffnete sich ihm ein geradezu paradiesischer Ausblick. Eine Stunde allein mit Miriam; vielleicht sogar zwei. Völlige Ungestörtheit. *Im Bett.* Sie hatten sich noch nie im Bett geliebt. Jedesmal hatten sie es hastig in irgendeinem Winkel machen müssen, immer in Gefahr, plötzlich entdeckt zu werden; hektisches Gefummel mit hochgeschobenem Rock und offener Hose. Und jetzt bot sich ihm die Chance, sie in aller Ruhe auszuziehen. Sie nackt zu sehen. Eine ganze Stunde lang; vielleicht sogar zwei.

Aber es war Elternabend. Irene erwartete, daß er sie begleitete. Und das stand ihr auch zu. Außerdem war er es Duggie schuldig.

»Geht das nicht ein andermal, Kev?« sagte er laut in den Hörer. »Morgen ist es wirklich ganz schlecht.«

»Ich bitte dich, Bill. *Bitte.* Denk einfach daran, was ...«

»Ja, okay, okay«, schnitt er ihr das Wort ab; ihr Gebettel wollte er sich jetzt nicht auch noch anhören. Er hatte auch so verstanden. Er stieß einen tiefen Seufzer aus. »Na ja, wenn es wirklich nicht anders geht... dann geht's halt nicht anders.« Er konnte ihre Erleichterung am anderen Ende spüren. Ein siegessicheres Gefühl durchströmte ihn, ein Gefühl von Zufriedenheit, ja, Zärtlichkeit, in die sich etwas fast Väterliches mischte. »Und wann sollen wir uns treffen?«

»Um halb acht? Geht das?«

Er stieß einen weiteren schweren Seufzer aus, in dem sein ganzer Überdruß mitschwang. »Okay, Kev. Wir sehen uns dann. Die Sache muß ein für allemal vom Tisch. Aber jetzt bist du mir was schuldig, klar?«

»Bye, Billy«, sagte Miriam. Irene hätte er ein solches Kosewort niemals durchgehen lassen.

»Also dann«, sagte Bill und legte auf.

Anschließend widmeten sie sich dem Tee. Erst als Doug wieder nach oben gegangen war, um seine Hausaufgaben zu machen und sich seine neue Platte anzuhören, kam Irene auf das Thema zurück.

»Hab ich das richtig verstanden? Du kannst morgen abend nicht mitkommen?«

Bill breitete bedauernd die Hände aus. »Wir müssen das klären, Schatz. Morgen früh gibt es ein neues Angebot des Vorstands, das diskutiert werden muß. Und dann müssen wir etwas wegen Slater unternehmen. Wird Zeit, daß er mal einen Rüffel kriegt.« Er wischte sich den Mund mit einem Geschirrtuch ab. »Es tut mir ja leid, aber was soll ich denn machen?« Leise wiederholte er, wie zu sich selbst: »Was soll ich denn machen?«

Irene sah ihn ein paar Sekunden lang an, einen verständnisvollen, aber seltsam unergründlichen Schimmer in den Augen. Sie stand auf und gab ihm einen sanften Kuß auf die Stirn. »Du wirst wohl immer ein Sklave deiner Arbeit bleiben«, sagte sie. Draußen war es jetzt fast ganz dunkel. Sie zog die Vorhänge zu.

5

Am Morgen nach dem Elternabend kam Chase in das Klassenzimmer, warf seine Tasche neben seinen Tisch und ging zu Benjamins Platz am Fenster, um eine dramatische Ankündigung zu machen.

»Demnächst komm ich bei dir zum Abendessen vorbei.«

Benjamin sah von seinem Buch auf (er paukte gerade französische Verben) und sagte: »Was hast du gesagt?«

»Meine Eltern sind bei euch zum Abendessen eingeladen.« Chase freute sich weidlich an Benjamins Überraschung. »Ich komme auch mit.«

»Wann?«

»Nächsten Samstag. Haben sie dir nichts davon gesagt?«

Benjamin war leicht eingeschnappt, weil ihn niemand über diese unvorhergesehenen Pläne informiert, geschweige denn nach seinem Einverständnis gefragt hatte. Als er nach Hause kam und seine Mutter nach der Sache fragte, erfuhr er, daß seine Eltern die Chases gestern abend auf dem Elternabend am King William's kennengelernt hatten.

Benjamin hatte sich einiges von diesem Elternabend erwartet. Nicht, weil er mit Lobeshymnen auf seine Leistungen rechnete, sondern weil seine Eltern erst spät nach Hause kommen würden und daher gute Chancen bestanden, daß er das Wohnzimmer – und damit den Fernseher – bis zu ihrer Rückkehr für sich alleine hatte. Ein echter Glücksfall, da auf BBC 2 um neun ein französischer Film lief, der in der Programmzeitschrift als »zart-erotische Liebesgeschichte« angekündigt war und mit ziemlicher Sicherheit ein paar Nacktszenen enthalten würde. Benjamin konnte kaum glauben, was er für einen Dusel hatte. Paul würde er spätestens um halb neun ins Bett verfrachten, wenn nötig auch unter Androhung körperlicher Gewalt. Vor zehn Uhr waren seine Eltern garantiert nicht zurück; den drei hübschen Hauptdarstellerinnen der »ebenso provokativen wie aufschlußreichen Studie einer modernen *amour fou*« (Philip Jenkinson in der *Radio Times*) blieb also mindestens eine satte Stunde Zeit, sich vor den Kameras zu entblättern. Es war fast zu schön, um wahr zu sein.

Und Lois? Lois würde ebenfalls nicht da sein, wie jeden Dienstag-, Donnerstag- und Samstagabend. Sie war mit dem Freak verabredet.

Sie waren jetzt seit fast drei Monaten fest zusammen. Er hieß Malcolm, und obwohl Lois ihn nur selten mit nach Hause brachte, hatte ihre Mutter genug gesehen, um sich ein Bild von ihm zu machen; sie fand ihn schüchtern, höflich und sehr sympathisch. Seine pechschwarzen Haare waren schulterlang, aber ebenso gepflegt wie sein Bart, und seine ausgeflipptesten Klamotten bestanden aus einem Ensemble aus verschlissenen Jeans, rostfarbener Kordjacke und einem braunen T-Shirt. Er sprach sie mit »Mrs. Trotter« an und schien ihrer Tochter gegenüber nur die lautersten Absichten zu hegen. Ihres Wissens nach liefen Lois' Verabredungen mit Malcolm auf kaum Verfänglicheres als ein paar gemeinsame Stunden im Gun Barrels oder dem Rose & Crown hinaus, wo sie bei Bier und Shandy die Köpfe zusammensteckten. Sporadisch besuchten sie Konzerte, die Malcolm – zunächst rätselhafterweise – als »Gigs« zu bezeichnen pflegte, bei denen sich in Sheilas banger Vorstellung drogenbenebelte Teenager ekstatisch zum aufpeitschenden Lärm langhaariger Gitarristen und Drummer wanden. Doch kam ihre Tochter von diesen Orgien immer vor Mitternacht zurück, ohne daß irgend etwas Schlimmes passiert zu sein schien.

Kurz nach sieben kündigte das melodiöse Läuten der Türglocke Malcolm an. Lois war spät dran; sie befand sich noch im Badezimmer, wo sie mit jenen mysteriösen Verrichtungen beschäftigt war, die ihren Verabredungen mit Malcolm unweigerlich vorausgingen und jedesmal mindestens eine Dreiviertelstunde beanspruchten. Auch seine Eltern waren schwer damit beschäftigt, sich für den Abend am King William's in Schale zu werfen, und so fiel es Benjamin zu, den Freier seiner Schwester ins Wohnzimmer zu führen, wo dieser verlegen von einem Bein aufs andere trat.

Sie nickten einander zu, und Malcolm grinste ihn verschwörerisch an. »Alles klar, Alter?« Im großen und ganzen gar kein so schlechter Anfang. Aber Benjamin wußte immer noch nicht, was er sagen sollte.

»Wem gehört denn die Klampfe?« Malcolm wies auf eine mit Nylonsaiten bespannte Konzertgitarre, die an einem der Wohnzimmerstühle lehnte. Es war Benjamins Instrument. Seine Mutter hatte sie ihm vor zwei Jahren zum Geburtstag geschenkt.

»Oh. Da spiele ich manchmal drauf.«

»Klassische Gitarre?«

»Meistens Rock«, sagte Benjamin. Dann fügte er hinzu, in der Hoffnung, es möge sein Gegenüber beeindrucken: »Und Blues.«

Malcolm lachte. »Also, nach B.B. King siehst du mir nicht aus. Bist du Clapton-Fan?«

Benjamin zuckte mit den Schultern. »Clapton ist okay. Am Anfang hat er mich schon ein bißchen beeinflußt.«

»Verstehe. Aber inzwischen hast du ihn hinter dir gelassen.«

Benjamin erinnerte sich an etwas, das er im *Sounds* gelesen hatte. Ein Zitat von irgendeinem progressiven Musiker. »Mir geht's darum, die Grenzen des Drei-Griffe-Songs zu überwinden«, sagte er. Er wußte selbst nicht so recht, wieso er Malcolm plötzlich in seine musikalischen Vorlieben einweihte, über die er für gewöhnlich mit niemandem redete. »Ich schreibe gerade eine Art Suite. Eine Rocksymphonie.«

Malcolm lächelte wieder, sagte dann aber ohne jede Herablassung: »Da liegst du voll im Trend. Die Szene ist für alles offen.« Er setzte sich auf das Sofa und verschränkte die Hände über den Knien. »Und du hast recht mit Clapton. Er hat keine eigenen Ideen mehr. Inzwischen spielt er Bob-Marley-Songs nach. Also, wenn du mich fragst, ist das nichts als kulturelle Annexion. Neokolonialismus auf musikalischem Gebiet.«

Benjamin nickte und versuchte, nicht allzu entgeistert aus der Wäsche zu sehen.

»Spielst du in 'ner Band?« fragte Malcolm.

»Bis jetzt noch nicht. Aber ich würde schon gern.«

»Wenn du dich näher damit beschäftigen willst, könnte ich dir mal die eine oder andere Platte leihen«, sagte Malcolm. »Da gibt's wirklich abgefahrene neue Sachen. Total ausgeflipptes Zeug.«

Benjamin nickte erneut; je weniger er verstand, desto mehr faszinierte ihn, was Malcolm sagte.

»Das wär echt super«, brachte er hervor.

»Da gibt's diesen Gitarristen, Fred Frith«, fuhr Malcolm fort. »Spielt in 'ner Band namens Henry Cow. Irre, was der aus seiner Fuzzbox rausholt. Hört sich ungefähr so an, als würden die Yardbirds in den Trümmern des geteilten Berlin mit Ligeti ins Bett gehen.«

Das Gesagte hätte Benjamin, der weder über die Yardbirds noch über Ligeti im Bilde war – von den Trümmern des geteilten Berlin ganz zu schweigen –, durchaus die Grenzen seiner Vorstellungskraft aufzeigen können. Im selben Moment aber wurde er von Lois erlöst, die zu den beiden ins Wohnzimmer trat.

»Wahnsinn, Liebes.« Malcolm erhob sich eilfertig vom Sofa. »Du siehst einfach toll aus.« Es schien ihm absolut kein

Problem zu bereiten, von einer Sekunde auf die andere die Tonart zu wechseln.

Sie küßten sich auf die Wangen, und Malcolm sagte: »Hier, ich hab dir was zum Valentinstag mitgebracht.« Er überreichte ihr eine kleine braune Tüte, in der sich eine Schachtel Pralinen befand. Als sie das Geschenk zutage förderte, leuchteten Lois' Augen vor Freude. Benjamin, der seine Schwester genauer beobachtete, als ihm bewußt war, bemerkte ihre Reaktion, und für einen Augenblick sprang der Funke ihrer überschwenglichen Gefühle auf ihn selbst über; mit einem Mal verspürte er eine bislang ungekannte Verbundenheit mit diesem Mann, dem es so mühelos gelang, seine Schwester glücklich zu machen. Malcolm sah ihn verschwörerisch aus dem Augenwinkel an.

»Denk dran«, sagte er, während er Lois in ihren Mantel half. »Henry Cow. Ich bring die Scheibe nächstes Mal mit.«

»Ja«, sagte Benjamin. »Ich bin echt gespannt.«

Lois sah die beiden leicht verwirrt an. Sie rief Sheila noch ein »Tschüs« zu, dann waren sie verschwunden.

Benjamin ging nach oben, um seinem Bruder einen Besuch abzustatten und ein paar Grundregeln für den Abend festzulegen. Paul saß an seinem Fenster und sah auf den kleinen Vorgarten und die Straße hinaus. Von hier aus hatten sie auch Lois und Malcolm im Blick, die an der Bushaltestelle standen; sie hielt sich an seinen Mantelaufschlägen fest und sah zu ihm auf, eingehüllt vom bernsteinfarbenen Schein einer Laterne. Aufmerksam beobachteten die beiden Brüder die Szene: Für Benjamin stellte sie vielleicht so etwas wie ein romantisches Ideal dar, nach dem er sich allmählich ebenfalls zu sehnen begann; Pauls Gründe waren von etwas prosaischerer Natur.

»Na, was meinst du?« sagte er.

Benjamin sah ihn an. »Mhm?«

»Hatten sie schon welchen?«

»Was?«

Paul sprach ganz langsam, als wäre sein Gegenüber leicht zurückgeblieben. »Hatten sie schon Geschlechtsverkehr miteinander?«

Benjamin wich erschrocken zurück. »Und wenn?«

»Was?«

»Du bist ein mieser kleiner Perverser, weißt du das? Das gehört sich nicht, so über seine Schwester zu sprechen.«

Paul gab ein hämisches Kichern von sich. »Ich sag, was mir paßt.«

Benjamin ging zur Tür; mit dem kleinen Monster würde er sich nicht auf einen Streit einlassen. »Um halb neun liegst du in der Falle«, sagte er. »Sonst mach ich dir die Eier mit dem Nudelholz platt.«

Aber im Zwielicht von Pauls Nachttischlampe war nur schwer zu erkennen, ob er ihn damit eingeschüchtert hatte.

Anläßlich des Elternabends waren die Bänke aus der Aula entfernt und durch mehrere Reihen von regelmäßig im Raum verteilten Tischen ersetzt worden. Hinter den Tischen saßen die Lehrer, um sich den Fragen besorgter Eltern zu widmen, die, je nach Temperament, mit verzagten, mild amüsierten oder wutschäumenden Mienen ihnen gegenüber hockten. An einigen Tischen hatten sich lange Schlangen gebildet, was zum Teil daran lag, daß manche Fächer als wichtiger erachtet wurden als andere, aber auch an der Unfähigkeit einiger Lehrer – Mr. Fairchild (Deutsch und Französisch) etwa war so ein Fall –, sich in den Beurteilungen ihrer Schüler kurz zu fassen. Andere wiederum – wie zum Beispiel Mr. Grimshaw (Religion) – wurden so gut wie überhaupt nicht in Beschlag genommen. Die Aula hallte von lauten Stimmen wider; insgesamt ging es leicht chaotisch zu.

Sheila bahnte sich ihren Weg zwischen den Tischen hindurch, eine Liste mit den Namen jener Lehrer in der Hand, die sie sprechen wollte; Colin, der ihr folgte, wirkte etwas weniger entschlossen. Er hielt Ausschau nach Bill Anderton. Wegen des blödsinnigen Streiks war immer noch mehr als das halbe Werk lahmgelegt, und er hatte nicht übel Lust, Bill mal ordentlich die Meinung zu geigen. Er hatte sich sogar schon ein paar geharnischte Sätze zurechtgelegt, auch wenn er im Grunde seines Herzens nur allzugut wußte, daß er nie den Mut aufbringen würde, sie Bill ins Gesicht zu sagen. Davon abgesehen, hatte er sich den falschen Tag ausgesucht. Bill war weit und breit nicht zu sehen.

Sheila ging zuerst zu Mr. Earle, dem Musiklehrer, dem es sichtlich Kopfzerbrechen bereitete, als sie sich nach den Fortschritten ihres Sohnes erkundigte. Der Name »Trotter« kam ihm irgendwie bekannt vor, auch wenn er kein Gesicht damit in Verbindung bringen konnte.

»Aber Sie müssen ihn kennen«, beharrte sie. »Er ist doch so musikalisch. Er spielt Gitarre.«

»Äh, ja.« Nun hatte er eine Ausrede. »Wissen Sie, hier bei uns am King William's gilt die Gitarre nicht als richtiges Instrument. Jedenfalls nicht als klassisches Instrument, um genau zu sein.«

»Das ist ja lächerlich!« sagte Sheila. Sie kehrte ihm den Rücken zu und zog Colin hinter sich her; sie stellten sich hinter fünf oder sechs Paaren an, die mit Mr. Plumb, dem Kunstlehrer, sprechen wollten. »Kein richtiges Instrument? Was soll das denn heißen? Das mißfällt mir immer wieder an dieser Schule. Dieses ganze blasierte Getue.«

»Da haben Sie völlig recht.« Die Frau vor ihr hatte sich umgewandt. »Wissen Sie, was mich ärgert? Daß die Jungs hier keinen Fußball spielen dürfen. Nur *Rugby*. Als wären wir hier in Eton oder so.«

»Dabei war unser Philip eine echte Kanone als rechter Innenverteidiger«, fügte ihr Mann hinzu. »Und jetzt ist es ein für allemal Essig damit.«

»Sie sind doch Sheila, nicht wahr?« Die Frau streckte die Hand aus. »Barbara Chase. Ihr Ben hat doch auch letztes

Jahr in dem Stück mitgespielt. Dieser gräßlichen Shakespeare-Aufführung.«

Sie sprach von Mr. Fletchers gnadenlos öder Inszenierung von Ben Jonsons *Alchemist*, die kurz vor Weihnachten erwartungsvolle Eltern in einen Zustand glotzäugiger Katatonie versetzt hatte. Sheila hatte das Programmheft trotzdem aufbewahrt und liebevoll zu den Zeugnissen ihres Sohnes gelegt. Die Namen Chase und Trotter standen ganz unten auf der Besetzungsliste; die beiden hatten zwei Taubstumme gespielt.

Nachdem sie sich einander vorgestellt hatten, teilten sich die vier nach Geschlechtern auf. Sam Chase sah, daß der Sportlehrer gerade nicht belagert wurde, worauf er und Colin zu ihm hinübergingen, um ihn auf das leidige Thema Fußball anzusprechen, und im Nu eine ebenso lebhafte wie hitzige Auseinandersetzung ihren Lauf nahm. Unterdessen warteten Barbara und Sheila auf eine Audienz bei Mr. Plumb. Die Schlange vor seinem Tisch bewegte sich nur langsam vorwärts. Sheila fiel sofort seine Körpersprache auf. Er wandte sich ausschließlich an die Mütter der jeweiligen Jungen und vermied jeglichen Blickkontakt mit deren Vätern, die er im Grunde gar nicht wahrzunehmen schien. Er trug eine flaschengrüne Kordjacke mit Lederflicken an den Ellbogen, dazu ein blaukariertes Hemd und eine leuchtendrote Krawatte mit grünlichen Punkten. Ein dünnes Bärtchen hing schlaff über seine schmalen Lippen, die so dunkel waren, als hätte er gerade Rotwein getrunken. Während er mit den Frauen sprach, starrte er ihnen so direkt in die Augen, daß es schon an Belästigung grenzte. Wie sie kurz darauf herausfinden sollten, hatte er eine hohe, schrille Stimme, die seinem Tonfall etwas Weibisches verlieh.

»Nicht zu fassen«, stieß er hervor, als sie vor ihm standen. Er fixierte sie so durchdringend wie ein unter Strom stehendes Frettchen. »Mit wem habe ich denn die Ehre?«

Die beiden Frauen wechselten einen kurzen Blick und kicherten. »Ich bin Barbara, und das ist meine Freundin Sheila.«

»Ich verstehe.« Er sah Barbara an. »Kennen Sie Morales?«

»Ich glaube nicht«, sagte sie unbeeindruckt.

»Sie kennen die *Madonna mit Kind* nicht?«

»Nicht persönlich«, sagte Sheila.

»Sie mißverstehen mich. Ich spreche von einem Gemälde. Es hängt im Prado.« Er wandte sich wieder Barbara zu, um sie genau in Augenschein zu nehmen. »Die Ähnlichkeit ist wirklich frappierend. Sie sehen fast genauso aus. Ja, die Übereinstimmung ist nahezu unheimlich. Nachgerade ... thaumaturgisch.«

Barbara warf Sheila einen weiteren nervösen Blick zu, als wollte sie sich vergewissern, ob das auch alles wirklich passierte, bevor sie sagte: »Ich bin wegen meinem Sohn hier. Meinem Sohn Philip. Ich wollte mich erkundigen, wie er so vorwärtskommt.«

»Dann sind Sie also ...« Mr. Plumb machte eine Pause, wie um die Worte genüßlich auszukosten. »... Mrs. Chase. Der Name zergeht einem ja geradezu auf der Zunge.« Sein euphorischer Tonfall brach ab; mit ernster Stimme fuhr er fort. »Ihr Sohn, Madam, ist ein außerordentlich begabter Junge. Seinen Umgang mit dem Pinsel kann man nur als wahre Kunstfertigkeit bezeichnen, von seiner Kreativität und überbordenden Phantasie ganz zu schweigen. Besonders hervorzuheben ist meiner Ansicht nach sein hoch entwickeltes ästhetisches Sensorium, sein Streben nach Harmonie und Formvollendung. Bis jetzt war es mir immer ein Rätsel, woher diese phänomenale Sensibilität rührt. Doch dieses Mysterium ist mir ja nun entschlüsselt worden.« Seine Stimme bebte derart dramatisch, daß er nur noch komisch wirkte, und doch war es Barbara unmöglich, ihren Blick von ihm zu wenden, während sie tief und tiefer in seine Augen starrte. »Nun, jetzt ist mir alles klar. Wie soll er denn nicht nach Formvollendung streben, wo er sie doch jeden Tag seines wunderbaren Daseins aufs neue in Gestalt seiner Mutter erlebt?«

Ein kurzes, unbehagliches Schweigen schloß sich an, bevor Sheila sagte: »Und was ist mit Benjamin? Benjamin Trotter?«

»Ein passabler Schüler.« Langsam kehrte Mr. Plumb auf den Boden der Tatsachen zurück. »Ein annehmbares Talent mit Licht und Schatten. Er bemüht sich. Mehr gibt es eigentlich nicht zu sagen.«

Plötzlich wurde Barbara bewußt, daß hinter ihnen noch andere Leute anstanden.

»Wir haben Sie lange genug aufgehalten«, stammelte sie. »Schön, daß Philip sich so gut macht. Vielleicht können wir uns ein andermal länger unterhalten.«

»Bestimmt«, sagte Mr. Plumb, während er sie mit noch brennenderem Blick durchbohrte. »Ja, bestimmt. Da bin ich mir ganz sicher.«

Einen schwindelerregenden Augenblick lang dachte Barbara, daß er gleich ihre Hand küssen würde. Doch dann war der Moment vorbei, und als sie im Gehen noch einmal unwillkürlich einen Blick zurückwarf, sah sie, daß er sich bereits der nächsten besorgten Mutter zugewandt hatte.

Sheila stieß ein abschätziges Lachen aus. »Was für ein Schaumschläger! Hält der sich für Sacha Distel, oder was?«

Sie sah Barbara an, doch diese reagierte nicht. Ein verträumter Ausdruck lag in ihren Augen.

Dann fiel Sheila plötzlich etwas anderes ein. »Hättet ihr nicht Lust, Samstag zum Dinner zu uns zu kommen?«

»Zum Dinner?«

»Ja, natürlich. Kommt doch vorbei. Ben würde sich bestimmt auch freuen. Er erzählt oft von Philip. Hat er eigentlich noch Geschwister?«

»Nein. Philip ist unser einziges Kind.« Barbara räusperte sich; ihre zwischendurch brüchig gewordene Stimme klang jetzt fast wieder wie vorher. »Danke für die Einladung. Aber ich muß noch Sam fragen.«

Sam und Colin standen immer noch bei Mr. Warren, obwohl es bei ihrer Diskussion mittlerweile nicht mehr um Sport ging. Irgendwie waren sie auf Politik gekommen und ereiferten sich über die Unfähigkeit der Heath-Regierung. Kopfschüttelnd empörten sie sich darüber, daß sich der Staat von ein paar renitenten Bergarbeitern erpressen ließ; Stromsperren, Benzinrationierungen und Dreitagewochen ließen das Land allmählich auf ein Niveau herabsinken, wie man es sonst mit Osteuropa oder der Dritten Welt in Verbindung gebracht hätte. Am 28. Februar waren jedoch Wahlen, und Sam Chase und Mr. Warren hatten sich bereits entschieden: Heath mußte endlich seinen Hut nehmen. Der Mann hatte zur Genüge bewiesen, daß er restlos untauglich war, die Staatsgeschäfte zu lenken.

Colin standen die Haare zu Berge. »Ihr wollt für Wilson stimmen und die Sozialisten wieder an die Macht lassen? Genausogut könnt ihr den Bergarbeitern gleich den Schlüssel zu den Kronjuwelen geben.«

Mr. Warren erklärte, der einzige wählbare Tory sei Enoch Powell – dem Rest der Bande würde er kein Wort mehr glauben. Powell jedoch hatte sich öffentlich von seiner Partei distanziert, um gegen Englands Beitritt zur EG zu protestieren, und stand nicht als Kandidat zur Verfügung.

»Der Mann sagt die Wahrheit«, betonte Mr. Warren. »Powell ist einer von der alten Schule, und obendrein ein Visionär.«

Sam nickte. »Und ein echter Birminghamer.«

Als sie eine halbe Stunde später unterwegs nach Hause waren, schäumte Colin immer noch vor Wut über die Ignoranz der britischen Wähler. »Wilson!« murmelte er alle paar Sekunden, halb zu sich selbst, halb an seine Frau gewandt, die ihm aber kaum Beachtung schenkte. Sie fragte sich, weshalb ein intelligenter Junge wie Benjamin so wenig Eindruck bei seinen Lehrern hinterließ. Die Sache beschäftigte sie so sehr, daß sie bereits fast wieder in Longbridge waren, bevor sie sich an Colin wandte: »Oh, ich habe übrigens die Chases für Samstag zum Dinner eingeladen.«

»Schön«, sagte er geistesabwesend.

Als sie durch die letzten paar Straßen fuhren, bemerkte er, daß die Fenster der grauen, stillen Häuser ausnahmslos dunkel waren.

»Schon wieder Stromsperre«, sagte er kopfschüttelnd. »Ich fasse es nicht. Verdammt noch mal, ich faß es einfach nicht.«

Genauso ging es Benjamin, der bei Kerzenlicht in seinem Zimmer alte *Sounds*-Ausgaben nach Artikeln über Henry Cow durchkämmte. Um 20:45 Uhr, kurz nachdem er seinen Bruder ins Bett verfrachtet hatte, war der Strom ausgefallen – eine Viertelstunde bevor sein Film angefangen hätte.

6

Am Abend der Dinnerparty war Lois schlechter Stimmung. Seit vielen Wochen war es der erste Samstag, an dem Malcolm und sie nicht zusammen ausgingen, und obwohl an seiner Entschuldigung nichts auszusetzen war (sein bester Freund feierte seinen Junggesellenabschied), fühlte sie sich zurückgesetzt. Nun war sie dazu gezwungen, sich den gesamten Abend mit einem wildfremden Ehepaar zu unterhalten, ganz zu schweigen von dem linkischen, dürren Freund ihres Bruders, der sie die ganze Zeit anstarrte, als hätte er noch nie im Leben eine Frau gesehen.

In der Tat benahm sich Philip ziemlich merkwürdig. Die Wahrheit war, daß er seit ein paar Wochen heimlich für Lois schwärmte, und der Umstand, daß sie an diesem Abend ein orangefarbenes, ärmelloses und sehr knappes Kleid trug, ließ ihn sich nur noch mehr nach ihr verzehren. Er saß ihr direkt gegenüber, so daß ihm ihre großen weißen Brüste unweigerlich in die Augen sprangen. Er war sich durchaus bewußt, daß er die ganze Zeit verzückt zu ihr hinüberstierte, war dabei aber außerstande, irgend etwas dagegen zu unternehmen. Was die Konversation bei Tisch anging, hatte ihn sein Sprachtalent – ohnehin immer leicht reduziert, wenn Mädchen anwesend waren – mittlerweile komplett im Stich gelassen. Er schien die einfachsten Worte vergessen zu haben. Bei der simplen Frage nach dem Salzstreuer war nichts als groteskes Gestammel über seine Lippen gekommen, und bei dem bloßen Gedanken an weitere Plaudereien brach ihm der kalte Schweiß aus. Zwischen ihm und Lois herrschte absolute Funkstille, während es am anderen Ende des Tisches beinahe tumultartig zuging. In einem Anfall von Verschwendungssucht hatte Colin nicht eine, sondern gleich zwei Flaschen Blue Nun zum Abendessen gekauft. Dazu kam, daß die Chases dank einer glücklichen Fügung eine Literflasche desselben Weins als Geschenk mitgebracht hatten, womit nahezu orgiastische Exzesse ihren Lauf nahmen. All das spendete Philip kaum Trost, während er vor seiner Orangeade saß und sich vergeblich den Kopf zerbrach, wie er mit Lois ins Gespräch kommen sollte, die sich unterdessen angeregt mit Sam Chase unterhielt. Als er schließlich ein paar Gesprächsfetzen aufschnappen konnte, nahm er seinen ganzen Mut zusammen, um sich die Chance nicht durch die Lappen gehen zu lassen.

»Wie heißt dein Goldfisch?« fragte er.

Lois sah ihn unverwandt an. Obwohl sonst niemand aufgehört hatte zu reden, kam es Philip plötzlich so vor, als hätte sich ein tödliches, eisiges Schweigen über den Tisch gesenkt. Äonen schienen zu vergehen, bevor sie schließlich sagte: »Wie mein Goldfisch heißt?«

Philip schluckte schwer, während er sie hilflos anstarrte. Er mußte irgend etwas falsch verstanden haben; jedenfalls war sein Annäherungsversuch schwer in die Hose gegangen. Verächtlich warf Lois die Haare in den Nacken und wandte sich von ihm ab; sich selbst überlassen, blieb ihm nichts anderes übrig, als von neuem die blasse Pracht ihrer Brüste zu kontemplieren, in der nun endgültigen Gewißheit, daß dies die äußerste Reichweite war, in die sie jemals rücken würden.

(Wie üblich hatte Paul das Ganze beobachtet und klärte Philip später mit einem dämonischen Glitzern in den Augen darüber auf, daß Sam und Lois nicht über einen »Goldfisch«, sondern über die Fernsehserie »Colditz« gesprochen hatten. Leider hatte Philip nichts von dieser Erklärung. Für Lois stand fest, daß er ein Volltrottel war, und sie wechselten kein Wort mehr miteinander, und zwar nicht nur für den Rest des Abends, sondern für die nächsten 29 Jahre, wie sich herausstellen sollte.)

Nach dem Dinner entschuldigte sich Lois und verschwand auf ihr Zimmer, worauf sich Philips Anspannung etwas löste. Schließlich wurde er sogar von der Hochstimmung der Erwachsenen angesteckt. Insbesondere Sheila und Colin sprühten nur so vor guter Laune, nachdem ihr Gastmahl nicht nur ein voller Erfolg, sondern geradezu ein gastronomischer Triumph gewesen war. Nach den Hors-d'œuvres – Chips in den Geschmacksrichtungen Salz/Essig und Käse/Zwiebel, die in Tupperware-Dosen gereicht wurden – hatten sie Melonenscheiben mit kandierten Kirschen aufgefahren, die mit ein paar großzügigen Gläsern Blue Nun heruntergespült wurden. Anschließend gab es gegrilltes Rumpsteak – extra schön angebrannt, wenn auch nicht ganz bis zur Unkenntlichkeit –, dazu Pommes frites, Champignons, Salat und Salatsoße satt, während der Wein in bacchanalischen Strömen floß. Zum krönenden Abschluß wurde eine Schwarzwälder Kirschtorte kredenzt und erbarmungslos mit Schlagsahne gesüßt; der Wein floß noch reichlicher, auch wenn das kaum mehr möglich schien. Sam und Colin setzten sich zusammen, um kurz darauf ihren Weinkonsum mit jenem Getränk abzurunden, das im Haushalt der Trotters fraglos das alkoholische *pièce de resistance* darstellte: Colins hausgemachtes Light Ale, das er unten im Keller mit einem Geräte-Set aus der Drogerie braute. Wie er bereitwillig erläuterte, beliefen sich die Kosten auf weniger als fünf Pence pro Liter; es war schon erstaunlich, wie preiswert man ein Bier herstellen konnte, das sich kaum von den gängigen Marken unterschied, mal abgesehen davon, daß es eine milchig-grüne Farbe hatte und im Abgang wie gegorenes Frostschutzmittel schmeckte. Nachdem sie sich mit ein paar Gläschen dieses tödlichen Gebräus angeheizt hatten, erörterten die beiden Männer die irische Frage, um gleichermaßen Gift und Galle über den ohnmächtigen Staatssekretär für Nordirland, Francis Pym, wie über die »verdammten katholischen Mörder« zu spucken, deretwegen die ganzen Scherereien überhaupt erst angefangen hatten. Scharfe, bitterböse Töne gewannen die Oberhand. Die Frauen zogen es wie üblich vor, sich nicht weiter um die Diskussion zu kümmern. Sie hatten andere, persönlichere Themen, die ihnen unter den Nägeln brannten.

»Wie heißt dein Kunstlehrer noch mal?« Sheila beugte sich vertraulich zu ihrem älteren Sohn. »Der mit dem Schnäuzer?«

»Mr. Plumb?«

»Was ... was ist er so für ein Typ?«

»Bei uns heißt er nur die alte Zuckerpflaume«, preschte Philip vor. »Das ist sein Spitzname.«

Barbara sah ihn entgeistert an. »Du meinst, er ist ... vom anderen Ufer?«

»Im Leben nicht.« Benjamin lachte. »Wir nennen ihn bloß so, weil er ein Weichei ist. Und geil wie ein alter Bock.«

»Er hat eine Affäre mit Mrs. Ridley«, ließ Philip nachdrücklich wissen.

»Wer ist denn Mrs. Ridley?« fragte Barbara, ohne sich etwas anmerken zu lassen.

»Die Lateinlehrerin von der Mädchenschule. Das Ganze hat auf 'ner Klassenfahrt letztes Jahr angefangen.«

»Als sie mit der Zwölften in Florenz waren«, gab Paul seinen Senf dazu. »Die haben eine Nummer nach der anderen im Hotel geschoben.«

»Was sind denn das für Ausdrücke!« Sheila sah ihn wütend an. »Und auch noch vor den Gästen!«

»Ich sag bloß, was Lois erzählt hat.«

Urplötzlich kicherte Philip in sich hinein. Er wandte sich zu Benjamin. »Weißt du noch? Die Schote, die Harding letztes Jahr beim Fest an der Mädchenschule gebracht hat?«

»Und ob!« Benjamins Augen leuchteten, wie immer,

wenn es um einen von Hardings Streichen ging. Seine Mutter und Mrs. Chase sahen ihn gespannt an. »Mr. Plumb und Mrs. Ridley sollten zusammen einen Sketch aufführen. Und als sie auf die Bühne kommen, steht Harding plötzlich auf und ruft...«

Er hielt inne und warf Philip einen Blick zu, bevor sie beide lautstark deklamierten: »*Ehebrecher!*«

Ihre Mütter sahen sie einigermaßen geschockt an.

»Und dann?« Sheila hielt sich die Hand vor den Mund. »Für so etwas fliegt man doch achtkantig von der Schule.«

Benjamin schüttelte den Kopf. »Gar nichts ist passiert.«

»Harding weiß genau, was er tut«, sagte Philip. »Er weiß genau, wie weit er gehen kann.«

Die Stimme seines Vaters wurde indes immer lauter und lauter, während der Alkohol seinen Tribut zu fordern begann.

»Ich weiß ja nicht, was in den Sternen steht«, dröhnte Sam, worauf Barbara ein leises Stöhnen von sich gab, weil er so immer seine Prognosen einleitete, »aber auf eines verwette ich Haus und Hof. In zwei Jahren ist der Eiertanz in Irland ein für allemal vorbei.«

»Wieso fragst du überhaupt nach der alten Zuckerpflaume?« wollte Benjamin von seiner Mutter wissen.

»Ach, einfach so.«

»Und soll ich euch auch sagen, warum?« fuhr Sam fort. »Weil die Burschen von der IRA nämlich Schlappschwänze sind!«

»So hab ich selten jemand reden hören«, sagte Sheila, die nach wie vor bei Mr. Plumb war. »Mit Worten kann er wirklich umgehen, das muß man schon sagen.«

Barbara nickte zerstreut. Sie sah zu ihrem Mann hinüber, der mit der flachen Hand auf den Tisch schlug, bevor er sagte: »Die markieren den starken Max, aber in Wirklichkeit sind das alles Waschlappen! Waschlappen, sage ich euch!«

»Ja, das kann er«, sagte Barbara gedankenverloren. Dann

stand sie auf, bevor sie abrupt das Thema wechselte. »Komm, Sheila, kümmern wir uns um den Abwasch.«

Die Diskussion ihrer Väter begann Benjamin und Philip schnell zu langweilen. Benjamin brannte darauf, Philip die Platten vorzuspielen, die ihm Malcolm ein paar Tage zuvor geliehen hatte, und so verzogen sich die beiden auf Benjamins Zimmer. Bei einer Aufräumaktion am Nachmittag hatte er bereits den Tischkalender verschwinden lassen, in dem er neben seinem Hausaufgabenplan peinlich genau eintrug, welche Filme er im Fernsehen gesehen hatte, und dabei auch gleich alle Spuren getilgt, die auf den großen humoristischen Roman hingewiesen hätten, an dem er gerade arbeitete; selbst seinem engsten Freund wagte er nicht anzuvertrauen, welchem ehrgeizigen Projekt er sich seit neuestem widmete, daß er glaubte, eine Berufung gefunden zu haben, ein kreatives Betätigungsfeld, das ihm mindestens so wichtig, wenn nicht gar wichtiger als seine musikalischen Gehversuche war. An der Wand hing ein Poster seines ehemaligen Helden Eric Clapton, gleich neben einem von J.R.R. Tolkien selbst gezeichneten Bild von Bilbo Beutlins Haus in Beutelsend und einer detaillierten Karte von Mittelerde, wo sich sowohl Benjamin als auch Philip besser auskannten als auf den Britischen Inseln.

»Hör dir das mal an«, sagte Benjamin, während er nervös zusah, wie sich die Nadel seines tragbaren Mono-Plattenspielers in das kreisende Vinyl fräste. »Genau so stelle ich mir den Sound unserer Band vor.«

»Übrigens«, sagte Philip. »Mir ist ein genialer Name für die Band eingefallen.« Er wies auf die Karte an der Wand, fuhr zielsicher mit dem Finger über das Nebelgebirge und hielt ein paar hundert Elfenmeilen südöstlich von Fangorn inne. »Minas Tirith.«

Benjamin zog eine Kennermiene. »Gar nicht übel.« Das erste Stück des Albums lief jetzt seit etwa einer halben Minute; Gitarre und Saxophon spielten eine schräge, zweistimmige Melodie, die mit einem vertrackten Rhythmus unterlegt war, der sich Benjamin immer noch nicht ganz erschlossen hatte. Die Musik klang eigenwillig, intellektuell und leicht durchgeknallt. »Und? Was meinst du dazu?«

»Hört sich an, als würden sie ihre Instrumente stimmen«, sagte Philip. »Wie heißt die Band?«

»Henry Cow«, sagte Benjamin. »Der Freak hat mir die Scheibe geliehen.«

»Wer?«

»Malcolm. Lois' Freund.«

»Oh.« Philip klang noch deprimierter als vorher. »Ich wußte nicht, daß sie einen Freund hat.« Stirnrunzelnd betrachtete er das Plattencover, auf dem eine aus Ketten gestrickte Socke abgebildet war. »Geht das die ganze Zeit so weiter?«

»Es wird noch abgefahrener«, sagte Benjamin, stolz auf seine Neuentdeckung. »Ohne offene Ohren geht da gar nichts, sagt Malcolm. Sie sind wohl ziemlich von Dada beeinflußt.«

»Wer oder was ist denn Dada?« sagte Philip.

»Keine Ahnung«, gab Benjamin zu. »Na ja... Man muß sich das ungefähr so vorstellen, als würden die Yardbirds in den Trümmern des geteilten Berlin mit Ligeti ins Bett gehen.«

»Wer ist Ligeti?«

»Ein Komponist«, sagte Benjamin. »Glaube ich jedenfalls.« Er griff nach seiner Gitarre und versuchte vergeblich, zur atonalen Melodie der Geige zu spielen.

»Wieso ist Berlin überhaupt geteilt?« fragte Philip. »Das hab ich mich schon immer gefragt.«

»Keine Ahnung... Wahrscheinlich fließt ein Fluß durch die Stadt. So wie die Themse. Ich glaube, die Donau oder so.«

»Ich dachte, es hätte etwas mit dem kalten Krieg zu tun.«

»Kann sein.«

Benjamin legte die Gitarre wieder beiseite. Von unten drang gedämpftes Gelächter zu ihnen herauf, dann ertönte ein dumpfer, gleichförmiger Schlagzeugrhythmus. Sein Vater spielte wieder diese gräßliche James-Last-Platte auf der Kompaktanlage. Angewidert verzog er das Gesicht.

»Worum geht's eigentlich bei diesem kalten Krieg? Ich meine, was soll das überhaupt heißen, kalter Krieg?«

»Na ja«, sagte Benjamin, der nur schwer Interesse für das Thema aufbringen konnte. »Soweit ich weiß, ist es in Berlin ziemlich kalt.«

»Aber ich dachte, das hätte etwas mit Amerika und Rußland zu tun.«

»In Rußland ist es sowieso saukalt. Weiß doch jeder.«

»Und Watergate? Hast du 'ne Ahnung, in was Präsident Nixon da verwickelt ist?«

»Nein.«

»Wieso ist das Benzin so teuer?«

Benjamin zuckte mit den Schultern.

»Wieso bringt die IRA dauernd Leute um?«

»Weil sie Katholiken sind, glaube ich.«

»Wieso gibt es dauernd Stromsperren?«

»Ich glaube, wegen der Gewerkschaften.« Er drehte die Lautstärke auf, weil gleich seine Lieblingsstelle kam. »Hör dir das an – der Sound ist echt unglaublich.«

Philip seufzte und begann, auf und ab zu gehen, offenbar nicht besonders zufrieden mit ihrem Rundumschlag in Sachen aktueller Weltgeschichte. »Von Politik haben wir ja nicht gerade viel Ahnung«, sagte er. »Findest du nicht auch?«

»Na und? Ist doch egal, oder?«

Philip grübelte kurz darüber nach, ohne daß ihm eine Antwort einfallen wollte. Vielleicht hatte Benjamin recht, und es war tatsächlich egal. Vielleicht war die Lateinarbeit am Montag wichtiger. Vielleicht war es wichtiger, seine Ambitionen erst einmal im kleinen Rahmen zu verwirklichen, sich darum zu kümmern, einen Artikel in der Schülerzeitung unterzubringen, irgendwie die Aufmerksamkeit der schönen Cicely Boyd auf sich zu ziehen (und sei es nur für einen winzigen Moment) und endlich die Band zu gründen, die Band, von der sie jetzt schon seit Monaten redeten, auch wenn die Besetzung nach wie vor lediglich aus Benjamin und ihm selbst bestand. Vielleicht war das alles wirklich wichtiger.

»Und? Was meinst du zu Minas Tirith?« fragte er.

»Wie gesagt«, antworte Benjamin, »nicht übel. Aber erst mal sollten wir uns darüber klarwerden, was für Musik wir machen wollen.«

»Und wenn wir so was machen wie Yes? Mum und Dad haben mir *Tales from Topographic Oceans* zu Weihnachten geschenkt. Sagenhafte Scheibe. Ich bring sie dir Montag mit in die Schule.«

Benjamin antwortete nicht. Vielleicht ahnte er bereits, daß das ganze Unternehmen von vornherein zum Scheitern verurteilt war, auch wenn er sich das niemals eingestanden hätte. Damals war er noch optimistisch.

7

Donnerstag, der 7. März 1974, war ein wichtiger Tag, ein denkwürdiger Tag. Es war der Tag, an dem Philip seinen ersten Vorstoß als Journalist wagte, und es war der Tag, an dem Benjamin zu Gott fand. Beide Geschehnisse sollten weitreichende Folgen haben.

Außerdem war es der Tag, an dem Benjamins schlimmster Alptraum Wirklichkeit zu werden schien.

Seit Wochen hatte Philip an einem Artikel gearbeitet, von dem er hoffte, ihn schließlich in der Schülerzeitung veröffentlichen zu können. Er war einer der eifrigsten Leser des *Bill Board,* das jeden Donnertag neu erschien. Der Titel des Blattes verdankte sich jenen bescheidenen Ursprüngen, als die Schülerzeitung noch eine Loseblattsammlung maschinegeschriebener Essays und Aushänge am Schwarzen Brett in einer der oberen Etagen gewesen war; eine in vielfacher Hinsicht unzweckmäßige Form der Veröffentlichung, für deren Drucklegung sich im letzten Jahr ein engagierter junger Lehrer namens Mr. Serkis eingesetzt hatte. Das Schülerorgan bestand nun aus acht DIN-A-4-Seiten, die jeden Dienstag von einer Gruppe aus der Zwölften in der Abgeschiedenheit eines Dachraums über dem Carlton Club zusammengestellt wurden. Es war selten, äußerst selten, daß es einem von den Jüngeren gelang, etwas zu verfassen, das Gnade vor den Augen der Redaktion fand; doch jetzt hatte Philip plötzlich den Durchbruch geschafft.

Zehn Minuten vor der Morgenversammlung saß er in der

Schulbibliothek und las seinen Artikel zum zwölften Mal; vor Stolz und Aufregung sah er bereits alles leicht verschwommen. Auf der Titelseite des *Bill Board* prangte ein langer Leitartikel von Burrell aus der Zwölften, der sich mit dem lahmen Ausgang der Wahlen und Harold Wilsons Wiederernennung zum Premierminister beschäftigte. Philip hätte nicht im Traum geglaubt, je auf die vorderen Seiten vordringen zu können. Doch zumindest kam seine Besprechung noch vor den Ergebnissen im Schulsport und Gilligans Cartoons auf der Witzeseite. Und sie sah einfach bombastisch aus, seine Kritik, flankiert von Hilary Turners Beckmesserei über die Inszenierung des *Kaukasischen Kreidekreises* am Stadttheater und einer von Mr. Fletcher höchstpersönlich verfaßten Würdigung des Lyrikers Francis Piper, dessen mit Spannung erwarteter Besuch am King William's in dieser Woche bevorstand (und zwar an exakt diesem Morgen, wie Philip sich in seiner Trance vage erinnerte). Seinen ersten Gehversuch als Kritiker zwischen den Abhandlungen dieser Koryphäen zu sehen übertraf seine kühnsten Erwartungen.

Trotzdem, dachte Philip, während er seine Besprechung zum dreizehnten Mal und so objektiv wie eben möglich las, trotzdem bestand kein Zweifel, daß er das spitzenmäßig hinbekommen hatte.

»Tales from Topographic Oceans« ist das mittlerweile fünfte Album von Yes, der unumstritten ideenreichsten und besten Band Englands, wenn nicht sogar der ganzen Welt. Und es steht außer Frage, daß wir es hier mit ihrem Meisterwerk zu tun haben.

Das Konzept des Albums verdankt sich Jon Anderson, dem brillanten Leadsinger und Songwriter der Band. Der aus Accrington, Lancastershire, stammende Anderson fühlte sich schon immer zu fernöstlichen Lehren und Philosophien hingezogen. Das vorliegende Doppelalbum, inspiriert von Paramhansa Yogandas »Autobiographie eines Yogis« (hat nichts mit dem gleichnamigen Bär zu tun), besteht aus insgesamt vier Seiten, auf denen sich jeweils nur ein langer Song befindet, also aus insgesamt vier langen Songs. Der kürzeste dieser Songs dauert 18 Minuten und 34 Sekunden, der längste 21 Minuten und 35 Sekunden. Nur auf Mike Oldfields »Tubular Bells« findet man meines Wissens noch längere Stücke. Dafür hat »Tubular Bells« aber auch nur zwei Seiten.

Viele Musiker, zum Beispiel Roy Wood oder Mark Bolan, schreiben einfach nur Popmusik-Texte, während man Jon Anderson wohl als echten Dichter bezeichnen muß. Nehmen wir nur einmal diese Zeilen aus »The Memory«:

»As the silence of seasons on we relive abridge sails afloat/As to call light the soul shall sing of the velvet sailors course on.«

Der geneigte Hörer wird sich fragen, was das bedeuten mag. Wer sind die samtenen Seefahrer, und was ist das für eine Brücke unter vollen Segeln? Doch Jon Anderson wäre kein wahrer Dichter, hätte er nur platte Antworten und seichte Botschaften parat. Das Geheimnis seiner Texte liegt im Rätsel selbst.

Rein musikalisch sind alle fünf Mitglieder der Band echte Virtuosen. Rick Wakeman muß man nach seinem brillanten Album »Six Wives of Henry VIII« (das auf historischen Ereignissen basiert) ohnehin nicht mehr groß vorstellen. Steve Howe ist wahrscheinlich der größte Rockgitarrist aller Zeiten, einzigartig auf seinem Gebiet, obwohl es ungehörig wäre, hier einzelne Mitglieder der Band hervorzuheben.

Die dritte Seite des Albums erzählt von den alten Riesen unter der Sonne, die sich der Erhabenheit der Musik verschrieben haben. Nicht zuletzt gelten diese Worte auch für die Mitglieder der Band selbst. Auch sie haben sich der Erhabenheit der Musik verschrieben. Wenn mich jetzt also jemand fragen würde, von welcher Band dieses Album ist und ob wir es hier mit einem Meisterwerk zu tun haben, könnte ich in beiden Fällen die gleiche Antwort geben:

YES!

Philip war derart hin und weg von diesen genialen Schlußzeilen, daß er Benjamin erst bemerkte, als dieser ihm auf die Schulter tippte. Und es fiel ihm auch nicht auf, was mit Benjamin los war.

»Hast du schon gesehen?« flüsterte er triumphierend. »Sie haben es gedruckt. Sie haben es echt gedruckt.«

Auf einmal sah er, daß sein Freund leichenblaß war. Benjamins Hände zitterten; Tränen standen in seinen Augen.

»Was ist denn passiert?«

Als Benjamin es ihm sagte, mußte er erst einmal tief Luft holen, um sich von dem Schreck zu erholen. Es war das nackte, unfaßbare Grauen.

Benjamin hatte seine Badehose vergessen.

Das Schwimmbecken des King William's lag hinter der Schulkapelle, nicht weit von den Rugbyplätzen entfernt. Im Sommerhalbjahr hatte Benjamins Klasse zweimal die Woche Schwimmunterricht, Montag und Donnerstag morgens nach der großen Pause. Benjamin haßte diese Stunden aus tiefstem Herzen. Abgesehen davon, daß er sich ungern den Blicken anderer aussetzte, war er kein guter Schwimmer; außerdem konnte er seinen Sportlehrer auf den Tod nicht ausstehen. Mr. Warren war ein herrischer Sadist, der aufgrund seiner entfernten Ähnlichkeit mit der lesbischen Killerin in *Liebesgrüße aus Moskau* hinter vorgehaltener Hand gemeinhin kurz Rosa genannt wurde.

Überdies wurde er nicht nur deshalb so gefürchtet, weil er ein gnadenloser Schinder war, der den Jungen das Äußerste abverlangte. Was den Schwimmunterricht bei Mr. Warren anging, gab es nämlich eine berüchtigte Regel, die über die Jahre bei so manchem Schüler beträchtliche psychologische Schäden verursacht hatte. Die Regel war denkbar einfach, und niemand wurde von ihr verschont: Wenn jemand seine Badehose vergessen hatte, mußte er nackt mit den anderen schwimmen.

Tatsächlich gab es zu jener Zeit (möglicherweise heute noch) Schulen, an denen es als selbstverständlich erachtet wurde, daß der Schwimmunterricht im Adamskostüm stattfand, eine Gepflogenheit, die sich wohl der irrigen Annahme verdankte, daß solche Richtlinien der Festigung des Charakters dienten, vielleicht aber auch einfach nur den geschlechtlichen Neigungen der Sportlehrer entsprach. Aber wir wollen hier nicht übertreiben. Im besten Falle hätte diese Usance die Jungen zusammenschmieden, ihnen das Gefühl vermitteln können, daß sie alle zusammen im selben Boot saßen. Die Regelung am King William's aber bewirkte das genaue, erbarmungslose Gegenteil. Ein unseliger Tropf, der seine Hose vergessen hatte, war nicht nur den üblichen feixenden Mienen und ausgestreckten Fingern ausgesetzt, sondern mußte oft noch Wochen, manchmal Monate oder gar Jahre danach demütigendes Gestichel über seine kümmerlichen Genitalien über sich ergehen lassen, ob das nun zutraf oder nicht. Die Folgen waren alles andere als dazu angetan, den Charakter zu festigen, und es gab sogar zwei Fälle (den verklemmten Pettigrew aus der Zehnten und den sexbesessenen Walker aus der Achten), bei denen Rosas Regeln bleibende Schäden hervorgerufen hatten.

Keine Frage, ein paar Zeigefreudige – meist Perverse oder Exhibitionisten – standen sogar darauf, sich zur Schau zu stellen; sie schienen das Ganze für eine Art Mutprobe zu halten und suhlten sich geradezu in der Aufmerksamkeit, die ihnen plötzlich geschenkt wurde. Chapman etwa hatte seine Hose so oft vergessen, daß die meisten überzeugt waren, daß er das absichtlich tat. Selbstredend war er stolzer Besitzer eines wahrlich kolossalen Gliedes, das bei seiner wiederholten öffentlichen Zurschaustellung ehrfürchtige Vergleiche mit einer fetten Fleischwurst, einer überfütterten Python, einer Rohrleitung, einem Elefantenrüssel, einem Fesselballon, einer Monster-Toblerone und einer Tapetenrolle gezeitigt hatte. Davon abgesehen, war es auch Chapman gewesen, der sich eines denkwürdigen Morgens gleich zweier Kardinalvergehen schuldig gemacht und damit eine äußerst peinliche Situation heraufbeschworen hatte. Erst war er ohne Hose gekommen, dann hatte er auch noch während des Unterrichts gequatscht, was traditionell damit geahndet wurde, daß der Missetäter sich fünf Minuten lang auf das Dreimeterbrett stellen mußte. Chapman tat also Buße, bis es Mr. Warren nach anderthalb Minuten plötzlich aufging, daß alle Passagiere auf den Oberdecks der Busse 61, 62 und 63 von der Bristol Road aus freie Sicht auf den nackten Sünder hatten. Der unverhoffte Anblick des legendären Apparats hinterließ offenbar einen tiefen Eindruck bei einigen Leuten. Im Laufe des Tages gingen vier Beschwerden beim Direktor ein, nicht zu vergessen, daß sich eine Anruferin nach Chapmans Telefonnummer erkundigte.

Doch Benjamin war nicht Chapman. All die Jahre hatte er befürchtet, daß er dieser Schmach eines Tages selbst ausgesetzt sein würde. An jenem Morgen hatte ihn sein Vater zur Schule mitgenommen, da er einen auswärtigen Termin in Castle Bromwich wahrnehmen mußte, wo es Probleme mit zwei Vorarbeitern gab. So fiel die leidige Fahrt mit dem Bus flach, und Benjamin konnte sogar zehn Minuten länger schlafen. Doch die Gunst der Stunde war ihm zum Verhängnis geworden. Die Katastrophe war vorprogrammiert, nachdem er versehentlich seine Sporttasche auf dem Rücksitz vergessen hatte. Er konnte es regelrecht vor sich sehen, wie sie dort auf den Polstern lag, unbemerkt von seinem Vater, der den Wagen längst auf irgendeinem Parkplatz abgestellt hatte. Alles weg: sein Handtuch, das frisch gewaschene Rugby-Shirt, die Turnschuhe und die lebenswichtige Badehose; jene paar Quadratzentimeter Synthetik, die seine einzige Rettung gewesen wären. Es gab nichts mehr, was ihn irgendwie vor der Schande bewahren konnte.

Philip versuchte ihn zu trösten, so gut es ging, auch wenn er ihm beim besten Willen nicht weiterhelfen konnte. Sie gingen zwar miteinander durch dick und dünn, doch bei einem derartigen Opfer (Benjamin war voll und ganz klar, daß er sich in dieser Hinsicht keinen Illusionen hinzugeben brauchte) hörte die Freundschaft auf: Philip war selbst auf seine Badehose angewiesen. Er konnte sie ihm nicht leihen. Ob vielleicht jemand eine zweite Hose dabeihatte? Doch Benjamin hatte bereits nachgefragt und dadurch alles nur noch verschlimmert. Niemand wollte oder konnte ihm aus der Patsche helfen; er hatte lediglich erreicht, daß sich die Nachricht wie ein Lauffeuer verbreitete, niemand mehr über etwas anderes redete und sich die gesamte Klasse in freudiger Erwartung die Hände rieb. Als er ein paar Minuten zuvor mit totenbleichem Gesicht und hängenden Schultern das Klassenzimmer betreten hatte, war er auf Harding gestoßen, der die übliche Schar seiner Bewunderer vorab mit einer Kostprobe des Spektakels erheiterte, das sich ihren Augen in knapp zwei Stunden bieten würde.

»Da kommt er auch schon aus dem Umkleideraum«, sagte er in einem sonoren Tonfall, der dem Sprecher einer Tiersendung alle Ehre gemacht hätte, »ein wahres Prachtexemplar der menschlichen Spezies. Nackt wie Gott ihn schuf, kommt der puterrote Trotter aus seinem Nest gekrochen, während er ins Sonnenlicht blinzelt und eine Hand schützend über jene Genitalien hält, die keines Menschen Auge je erblicken durfte – oder vielmehr nicht erblicken konnte, zumindest nicht ohne Zuhilfenahme eines hochmodernen Elektronenmikroskops. Unsichtbar für das menschliche Auge, tatsächlich so mikroskopisch klein, daß unsere Biologen rund um die Uhr damit beschäftigt sind, seine Existenz zu beweisen, hat sich der Trottersche Penis bislang allen Meßversuchen …«

Harding brach mitten im Satz ab, als er Benjamins waidwunden, tief enttäuschten Blick auf sich gerichtet sah. Seine Zuhörer verstreuten sich im Raum; der einzige, der etwas sagte, war Anderton, der die Szene von ganz hinten beobachtet hatte. »An deiner Stelle würde ich einfach blaumachen«, sagte er. »Ein schöner Tag in der Stadt ist doch auch was. Zeig den Arschlöchern einfach, was 'ne Harke ist.« Die anderen kicherten weiter und verfolgten Benjamin mit anzüglichen Blicken, während er hilflos seinen Blick durch den Raum schweifen ließ und sich dann auf die Suche nach Philip machte. Er brauchte einen Freund, der ihm in dieser schweren Stunde zur Seite stand.

Eigentlich hatte er ihm nur sein Herz ausschütten wollen. Er hatte keine Sekunde erwartet, daß Philip auf einmal die Lösung seines Problems aus dem Hut zaubern würde. Doch dann, während er neben seinem Freund in der Bibliothek saß, den Kopf in die Hände stützte und bereits alles den Bach heruntergehen sah, schien Philip plötzlich genau dieses Kunststück zu gelingen.

»Warte mal«, sagte er leise und griff nach der Schülerzeitung. »Schwimmen fällt heute aus.«

Die Wolken verzogen sich. Ein schwacher, kaum wahrnehmbarer Lichtstreif am Horizont. »Was?«

»Nach der Pause ist Schluß für heute. Alle Stunden danach fallen aus.«

»Wieso?«

»Weil dieser Typ aus seinen Büchern liest. Dieser alte Schriftsteller.«

Philip hielt Benjamin die Seite hin, auf der seine Rezension mit den wohlgesetzten Kadenzen des Direktors konkurrierte. Er zeigte auf die letzten Sätze von Mr. Fletchers Artikel. »Da steht's.«

Benjamin war übel vor Aufregung. *Mr. Pipers Lesung findet gegen 11:45 Uhr in der Aula statt*, las er. *Der Lehrplan wird entsprechend geändert.*

»Da hast du's«, sagte Philip triumphierend. »Schwimmen fällt flach. Du bist aus dem Schneider.«

Benjamin war immer noch skeptisch. Das war einfach zu schön, um wahr zu sein. »Das steht da doch gar nicht«, sagte er. »Da steht bloß, daß die Lesung *gegen* 11:45 Uhr stattfindet.«

»Na und?«

»Schwimmen ist um zehn vor zwölf aus. Wegen den fünf

Minuten lassen die doch nie im Leben die ganze Stunde ausfallen.«

»Werden sie aber. Jede Wette. Einfach abwarten und Tee trinken.«

Das war leichter gesagt als getan. Die nächsten sechzig Minuten litt Benjamin Höllenqualen. Da donnerstags keine Morgenversammlung stattfand, war bislang keine verbindliche Information durchgesickert. Benjamins Klassenlehrer, Mr. Swallow, gab sich vage, was den geänderten Stundenplan anging. Entweder fielen die letzten drei Stunden aus oder aber auch nur die letzten beiden; er wußte es nicht genau und schien sich auch nicht großartig dafür zu interessieren. Die wachsende Ungewißheit nahm Benjamin die Luft; seine Eingeweide krampften sich vor Angst zusammen, und ihm war so flau, daß es ihm nicht gelang, sich auch nur eine Sekunde lang auf Mr. Butterworths Auslassungen über die Restaurationszeit und Charles II. zu konzentrieren. Diesen ersten vierzig Minuten folgte die Englischstunde (in der es anläßlich des hohen Besuchs um die Werke Francis Pipers ging), zu deren Auftakt Mr. Fletcher verkündete, daß die Dichterlesung nun um Punkt zwölf beginnen und die dritte Stunde wie üblich stattfinden würde. Als er das hörte, erstarrte Benjamin auf seinem Stuhl, bevor er sich jäh den Magen hielt, weil er dachte, sich auf der Stelle übergeben zu müssen. Er spähte zu Philip hinüber, der eine Reihe weiter saß und ihn besorgt ansah; doch dann wandte er den Blick ab, als ihn das Gefühl überkam, niemandem mehr in die Augen schauen zu können.

Es war also wirklich wahr. Es würde tatsächlich passieren. Es gab kein Entrinnen. Die letzte Hintertür war genau vor seiner Nase zugeschlagen. Aber er hatte ohnehin nie wirklich an einen Ausweg geglaubt.

Nacktes Grauen ergriff Besitz von Benjamin. Um zehn vor elf konnte er sich an nichts erinnern, was in Mr. Fletchers Stunde geschehen war.

Wie das Leben so spielt, hatte er damit einiges verpaßt; zumindest einen kleinen Schlagabtausch zwischen Mr. Fletcher und Harding, bei dem sich beide in Höchstform zeigten.

»Kann ich Sie mal was fragen, Sir?« sagte Harding.

Mr. Fletcher, der sich gerade lang und breit über Francis Pipers lose Verbindung zur Bloomsbury-Gruppe geäußert und eine Stegreifanalyse seines berühmtesten Gedichtzyklus zum besten gegeben hatte, sah argwöhnisch auf. Er roch zehn Meilen gegen den Wind, daß irgend etwas faul war.

»Ja, was denn, Harding?«

»Na ja, eins an diesen Gedichten verstehe ich nicht so richtig, Sir.«

»Und das wäre?«

»Es ist bloß, daß... Ich meine, die Gedichte sind wegen der ganzen Anspielungen und Metaphern ja nicht so leicht zu kapieren, aber es handelt sich doch um Liebesgedichte, nicht wahr, Sir?«

»Selbstverständlich. Worauf wollen Sie hinaus?«

»Tja, ich hab mich bloß ein bißchen gewundert, Sir, warum der Autor, äh... ausschließlich männliche Personalpronomen verwendet.«

Mr. Fletcher nahm seine Brille ab.

»Nun, Harding, das haben Sie wirklich messerscharf beobachtet. Und was schließen Sie daraus?«

»Also, ich kann mir ehrlich gesagt nur eines vorstellen, Sir, und zwar, daß dieser Piper ein alter Hinterlader ist.«

Mr. Fletcher rieb sich müde die Augen. War es das wirklich wert, nach diesem Köder zu schnappen?

»Ich glaube nicht, daß die emotionale Kraft dieser Gedichte in irgendeiner Weise im Zusammenhang mit den von Ihnen angesprochenen sexuellen Präferenzen steht, Harding.«

»Aber ich habe doch recht, nicht wahr, Sir?«

»Womit?«

»Mit meiner Vermutung, daß er… nun, daß er gern mal die Nutellastraße nimmt, Sir.«

»Nutellastraße?«

»Ja, Sir. Die Schoko-Gasse, wie manche auch zu sagen pflegen.«

Der Rest der Klasse konnte sich kaum halten. Mr. Fletcher verzog wie üblich keine Miene, während er nachdenklich aus dem Fenster starrte. Als er schließlich antwortete, klang er noch überdrüssiger und gelangweilter als sonst.

»Ihr Grundproblem besteht darin, daß Ihre Phantasien ebenso kleinkariert wie zutiefst *banal* sind, Harding. Sie dürfen sich – nein, lassen Sie uns gar nicht lange um den heißen Brei herumreden –, Sie *werden* sich um fünf vor zwölf hier einfinden und ein Essay verfassen, während die anderen an Mr. Pipers Lesung teilnehmen, Thema: ›Warum die Natur des Künstlers keine Geschlechtsgrenzen kennt‹, und zwar nicht unter zwölf Seiten. Und da dies ja mindestens Ihre fünfzigste Strafarbeit in diesem Jahr ist, empfehle ich Ihnen, Ihre gesammelten Werke mit einem Begleitschreiben und einem selbstadressierten Briefumschlag an den nächsten Verlag zu schicken! Wir jedenfalls« – für einen Moment hatte sich tatsächlich so etwas wie leichte Erregung, wenn nicht sogar Wut in seine Stimme geschlichen, doch jetzt klang er so monoton wie immer – »schlagen jetzt gemeinsam die Seite 75 unserer Anthologie auf, während uns Gidney eine von Mr. Pipers schönsten *Villanellen* vorliest: ›Der Schweiß des jungen Knechts bestärkt meinen Entschluß‹.«

Die große Pause begann um zehn vor elf. Die meisten Jungen liefen los und deckten sich mit Fleischpasteten und Hot Dogs ein, jenen Leckereien eben, die bei dieser anspruchslosen Klientel als Delikatessen galten. Normalerweise hätte sich Benjamin ihnen angeschlossen, aber allein beim Gedanken an Essen drehte sich ihm schon der Magen um. Dem Delinquenten stand nicht der Sinn nach einer herzhaften Henkersmahlzeit; und die feixenden Gesichter seiner sogenannten Freunde, deren unverhohlene Vorfreude sich von Minute zu Minute steigerte, konnte er erst recht nicht ertragen. Ihm fiel nichts anderes mehr ein, als sich in die hinterste Ecke des Umkleideraums zu verkriechen, wo er erschöpft zu Boden sank, sich in Fötuslage zusammenkrümmte und die Knie in nackter Verzweiflung bis ans Kinn zog.

Er befand sich im entlegensten Winkel des Umkleideraums; die drei Reihen leerer Spinde dort wurden so gut wie nie benutzt (vorn befanden sich die anderen Schließfächer), und es war totenstill. Vor Benjamin lagen 15 Minuten endloser Seelenqual.

Er dachte über den Tip nach, den Anderton ihm gegeben hatte. Sollte er vielleicht wirklich einfach blaumachen? Das Ausmaß seiner Verzweiflung zeigte sich schon allein daran, daß er diese Möglichkeit überhaupt in Erwägung zog, da er schon von Natur aus ein fast pathologischer Konformist war und noch nie gegen die Schulregeln verstoßen hatte. Der rebellische Geist, der die meisten Jungen seines Alters beflügelte, beschränkte sich in seinem Fall darauf, Harding und seine anarchischen Teufeleien zu bewundern; er war ein Mitläufer, der selbst nie die Initiative ergriff. Außerdem war eine Flucht gar nicht so leicht zu verwirklichen: Wenn er um diese Uhrzeit das Schulgelände verließ, würde ihn garantiert irgendein Lehrer dabei sehen. Die einzige realistische Alternative bestand darin, sich irgendwo im Schulgebäude zu verstecken – in einem der Musikräume etwa – und dort auszuharren, bis der Schwimmunterricht vorbei war; oder sich in die Bibliothek zurückzuziehen und so zu tun, als hätte er gerade eine Freistunde – dort konnte er dann Zeitung lesen und das Ganze aussitzen. Harding hätte es unter Garantie so gemacht. Anderton wahrscheinlich auch.

Die schlichte Wahrheit war, daß er einfach nicht den Mut dazu aufbrachte. Was er dann aber – zu seiner eigenen Verwunderung – statt dessen unternahm, war in gewisser Weise sogar noch gewagter. Und um einiges ausgefallener.

Hinterher konnte er sich nicht daran erinnern, wie er sich hingekniet und laut gegen die Stille angeredet hatte; man hätte glauben können, daß er verrückt geworden war. Er erinnerte sich nicht an den Jammer, der unwillkürlich über seine Lippen drang, daran, wie er mechanisch immer wieder die Worte »O Gott, o Gott, o Gott« vor sich hin sprach, bis sie den Charakter eines Gebets angenommen hatten. Er hatte nie zuvor zu Gott gebetet, nie seine Hilfe benötigt, nie zu ihm aufgesehen, nie an ihn geglaubt. Binnen dieser ekstatischen paar Sekunden fand er nicht nur zu Gott, sondern versuchte obendrein, den Herrn zu einem Kuhhandel zu überreden.

»O Gott, o Gott, ich will nur eine Badehose von dir. Ich beschwöre dich in deiner unendlichen Weisheit, mir eine Badehose vom Himmel zu schicken. Ich tue alles dafür, alles, was du von mir verlangst, ich will nur eine Badehose dafür. Nur eine Badehose, jetzt. Ich tue alles, was du willst. Alles. Ich glaube an dich. Ich schwöre, ich werde immer an dich glauben. Du bist meine Zuversicht, ich werde dir auf allen Wegen folgen. Ich werde alles für dich tun, alles, was je in meiner Macht steht, egal, was du von mir verlangst. Nur bitte, bitte, bitte, im Namen des Vaters, des Sohnes und des Heiligen Geistes, bitte, Gott, erfülle mir nur diesen einen Wunsch. Bitte schick mir eine Badehose vom Himmel. Ich flehe dich an. Bitte.

Amen.«

Benjamin hielt die Augen fest geschlossen, als er das Wort noch einmal wiederholte.

»Amen.«

Um ihn herum herrschte Stille.

Und dann hörte er ein Geräusch.

Es war das Geräusch einer Spindtür, die in der Zugluft auf- und zuklappte, obwohl Benjamin bislang nicht aufgefallen war, daß es irgendwo zog. Tatsächlich war es ein absolut windstiller Tag, wie ihm während der Schwimmstunde klar wurde; daher konnte es kein irdischer Hauch gewesen sein. Es war der Atem Gottes. Das Geräusch drang von den Spinden direkt an sein Ohr, und als Benjamin sich auf die Beine kämpfte und mit zögernden Schritten zu den Metallkästen ging, wußte er bereits, was er vorfinden würde. Die Tür schlug ein weiteres Mal auf und zu, und als Benjamin sich dem Spind näherte, schien alles um ihn herum zu verschwimmen, als würde er durch ein Fischauge sehen. Gott hatte ihm ein Zeichen gegeben.

Er öffnete die Spindtür und fand das vor, was er bereits erwartet hatte. Eine marineblaue Badehose. Sie war feucht, anscheinend erst kürzlich benutzt worden und einige Nummern zu groß, doch da sie einen Elastikbund hatte, war das nicht der Rede wert. Es gab nichts, was noch der Rede wert gewesen wäre, und nichts sollte jemals wieder groß der Rede wert sein, solange Benjamin lebte.

Beim Schwimmtraining versagte Benjamin auf ganzer Linie. Als Mitglied eines von Culpepper angeführten Staffelteams war er ganz klar der entscheidende Schwachpunkt in der Kette. Als er sich seine zwei Längen im Butterfly-Stil abgequält hatte und mit knallrotem Gesicht nach Luft schnappte, war der Vorsprung seines Teams dahin; schließlich mußten sie sich der an Nummer zwei gestarteten Staffel geschlagen geben, einer ausgeglichener besetzten Mannschaft, an deren Spitze der von Ehrgeiz zerfressene Fit Eddy stand. Benjamin bekam den ganzen Zorn seines Teams zu spüren. Häme und Verachtung prasselten nur so auf ihn herab.

»Bent, du Arschloch!« zischte Culpepper, als sie wieder ihre Schuluniformen anzogen. »Du beschissene, nutzlose, arme Sau! Du Lusche! Du schwule Tunte hast uns total hängenlassen, jeden einzelnen von uns! Ohne dich hätten wir gewonnen, du Penner! Du mieser Waschlappen! Was bist du bloß für eine verdammte Null!«

Doch Benjamin lächelte ihn einfach nur an, was Culpepper völlig auf die Palme brachte. Dabei wollte er ihn gar nicht reizen. Er lächelte einfach, weil er ein tiefes Gefühl unerschütterlicher Menschenliebe in sich verspürte, das Culpepper genauso wie allen anderen galt; nichts auf der Welt hätte sein Vertrauen in den gerechten Lauf der Dinge je wieder ins Wanken bringen können. Dasselbe glückselige, versonnene Lächeln war auch seine einzige Antwort, als Philip ihn auf dem Weg zur Aula am Arm ergriff und wissen wollte, was passiert war und woher er plötzlich die Badehose hatte. Später erzählte er ihm, daß sie ein Geschenk war, doch mehr sollte er über das Mysterium der knielangen und viel zu großen Badehose nie preisgeben. Eine Zeitlang wurde die ominöse Badehose Teil der dunklen Mythologie des King William's, bevor sie in Vergessenheit geriet. Andere ungelöste Rätsel nahmen ihre Stelle ein.

Andächtig lauschte Benjamin der Lesung Francis Pipers, wenn auch eigentlich nicht seinen Worten, sondern dem wohltönenden Singsang des 70jährigen Dichters, dem Tremolo seiner Stimme, in der er ferne Echos von Psalmen und Hymnen anklingen hörte. Wie gebannt betrachtete er den alten Mann, sein friedliches, von tiefen Lachfalten zerfurchtes Gesicht, und mit einem Mal kam es ihm vor, als hätte er nicht eine Figur des literarischen Lebens vor sich, sondern eine Vision von geradezu perfekter Klarheit, die sich in der Aura des Greises zu spiegeln schien; so ähnlich mußte das Gesicht Gottes aussehen.

Staub wirbelte in den Sonnenstrahlen, die Francis Pipers schlohweißes Engelshaar in goldenes Licht tauchten, und Benjamin mußte sich zwingen, vor Freude nicht lauthals loszulachen. Sie war überall. Göttliche Gnade war überall.

Winter

8

Seit anderthalb Stunden lief das Band nicht mehr. Niemand schien zu wissen, weshalb. Bill Anderton stand im Hof bei der Laderampe, von Monteuren und Lackierern aus dem Werk umringt, auch wenn er sich weder an ihren maulfaulen Witzen noch an dem improvisierten Fußballspiel beteiligte, mit dem etwa ein Dutzend von ihnen begonnen hatte. Er rauchte seine fünfte oder sechste Zigarette und schnippte die Asche in den Rest kalten Tees in seinem Plastikbecher; wenn er den Rauch ausstieß, vermischten sich die grauen Schwaden in der kalten Luft mit den Atemfetzen seiner Kollegen. An diesem rauhen Novembernachmittag schien ausnahmslos jeder zu rauchen.

Eine hagere Gestalt in einem dunkelgrauen Anzug geriet in seinen Blick; auch dieser Mann zog nervös an einer Zigarette. Es war Victor Gibbs, der noch blasser als sonst aussah. Er nickte Bill zu, der seinen Gruß erwiderte, froh darüber, daß Gibbs anscheinend nicht auf Konversation aus war. Lange konnte er sich allerdings nicht freuen. Gibbs ging zwar an ihm vorbei, hielt dann aber inne. Ein maliziöses Lächeln spielte um seine Lippen, als er sich zu Bill wandte.

»Ich hab noch ein Hühnchen mit dir zu rupfen, Genosse Anderton«, sagte er. »Wegen dem Brief, den ich dir vor zwei Monaten geschickt habe. Erinnerst du dich?«

Bill erinnerte sich haargenau, antwortete aber: »Ich kriege 'ne Menge Briefe.«

»Es ging um Miss Newman. Aber wir können sie gern auch *Miriam* nennen.«

Bill wollte nicht darüber reden. Nicht hier. Nur ein paar Schritte von ihnen entfernt lagen die Waschräume, wo er und Miriam sich am Tag zuvor geliebt hatten; die übliche fiebrige, unbequeme Angelegenheit. Je intensiver ihre Affäre wurde, desto freudloser und hektischer kamen ihm die schnellen Nummern vor. Er wollte nicht mit jemand anderem über sie reden. Nicht hier. Nirgends, und schon gar nicht mit Gibbs.

»Ich habe deine Beschwerde nach oben weitergeleitet«, sagte er. »Sie ist auch eingehend geprüft worden. Aber anscheinend war an der Sache nichts dran.«

»Ich habe bis heute keine Antwort auf meinen Brief erhalten.«

»Dafür kann ich nichts. Das muß an anderer Stelle versäumt worden sein.«

Gibbs blickte zur Seite. Alles sah ganz nach einem Patt aus.

»Hübsches Mädchen, diese Miriam«, sagte er schließlich. »Ziemlich ... apart. Jede Menge Burschen, die ein Auge auf sie geworfen haben. Tja, aber das können sie sich wohl abschminken.« Er runzelte die Stirn, als sei ihm gerade ein Gedanke gekommen, obwohl Bill genau wußte, daß er sich das alles längst zurechtgelegt hatte. »Soll ich dir mal sagen, was die Puppen echt anmacht? Kannst du dir doch bestimmt denken.«

»Puppen?« sagte Bill angewidert.

»Macht, Genosse Anderton. Das ist es, worauf sie stehen. Das macht sie erst richtig scharf.«

Bill zwang sich, seinem Blick zu begegnen, obwohl ihm selbst das zutiefst zuwider war. »Können wir das Thema dann abhaken, Gibbs? Deine Ansichten interessieren mich ehrlich gesagt nicht besonders.«

»Von mir aus.« Er hob abwiegelnd die Hände. »Ich dachte bloß, das wär ganz nach deinem Geschmack. Ich meine, wenn jemand Macht hat, dann doch wohl du. Die ganzen Malocher hier« – er wies auf die Männer, die immer noch mit ihrem Gekicke beschäftigt waren – »die springen doch schon, wenn du bloß mit dem Finger schnippst. Was ist überhaupt los? Hast du schon wieder den nächsten Streik angezettelt?«

Es gab mehrere Möglichkeiten, wie Bill auf diese Sticheleien reagieren konnte. Er hätte Gibbs einfach den Rücken zukehren und gehen können; außerdem blieb ihm immer noch seine Trumpfkarte, die Unterschlagungen beim Stiftungsfonds aus dem Ärmel zu zaubern, die er bislang wohlweislich für sich behalten hatte. Er beschloß, sich erst mal nicht aus der Reserve locken zu lassen.

»Einer der Jungs hat das Band versehentlich lahmgelegt. Wir warten, bis der Schaden wieder behoben ist.«

»Ist doch komisch, oder?« sagte Gibbs. »Immer, wenn so was passiert – und inzwischen kommt's doch jede Woche zu so 'nem Vorfall –, passiert es kurz vor der Mittagspause, wenn die Techniker gerade nicht da sind, und schon ist der halbe Tag vorbei, ehe jemand das Band wieder zum Laufen gebracht hat. Und wie viele Wagen werden deshalb wieder nicht produziert? Sechzig? Siebzig?«

»Ich weiß nicht, worauf du hinauswillst«, sagte Bill, während es zu nieseln begann. »Aber eines weiß ich ganz sicher – daß du keinen Schimmer von der Arbeit hier hast. Von einem Sesselfurzer wie dir lasse ich meine Leute jedenfalls ganz bestimmt nicht runtermachen.« Er trat seine Zigarette aus, zermalmte sie geradezu unter seinem Fuß. »Geh erst mal selbst zwei Tage ans Band, bevor du hier über irgendwelche Leute herziehst, nur weil sie mal zehn Minuten rumbolzen. Letzte Woche haben sie meinen alten Kumpel Ian Bateman entlassen, mit *achtundvierzig* und 'ner kaputten Bandscheibe, wegen der er sechs Monate ins Krankenhaus muß. Ja, genau so sieht's aus, wenn du hier zehn Jahre am Band geschuftet hast.«

Er wollte sich gerade abwenden, als Gibbs sagte: »Na, dein Sohnemann wird ja wohl kaum so enden.«

»Mein Sohn?« Bill hielt mitten in der Bewegung inne.

»Er geht doch auf diese Schule für feine Pinkel, stimmt's nicht? Diese Scheiß-reiche-Söhnchen-Akademie in Edgbaston. Ne normale Schule ist wohl nicht gut genug für ihn, was?«

Bill trat zwei Schritte auf ihn zu, während seine Schultern auf einmal doppelt so breit zu werden schienen. Es fehlte nur noch der Tropfen, der das Faß zum Überlaufen brächte.

»Was ist los, Gibbs? Sag doch einfach, was du von mir willst.«

»Ich weiß Bescheid über dich und Miriam Newman«, sagte Gibbs seelenruhig.

Plötzlich mußte Bill unwillkürlich lächeln. Ja, er war sogar froh, daß Gibbs endlich die Karten auf den Tisch gelegt hatte. Jetzt mußten sie endlich nicht mehr um den heißen Brei herumreden.

»Das hättest du dir sparen sollen«, sagte er. »Und von den Schecks hättest du besser auch die Finger gelassen.« Er wartete nicht mal ab, bis Gibbs die Gesichtszüge entgleisten. »Ich habe das dumpfe Gefühl«, sagte er über die Schulter, während er ihn einfach stehenließ, »daß einer von uns beiden nächste Woche nicht mehr zur Arbeit zu kommen braucht.«

Wann immer er für den Rest des Tages an diesen Moment zurückdachte, brannte er innerlich geradezu vor Stolz. Aber Hochmut kommt vor dem Fall.

Abends traf er sich mit Miriam im Black Horse in Northfield; anschließend fuhren sie in seinem blauen Marina raus nach Stourbridge. Im dortigen Talbot Hotel trugen sie sich als Mr. und Mrs. Stokes ins Gästebuch ein (womit Bill dem derzeitigen Vorstandsvorsitzenden von British Leyland seine Reverenz erwies). Irene glaubte, daß er auf einer Gewerkschaftstagung in Northampton war. Und dort hätte er eigentlich auch sein sollen, doch hatte er am Nachmittag bei der Zentrale angerufen und sich krank gemeldet. All das hatte er bereits seit einem Monat so geplant. Es war das erste Mal, daß sie eine ganze Nacht miteinander verbrachten.

Sie saßen an einem Tisch in der schummerigen Hotelbar; Bill trank Bier, Miriam einen Dubonnet mit Bitter Lemon. Unter dem Tisch ruhte seine Hand auf ihrem Knie. Es erwies sich als erstaunlich schwierig, eine Unterhaltung in Gang zu bringen.

»Wäre es nicht schön«, sagte Miriam, »wenn wir jeden Abend so miteinander verbringen könnten?«

Bill war sich alles andere als sicher, ob das wirklich so schön sein würde. Langsam begann ihm zu dämmern, daß Miriam und er sich eigentlich kaum kannten. Ja, natürlich kannte er ihren Körper – in- und auswendig sogar, jeden Quadratzentimeter davon –, aber bislang hatten sie kaum miteinander geredet; Zeit dazu war nur in den seltensten Fällen geblieben. Ihre Affäre zog sich jetzt seit elf Monaten hin, doch an diesem Abend kam es Bill plötzlich so vor, als würde er neben einer Fremden sitzen. Er dachte an Irene und spürte, daß er sich nach ihr sehnte; nicht nach bestimmten Gesten oder Worten, einfach nur nach ihrer Gegenwart, ihrer stummen, warmherzigen Art. Er dachte an seinen Sohn, daran, wie Doug wohl zumute sein würde, wenn er wüßte, welche grotesken Versteckspiele sein Vater trieb. Doch als Miriam zur Bar ging, um Nachschub zu holen, elektrisierte ihn einmal mehr der Gedanke, daß sich diese wunderschöne Frau – dieses wunderschöne Mädchen, um genau zu sein – Hals über Kopf in ihn verliebt hatte und ihn heute nacht mit ihrer Leidenschaft verwöhnen würde. In ihn hatte sie sich verliebt, nicht in einen der jungen Ingenieure oder einen der Monteure, die sie immer in der Kantine anquatschten, sondern in ihn, Bill Anderton, einen fast vierzigjährigen Mann, dem bereits die Haare ausgingen. Und doch mußte er etwas an sich haben, das anziehend auf Frauen wirkte, schließlich war sie lange nicht das erste Mädchen, das für ihn schwärmte; er war immer noch stolz darauf, welche Gefühle er bei Frauen entfachte, wie Miriam ihn anhimmelte, selbst nach elf Monaten noch …

Wenn sie ihn bloß nicht die ganze Zeit über so angesehen hätte.

»Cheers«, sagte er und prostete ihr zu.

»Auf uns«, sagte sie, während sie ebenfalls ihr Glas hob.

Sie nippten an ihren Drinks und lächelten einander an, doch nur einen Augenblick später setzte sie ihr Glas ab. Ein schwermütiger Seufzer drang über ihre Lippen, bevor sie sagte: »Ich kann so nicht weitermachen, Bill. Ich kann es einfach nicht.«

Kurz darauf hatte sie sich wieder beruhigt, und sie gingen zum Dinner.

Das Restaurant war groß und leer. Eine Kellnerin führte sie durch das Halbdunkel des Raums nach hinten, eine Kerze in der Hand, die sie schließlich auf dem für sie bestimmten Tisch abstellte – eine Beleuchtung, die sicher auch für romantische Atmosphäre sorgen sollte, aber eigentlich kaum dazu angetan war, das Friedhofsdunkel um sie herum zu erhellen. Aus den Wandlautsprechern tropfte der zähe Schleim von John Denvers »Annie's Song«. Es war so arktisch kalt, daß Bill die Wachskruste auf dem Kerzenleuchter erst für Eis hielt. Abwechselnd wärmten sie ihre Finger über der Kerzenflamme. Sie sprachen kaum ein Wort, während sie die Speisekarte studierten; das Riesenformat täuschte allerdings nicht darüber hinweg, daß nur drei Gerichte zur Auswahl standen, von denen eines aus war.

Bill entschied sich für den Grillteller. Miriam nahm Hähnchen.

»Möchten Sie Pommes frites als Beilage?« fragte die Kellnerin.

»Was haben Sie denn sonst noch?« wollte Miriam wissen.

»Nur Pommes frites«, sagte die Kellnerin.

»Dann Pommes frites«, sagte Miriam, während sie gegen ihre Tränen ankämpfte.

»Es tut mir leid.« Die Kellnerin sah sie beklommen an. »Mögen Sie keine Pommes frites?«

»Schon gut.« Miriam zog ein Taschentuch hervor. »Es ist alles okay.«

»Natürlich mag sie Pommes frites«, sagte Bill. »Eigentlich ist sie sogar völlig verrückt danach. Wir beide. Es geht um eine Privatsache. Bitte lassen Sie uns allein.« Kurz bevor sie wieder ins Dunkel entschwand, fügte er noch hinzu: »Und bringen Sie uns bitte noch eine Flasche Blue Nun.«

Er zog sein eigenes Taschentuch hervor und tupfte ihre feuchten Wangen ab. Sie stieß ihn weg.

»Tut mir leid«, sagte sie dann. »Es tut mir leid. Ich benehme mich wie eine Idiotin.«

»Macht doch nichts. Die Stimmung hier drückt nicht nur dir aufs Gemüt.«

»Darum geht es nicht.« Miriam zog die Nase hoch. »Es ist wegen Irene. Du mußt sie verlassen. Ich will, daß du sie verläßt und mit mir zusammenziehst.«

»O Gott«, sagte Bill. »Das darf doch wohl nicht wahr sein.«

Seine Worte bezogen sich nicht auf Miriams Forderung – davor hatte ihm schon längst gegraut –, sondern auf eine Gruppe von zwölf Männern und einer massigen, einschüchternd wirkenden Frau im Tweedkostüm, die gerade im Begriff war, an einem nicht weit entfernten Tisch Platz zu nehmen. Die Männer gaben einen kläglichen Haufen ab; die meisten waren mittleren Alters und zu schlecht angezogen, um als Geschäftsleute durchzugehen; als Rugbymannschaft hätten die schlaffen Gestalten wohl auch keine gute Figur gemacht. Sie redeten zwar laut durcheinander, machten aber keinen besonders fröhlichen oder gar ausgelassenen Eindruck; sie schienen sogar Angst zu haben vor der Frau, die sich ein Monokel ins Auge klemmte, nachdem sie Platz genommen hatte. Im Normalfall hätte Bill der abgehalfterten Truppe keinen zweiten Blick geschenkt. Mit dem Unterschied, daß diesmal der Ernstfall eingetreten war: deshalb nämlich, weil sich unter den Männern jemand befand, den er leider nur allzugut kannte; jemand, dem er im Werk jeden Tag über den Weg lief und dessen Kontakt er möglichst zu meiden versuchte. Es handelte sich um den Mann, der nicht nur sein Waffengefährte im Arbeitskampf, sondern auch seine persönliche Nemesis war: Roy Slater.

»Rühr dich nicht vom Fleck«, sagte Bill. »Sag jetzt nichts, und dreh dich bloß nicht um. Wir müssen von hier verschwinden.«

»Was ist denn?« sagte Miriam. »Hast du mir eigentlich überhaupt zugehört?«

»Ja, natürlich«, sagte Bill. »Wir reden darüber, ich verspreche es dir. Aber jetzt« – er warf einen Blick über die Schulter und entdeckte zu seiner Erleichterung gleich hinter ihnen eine mit Samttapete beklebte Tür – »müssen wir hier schleunigst verschwinden. Du kennst doch Roy Slater, oder?«

Miriam nickte verwirrt.

»Er sitzt genau hinter dir. Und er wird uns garantiert bemerken, wenn wir nicht innerhalb der nächsten zehn Sekunden von hier verschwinden.«

Diesmal erwies sich die trübe Beleuchtung als Pluspunkt; es war kinderleicht, unauffällig aufzustehen und durch die angrenzende Tür aus dem Raum zu schlüpfen. Sie fanden sich in einem verlassenen Gang wieder, schlichen an ein paar leeren Konferenzräumen vorbei und gelangten schließlich durch einen Notausgang auf den Hotelparkplatz, wo sie von einem eisigen Windstoß durchgeschüttelt wurden, der so unvermittelt kam, daß Miriam einen spitzen Schrei ausstieß, hauptsächlich wegen der plötzlichen Kälte, aber auch wegen ihrer Enttäuschung, was mit einem Mal aus dem lang ersehnten Abend zu zweit geworden war.

Sie liefen um das Hotel herum zum Eingang, huschten hinein und blieben dann unschlüssig im Foyer stehen.

»Komm, wir gehen nach oben«, sagte Bill. »Laß uns ins Bett gehen.«

»*Ins Bett?* Es ist doch erst halb neun.«

»Wir können nicht hier unten bleiben. Das ist zu riskant.«

»Und was ist mit meinem Essen?«

Bill schien sie nicht gehört zu haben. »Was hat er hier zu suchen?« murmelte er zu sich selbst. »Was sind das für Typen?«

Er ging zur Rezeption und erkundigte sich nach der Gruppe, die gerade zum Dinner gekommen war. Ob diese Leute Gäste des Hotels seien? Die Rezeptionistin sah in ihrem Buch nach und sagte ihm, daß es sich bei der Gruppe um Mitglieder eines gewissen »Bundes aller Briten« handelte, die anläßlich eines Seminars gekommen waren und das ganze Wochenende über bleiben würden. Bill hörte ihr mit regungslosem Gesicht zu. Er schwieg ein paar Sekunden, bevor er sich bei der Empfangsdame bedankte. Als er zu Miriam zurückkehrte, hatte die eben gewonnene Erkenntnis sein Gesicht in eine grimmige Maske verwandelt.

»Was ist?« fragte Miriam. »Was ist denn los?«

Bill griff nach ihrem Arm und führte sie zur Treppe. »Dieses Faschistenschwein«, sagte er.

Nachdem sie miteinander geschlafen hatten, lagen sie eng nebeneinander auf dem Laken, genau in der Mitte des Betts, seine weißen, stacheligen Beine Seite an Seite mit Miriams glatten, frisch wachsbehandelten Schenkeln. Sie lagen nicht deshalb in dieser Position, weil sie den intimen Moment noch länger auskosten wollten, sondern weil die Matratze in der Mitte durchsackte und ihnen keine andere Wahl ließ. Sie hätten es wohl beide bevorzugt, wenn etwas Platz zwischen ihnen gewesen wäre. Sie hatten sich mechanisch, fast teilnahmslos geliebt, da weder ihm noch ihr wirklich danach gewesen war, mehr aus dem Gefühl heraus, daß der ins Wasser gefallene Abend sonst als totales Fiasko geendet wäre. Und auch wenn sie sich körperlich nahe waren, verliefen ihre Gedanken mehr und mehr in getrennten Bahnen.

»Du verstehst einfach nicht, was mit diesen Typen los ist«, sagte Bill. »Einer wie Enoch Powell hat ja wenigstens noch so etwas wie Überzeugungen, so absurd sie auch sein mögen. Selbst die National Front hat irgendwo eine Ideologie. Aber diese Typen lassen sich doch einfach nur von ihrem Haß lenken. Haß und Gewalt, das ist alles, was sie kennen.«

»Glaubst du, er hat uns gesehen?« Dichtes braunes Haar fiel über ihre Schulter, als Miriam sich auf den Ellbogen stützte. Bill konnte nicht anders, er mußte einfach ihre makellose Haut streicheln. »Glaubst du, Mr. Slater hat uns gesehen?«

»Ich weiß es nicht, Liebes. Ich weiß es einfach nicht.« Ein verächtliches Lachen kam über seine Lippen. »Hast du je einen solchen Haufen von Luschen gesehen? Eine derartige Ansammlung von Arschgeigen? Kein Wunder, daß die alleine nichts auf die Reihe kriegen. Und dann noch dazu diese ... diese Fettkuh! Wo gibt's denn so was?«

»Was würdest du dann machen?« Miriam ließ nicht locker. »Ich meine, wenn er uns doch gesehen hätte und es überall rumerzählen würde. Was würdest du machen, wenn Irene es herausbekäme?«

»Er hat uns nicht gesehen«, sagte Bill. »Aber ich ihn – und das ist viel wichtiger. Jetzt weiß ich endlich, wer für diese Pamphlete verantwortlich ist. Diese verdammten Flugblätter.«

»Aber wahrscheinlich ist das sowieso egal«, sagte Miriam gedankenverloren, fast träumerisch, bis ihre Stimme mit einem Mal einen schärferen Ton annahm. »Ich glaube, einer hat sowieso längst alles mitbekommen.«

Bill sah sie an. »Was?«

»Ich weiß es sogar sicher. Mr. Gibbs vom Stiftungskomitee.« Sie blickte ihn forschend an; offenbar hoffte sie auf irgendein Anzeichen von Panik oder Bestürzung. Als sie nichts dergleichen ausmachen konnte, sagte sie: »Kümmert dich das überhaupt nicht?«

»Oh, über Gibbs weiß ich Bescheid. Wir hatten heute nachmittag eine kleine Aussprache.«

»Aussprache? Worüber?«

Bill schüttelte den Kopf und wich der Frage aus. »Der miese kleine Dreckskerl. Versucht mir das Schwein doch glatt an den Karren zu fahren. Als ob ihn das irgendwas anginge. Wieso kümmert der sich nicht einfach um seine eigenen Angelegenheiten?«

»Weil er's auf mich abgesehen hat«, sagte Miriam. Sie lehnte sich zurück auf das Kissen und verschränkte die Hände hinter dem Kopf – eine träge, aufreizende Pose. Fast schien es, als würde sie das Thema auf eine geradezu sinnliche Art und Weise genießen. »Er haßt mich, verstehst du. Er haßt mich, weil ich nicht mit ihm ins Bett gehen wollte.«

»Was?« Entgeistert sah Bill sie an. »Wann ist das passiert?«

»Ach, das ist schon Monate her. Es war nach einer der Stiftungssitzungen, als ihr alle schon weg wart. Er kam noch mal rein und fragte, ob er mich auf einen Drink einladen könnte. Als ich ablehnte – ganz höflich, verstehst du, ich war echt nett zu ihm –, da meinte er, wir könnten das Vorgeplänkel ja genausogut weglassen und gleich 'ne Nummer bei ihm zu Hause schieben.« Sie musterte Bill, um ganz sicherzugehen, daß sie ihn am Nerv getroffen hatte. »Ich war natürlich echt erschrocken und hab gesagt, er sollte mich in Ruhe lassen, aber er meinte, ich bräuchte gar nicht so unschuldig zu tun, er wüßte genau, was ich für eine wäre, er wüßte genau Bescheid, was zwischen dir und mir laufen würde, das könnte er während jeder Sitzung sehen, und dann fing er plötzlich an, mich als Schlampe und Nutte zu beschimpfen. Aber ich hab ihm gesagt, daß ich, selbst wenn ich 'ne Nutte wäre, nicht mal für eine Million Pfund mit einem Perversen wie ihm in die Kiste steigen würde, und als ich das gesagt hatte, starrte er mich einfach bloß 'ne Ewigkeit lang an, ich glaube, ich hab noch nie jemanden gesehen, der so wütend war, und zuerst dachte ich, er würde mir als nächstes eine knallen ...«

»Das hätte er zurückgekriegt von mir, verlaß dich drauf.«

»... aber statt dessen ging er dann einfach, ohne noch irgendein Wort zu sagen, und das machte mir fast am meisten Angst, diese Stille, daß er kein Wort mehr sagte, und seitdem haßt er mich, ich kann das ganz genau sehen, an seinem Gesicht, daran, wie er mich immer anschaut. Er haßt mich bis aufs Blut.«

Bill stützte sich auf und beugte sich über sie. Sein Gesicht war jetzt ganz nah an ihrem, doch noch während er sein Beschützerlächeln aufsetzte, begann ein weiterer düsterer Gedanke in seinem Hinterkopf Form anzunehmen. Was für ein Zufall, was für ein seltsamer Zufall, daß ihm Gibbs und Slater am selben Tag über den Weg gelaufen waren. Es erinnerte ihn an jenen Tag vor so vielen Monaten, an dem ihn Miriam zu Hause angerufen hatte... Ja, das war an dem Nachmittag gewesen, als er Gibbs' Brief gelesen und kurz darauf Slater in den Nachrichten gesehen hatte; und dieses ekelhafte Flugblatt war ja allem Anschein nach auch von Slater verbreitet worden. Wo der eine auftauchte, war offenbar auch der andere nicht weit; wenn nicht alles täuschte, mußte zwischen den beiden irgendeine Verbindung bestehen. Und da war noch etwas Merkwürdiges, nämlich das, was Gibbs vor nur wenigen Stunden während ihres Gesprächs gesagt hatte. Es war ihm nur nicht sofort aufgefallen. ›Diese Scheiß-reiche-Söhnchen-Akademie in Edgbaston‹, so hatte er das King William's bezeichnet. Genau so wie Slater vor fast einem Jahr, als sie sich das Taxi auf dem Nachhauseweg geteilt hatten. Wieso hatten beide genau dieselben Worte benutzt? Und da er gerade daran dachte, woher wußte Gibbs überhaupt, auf welche Schule Duggie ging? Sie mußten über ihn geredet haben; es gab keine andere Erklärung. Also kannten sie sich. Offensichtlich waren sie sogar miteinander befreundet.

»Mach dir keine Sorgen, Bill«, sagte Miriam, während sie ihm zärtlich über die stoppelige Wange strich. »Es ist mir völlig egal, was der von mir will.«

Aber das war noch nicht alles, dachte er. Ihn schauderte, während die beiden erneut vor seinem inneren Auge erschienen; er wurde das Gefühl nicht los, daß auch Miriam eine Rolle in den Plänen der beiden spielte.

Er gab sich alle Mühe, die dunklen Ahnungen abzuschütteln und sich wieder auf das Wesentliche zu konzentrieren. Es war seine Schuld, daß Miriam in Schwierigkeiten geraten war, und seine Aufgabe, sie zu schützen.

»Ich mache mir keine Sorgen«, sagte er und brachte dabei fast ein Lächeln zustande. »Jedenfalls bestimmt nicht, was Gibbs angeht. Der Bursche ist Geschichte.«

»Was meinst du?«

»Ich werde dafür sorgen, daß sie ihn feuern.«

Miriam machte große Augen, und dann lächelte sie auch; nicht nur erleichtert, sondern auch ein wenig amüsiert, als würde es sie belustigen, welcher Hahnenkampf hier ausgetragen wurde.

»Du kannst doch nicht einfach so jemanden feuern lassen«, sagte sie. »Oder?«

»Er ist ein Betrüger. Er unterschlägt schon seit Monaten Stiftungsgelder.«

»Hast du Beweise dafür?«

»Ja. Ich habe die Schecks von der Bank. Die Unterschriften sind allesamt gefälscht.«

»Welche?«

»Die von Tony Castle. Meine.« Er legte eine Kunstpause ein, bevor er weitersprach. »Und deine.«

»Wieso hast du bis jetzt nichts unternommen?« fragte Miriam.

»Ich habe nur den richtigen Zeitpunkt abgewartet«, sagte Bill. »Und der ist jetzt gekommen.« Sanft küßte er sie, und plötzlich konnte er seine Gefühle nicht mehr im Zaum halten. Die Worte strömten nur so über seine Lippen, und er hörte sich Dinge sagen, von denen er genau wußte, daß er sie nicht hätte sagen sollen, daß sie alles nur noch schlimmer machten. »Ich liebe dich, Miriam. Ich würde alles für dich tun, verstehst du, alles. Ich will, daß du glücklich mit mir bist.«

Er wartete darauf, daß sie ihn ebenfalls umarmte und küßte. Doch statt dessen sagte sie:

»Es gibt da noch jemand anderen, Bill. Du bist nicht mein einziger Liebhaber.«

Er erstarrte.

»Was sagst du da?«

»Vielleicht hat Mr. Gibbs ja recht«, sagte Miriam tonlos. »Vielleicht bin ich wirklich eine Schlampe. Eine Nutte. Für meinen Vater wäre ich das jedenfalls ganz bestimmt.« Sie lachte resigniert. »Er würde mir unsere Familienbibel ins Gesicht schlagen, wenn er das hier sehen könnte!«

»Wer ist es?« wollte Bill wissen. »Wie heißt er?«

»Du kennst ihn sowieso nicht«, sagte Miriam. »Es ist niemand aus dem Werk. Er ist nicht mal von hier.« Sie sah ihn triumphierend an. »Du bist ja wohl nicht eifersüchtig! Schließlich hast du doch noch Irene.«

Erst antwortete Bill nichts. Er war rasend eifersüchtig, an der Tatsache gab es nichts zu rütteln, doch gleichzeitig fühlte er sich, als sei ihm ein Stein vom Herzen gefallen, ohne die in ihm widerstreitenden Gefühle miteinander in Einklang bringen zu können.

»Das hast du dir doch gerade ausgedacht, oder?« sagte er schließlich. »Du willst mich doch bloß ...«

»Er ist viel jünger«, sagte Miriam. »Knapp halb so alt wie

du. Er sieht nicht so gut wie du aus, aber er … er weiß wenigstens, was er will, wenn du verstehst, was ich damit sagen will. Und er ist nicht verheiratet.«

Bill rollte sich auf den Rücken und starrte an die Decke.

»Meinst du das wirklich ernst?« sagte er. Und dann: »Wo hast du ihn kennengelernt?«

Miriam setzte sich auf, stieg über ihn und langte zwischen seine Beine. Sie machte ihn hart und nahm ihn langsam in sich auf, Zentimeter um Zentimeter, mit unendlicher Vorsicht und Zärtlichkeit, bis er ganz in ihr war und mit verzückt geschlossenen Augen ohnmächtig unter ihr lag.

»Ich will nur dich, Bill«, sagte sie. »Nur dich.« Und das waren die letzten Worte, die an diesem Abend fielen.

Am nächsten Morgen war Miriams Verhalten noch seltsamer, während er sich nach Irene und der Sicherheit ihrer Ehe sehnte wie nur selten zuvor.

Um sich nicht weiteren Risiken auszusetzen, checkten sie vor dem Frühstück aus dem Hotel aus und fuhren hinauf in die Clent Hills. In einer Teestube verköstigten sie sich mit Obsttörtchen und Milchkaffee. Dann wanderten sie eine Stunde über die dünn bewaldeten Hügel; die von braunem Farn gesäumten Reitwege führten sie an ausgebleichten Weiden und versprengten Baumgruppen vorbei, deren Wipfel sich in das helle Morgenlicht reckten. Nachdem es am Vortag geregnet hatte, kündigte sich nun ein goldener Herbsttag an, und sie hatten die Landschaft fast ganz für sich allein. Sie begegneten ein paar vereinzelten Reitern, die grüßend an ihre Hüte tippten, und einem japsenden Hund, der seinem Besitzer vorauslief, doch davon abgesehen, blieben sie völlig ungestört. Links und rechts erstreckten sich brachliegende Äcker. Aus der Ferne waren die Motorengeräusche von der Schnellstraße zu vernehmen.

Bill versuchte mehr über Miriams anderen Liebhaber herauszubekommen, doch sie wich seinen Fragen ein ums andere Mal aus, machte sich lustig darüber oder entzog sich ihm, indem sie einfach über etwas anderes redete. Mal hielt sie seine Hand und schmiegte sich im Gehen fest an ihn, dann wieder blieb sie unvermittelt stehen und ließ ihren Blick über die weiten Felder schweifen, ohne sich weiter um ihn zu kümmern. Er wurde einfach nicht schlau aus ihr.

Als sie wieder im Wagen saßen, fragte er sie als erstes: »Hast du dich schon für einen von uns beiden entschieden?«

»Und du?« gab sie zurück. »Wie lange soll ich noch auf *deine* Entscheidung warten?«

Doch Bill hatte seine Entscheidung bereits getroffen. Sein ominöser Rivale hatte alles nur einfacher gemacht. Er würde sich nicht einfach von Miriam trennen, sondern freiwillig auf sie verzichten, sie einem anderen, jüngeren Mann überlassen, der besser auf ihre Wünsche eingehen konnte. Etwas beinahe Nobles lag in dieser Geste. Allein die Vorstellung, sein Leben ohne sie verbringen zu müssen, war ihm schier unerträglich, der Gedanke, nie wieder diesen Körper zu berühren, der ihm inzwischen vertrauter war als der seiner Frau. Trotzdem war er fest davon überzeugt, daß er sich richtig entschieden hatte. Er glaubte sogar, daß Miriam im Grunde ihres Herzens dasselbe wollte.

Als sie zurück nach Northfield fuhren und nur noch fünf Minuten von ihrem Zuhause entfernt waren, verlor Miriam die Nerven. Sie fing an zu weinen und schrie ihn mit tränenerstickter Stimme an, daß sie nicht ohne ihn leben könne, daß sie reinen Tisch machen und alles Irene erzählen würde, daß sie sich umbringen würde, wenn er nicht endlich seine Frau verließe. Bill fuhr an den Seitenstreifen und versuchte verzweifelt, sie zu beruhigen. Er fing an, ihr alles mögliche zu versprechen, obwohl er genau wußte, daß er ohnehin nichts davon halten konnte. Sie hörte überhaupt nicht mehr auf zu weinen und zu schreien, bis er schließlich nur noch weißes Rauschen vernahm. Er konnte ihr nur immer und immer wieder versichern, daß er sie liebte, über alles liebte. Sie hatten beide die Kontrolle verloren, und nun waren ihnen auch die Worte entglitten.

9

Am nächsten Morgen wollte Miriam einfach nur raus. Die Sonntage zu Hause waren einfach grauenhaft: Miriam und Claire lebten in permanenter Angst vor ihrem Vater, Donald Newman, dessen Unnachsichtigkeit und Strenge ihrer gesamten Kindheit einen unerbittlichen Stempel aufgedrückt hatten; an Sonntagen führte er sich für gewöhnlich noch autoritärer und herrischer als sonst auf. Auch wenn er nicht länger auf den zweistündigen Bibelstudien bestand, die ihnen sonst das Wochenende so verleidet hatten, erwartete er doch, daß die Familie am Sonntagmorgen gemeinsam zur Kirche ging. Heute aber hatte Claire sich ihm in ebenso spektakulärer wie unvorhergesehener Weise widersetzt und sich strikt geweigert, ihn zu begleiten; vielleicht auch deshalb, weil sie bemerkt hatte, in welchem Zustand sich ihre Schwester befand. Donald schäumte vor Wut, als Claire ihn vor vollendete Tatsachen stellte. Es kam zu einer bitterbösen Auseinandersetzung, während der Claire in Tränen ausbrach und ihr Vater Gift und Galle spie. Es gelang ihm trotzdem nicht, den Widerstand seiner Kinder zu brechen, und kurz vor zehn stürmten die Schwestern aus dem Haus, um zusammen einen langen Spaziergang zu machen.

Was das Verhältnis zwischen den beiden anging, war es ein turbulentes Jahr gewesen. Anfang Dezember 1973 hatte Miriam Spuren von Frischkäse auf den Seiten ihres Tagebuchs entdeckt und Claire daraufhin zur Rede gestellt. Erst hatten sie sich fast die Augen ausgekratzt und anschließend sechs Wochen nicht mehr miteinander gesprochen. Weihnachten war unter diesen Umständen kaum zu ertragen gewesen; Claires Geburtstag war ebenfalls nicht viel besser verlaufen. Doch durch eines jener kleinen Wunder, die Teil des seltsamen Geflechts sind, das sich Familie nennt, hatten sie sich wieder versöhnt, und mittlerweile verstanden sie sich besser als je zuvor. Ihr Wissen um die Gefühle, die Miriam für Bill Anderton empfand, hatte schließlich bewirkt, daß Claire vom Haßobjekt zu fast so etwas wie einer Vertrauten für ihre Schwester geworden war. Inzwischen führte Miriam kein Tagebuch mehr, und sie hätte Claire auch nie die ganze Geschichte erzählt; doch der Umstand, daß ihre Schwester wußte, daß es Bill gab, daß sie seinen Namen kannte und verstand, wie wichtig er ihr war, ließ Miriam intuitiv die Nähe ihrer Schwester suchen, wenn sie Liebeskummer hatte. Trotz des Altersunterschieds war ihr Verhältnis in letzter Zeit enger und enger geworden.

An jenem Sonntagmorgen nahmen sie den 62er und fuhren weit hinaus, am Werk von Longbridge vorbei bis zur Endstation in Rednal. Sie spazierten durch den Cofton Park, spielten Flipper im Spielsalon am unteren Ende der Lickey Road und gingen dann zurück zur Haltestelle, wo sie sich in das kleine, verrauchte Café gegenüber dem Zeitungsladen setzten. Bills Name war bislang nicht einmal gefallen, obwohl Claire genau sehen konnte, daß ihrer Schwester etwas schwer auf der Seele lag. Am Südende des Parks war sie stehengeblieben und hatte zwei oder drei Minuten lang zum Haus der Andertons hinübergesehen. Offenbar war niemand anwesend, da kein Wagen in der Einfahrt stand, und Miriam war weitergegangen, ohne ein Wort zu sagen. Sie war ohnehin ungewöhnlich schweigsam an jenem Morgen.

Als sie dort im Café saßen, übersüßte Cola tranken und sich ein Päckchen Chips teilten, sah Claire plötzlich zwei Jungen hereinkommen. Den einen erkannte sie sofort, und sie war sogar ein kleines bißchen aufgeregt; es war Benjamin Trotter. Bei dem anderen handelte es sich anscheinend um seinen kleinen Bruder. Es sah so aus, als würden sie sich streiten.

»Du weißt genau, daß wir das nicht machen sollen«, sagte Benjamin.

»O Mann, du alter Streber, deswegen macht's doch gerade Spaß. Zum Henker, wegen dir habe ich mir den Arsch in der Kirche breitgesessen. Da kannst du mir ja wohl wenigstens 'nen Pott Tee und 'ne Stulle ausgeben.«

»Einen Pott Tee und 'ne Stulle? Wo hast du denn die Ausdrücke her? Vergiß es. Ich geb dir gar nichts aus.«

»Diese Predigt«, sagte Paul, während er ein Zehnpencestück aus seiner Tasche fischte, »war ja wohl der pure Rhabarber.«

»Du hättest ja nicht mitkommen brauchen. Ich wär sowieso lieber alleine gegangen.«

»Ich paß bloß auf, daß mein geistesschwacher Bruder nicht völlig zum religiösen Irren wird.« Paul gab Benjamin das Geld und nickte vielsagend zu Miriam und Claire hinüber. »Du holst uns jetzt was zum Schnabulieren, und ich kümmere mich schon mal um die beiden Miezen da drüben. Die können wir bestimmt noch abschleppen.«

Bevor Benjamin ihn daran hindern konnte, hatte sich Paul schon an den Tisch neben den beiden Schwestern gesetzt; er quatschte die ältere der beiden auch sofort unverfroren an. Benjamin kaufte zwei Dosen Limonade an der Theke und eilte zurück. Inzwischen hatte er Claire erkannt, doch das machte die Situation auch nicht einfacher. Er hatte keinen blassen Schimmer, was er zu ihr sagen sollte, und dazu kam noch, daß er sich gerade mitten im Stimmbruch befand, ohne auch nur ansatzweise zu wissen, in welcher Tonlage die nächsten Worte aus seiner Kehle dringen würden.

Claire rettete die Situation, indem sie das Wort an ihn richtete. »Du bist doch Benjamin«, stellte sie fest, während sie ihm eine der beiden Dosen stibitzte. »Gib uns mal was ab.«

»Es tut mir leid«, stammelte Benjamin. »Mein Bruder ist 'ne echte Nervensäge.«

Paul streckte ihm die Zunge heraus und wandte sich wieder an Miriam: »Zeig mir deins, dann zeig ich dir meins.« Sie starrte ihn an, als hätte sie es mit irgendeiner primitiven Lebensform zu tun.

»Du gehst doch auch aufs King William's, oder?« fuhr Claire fort. »Ich hab dich schon öfter im Bus gesehen.«

»Ja, stimmt«, sagte Benjamin. Als brillante Replik ging das wohl kaum durch. Er sog krampfhaft an seinem Strohhalm und zermarterte sich den Kopf, was er noch sagen konnte. »Kommt ihr auch gerade aus der Kirche?« fragte er.

»Aus der Kirche?« sagte sie ungläubig. Schlagartig senkte sich Schweigen über den Tisch, bevor Claire, für die das Thema damit offenbar abgehakt war, ihn herausfordernd ansah. »Ihr seid mir schon mehrmals aufgefallen, du und deine Freunde. Ihr seht alle so aus, als ob ihr euch für was Besseres haltet.«

»Oh. Tun wir aber gar nicht. Also, ich jedenfalls nicht.«

»Philip Chase gehört doch auch zu euch, stimmt's?«

»Ja. Er ist mein bester Freund.«

»Und du kennst doch auch Duggie Anderton.«

Miriam wandte abrupt den Kopf, als sie den Namen hörte.

»Duggie?« sagte Benjamin. »Niemand sagt Duggie zu ihm.«

»Oh«, sagte Claire. »Ich dachte, das wär sein Spitzname.« Als sie in das aschfahle Gesicht ihrer Schwester sah, merkte sie, daß die Erwähnung des Namens ein Fehler gewesen war. Kurz und knapp wechselte sie das Thema. »Wär doch toll, wenn wir mehr zusammen unternehmen könnten, findest du nicht? Unsere beiden Schulen, meine ich.«

»Ja«, sagte Benjamin. »Das wär nicht übel.« Der Vorschlag setzte eine ganze Kette von Gedanken in Bewegung, und er ließ beiläufig einfließen: »Du kennst nicht zufällig ein Mädchen namens Cicely? Cicely Boyd?«

Claire verdrehte die Augen. »O Gott, was habt ihr Jungs

eigentlich alle mit Cicely? Weshalb seid ihr alle so hinter ihr her?« Offenbar hatte Benjamin einen wunden Punkt getroffen. »Was ist denn so außergewöhnlich an ihr? Sie sieht doch noch nicht mal besonders gut aus.«

»Doch, das tut sie«, gab er zurück. »Sie ist einfach wunderschön.« Es war draußen, bevor er sich noch bremsen konnte.

Claire lächelte eisig. »Ach so. Du scheinst ja ziemlich für sie zu schwärmen.« Sie riß eine frische Packung Chips auf und sagte, ohne ihm etwas anzubieten: »Na ja, eins kann ich dir schon mal sagen. In der Schlange kannst du echt lange anstehen.«

»Ich weiß«, sagte Benjamin. Sie hatte ihn nur schlicht und einfach verletzen wollen, doch er nahm es als traurige Wahrheit hin. »Ihr Mädchen steht alle auf Harding, stimmt's? Weil er so schlagfertig ist.«

»Quatsch.« Claire sah ihn herablassend an. »Harding interessiert niemanden. Er ist für ein paar Lacher gut, das ist alles. In eurer Stufe gibt's sowieso nur einen, nach dem alle verrückt sind.«

Benjamin wartete darauf, daß sie deutlicher wurde, doch anscheinend war es zu offensichtlich, als daß sie weitere Worte auf die angesprochene Person verschwendet hätte. Er beschloß, einfach zu raten. »Du meinst Culpepper?«

»Culpepper! Jetzt mach aber mal 'nen Punkt. Der Typ ist doch ein Brechmittel.«

»Wen meinst du denn sonst?«

»Richards natürlich, du Blitzmerker.«

Verdattert sah Benjamin sie an. »Rastus?«

Claire verschluckte sich fast an ihren Chips. »Wie? Ihr nennt ihn doch wohl nicht Rastus?!«

»Wieso denn nicht?«

»Weil das echt mies ist.«

»Ach was. Ist doch bloß ein Witz.«

»Ihr nennt ihn Rastus, nur weil er schwarz ist? Ich meine, du hast doch auch 'nen ganz normalen Vornamen, oder?«

»Stimmt schon. Aber mich nennen sie doch auch alle Bent.«

Kurz sah es so aus, als ob Claire gleich loskichern oder zumindest eine spitze Bemerkung machen würde. Doch dann schien sie es sich anders überlegt zu haben, als sie plötzlich fragte: »Hättest du Lust, mal abends mit mir wegzugehen?«

»Mit dir wegzugehen?« wiederholte Benjamin, während ihm mit einem Mal flau im Magen wurde und eine süße Panik Besitz von ihm ergriff.

»Am Dienstag ist wieder Disco im Gemeindehaus. Wir könnten doch mal zusammen losziehen und abtanzen.«

Benjamin hatte noch nie in seinem Leben irgendwo abgetanzt. Allein die Vorstellung ließ ihm schon die Haare zu Berge stehen. Zu seiner Erleichterung fiel ihm eine nicht mal gelogene Ausflucht ein: »Ich hab Dienstag schon was vor. Ich geh zu 'nem Gig im Barbarella's.«

Das Barbarella's war einer der angesagteren Läden in Birmingham, und so tat Benjamins leichthin eingestreute Bemerkung sofort ihre Wirkung, wobei das Wörtchen »Gig« das übrige besorgte. Claire sah ihn schwer beeindruckt an.

»Echt?« sagte sie. »Mit wem gehst du denn hin?«

»Mit dem Freak.«

»Wem?«

»Mit Malcolm. Dem Freund von meiner Schwester. Wir sehen uns Hatfield and the North an.«

»Nie gehört. Meinst du, das wär auch was für mich?«

»Nein«, stellte Benjamin kategorisch fest. »Die Musik ist ziemlich schwierig. Echt komplexer Sound, ein bißchen wie der von Henry Cow.«

»Sagt mir auch nichts.«

»Für Mädchen ist das einfach nichts, sorry.«

»Hab ich's doch gewußt«, sagte Claire, während sie wütend die Chipstüte zerknüllte. »Du hältst dich echt für was Besseres.«

Im selben Moment ließ das schallende Geräusch einer

Ohrfeige darauf schließen, daß auch die Unterhaltung direkt neben ihnen ein jähes Ende gefunden hatte. Miriam schob ihren Stuhl zurück und stand abrupt auf.

»Das kleine Schwein«, sagte sie zu Benjamin, »hat die Phantasie einer Kloschüssel. Komm jetzt, Claire.« Sie ergriff ihre Schwester am Arm und zog sie zur Tür, wo sie sich noch einmal kurz umdrehte: »Das hat sich noch keiner getraut!«

Für den Bruchteil einer Sekunde gelang es Ben noch einmal, Claires Blick zu erhaschen; dann waren die beiden verschwunden, während ihn das dumpfe Gefühl übermannte, eine einmalige Chance verpaßt zu haben.

Als nächstes wollte er Paul fragen, was er überhaupt gesagt hatte. Doch als er das Grinsen auf dem bösen kleinen Gesicht seines Bruder sah, kam er zu dem Schluß, daß er es lieber nicht erfahren wollte.

Den Nachmittag verbrachte Benjamin damit, in seinem Zimmer an seiner neuesten Komposition zu arbeiten. Es handelte sich um ein etwa anderthalb Minuten langes Stück für zwei Gitarren. Zuerst hatte er den einen Gitarrenpart mit dem Kassettenrecorder aufgenommen; wenn er jetzt das Band laufen ließ, konnte er quasi im Duett spielen. Es war ein Stück in a-Moll, das bis auf weiteres erst einmal »Cicely's Song« hieß. Er hatte kurz mit dem Gedanken gespielt, es in »Claire's Song« umzubenennen, aber das wäre wohl ein wenig zu wankelmütig gewesen. Außerdem konnte Claire Cicely nicht das Wasser reichen, so aufregend es auch sein mochte, daß sie ihn gefragt hatte, ob er mit ihr ausgehen wollte. Weder vom Aussehen noch vom Wesen her. Cicely war einfach unvergleichlich.

Der zweite Gitarrenpart war ziemlich schwierig. Irgendwie hatte sich ein Fis-Dur-Akkord in die Harmonie geschlichen – einfach, weil er gut klang –, und das bedeutete, daß er an dieser Stelle ein Cis anstelle eines Cs spielen mußte. Aber irgend etwas stimmte nicht; er kriegte es einfach nicht richtig hin. Andererseits hatten alle Avantgardisten mit solchen Problemen zu kämpfen. Um so weit zu kommen wie Henry Cow, würde er sich mit noch komplizierteren Sachen auseinandersetzen müssen. Außerdem wollte er Malcolm das Stück vorspielen. Bis zu seinem nächsten Besuch mußte er es perfekt beherrschen.

Lois verhielt sich überraschend locker, was die ungleiche Freundschaft zwischen Malcolm und Benjamin anging. Momentan schien sie überhaupt nichts aus der Ruhe bringen zu können. Seit sie Malcolm kannte, war sie wie verwandelt. Es war ihr letztes Schuljahr, und sie hatte sich bereits für einen Studienplatz an der Universität von Birmingham beworben, um in Malcolms Nähe bleiben zu können. In ihren Augen konnte Malcolm gar nichts verkehrt machen, und wenn er jetzt beschlossen hatte, ihren Bruder unter seine Fittiche zu nehmen und ihn in die Welt irgendwelcher bizarrer Bands einzuführen, ging das für sie voll und ganz in Ordnung. Selbst Colin und Sheila hatten ihren Segen gegeben, als Ben gefragt hatte, ob er am Dienstag mit ins Barbarella's dürfe – ein klarer Beweis für das wachsende Vertrauen, das sie Malcolm entgegenbrachten.

»Und du hast wirklich nichts dagegen?« hatte Benjamin Lois am Tag zuvor gefragt. »Macht es dir wirklich nichts aus, daß wir ohne dich auf das Konzert gehen?«

»Überhaupt nicht«, sagte Lois. »Ich steh einfach nicht auf solche Musik. Außerdem muß ich mich noch um mein Kleid kümmern.« Zu ihrem siebzehnten Geburtstag hatte sie ein dunkelrotes, knöchellanges Samtkleid geschenkt bekommen, das sie noch umnähen mußte. Sie wollte es am Donnerstag zu einem besonderen Anlaß anziehen: Vor genau einem Jahr war Malcolm ihr Brief vom *Sounds* zugeschickt worden. »Er will mich zum Essen einladen«, sagte sie. »Er hat gesagt, ich soll mich richtig in Schale werfen. Außerdem tut er so geheimnisvoll. Er meint, er hätte noch eine Überraschung für mich.«

Am Dienstag abend im Barbarella's erfuhr Benjamin, um was es sich bei dieser Überraschung handelte. Malcolm kramte in seiner Jackentasche, förderte eine kleine Lederschatulle vom Juwelier zutage und hielt ihm einen Verlobungsring mit einem eingefaßten Diamanten unter die Nase.

»Na, was hältst du davon, Gitarrero?«

»Wow«, sagte Benjamin, auch wenn er von Schmuck nun absolut gar nichts verstand. »Sieht toll aus. Ist der echt?«

Die Frage rief lautes Gewieher bei Malcolms Freund Reg hervor, der mit ihnen ins Barbarella's gekommen war. Malcolm hatte nichts davon gesagt, daß noch jemand mitkommen würde, und Benjamin war mittlerweile gehörig eingeschüchtert von Regs schulterlanger, von grauen Strähnen durchzogener Mähne, seinen glühenden Wangen, den drei fehlenden Zähnen und seiner Angewohnheit, jedesmal loszugrölen, sobald Benjamin etwas sagte. Wie alt er war, blieb ein Rätsel – zwischen 25 und 50 war alles drin –, und sobald er ein Bier in der Hand hatte, elchte er es in sechs Sekunden weg. Außerdem rauchte er Zigaretten, die merkwürdiger rochen als alles, was Benjamin je in die Nase gestiegen war. Malcolm nannte ihn »Tüten-Reg«, obwohl Benjamin ums Verrecken nicht kapierte, warum.

»Klar ist der echt«, sagte Reg. »Hältst du ihn für 'nen Wichser, oder was?«

Ein weiteres seiner Markenzeichen war, daß er ununterbrochen vor sich hin fluchte.

»Achtzehn Karat Gold«, sagte Malcolm. »Für meine Lois ist mir nur das Beste gut genug.«

»Bist du dir überhaupt sicher, daß sie ja sagt, du Wichser?« fragte Reg.

»Keine Ahnung.« Er wandte sich an Benjamin. »Was meinst du, Gitarrero?«

»Sie sagt bestimmt ja. Auf jeden Fall. Ich glaube, sie wartet bloß darauf, daß du ihr einen Antrag machst.«

Reg zog los, um zwei weitere Biere und eine Cola für Benjamin zu holen, der nicht nur keinen Alkohol trinken, sondern in seinem Alter eigentlich überhaupt keine Kneipe betreten durfte. Doch Malcolm schien den Türsteher zu kennen, und der hatte ein Auge zugedrückt.

»Und der Altersunterschied zwischen uns?« fragte Malcolm. »Meinst du, der ist nicht zu groß?«

»Keine Ahnung«, sagte Benjamin. »Wie alt bist du überhaupt?«

»Dreiundzwanzig.«

»Das sind doch bloß sechs Jahre. So wie bei meinen Eltern.«

Malcolm nickte nachdenklich. Das schien ihn zu beruhigen. Benjamin hatte ihn noch nie so nervös gesehen.

»Wie alt ist Reg eigentlich?«

»Weiß ich nicht. Ich hab ihn in Aston an der Kunstakademie kennengelernt. Keine Sorge, Reg ist schwer in Ordnung.«

»Er hat ein ziemlich ungewaschenes Maul.«

»Aber ein reines Herz.«

Benjamin besah sich das Publikum, lauter Leute in Dufflecoats und Felljacken, die sich um die Tische drängten. Die Menge bestand zu 95 Prozent aus Männern. Von der niedrigen Decke fiel spärliches ockerfarbenes Licht über die Instrumente und Verstärker auf der Bühne. Die ersten beiden Acts hatten bereits gespielt, zunächst ein Sänger namens Kevin Coyne, danach zwei Musiker namens Steve Miller und Lol Coxhill, die ihren Set nur mit Klavier und Saxophon bestritten hatten. In beiden Fällen war der Sound ziemlich gewöhnungsbedürftig gewesen, aber auch von einer schrägen Schönheit, die ihre eigene Logik besaß. Mit hochkonzentrierten Mienen hatte die Menge in ehrfürchtigem Schweigen den Songs gelauscht. Malcolm meinte, Hatfield and the North wären insgesamt etwas zugänglicher, nicht ganz so kompliziert, aber alles in allem verstand Benjamin gut, warum Lois zu Hause geblieben war.

»Wann willst du sie denn heiraten?«

»Jedenfalls nicht vor nächstem Sommer«, sagte Malcolm. »Erst mal muß sie die Schule fertigmachen. Ich zieh meinen Job jetzt noch ein paar Monate durch und leg was zurück, damit wir ein bißchen was von der Welt sehen können, bevor sie aufs College geht. Indien, Neuseeland. Asien wär auch nicht schlecht.«

»Das würde Lois bestimmt gefallen«, sagte Benjamin. »Flitterwochen am Tadsch Mahal, das wär doch was.«

»Irre Idee.«

Tüten-Reg kam mit ihren Drinks zurück.

»Wohin führst du sie überhaupt am Donnerstag aus?« wollte er wissen. »Schon 'ne Idee, wo die Schandtat stattfinden soll?«

»Ich dachte, wir gehen erst mal ins Grapevine, so um acht rum. Und danach...« – er kramte wieder in seiner Jackentasche und zog ein Kärtchen heraus – »in dieses neue Restaurant hier. Ich hab 'nen Tisch für neun Uhr reservieren lassen.«

»*Papa Luigi's Pasta e Spaghetti di Milano*«, las Benjamin, bevor er ihm die Karte zurückgab. »Was ist das für ein Restaurant?«

»Ein Italiener«, sagte Malcolm.

»Besonders weit bist du noch nicht herumgekommen, was?« Tüten-Reg trank sein Glas auf einen Zug aus und ließ einen gewaltigen Rülpser hören. »Du meine Güte, was bin ich bloß für ein dreckiger Wichser«, sagte er, während er ein Exemplar des *New Musical Express* von einem Stuhl nahm. »Was hast du eigentlich für den Eintritt hingelegt, Malc?«

»69 Pence pro Nase.«

»Damit wären wir für 49 reingekommen.«

Er zeigte Malcolm einen Coupon, auf dem stand, daß das Konzert Teil der *NME*/Virgin Crisis Tour war. Dahinter schien die Idee zu stecken, den Fans einen Preisnachlaß zu gewähren, nachdem auch Konzerte aufgrund der Streiks und der Benzinknappheit immer teurer wurden. Ein paar Wochen zuvor war – mit ganzen drei Sitzen Mehrheit – eine neue Labour-Regierung gewählt worden, doch niemand glaubte, daß sich irgend etwas ändern würde.

»Branson, der alte Wichser – der scheint eigentlich ganz okay zu sein, was?«

»Sieht fast so aus«, sagte Malcolm.

Sie erklärten Benjamin, daß Richard Branson der Chef von Virgin Records war.

»Solche Leute braucht das Land«, sagte Malcolm. »Idealisten. Leute, denen es nicht bloß ums Geld geht. Stell dir vor, was wir sonst für eine Gesellschaft hätten.«

»Bist du auch Sozialist?« fragte Reg. »Oder einer von den Tory-Wichsern?«

»Ich weiß nicht«, sagte Benjamin. »Wahrscheinlich ein Tory-Wichser, wenn du schon so fragst.«

Reg brach erneut in grölendes Gelächter aus.

»Dann denkst du doch auch bestimmt, die IRA wär 'ne verdammte Mörderbande, stimmt's? Und unsere Jungs in Belfast sind das Salz der Erde, was?«

»Mach mal halblang, Reg. Er geht auf 'ne Eliteschule. Wie soll er da 'nen Plan von diesen Sachen haben?«

»Dann schenk ihm doch einfach *Menschenfreunde in zerlumpten Hosen* zum nächsten Geburtstag. Und am besten noch was von George Orwell dazu.« Reg beugte sich ganz nah an Benjamins Gesicht. Sein Atem roch durchdringend nach Bier und seinem seltsamen Tabak. »Früher oder später wirst du ja wohl hoffentlich aufwachen, Junge. Wenn du weiterpennst, wirst du nämlich nie merken, was hier in diesem Land vor sich geht.«

»Du meinst, wegen den Gewerkschaften?«

»Nein, meine ich nicht. Die Gewerkschaften wollen nur Gutes, kapierst du. Ich rede von den Leuten, die die Gewerkschaften abschaffen wollen. Von pensionierten Colonels und anderen rechten Spinnern, die sich Privatarmeen aufbauen und dabei von den Banken und den Konzernen unterstützt werden. Und von ihren Tory-Freunden im Parlament.« Er lehnte sich zurück und zwinkerte Benjamin vieldeutig zu. »Ich sag dir, du hast keine Ahnung, was hier momentan für 'ne Scheiße abgeht.«

Malcolm nickte. »Düstere Zeiten im Anmarsch«, murmelte er.

»Und unser Malcolm, der treulose Wichser«, sagte Reg, »heiratet jetzt auch noch in die *Bursch-wah-sie* ein!« Er schlug ihm ebenso freundschaftlich wie eisenhart auf die Schulter. »Ach ja, noch 'n gebührenfreier Tip, Alter. Ich würd nicht mit ihr ins Grapevine gehen.«

»Wieso nicht?«

»Weil das Bier wie Pisse schmeckt und der Laden um die Uhrzeit voll mit feinen Pinkeln ist.«

»Und wo sollen wir sonst hingehen?«

»Keine Ahnung«, sagte Reg und griff nach seinen Blättchen. »Wie wär's mit der Tavern in the Town?«

Für Benjamin machte das alles keinen Sinn. Tüten-Reg redete in einer anderen Sprache. Andererseits überzeugte ihn ebensowenig, was ihm seine Eltern oder die Lehrer in der Schule erzählten. Es war die Welt selbst, die so unglaublich schwer zu fassen war, dieses riesige, komplexe, unberechenbare, unermeßliche Gebilde, die Beziehungen unter den Menschen, die politischen, kulturellen und historischen Zusammenhänge, die unablässigem Wandel unterworfen waren... Wer sollte das alles überhaupt jemals durchschauen? Mit der Musik war das anders. Musik machte immer Sinn. Die Musik, die er an diesem Abend hörte, leuchtete geradezu vor Klarheit, war voller Intelligenz und Humor, Ernst, Energie und Hoffnung. Er würde die Welt nie verstehen, aber die Musik immer lieben. Mit Gott an seiner Seite lauschte er der Musik und wußte, daß er eine Zuflucht gefunden hatte.

10

Am Abend des 21. November 1974 – es war ein Donnerstag – trafen sich Malcolm und Lois um Viertel vor acht an der südöstlichen Ecke des Holloway Circus. Sie gingen durch die Unterführung und dann die Hill Street hinunter, wo sie am Jacey Cinema vorbeikamen, das diese Woche *Verführung junger Mädchen, Mädchen, die sich ausziehen* und *Liebesspiele schwedischer Mädchen* im Angebot hatte.

Sie kicherten über die Titel.

»Solche Filme brauch ich nicht«, sagte Malcolm. »Mir reicht's, wenn ich dich verführen kann.«

»Wie wär's mit ein paar Liebesspielen à la Birmingham?« sagte Lois.

Sie zitterten beide; vor Kälte und gespannter Erwartung. Beide trugen lange Mäntel, so daß Malcolm noch keine Gelegenheit gehabt hatte, Lois' rotes Maxi-Samtkleid zu bewundern.

Vor dem Eingang der Buchhandlung Hudson's legte Malcolm die Arme um Lois und sagte: »Ich liebe dich, verstehst du.«

»Ich liebe dich auch«, sagte sie, und dann küßten sie sich länger als eine Minute, erst gierig, dann sanft, während Malcolms Hand tief in ihrem Haar vergraben war und Lois seinen Nacken streichelte.

»Ich dachte, wir erledigen das besser jetzt gleich«, sagte er. »Sonst fliegen wir noch aus dem Pub.« Er merkte, daß etwas nicht stimmte, und löste sich von ihr. »Was hast du, Liebes?«

In Lois' Augen standen Tränen.

»Ich bin so glücklich«, sagte sie. »Du machst mich so glücklich.«

Sie gingen durch die Stephenson Street und bogen rechts in die New Street ein. Das Stadtzentrum lag still und friedlich da. Viele andere Paare in ihrem Alter waren unterwegs zum nächsten Pub oder Restaurant. Es schien ein guter Abend für Verliebte zu sein.

Die Tavern in the Town war ein beliebtes, gemütliches Kellerlokal, wo sich die Leute nach Einbruch der Dunkelheit trafen. Nachdem man die kurze Treppe hinuntergegangen war, gelangte man in einen großen, offenen Raum, dessen Decke von Backsteinpfeilern getragen wurde; hinter der L-förmigen Bar glänzten die Zapfanlagen, an den Wänden blinkten die Spielautomaten und die hell erleuchtete Musikbox, und über allem lag der Sound der Musik und das Stimmengewirr der Gäste, die sich blendend amüsierten. Malcolm kannte ein paar von ihnen und nickte einigen grüßend zu. Er nahm Lois am Arm und führte sie durch die Menge. Sie war immer ein bißchen nervös, wenn sie in einen Pub gingen, selbst heute. Sie war immer noch minderjährig und hatte Bedenken, irgendwann zufällig auf eine ihrer Lehrerinnen zu treffen, auch wenn ihr nicht recht klar war, was Mrs. Ridley oder Miss Winterton hier zu suchen haben mochten. Die Kneipe war proppenvoll. Malcolm fürchtete erst, sie würden keinen Tisch finden, aber dann erspähte er doch einen, der noch frei war; hatte er's doch gewußt, daß der Abend unter einem guten Stern stand. Er führte Lois zum Tisch und zog dann los, um die Getränke zu besorgen. Sie wollte lediglich ein Tonic Water, um einen klaren Kopf zu behalten; außerdem würde es später zum Essen ja sowieso Wein geben. Malcolm bestellte sich ein Glas Bier. Er wollte es auch nicht übertreiben.

Er bestaunte ihr Kleid, in dem sie einfach phantastisch aussah. Sie hielten einander an den Händen; die Leute, die sich dicht um sie herum drängten, bemerkten sie gar nicht.

»Unglaublich, daß wir jetzt schon ein Jahr zusammen sind«, sagte Malcolm.

»Ich weiß«, sagte Lois. »Es ist einfach Wahnsinn.«

»Gar nicht auszudenken, wenn du meine Anzeige nicht gelesen hättest.«

»Gar nicht auszudenken, wenn du dir eine von den anderen rausgepickt hättest.«

»Ich hab ja bloß zwei Zuschriften gekriegt«, sagte er.

»Noch schlimmer. Stell dir mal vor, du hättest dich für die andere entschieden.«

»Das will ich mir gar nicht vorstellen.«

»Alles wäre total anders geworden.«

Er küßte ihre Hand, und nach einer Weile zog er los, um neue Getränke zu holen. Als er zurückkam, war es sechzehn Minuten nach acht, und Lois summte leise den Song mit, der gerade lief.

»Ein wunderbarer Song«, sagte sie. »Das ist mein Lieblingsstück. Magst du's auch so sehr wie ich?«

Es war eine Coverversion von »I Get a Kick out of You«, gesungen von Gary Shearston. Der Song war ewig lang in den Charts gewesen. Lois schloß die Augen und sang den Text mit.

I get no kick from champagne
Mere alcohol doesn't thrill me at all

Malcolm setzte sein Glas ab und fiel in ihren Gesang ein.

So tell me why should it be true
That I get a kick out of you?

Lois sah ihn überrascht an. Sie hatte ihn nie zuvor singen hören. Plötzlich mußte sie lachen.

»Hätte ich nicht gedacht, daß dir das Stück gefällt.«

»Die alten Songs sind sowieso die besten.« Er beugte sich

dicht zu ihr. »Eigentlich wär das heute abend genau das richtige.«

»Was? Kokain?« sagte Lois, weil bereits die nächste Strophe lief.

»Quatsch. Ich meinte Champagner. Laß uns 'ne Flasche köpfen.«

»Kannst du das denn bezahlen?«

»Logo. Außerdem ist es ja ein besonderer Anlaß.« Dann faßte er sich endlich ein Herz und sagte: »Sogar ein ganz besonderer Anlaß.«

Lois' klopfte das Herz bis zum Hals. »Was meinst du damit?«

Malcolm tastete nach der Lederschatulle in seiner Jackentasche. Eigentlich hatte er vorgehabt, sie erst später zu fragen, aber es gelang ihm einfach nicht, sich noch länger zurückzuhalten.

»Du weißt doch, wie ich für dich empfinde, Liebes?«

Lois antwortete nicht, starrte ihn nur mit weit offenen Augen an.

»Ich liebe dich«, sagte Malcolm. »Ich bin verrückt nach dir.« Er atmete tief ein, ganz enorm tief ein. »Ich möchte dir etwas sagen. Ich möchte dich um etwas bitten.« Er griff nach ihrer Hand und hielt sie ganz fest, so, als wollte er sie nie wieder loslassen. »Weißt du, wovon ich rede?«

Natürlich wußte sie es. Und natürlich wußte Malcolm auch, was sie erwidern würde. Sie verstanden sich blind in diesem Augenblick. Sie waren einander so nah, dem Glück so nah, wie es für zwei Menschen nur irgend möglich ist. Und so kam es, daß Malcolm ihr die große Frage nie stellte.

Dann, um Punkt zwanzig nach acht, löste der Timer den Zünder aus; die Batterien ließen den Strom durch die Kabel schießen. Im selben Moment gingen dreißig Pfund Sprengstoff hoch.

Und das war das Ende für die Kleine und den Freak.

Der Schlund der Verdammnis

1

... erinnere ich mich am deutlichsten an dieses Licht.
Wie gemalt war der Himmel, graublau wie die Augen
Maries und ihrer Enkel. Es war die Farbe eines Schmerzes,
der niemals vergeht...

Manchmal kommt es mir vor, als würde ich mich immer gerade woanders befinden, wenn die wirklich wichtigen Dinge passieren. Als hätte mich Gott zum Opfer irgendeines kosmischen Witzes gemacht, als hätte ich in meinem eigenen Leben bloß eine Komparsenrolle bekommen. Manchmal kommt es mir vor, als würde ich die anderen Akteure nur aus der Ferne beobachten, dazu verurteilt, im entscheidenden Moment immer woanders zu sein, dazu verdammt, in der Küche das Teewasser aufzusetzen, während sich gerade die Welt verändert.

Das soll übrigens so etwas wie eine Entschuldigung sein; weil ich von etwas erzählen will, ohne das Ende der Geschichte zu kennen. Zugegeben, eine Version des Ganzen ist mir bekannt, aber es ist nur Pauls Version; und Paul behält das Wichtigste ja meistens für sich. Dennoch ist die Geschichte es wert, erzählt zu werden, also erzähle ich jetzt einfach, was ich davon weiß.

Sie beginnt im Juli 1976, als mein Vater mit verblüffenden Neuigkeiten ins Wohnzimmer platzte, während wir gerade vor dem Fernseher saßen. Er gab uns bekannt, daß wir die Sommerferien in diesem Jahr in Dänemark verbringen würden.

»Verblüffend« ist nun wahrlich kein Wort, das ich oft benutze, doch diese Eröffnung stellte einen unerwarteten Bruch mit den Familientraditionen dar. Solange ich mich zurückerinnern konnte, waren wir jeden Sommer an den gleichen Ort gefahren: auf die Halbinsel Llyn in Nordwales, wo wir mit unserem Wohnmobil auf einem von wildem Farn und glotzenden Schafen umgebenen Feld campten und drei Wochen lang den Elementen trotzten, da unserer Ankunft stets heftige Stürme und endlose Gewitter folgten (Ironie des Schicksals, daß genau dieser Sommer für Wales der heißeste seit Menschengedenken werden sollte). In diesem Jahr schien jedoch alles anders zu sein. Mein Vater hatte gerade mit Herrn Baumann telefoniert, einem Freund aus Deutschland, der ihn gefragt hatte, ob wir den Sommer nicht zusammen mit seiner Familie verbringen wollten – in Skagen an der Nordspitze Dänemarks, wo die Baumanns für zwei Wochen ein Ferienhaus gemietet hatten.

Fünf Minuten später rief mein Vater in München zurück und sagte begeistert zu.

Herr Baumann war sozusagen das deutsche Gegenstück meines Vaters. Er war Personalchef bei BMW, und in den beiden vergangenen Jahren hatten sie sich mehrmals sowohl in München als auch in Birmingham getroffen, um Firmenstrukturen zu vergleichen und Arbeitsabläufe zu verbessern. Von den gegenseitigen Besuchen profitierten beide, und mit der Zeit waren sie zu Freunden geworden. Mittlerweile kannten wir unseren deutschen »Onkel« so gut, daß wir ihn Gunther nannten.

Die übrige Familie Baumann hatten wir noch nicht kennengelernt; wir sahen sie zum ersten Mal, als wir an einem warmen Augustnachmittag vor ihrem Ferienhaus in Gammel Skagen vorfuhren. Wir waren erst nach Kopenhagen geflogen und von dort aus weiter nach Aalborg. Dann ging es mit dem Mietwagen durch eine Landschaft, die gleichzeitig fremd und doch vertraut war; die schlichte, bescheidene Schönheit der Natur erinnerte mich zunächst an so manche englische Gegend, auch wenn der Norden mit seinem niedrigen blauen Himmel und den kargen, fast wüstenähnlichen Grassteppen doch um einiges rauher wirkte. An der Spitze von Jütland verließen wir die Autobahn und fuhren über die Landstraße nach Gammel Skagen. Der winzige Ort bestand aus kaum mehr als einer Pension und ein paar hübschen Ferienhäusern aus Sandstein, die sich entlang der Küste erstreckten. Die Baumanns erwarteten uns schon. Mit seiner sonnengebräunten Glatze, seiner Kirschholzpfeife und dem imposanten Vollbart sah Gunther wie ein Moralphilosoph des 19. Jahrhunderts aus, auch wenn sein gestreiftes T-Shirt und die knielangen Shorts nicht so recht ins Bild passen wollten. Neben ihm stand seine Frau Lisa, eine zierliche Erscheinung in einem erdbeerfarbenen Sommerkleid und hochhackigen Pumps; mit ihrem Make-up und all dem Schmuck machte sie den Eindruck, eher für einen Abend in einem teuren Restaurant als für einen Nachmittag am Strand gerüstet zu sein. Und dann waren da noch die Kinder der Baumanns, die merkwürdigerweise nicht die geringste Ähnlichkeit mit ihren Eltern hatten. Um nicht lange um den heißen Brei herumzureden: Alle drei waren fett, nicht nur ihr Sohn Rolf, sondern zu meinem Leidwesen auch seine älteren Zwillingsschwestern Ursula und Ulrike, von denen ich mir einiges versprochen hatte, wenn auch ganz bestimmt nicht von jenen unansehnlichen, verlegen kichernden Mädels mit ihren Kassenbrillen auf den Nasen, angesichts derer sich meine hochgesteckten Erwartungen von einer Sekunde auf die andere in Luft auflösten. Obwohl ich in gewisser Weise auch erleichtert war. So wurde meine Treue wenigstens nicht auf die Probe gestellt (meine Treue zu ihr, die nicht weiß, daß ich überhaupt existiere).

Das Haus selbst war einfach klasse. Es lag direkt am Strand, und von den hohen Fenstern sah man direkt auf die silbernen Wellen hinaus, die sich an dem scheinbar endlosen Ufer brachen. Das einzige direkt angrenzende Nachbarhaus war ein etwas bescheideneres Anwesen, mit dem wir nicht nur den grandiosen Ausblick teilten. Es hatte ebenfalls keinen richtigen Garten; hinter beiden Häusern lagen nur wilde Wiesen, die ineinander übergingen und sich in den Dünen verliefen.

Paul und ich waren so begeistert von unserer Unterkunft, daß wir uns nicht mal über unsere Schlafplätze in die Haare kriegten; wir schliefen im Wohnzimmer auf zwei Feldbetten. Normalerweise hatte ich mir mit meinem kleinen Bruder nicht viel zu sagen, doch in jener Nacht verspürte ich zum ersten und einzigen Mal einen Stich von Heimweh, als der erste Überschwang verflogen war und von draußen das zornige Tosen der Brandung an meine Ohren drang, während der Mond das Zimmer in geisterhaftes Licht tauchte. Ich merkte, daß auch er noch wach war. Und so flüsterte ich: »Schade, daß es dieses Jahr nicht mit Wales geklappt hat.«

»Da fahren wir doch sowieso immer hin«, gab er zurück. »Wenn es nach dir und Mum ginge, würden wir nie etwas Neues ausprobieren. Mir gefällt's hier.«

»Mir ja auch«, sagte ich. »Ich mußte nur gerade an Großmutter und Großvater denken.«

Die Eltern meiner Mutter fuhren sonst immer mit uns nach Wales; während wir uns auf dem Campingplatz einrichteten, wohnten sie in einer kleinen Pension unweit der Bucht von Porth Ceiriad. Diesmal hatten sie allein fahren müssen. Ich wußte, daß sie uns vermissen würden.

»Die kommen schon klar«, sagte Paul knapp. »Und jetzt laß uns schlafen. Ich will früh raus und vor dem Frühstück ein paar Runden schwimmen.«

Sein plötzliches Faible fürs Schwimmen war mir neu. Mein Bruder ist von Natur aus ziemlich mager, doch während der nächsten Tage stach mir ins Auge, daß er in letzter Zeit hart trainiert haben mußte; schlagender Beweis dafür waren seine

Oberarme, die einiges an Umfang zugenommen hatten, und die harten Bauchmuskeln verdankten sich offensichtlich einem Bullworker, den er am nächsten Tag aus seinem Koffer holte – einem dieser martialisch anmutenden Geräte, wie man sie häufig in Zeitschrifteninseraten und auf den letzten Seiten von Comic-Heften sieht, flankiert von dem vollmundigen Versprechen, daß einem bei regelmäßigem Training alsbald Scharen von knapp beschürzten Strandhäschen zu Füßen liegen. Wie sich herausstellte, war Paul der geübteste Schwimmer von uns allen. Er ließ selbst Rolf weit hinter sich und pflügte durch die hohen Wellen, während Ulrike, Ursula und ich im seichten Wasser paddelten.

Nun bin ich alles andere als ein großer Sportler. Da wir rundherum von Flachland umgeben waren, unternahm ich ab und zu Ausflüge mit dem Fahrrad, auch wenn ich selten weiter als bis Skagen kam. Hier fand ich Zerstreuungen, die meinen Interessen mehr entgegenkamen. Ich verbrachte so manche Stunde im Museum, um in den Bildern jener Maler zu schwelgen, die der Skagener Schule angehört und zu Beginn des Jahrhunderts hier gearbeitet hatten, magisch angezogen vom außergewöhnlichen Licht dieser Küste, an der sich zwei Meere trafen. Ich trieb mich am Hafen herum und sah zu, wie die Fischerboote mit riesigen Netzen voller Flundern und Heringe eintrafen. Mit meinen Eltern fuhr ich nach Hulsig, wo wir die sandbedeckte Kirche besichtigten, einst die Gemeindekirche von Skagen, die inzwischen aber halb unter den Wanderdünen begraben lag. Nicht zuletzt lohnte sich der Spaziergang entlang der beschaulichen Østerbyvej von Skagen; die leuchtendgelben Häuser mit ihren geteerten Dächern machten einen ebenso ordentlichen und friedlichen Eindruck wie die Leute, die in ihnen wohnten.

Was man von den beiden dänischen Jungen, die in Gammel Skagen in dem Haus neben uns wohnten, nun wahrlich nicht sagen konnte.

Sie hießen Jorgen und Stefan und wohnten dort zusammen mit zwei älteren Leuten, die wir für ihre Großeltern hielten. Stefan war etwa fünfzehn, Jorgen zwei oder drei Jahre älter. Sie schienen uns von Anfang an nicht zu mögen, speziell die Baumanns nicht – und insbesondere deren Sohn Rolf, den sie triezten, verhöhnten und drangsalierten, wann immer sich ihnen eine Gelegenheit dazu bot.

Rolf war vierzehn, ein kräftiger, wenn auch etwas schwerfälliger und linkischer Junge. Wie alle Baumanns sprach er ausgezeichnet Englisch und verstand sich zu meiner Überraschung bestens mit meinem Bruder, der nun wahrlich nicht schnell Freundschaften schließt. Sie gingen zusammen schwimmen, lieferten sich Wettrennen am Strand, machten lange Radtouren und spielten unermüdlich Fußball auf der Wiese hinter dem Haus. Sie kickten gerade wieder einmal, als Jorgen und Stefan zum erstenmal auftauchten; ich hatte mich zum Lesen ins Wohnzimmer verzogen und konnte die Szene von dort genau beobachten.

»He, ihr Deutschen!« rief Jorgen. »Das ist unsere Wiese! Wer hat euch erlaubt, hier Fußball zu spielen?«

Rolf sagte nichts, sah die beiden großen dänischen Jungen nur eingeschüchtert an.

»Ich bin kein Deutscher, sondern Engländer«, sagte Paul. »Und die Wiese gehört uns genauso wie euch.«

»Aber dein Freund ist doch Deutscher, stimmt's? Der *tygge tyske.*« (Was »fetter Deutscher« hieß, wie ich messerscharf folgerte.)

»Er heißt Rolf«, sagte mein Bruder. »Ich bin Paul. Und ich wette, daß wir euch in zehn Minuten 6:0 schlagen.«

Dadurch entschärfte er die Situation, und kurz darauf entwickelte sich ein Match, bei dem verbissen um jeden Ball gekämpft wurde, möglicherweise etwas zu verbissen, um der Wahrheit die Ehre zu geben; ein ums andere Mal entbrannten erbitterte Diskussionen, sobald eine Seite ein Tor erzielte, und alle naselang lagen sie sich lautstark in den Haaren. Die beiden dänischen Jungen gingen hart zur Sache, nahmen Rolf sofort in die Zange und grätschten ihm gnadenlos in die Beine, sobald er in Ballbesitz kam. Später hörte ich ihn jammern, daß sie ihm die Schienbeine blutig getreten hatten.

»Ich kann die nicht leiden«, maulte er, als wir uns zum Abendessen um den Küchentisch versammelten. »Das sind echt brutale Typen.«

»Trotzdem haben wir sie geschlagen«, prahlte Paul. »Ein großer Sieg für die englisch-deutsche Allianz.«

»Hast du nicht mitgespielt, Benjamin?« fragte Gunther, während er mir die Platte mit dem Aufschnitt reichte.

»Dazu ist sich mein lieber Bruder viel zu fein«, sagte Paul. »Er ist ein Ästhet. Er sitzt lieber den ganzen Nachmittag am Fenster und denkt über seine Kompositionen nach.«

»Tatsächlich?« sagte Gunther. »Ich dachte, du wolltest Schriftsteller werden, Benjamin. Du komponierst also auch?«

»Nicht so richtig.« Ich warf Paul einen bösen Blick zu. »Aber manchmal schreibe ich Songs, wenn mich ein bestimmter Ort oder ein bestimmter Mensch dazu inspiriert.«

»Ah, ja.« Gunther schien beeindruckt. »Vielleicht inspirieren dich ja meine beiden Hübschen zu einem Stück.«

Ich sah hinüber zu den Geschwistern Fürchterlich, wie Paul und ich die Zwillinge getauft hatten; etwas Abwegigeres wäre mir im Leben nicht eingefallen.

»Ja, vielleicht«, sagte ich vage.

»Was macht der Wagen, Gunther?« warf mein Vater dankenswerterweise ein.

»Ach, halb so schlimm. Nur ein Kratzer. Das lassen wir in Ordnung bringen, wenn wir wieder zu Hause sind.«

Lisa hatte den Wagen – einen großen BMW Kombi – beschädigt, als sie am Vormittag mit den beiden Mädchen zum Supermarkt gefahren war. Sie war in falscher Richtung in eine Einbahnstraße abgebogen; beim Versuch, mitten auf der engen Straße zu wenden, hatte sie sich zwischen den links und rechts parkenden Autos festgefahren, so daß ihr ein anderer deutscher Urlauber aus der Klemme helfen mußte. Langsam dämmerte uns, daß Lisa zwei linke Hände hatte. Am Abend zuvor waren ihr beim Abspülen zwei Teller zu Bruch gegangen, worauf meine Mutter für alle hörbar bemerkt hatte, daß sie sich anstellte, als hätte sie noch nie eine Küche von innen gesehen. Es war absehbar, daß aus den beiden wohl keine Freundinnen werden würden.

Die beiden jungen Dänen waren wilde, unbeherrschte Burschen, soviel stand fest; sie hatten sich nicht in der Gewalt und wurden – insbesondere Jorgen – ohne ersichtlichen Grund plötzlich aggressiv gegen andere. Ihre Großeltern (die sie Mormor und Morfar nannten) waren immer ausnehmend höflich zu uns, doch sobald Jorgen und Stefan ins Spiel kamen, zog sich garantiert jemand ein paar Blessuren zu; vor allem schienen sie es auf Rolf abgesehen zu haben. Wenn sie ihn nicht mit Fäusten oder Füßen traktierten, ließen sie ihre Aggressionen verbal an ihm aus.

»He, Deutscher«, hörte ich Jorgen einmal am Strand zu ihm sagen. »Was hat dein Vater im Krieg gemacht? War er ein Nazi?«

»Red keinen Stuß«, gab Rolf zurück. »Mein Vater war damals noch ein Kind.«

»Aber sonst wär er bestimmt bei der Gestapo gewesen«, sagte Jorgen, worauf sein Bruder hinzufügte: »Ja. Genau wie Bernhard.«

Keiner von uns hatte auch nur die geringste Ahnung, wovon die beiden redeten, und es überraschte mich immer wieder, mit welcher Selbstbeherrschung Rolf ihre Attacken über sich ergehen ließ. Je mehr sie ihm zusetzten, desto stärker schien er ihre Nähe zu suchen; man konnte sehen, wie er darum kämpfte, von ihnen akzeptiert zu werden.

Eines Nachmittags blieb Rolf mit seiner Mutter und den Zwillingen zu Hause, während wir anderen mit den Rädern nach Grenen am anderen Ende der Halbinsel fuhren; dort treffen zwei Meere aufeinander, Kattegat und Skagerrak, und ich hätte mir in meinen kühnsten Träumen nicht ausmalen können, was sich uns für ein unglaublicher Anblick bieten würde. Im Licht der gleißenden Sonne schimmerte der Ozean in einem geradezu atemberaubenden Aquamarinblau, als wir über den Strand zur Brandung gingen; zwei Ozeane, wie ich vielleicht besser sagen sollte, denn während die Gischt unsere Spuren fortspülte, konnten wir beobachten, wie sich die Wellen, von zwei Seiten kommend, ineinander brachen, sich in endloser Folge immer wieder aufs neue vermischten. Es war ein so unbeschreiblich schöner Anblick, daß ich vor Freude am liebsten lauthals losgelacht hätte, doch der Fremdenführer, der uns schließlich in einem merkwürdigen Zwittergefährt zu unseren Rädern zurückbrachte (einem Eisenbahnwaggon, der von einem Traktor gezogen wurde), erklärte, daß das Meer an dieser Stelle alles andere als harmlos war. Er sagte, daß es auf ganz Jütland keinen gefährlicheren Platz zum Baden gab; beim Versuch, die Stelle zwischen den Meeren zu durchkreuzen, hatten viele Schwimmer ihr Leben verloren.

Als wir wieder zurück in Gammel Skagen waren, hätte man ebenfalls meinen mögen, daß jemand ums Leben gekommen war: Lisa, Ulrike, Ursula und Rolf empfingen uns mit rotgeweinten Gesichtern, obwohl nur der Letztgenannte einen echten Grund dafür hatte – und zwar in Form eines deftigen blauen Auges. Wir errieten sofort, daß Jorgen es ihm verpaßt hatte. Gunther hörte sich an, was passiert war – eine äußerst komplizierte Geschichte, bei der es um ein Wettwerfen auf Bierflaschen mit ziemlich verzwickten Regeln ging –, bevor er einige Zeit lang in der Küche vor sich hin brütete. Schließlich erhob er sich mit den Worten, er würde sich nicht den Urlaub versauen lassen, und machte sich auf, um mit den Großeltern der beiden Jungen zu reden.

Die Sache hatte zwei Konsequenzen. Wenig später klopften Jorgen und Stefan an, entschuldigten sich bei Rolf und gaben ihm die Hand, worauf die Zwillinge erneut in Tränen ausbrachen, sonst aber alle zufrieden waren. Die echte Überraschung aber bestand darin, daß wir für den nächsten Nachmittag zum Tee eingeladen waren; uns wurde gesagt, daß Marie – so hieß die Großmutter der Jungen – mit uns sprechen wollte.

Um vier Uhr gingen wir zum Nachbarhaus hinüber.

In den Häusern alter Menschen herrscht oft ein eigentümlicher Geruch. Ich rede nicht von irgendeinem Gestank, sondern von den Erinnerungen, die in den Räumen hängen, von Zimmern, die lange nicht mehr betreten worden sind, einem bleiernen Geruch vergangener Zeiten, der trist und bedrückend wirken kann. Hier aber war das genaue Gegenteil der Fall. Funkelndes Licht fiel durch die Fenster der Zimmer, die allesamt blitzsauber und frisch gelüftet waren. Es war so hell, daß Marie die Jalousien halb herunterzog, während wir unsere Plätze im Wohnzimmer einnahmen. Die Möbel waren elegant und gepflegt, machten aber einen fast antiken Eindruck, verglichen mit der topmodernen Einrichtung unseres Ferienhauses.

Marie war eine zierliche, aber robust wirkende Frau, die einst bildschön gewesen sein mußte, auch wenn Wind und Sonne ihr Gesicht mit den Jahren in ein Palimpsest unzähliger Falten und Runzeln verwandelt hatten. Sie bewirtete uns mit belegten Sandwiches und klebrigen gefüllten Törtchen; sie lachte, als ich sie um Milch für meinen Tee bat, und meinte, ich könne gern welche haben, auch wenn diese Gepflogenheit hier unbekannt sei. Paul lächelte und zog eine überlegene Miene. Ihr Mann Julius war von imposanter Statur, tiefbraun im Gesicht und sehr kurzatmig. Er sprach den ganzen Nachmittag kein einziges Wort, saß einfach nur da, auf seinen Stock gestützt, während er mit zärtlichem Blick zu seiner Frau herübersah.

Nachdem wir gegessen, ein wenig Konversation über unsere Eindrücke von Skagen gemacht und von München und Birmingham erzählt hatten, räusperte Marie sich schließlich.

»Ich wollte mit euch über meine Enkelkinder sprechen«, sagte sie. »Jorgen und Stefan. Wegen des unschönen Vorfalls gestern nachmittag. Da sie sich entschuldigt haben, will ich darüber keine weiteren Worte verlieren. Ich habe euch aber letzte Woche ein paarmal bei euren Spielen gesehen, und das hat mir sehr gefallen. Ich weiß, daß ihr einige Male aneinandergeraten seid, aber ihr seid euch wahrscheinlich nicht bewußt, daß Jorgen und Stefan sonst kaum Kontakt zu anderen Jugendlichen haben. Ich hoffe, daß ihr Freunde werdet, vielleicht sogar über diese Ferien hinaus. Ich wünsche es mir, sehr sogar, und deshalb möchte ich euch ein paar Dinge über Jorgen und Stefan erzählen. Über ihre Familie und warum sie manchmal so grob zu anderen sind.«

Ich fragte mich kurz, wo die beiden im Augenblick waren. Offenbar hatte sie die Jungen weggeschickt, um in Ruhe mit uns reden zu können.

»Sie waren nicht deshalb so häßlich zu dir, weil du Deutscher bist.« Marie sah Rolf an. »Obwohl du vielleicht genau das denken wirst, wenn ich dir jetzt ihre Geschichte erzähle. Wie auch immer, du mußt es selbst entscheiden. Ich möchte euch nur vorher sagen, daß es eine sehr lange Geschichte ist, und euch bitten, etwas Geduld zu haben. Ich will euch von meiner Familie erzählen, von Dingen, die vor vielen Jahren geschehen sind, zu einer Zeit, als ihr noch gar nicht auf der Welt wart.

Laßt mich einfach anfangen. Wir sind eine jüdische Familie. Meine Vorfahren waren sephardische Juden, die im siebzehnten Jahrhundert von Portugal nach Dänemark kamen und hier fast dreihundert Jahre in Frieden lebten. Ich wurde in dem Jahr geboren, als unser Jahrhundert begann; Julius habe ich in den zwanziger Jahren geheiratet. Wir hatten nur eine Tochter. Sie hieß Inger. Damals lebten wir in einer kleinen Stadt etwa sechzig Meilen westlich von Kopenhagen. Der Name der Stadt ist nicht wichtig. Julius war Rechtsanwalt, während ich mich um unseren Haushalt kümmerte; eine Zeitlang habe ich auch als Lehrerin gearbeitet.

Ihr wißt wahrscheinlich nicht viel über die dänische Geschichte; aber bei uns weiß jeder Schuljunge, daß 1940 die Deutschen in unser Land einmarschiert sind und unsere Heimat bis zum Kriegsende von den Nazis besetzt war. Anfangs war alles gar nicht so schlimm für uns Juden – wirklich schlimm wurde es erst später –, nur ungeheuer schwierig. Noch wurden wir nicht verfolgt, aber wir lebten in ständiger Angst. Überall trieb sich die Gestapo herum. In vielen Haushalten hatten deutsche Offiziere Quartier bezogen. Manche Juden änderten ihre Namen. Zuerst floh niemand, schon deshalb, weil es weit und breit kein Land gab, wohin man hätte fliehen können. Im Süden lag Deutschland selbst, im Norden Norwegen, das ebenfalls besetzt war. Nach England zu entkommen war so gut wie unmöglich, da die Deutschen die Seewege kontrollierten. Nur die Schweden waren noch neutral, doch nichts deutete darauf hin, daß sie die dänischen Juden aufnehmen würden.

Inger verließ die Schule mit sechzehn, im Sommer 1943. Sie half in einem Café als Kellnerin aus, wußte aber noch nicht so recht, was sie mit ihrer Zukunft anfangen sollte; und die Zukunft hing ja sowieso am seidenen Faden. Nur einer Sache war sie sich ganz sicher: ihrer Liebe. Es handelte sich um einen jungen Mann namens Emil – den Sohn eines ebenfalls jüdischen Arztes, mit dem wir befreundet waren. Inger kannte Emil noch nicht mal ein Jahr, doch sie liebte ihn mit einer Hingabe, wie man jemanden vielleicht nur als ganz junges Mädchen lieben kann. Er sah übrigens auch sehr gut aus. Hier. Hier ist ein Foto von ihm.«

Sie nahm ein kleines, ungerahmtes Schwarzweißfoto vom Kaminsims und reichte es mir. Ich ahnte, daß das Foto sonst nicht dort stand; wahrscheinlich hatte sie es einem lange nicht geöffneten Familienalbum entnommen, um es uns zu zeigen. Wir reichten es schweigend herum, als hätten wir es mit einer heiligen Reliquie zu tun. Das Foto zeigte zwei junge Leute, die auf einer Bank in einem Rosengarten saßen. Sie hatten die Arme umeinandergelegt, saßen Wange an Wange da und strahlten in die Kamera. Es gibt Hunderttausende solcher Fotos, und es ließ sich nur schwer sagen, was an diesem so besonders war, außer daß etwas in den lächelnden Gesichtern des Paares lag, was das Bild über den Moment hinaustrug, in dem es gemacht worden war. Es war mehr als nur ein flüchtiger, vergänglicher Augenblick. Das Bild hatte etwas Zeitloses an sich. Die Aufnahme hätte genausogut nur einen Tag alt sein können.

»Hier. Hier ist noch eins.«

Diesmal saß das Paar an einem Tisch in einem Café – vielleicht sogar dem Café, in dem Inger gearbeitet hatte –, zusammen mit einer dritten Person; einem großen, massigen Mann mit kurzen blonden Haaren, der eine Uniform trug.

»Wer ist das?« fragte ich.

»Er hieß Bernhard. Er war ein deutscher Offizier. Er war bei einer Familie einquartiert, die gleich bei uns um die Ecke wohnte.«

Auch auf diesem Bild sahen Inger und Emil direkt in die Kamera. Bernhard hatte seinen Blick auf das Paar gerichtet. Er störte die traute Zweisamkeit der beiden, nicht nur durch seinen Blick, sondern allein schon durch seine bloße Gegenwart. Es war ein Bild, das keine großen Erklärungen benötigte, ein Bild, das eine eindeutige, unmißverständliche Geschichte erzählte.

»Wie ihr seht, war Bernhard in Inger verliebt. Er hatte sie bei ihrer Arbeit kennengelernt, aber sie war ihm schon ins Auge gefallen, als sie noch zur Schule ging. Daß sie Jüdin war, machte die ganze Sache nur noch komplizierter. Er muß sich für seine Gefühle gehaßt haben; in gewisser Weise haßte er wahrscheinlich auch sie. Und natürlich konnte er es nicht ertragen, daß sie einen Juden liebte. Er machte ihr immer wieder Avancen, doch sie ging nicht weiter auf ihn ein. Einmal… Inger hat mir nie erzählt, wie es wirklich war, aber einmal hat er es sogar mit Gewalt versucht. Nein, vergewaltigt hat er sie nicht, so weit konnte er sich wohl noch im Zaum halten, aber es muß trotzdem schrecklich für sie gewesen sein. Und wahrscheinlich mehr als demütigend für ihn selbst. Doch auch das hielt ihn nicht davon ab, ihr weiter den Hof zu machen. Immer wieder stand er mit Blumen und Pralinen vor unserer Tür. Und natürlich war ihm Emil ein Dorn im Auge. Eines Abends wurde Emil auf offener Straße zusammengeschlagen. Ich habe immer geglaubt, daß Bernhard dahintersteckte.

Dann kam der Oktober 1943, und plötzlich veränderte sich alles, von einem Tag auf den anderen. Mit einem Mal galten Juden in Dänemark als unerwünscht. Für den 1. und 2. Oktober 1943 hatte die Gestapo eine großangelegte Säuberungsaktion geplant; alle Juden sollten verhaftet und anschließend in die Konzentrationslager deportiert werden.

Doch wir wurden gerettet; unsere Rettung gehört zu den großen Augenblicken in der Geschichte Dänemarks. Über verschiedene Kanäle erfuhren dänische Politiker von den Plänen der Deutschen und ließen eine geheime Rettungsoperation anlaufen. Jüdische Gemeinden und Kreise wurden gewarnt, und die große Mehrzahl von uns ging in den Untergrund. Die Dänen handelten heldenhaft. Sie versteckten ihre jüdischen Mitbürger, gaben Unbekannten Zuflucht, die ihre Hilfe benötigten. Krankenhäuser und Kirchen boten Hunderten und Aberhunderten von Menschen Unterschlupf. Dann verbreitete sich die Nachricht, daß König Gustav von Schweden sich gegen die Pläne der Deutschen gestellt und erklärt hatte, daß Schweden alle dänischen Juden aufnehmen würde. Das war der erste echte Hoffnungsschimmer. Wir wußten nur nicht, wie wir nach Schweden gelangen sollten.

Julius, Inger und ich hatten unsere Habseligkeiten gepackt und waren mit dem Wagen aufs Land geflohen. Wir nahmen zwei von Emils Schwestern mit; seine dritte Schwester und seine Eltern folgten uns ein paar Stunden später. Eine Zeitlang hielten wir uns auf Bauernhöfen versteckt. Wir wußten nicht, was zu Hause passiert war, ob unsere Häuser beschlagnahmt worden waren oder ob die Deutschen nach uns suchten. Es war eine schreckliche Zeit, die wir in furchtbarer Angst verbrachten. Obwohl ich glaube, daß Inger und Emil auch ein paar schöne Tage hatten. Daß sie es genossen, zusammen unter einem Dach zu schlafen. In der Not zusammenzustehen. Ich weiß, wie töricht sich das anhören muß, aber ich glaube fest daran. Die Dinge sind einfach so, wenn man jung ist.

Mehr als eine Woche warteten wir auf neue Nachrichten. Emils Vater gelang es, telefonischen Kontakt mit ein paar Leuten in Kopenhagen aufzunehmen, die im Widerstand waren und die Rettung der Juden mitorganisierten. Schließlich wurde uns gesagt, daß uns ein Fischerboot nach Schweden bringen könne, wenn es uns gelänge, die Ostküste nördlich von Kopenhagen zu erreichen. Es klang alles ziemlich vage. Wir wußten weder, wie groß die Boote waren, noch, wann sie übersetzten oder ob die Fischer Geld für den Transport haben wollten. Trotzdem blieb uns keine andere Wahl. Wir durften keine Zeit verlieren. Die Deutschen waren außer sich vor Wut, daß so wenige Juden gefaßt worden waren; im ganzen Land wurde nach Flüchtigen gesucht. In der Tat war die Gestapo bis zu diesem Zeitpunkt nicht sehr erfolgreich gewesen, nicht zuletzt deswegen, weil sich viele Deutsche hatten bestechen lassen.

Julius und Emils Vater beschlossen, daß wir uns am späten Abend des folgenden Tages zur Ostküste aufmachen sollten. Um zehn Uhr sollte es losgehen.«

Als Marie uns Tee nachschenkte, bemerkte ich, daß ihre Hand leicht zitterte. Vorher war sie ganz ruhig gewesen.

»Unsere Route war nicht ganz ungefährlich«, fuhr sie fort. »Der Weg führte auch an unserer Heimatstadt vorbei; das war der eine Fehler, den wir machten. Der andere war, daß nicht jede Familie für sich fuhr, auch gar nicht fahren konnte, weil Emil, seine Eltern und seine drei Schwestern nicht in einen Wagen paßten, schon gar nicht zusammen mit den Sachen, die sie dabeihatten. Und vielleicht wäre es besser gewesen, wenn wir wieder Emils Schwestern mitgenommen hätten. Doch Inger und Emil wollten nicht getrennt fahren, und so fuhren sie zusammen mit Julius und mir.

Kurz nach halb elf kamen wir an unserem Städtchen vorbei; alles sah ganz danach aus, als wäre die größte Gefahr vorüber. Dann bemerkten wir plötzlich, daß Emils Vater angehalten worden war; vier deutsche Offiziere standen um den Wagen herum und leuchteten mit Taschenlampen hinein. Julius bremste und wollte umdrehen; wir konnten immer noch eine andere Straße nehmen. In dem Moment aber sah ich, wie Emils Vater den Deutschen ein Bündel Geldscheine übergab. ›Ach komm‹, sagte ich, ›die wollen doch nur Geld.‹ Und so fuhren wir langsam heran.

Emils Vater sprach immer noch mit den Deutschen, als der vierte der Offiziere sich aus der Gruppe löste und zu uns kam. Es war Bernhard. Er erkannte uns sofort, knipste seine Taschenlampe an und leuchtete damit in unsere Gesichter. Der Lichtkegel schien ewig auf Emils Gesicht zu verharren. Bernhard sagte kein Wort, doch als ich das heimtückische Glitzern in seinen Augen sah, wußte ich bereits, daß etwas Schreckliches passieren würde.

Julius bot ihm Geld an, doch Bernhard bestand darauf, daß wir allesamt aussteigen sollten. Das Herz klopfte mir bis zum Hals; gleichzeitig sah ich, wie die anderen Deutschen Emils Vater zum Weiterfahren aufforderten. Ich bekam mit, daß er auf uns warten wollte, doch sie ließen nicht mit sich reden; einer von ihnen zog sogar seine Waffe. Emils Vater warf einen Blick zu uns herüber und machte eine hilflose Geste, dann stieg er in seinen Wagen. Als er losfuhr, schoß der eine Deutsche in die Luft; der Knall hallte weithin über die Dächer unserer kleinen Stadt. Die Angst schnürte mir die Kehle zu. Es hatte zu regnen begonnen.

Julius, Inger, Emil und ich standen vor unserem Wagen. Bernhard wollte wissen, wieviel Geld wir dabeihatten. Als Julius das Geld aus dem Koffer holte und nachzählte, stellte sich heraus, daß wir nur dreitausend Kronen mit uns führten. Als Bernhard das hörte, lächelte er und sagte, daß sie viertausend Kronen haben wollten – tausend für jeden. Ich wußte sofort, daß sie von Emils Vater nicht die gleiche Summe verlangt hatten; er wollte nur deshalb so viel Geld, weil er wußte, daß wir es nicht bezahlen konnten. Aber wir waren ihm ausgeliefert. Er nahm unser Geld an sich und befahl uns, wieder einzusteigen; einen Moment lang dachte ich, er würde uns davonkommen lassen. Doch als Emil in den Wagen steigen wollte, hielt er ihm seine Pistole vor die Brust und sagte: ›Nein. Du nicht.‹

Inzwischen waren die anderen drei Offiziere zu uns herübergekommen. Ich hörte, wie Bernhard auf deutsch zu ihnen sagte: ›Der ist verhaftet.‹ Als Inger das mitbekam, brach sie in Tränen aus. Gellend schrie sie: ›Nein, nicht Emil! Ihr könnt mir nicht ...‹

Nun, ihr könnt euch sicher vorstellen, was sie sagte.«

Marie schwieg eine Weile. Wir warteten darauf, daß sie weitersprach. Paul stellte seinen Teller auf den Tisch. Er hatte sein Törtchen nur halb gegessen.

»Was in den nächsten Stunden geschah, kann ich nicht in Worte fassen. Ich kann mich erinnern, ja, aber ich kann nicht darüber sprechen. Ich höre Inger immer noch weinen ...

Laßt mich fortfahren. Um zwei Uhr nachts kamen wir an der Küste an, in einem kleinen Ort namens Humlebaek. Emils Vater wartete auf uns; seine Frau und die Mädchen waren bereits mit einem Boot nach Schweden unterwegs. Er war außer sich vor Verzweiflung, als er sah, daß Emil nicht bei uns war. Und das nächste Boot stand schon bereit. Es war eine schwarze, mondlose Nacht; außer uns warteten noch etwa zwanzig andere Flüchtlinge auf die Überfahrt, und der Kapitän wollte los. Julius und Emils Vater entfernten sich ein Stück von uns; ich sah, wie sie miteinander redeten und schließlich in Streit gerieten. Sie schrien sich an. Inger sagte überhaupt nichts mehr, sie stand nur schweigend da. Nach einer Weile kamen Emils Vater und Julius zurück; wir gingen an Bord des Fischerboots, und der Kapitän setzte die Segel. Im Morgengrauen kamen wir in Schweden an.«

Marie lehnte sich zurück und holte tief Luft. Julius sah nicht mehr zu ihr herüber. Er stützte sich nach wie vor auf seinen Stock, hatte aber die Augen geschlossen. Es war totenstill. Nur das Murmeln der Wellen war zu hören.

»Im Sommer 1943 lebten 8000 Juden in Dänemark«, sagte Marie. »Dank des Muts der dänischen Bevölkerung gelang es fast allen zu entkommen. Nur ein paar hundert blieben zurück. Emil war einer von ihnen.

Die verhafteten Juden wurden nach Deutschland gebracht und von dort in Konzentrationslager in der Tschechoslowakei verschleppt. Viele begingen Selbstmord auf dem Weg dorthin. Ich bin immer davon ausgegangen, daß auch Emil sich umgebracht hat. Ich weiß nicht, warum, es ist nur so ein Gefühl. Inger hat das nie geglaubt. Sie hat immer geglaubt, er sei noch am Leben.

Wir verbrachten zwei Jahre in Schweden; nicht sehr glückliche Jahre, wie ihr euch wahrscheinlich vorstellen könnt. Nach dem Krieg kehrten wir nach Dänemark zurück, in unser altes Haus. Inger war inzwischen achtzehn. Sie wartete ein paar Wochen auf eine Nachricht von Emil und verließ uns schließlich, um ihn zu suchen.

Sie war viele Jahre fort. Sie hat uns nie davon erzählt, aber ich weiß, daß sie zuerst in der Tschechoslowakei war; danach ging sie nach Deutschland, und es blieb nicht das letzte Land, in dem sie seine Spur aufzunehmen versuchte. Ich glaube, daß sie auch nach Bernhard gesucht hat, doch das ist nur eine Vermutung. Wie auch immer, sie fand keinen von beiden. Emil war spurlos verschwunden. Ich wußte, daß sie ihn nicht finden würde. Für mich bestand nie der geringste Zweifel, daß er tot war.

Julius und mir war klar, daß unsere Tochter nie ein normales Leben führen würde, nach alldem, was sie durchgemacht hatte. Der Verlust war einfach zu groß. Sie hatte Emil über alles geliebt, und dann waren sie für immer auseinandergerissen worden, durch politische Umstände, ohne daß sie etwas dagegen hatte unternehmen können ... Über so etwas kommt man nicht hinweg. Man erholt sich nie wieder davon.«

Sie nippte an ihrem Tee, der schon lange kalt geworden war. Ich dachte an Malcolm und Lois und spürte, wie sich ein Kloß in meiner Kehle formte.

»In den fünfziger Jahren kam sie nach Dänemark zurück. Sie ließ sich in Kopenhagen nieder und heiratete schließlich einen Unternehmer namens Carl, übrigens kein Jude. Er kümmerte sich rührend um sie, brachte viel Geduld und Verständnis für sie auf. Sie bekamen zwei Söhne, Jorgen und Stefan, die ihr ja inzwischen kennt. Aber ...« – sie schloß die Augen für einen Moment – »die Probleme hörten nicht auf. Inger war oft in ärztlicher Behandlung. Sie hatte starke Stimmungsschwankungen und neigte zu plötzlichen, grundlosen Wutanfällen; dabei war sie immer so ein sanftes, freundliches Mädchen gewesen. Die beiden Jungen hatten es wirklich nicht leicht. Sie haben viel durchgemacht.

Wir haben dieses Haus 1968 gekauft, ein Jahr nachdem Julius in Pension gegangen war. Wir hatten immer davon geträumt, hierher nach Skagen zu ziehen. Inger und Carl und die Jungen kamen uns besuchen, und wir verlebten zwei wunderschöne Sommer mit ihnen; auch Ingers seelischer

Zustand schien sich gebessert zu haben. Es blieb bei diesen zwei Sommern. Eines Abends im Herbst 1970 rief Carl an, um mir zu sagen, daß Inger tot war. Sie war am Nachmittag allein mit der Fähre nach Malmö gefahren und über die Reling gesprungen. Sie hat sich das Leben genommen. Im Grunde meines Herzens habe ich immer gewußt, daß es so kommen würde.«

Maries Geschichte war zu Ende; sie erhob sich, ging zum Fenster und zog die Jalousien bis ganz nach oben. Unwillkürlich wandten wir uns alle zum Fenster und sahen auf den Strand hinaus. Wann immer ich an diesen Nachmittag zurückdenke, erinnere ich mich am deutlichsten an dieses Licht. Wie gemalt war der Himmel, graublau wie die Augen Maries und ihrer Enkel. Es war die Farbe eines Schmerzes, der niemals vergeht.

»Es tut mir leid«, sagte sie lächelnd, »daß ich so weit abgeschweift bin. Ich weiß auch, daß diese Dinge nicht leicht zu verstehen sind, gerade wenn man so jung ist wie ihr. Wie schon gesagt, ich hoffe, daß Jorgen und Stefan eure Freunde werden.« Sie richtete ihren Blick auf Rolf. »Und ich hoffe, du verstehst jetzt, daß sie nicht deshalb so grob zu dir waren, nur weil du Deutscher bist. Natürlich kennen sie die Geschichte von ihrer Mutter, Emil und Bernhard – sie hat sie ihnen oft erzählt –, aber sie sind keine Dummköpfe. Die Wahrheit ist, daß sie ihre Mutter vermissen; sie ist nicht mehr da, und das erfüllt sie mit Wut und Trauer. Es tut mir leid, daß du Opfer ihres Zorns geworden bist. Ich glaube, ich kann dir versprechen, daß es nicht wieder passieren wird.«

Kurz darauf gingen wir, nachdem wir Julius die zitternde Hand geschüttelt hatten und wir alle von Marie mit einem Kuß auf die Wange bedacht worden waren. Sie stand auf der Veranda und winkte uns hinterher, obwohl wir doch nur ein paar Meter weiter wohnten.

Über die nächsten Tage gibt es nur wenig zu berichten.

Die zweite Urlaubswoche verging wie im Flug. Rolf und Paul verbrachten noch mehr Zeit miteinander; neben ihren Wettkämpfen und Spielen vertieften sie sich in lange, ernste und in gedämpftem Ton geführte Diskussionen, die uns ein Buch mit sieben Siegeln blieben. Paul lernte sogar ein bißchen Deutsch dabei, dank der ihm seit jeher eigenen schnellen Auffassungsgabe, um die ich ihn immer beneiden werde. Nachdem inzwischen klar war, daß sich unsere Geistesverwandtschaft in Grenzen hielt, gingen die Zwillinge und ich uns soweit wie möglich aus dem Weg; die Mädchen spielten die meiste Zeit Karten, während ich mich auf die Schule vorbereitete und mich quer durch das Werk von Henry Fielding las. Jorgen und Stefan kamen oft vorbei; wir hielten Schlagball- und Cricket-Turniere am Strand ab und vertrieben uns so die langen, kalten Sommerabende. Manchmal dachte ich an meine Großeltern, die jetzt allein in Wales waren; ich vermißte sie, egal, was Paul sagen mochte. Trotzdem war es ein wunderbarer Urlaub.

Nur am vorletzten Tag liefen die Dinge noch einmal aus dem Ruder; es kam zu einem Vorfall, in den Lisa und ihre Töchter verwickelt waren.

Seit ihrem Mißgeschick in der Einbahnstraße hatte Lisa den Wagen nicht mehr benutzt. Nachdem ihr Mann sie immer wieder damit aufgezogen hatte, sprang sie schließlich doch über ihren Schatten und fuhr mit den Zwillingen nach Grenen, um ebenfalls die Stelle zu besichtigen, wo die beiden Meere aufeinandertreffen; doch auch diesmal blieb ihr das Unglück treu. Nachdem sie die überall aufgestellten Warnschilder ignoriert hatte und mit dem Wagen direkt auf den Strand gefahren war, blieb dieser im Sand stecken; alle Versuche, ihn freizubekommen, schlugen fehl. Sie mußte das Auto abschleppen lassen; die Polizei kam mit Traktoren, und schließlich rückte sogar die Feuerwehr an. Der ganze Schlamassel entwickelte sich zu einem höchst unterhaltsamen Spektakel für die Touristenscharen, die eigentlich wegen des Naturwunders gekommen waren, jetzt aber ein fast noch lohnenderes Motiv für ihre Urlaubsfotos bekamen.

Am selben Tag waren Rolf und Paul mit den Rädern ins Naturschutzgebiet nach Tuen gefahren, um Adler zu beobachten; als sie am Abend zurückkehrten, wußte Rolf noch nichts von dem neuerlichen Desaster mit dem Wagen. Den ersten Fingerzeig gab ihm Jorgen, der die beiden wiehernd empfing, als sie durch den Garten kamen. Ich saß am Fenster und las gerade *Joseph Andrews*, während Gunther es sich auf dem Sofa hinter mir bequem gemacht hatte. Wir konnten jedes einzelne Wort hören, das von draußen zu uns drang.

»Was gibt's denn so Komisches?« fragte Rolf.

»Hast du's noch nicht gehört? Diesmal hat deine Mutter echt den Vogel abgeschossen. Das mit der Einbahnstraße war schon ziemlich bekloppt; der Stau ging ja fast bis nach Frederikshavn. Aber das, was sie sich heute geleistet hat, war der Oberhammer.« Er konnte kaum sprechen vor Lachen. »Sie hat euren Wagen echt in den Sand gesetzt, oben am Skaw in Grenen. Dabei weiß doch der Dümmste, daß man am Strand nicht Auto fahren kann.« Er kicherte in sich hinein. »So 'ne blöde Kuh gibt's doch gar nicht. Was ist denn das für 'ne Mutter, die nicht einmal ins Auto steigen kann, ohne gleich den Verkehr auf halb Jütland zum Stillstand zu bringen?«

Und jetzt riß Rolf der Geduldsfaden. Jede noch so schlimme Beleidigung hatte er über sich ergehen lassen, solange sie ihn selbst betraf; vielleicht konnte er es schlicht und einfach nicht ertragen, daß diesmal seine Mutter die Zielscheibe von Jorgens Spott war. Haßerfüllt sah er Jorgen an.

»Meine Mutter ist wenigstens keine dreckige Jüdin.«

Damit war alles gesagt. Stumm sahen sie sich an, dann lief Rolf ins Haus, noch bevor einer von ihnen die Sprache wiedererlangt hatte. Er lief durch die Küche und den Flur und war schon halb die Treppe hinauf, als Gunther durch das Geländer seinen Knöchel zu fassen bekam und mit ernster, entschiedener Stimme etwas auf deutsch sagte. Dann verschwanden sie in einem der oberen Schlafzimmer. Ich hörte, wie sie leise miteinander redeten. Rolf weinte. Es dauerte lange, bis sie wieder nach unten kamen.

Es waren die Tage der Entschuldigungen. In der Woche zuvor waren die dänischen Jungen an der Reihe gewesen. Diesmal war es Rolf, der auf Geheiß seines Vaters zu den Dänen gehen mußte, die mit finsteren Mienen hinter dem Haus saßen. Von meinem gewohnten Platz sah ich zu, wie Jorgen und Stefan aufstanden und ihm die Hände reichten. Sie zeigten sich bemerkenswert versöhnlich. »Schon in Ordnung«, sagte Jorgen. »In der Hitze des Gefechts kann so was schon mal passieren. Mach dir keine Gedanken. Alles ist in Ordnung.« Und doch hörte ich etwas aus seiner Stimme heraus, das mir unmittelbar klarmachte, daß ganz und gar nichts in Ordnung war.

Und damit habe ich alles erzählt. Oder wenigstens fast alles. Ich habe ja schon am Anfang darauf hingewiesen, daß die ganze Geschichte unausweichlich jenem Punkt zustrebt, an dem mir nichts anderes übrigbleibt, als mit den Schultern zu zucken und zuzugeben, daß ich nicht dabei war. Ich meine jenen Moment, in dem ich gerade nicht auf der Bühne war oder mir in der Küche einen Tee machen wollte. Nun ist der Moment gekommen.

Genaugenommen war ich gar nicht in der Küche, als es passierte; ich las gerade wieder einmal Henry Fielding. Den ganzen letzten Tag verbrachte ich im Sessel vor dem Fenster; ich las *Joseph Andrews* zu Ende, um mich anschließend *Tom Jones* zu widmen. Kurz nach Mittag waren Jorgen, Stefan, Rolf und Paul mit den Rädern losgefahren; wohin, wußte ich nicht. Etwa gegen vier, als Tom gerade Mrs. Waters aus den Klauen des niederträchtigen Ensign Northerton befreite, kamen die dänischen Jungen zurück und verzogen sich sofort in ihr Haus. Eine halbe Stunde später kehrten auch Rolf und Paul zurück. Anscheinend war irgend etwas passiert, aber ich blieb sitzen, ohne weiter nachzuhaken. Kurz darauf kam Gunther ins Wohnzimmer und holte eine Flasche Brandy aus dem Barschränkchen. Nachher ging mir auf, daß der Brandy für Rolf gewesen sein mußte, der wenig später ins Bett gesteckt worden war. Als er zu unserem letzten gemeinsamen Abendessen herunterkam, wirkte er ein bißchen mitgenommen, sonst aber ganz normal. Niemand verlor ein Wort darüber, was am Nachmittag geschehen war.

Das wenige, was ich erfuhr, hat mir Paul erzählt, später, als wir Seite an Seite in unseren Feldbetten lagen. Die Lichter im Haus waren erst seit ein paar Minuten gelöscht, als ich leise Schritte auf der Treppe hörte. Dann sah Rolf herein. Er ging zu Pauls Bett und kniete dort nieder. Ich hörte, wie er ein paar Worte auf deutsch flüsterte – darunter auch Pauls Namen –, während mein Bruder ebenfalls auf deutsch antwortete. Dann sagte Rolf mit eindringlicher Stimme, diesmal auf englisch: »Du hast mir das Leben gerettet. Das werde ich dir nie vergessen.« Er küßte meinen Bruder sanft auf die Stirn. »Ich stehe tief in deiner Schuld.«

Als Rolf unser Zimmer wieder verlassen hatte, sagte ich zu Paul: »Was in aller Welt war denn das?«

Lange sagte er überhaupt nichts. Es sah ganz so aus, als würde ich keine Antwort bekommen; was durchaus typisch für ihn gewesen wäre. Doch schließlich sagte er gähnend: »Er hat's ja schon gesagt. Ich hab ihm das Leben gerettet.«

Sein Schweigen begann mir auf den Wecker zu gehen. »Macht's dir was aus, ein bißchen mehr ins Detail zu gehen?«

»Die Dänen haben versucht, ihn zu ertränken.« Paul klang gleichgültig und mitleidlos. »Sie wollten ihm heimzahlen, was er gestern gesagt hat.«

»Paul!« Ich setzte mich auf. »*Was* erzählst du da?«

»Sie haben ihn nicht unter Wasser gedrückt oder so«, sagte er. »Wir waren zusammen am Skaw, da, wo die beiden Meere zusammenkommen, und auf einmal fingen sie damit an, er würde sich bestimmt nicht trauen, dort zu schwimmen. Ich hab noch versucht, ihn zu warnen, aber er meinte, ich würde bloß übertreiben, und wollte ihnen zeigen, daß er keine Memme ist. Er war eben mal ein paar Meter weit draußen, da konnte ich schon sehen, wie er gegen die Strömung kämpfte. Stefan wollte mich festhalten, aber ich war stärker als er. Ich konnte Rolf gerade noch erwischen, bevor es zu spät war; er hätte es im Leben nicht zurück geschafft. Jorgen und Stefan sind einfach abgehauen.« Er gähnte wieder. »Tja, sieht tatsächlich so aus, als hätte ich ihm das Leben gerettet. Und jetzt laß uns endlich schlafen. Wir müssen morgen früh raus.«

Und das war alles, was ich aus ihm herausbekam.

Von Zeit zu Zeit kommt mir die Geschichte wieder in den Sinn; oft habe ich versucht, sie zu begreifen. Sie ging mir nicht aus dem Kopf, als wir am nächsten Morgen Skagen verließen, nach Aalborg fuhren und dort unseren Mietwagen zurückgaben. Als ich heute von der Bushaltestelle nach Hause ging, mußte ich wieder daran denken. Trotzdem spüre ich genau, wie meine Erinnerung langsam nachläßt, wie sie unweigerlich zu verblassen beginnt, sich unausweichlich zwischen Dichtung und Wahrheit verliert. Deshalb habe ich die Geschichte aufgeschrieben, obwohl mir nur allzu bewußt ist, daß ich sie damit genauso verfälscht habe, wenn auch auf künstlerischer Ebene. Hat es überhaupt Sinn, Geschichten zu erzählen? Ich frage mich das immer wieder. Ich frage mich, ob sich all unsere Geschichten, all unsere Erfahrungen tatsächlich auf ein paar unvergeßliche Augenblicke reduzieren lassen, jene vielleicht sechs oder sieben großen Momente, die uns im Leben gewährt werden und am Ende doch nichts miteinander zu tun haben. Außerdem frage ich mich, ob in manchen dieser Lebensmomente, für die man alles geben würde, nicht so unendlich viele Empfindungen mitschwingen, daß sie in sich zeitlos werden, so wie jener Augenblick, als Inger und Emil auf der Bank zwischen den Rosen in die Kamera lächelten, jener Augenblick, als Ingers Mutter die Jalousie vor dem Wohnzimmerfenster ganz nach oben zog, jener Augenblick, als Malcolm die Schatulle mit dem Ring öffnete und meine Schwester um ihre Hand bat. Falls er je dazu kam.

... erinnere ich mich am deutlichsten an dieses Licht.
Wie gemalt war der Himmel, graublau wie die Augen
Maries und ihrer Enkel. Es war die Farbe eines Schmerzes,
der niemals vergeht...

(Benjamin Trotters unveröffentlichte Geschichte wurde 2002 von seiner Nichte Sophie entdeckt. Eine stark gekürzte Fassung der Geschichte wurde 1976 mit dem Marshall Prize der King William's School ausgezeichnet. Die Jury: Mr. Nuttall, Mr. Serkis, der Direktor.)

2

Am Ende der Geschichtsstunde nahm Mr. Plumb Philip zur Seite.

»Alles soweit vorbereitet für Samstag?« sagte er und legte ihm wie unabsichtlich eine Hand auf den Arm. Am Samstag ging es auf einen Klassenausflug nach London, bei dem ein Besuch der George-Stubbs-Ausstellung in der Tate Gallery geplant war.

»Ja, klar«, sagte Philip.

»Gut, gut. Das wird ganz sicher eine höchst eindrucksvolle Erfahrung. Ein epiphanisches Erlebnis, wenn ich mich zu dieser Wortwahl versteigen darf.«

»Yeah«, sagte Philip. »Ich bin schon echt gespannt.« Ihm war nicht ganz klar, wohin die Unterhaltung führen sollte; außerdem wurde er langsam unruhig, weil er nicht zu spät zur nächsten Stunde kommen wollte.

»Deine Mutter«, sagte Mr. Plumb plötzlich, wobei sich ein Unterton nervöser Zuneigung in seine Stimme schlich. »Es geht ihr doch gut, hoffe ich.«

»Ja, ja. Alles bestens.«

»Gut, gut. Sehr gut. Da wir gerade davon reden, frage ich mich...« Er schien einen Augenblick lang zu zögern und kramte in seinem Aktenkoffer herum, bevor er nach einem weiteren Zögern einen einfachen weißen Briefumschlag zutage förderte, auf dem, in Mr. Plums barocker, spinnenartiger Handschrift, der Name von Philips Mutter stand. »Ich frage mich, ob du etwas dagegen hättest – nun, vielmehr, ob du *nichts* dagegen hättest –, ihr dieses kleine, äh, Kommuniqué zu überbringen. Eine kleine Notiz, nichts weiter, absolut unverfänglich in Form und Inhalt.«

»Das ist für meine Mutter?« sagte Philip.

»Du hast's erfaßt.«

Philip musterte den Briefumschlag. Abgesehen von der simplen Feststellung, daß Mr. Plumb seiner Mutter eine Nachricht zukommen lassen wollte, konnte er sich keinen Reim darauf machen. Er steckte den Umschlag in seine Jackentasche.

»Okay«, sagte er und ging. Er spürte Mr. Plumbs Blick im Nacken, bis er das Ende des Korridors erreicht hatte und um die Ecke bog.

Mit zusammengekniffenen Augen stand Eric Clapton auf der Bühne des Odeon New Street; seine linke Hand liebkoste den Hals seiner Gitarre, ganz oben in den Bünden. Er befand sich irgendwo in der Mitte eines endlosen Solos und dehnte die H-Saite nach oben. Ob er gerade »Motherless Children« oder »Let It Rain« spielte, war unmöglich zu sagen. Jedenfalls schien er gut drauf zu sein, ungeachtet der Tatsache, daß er vor einem gigantischen Hakenkreuz stand. Unter dem Foto stand in fetter 18-Punkt-Schrift: RASSIST.

Philip faßte das Bild kritisch ins Auge.

»Hm«, sagte er. »Nicht gerade sehr zurückhaltend, was?«

Doug kaute einen Moment an seinem Stift herum, bevor er antwortete.

»Diese ganze Zurückhaltung hierzulande«, verkündete er dann mit einstudierter Verachtung, »ist doch nichts weiter als eine Volkskrankheit.«

Darauf hatte Philip keine Antwort; wenigstens fiel ihm jetzt keine ein. Ihm gegenüber, auf der anderen Seite des ausladenden Konferenztisches, schrieb Claire Newman gerade etwas auf. Sie machte eine Riesenshow daraus, murmelte die Worte vor sich hin, wobei sie »Volkskrankheit« besonders betonte.

»Was machst du da?« fragte Doug.

»Ich bin zu dem Schluß gekommen, daß eure Bonmots für die Nachwelt erhalten bleiben sollten«, sagte sie in dem schneidend ironischen Tonfall, den sie allein für Doug reserviert zu haben schien. »Was Boswell für Johnson war, werde ich für euch sein. Eure Amanuensis.«

Die anderen lächelten; selbst diejenigen, die keine Ahnung hatten, was das Wort bedeutete.

»Freut mich zu hören«, sagte Doug schroff. »Also, was meinst du zu dem Titelbild?«

»Ist okay.«

Indes war Philip ein neuer Einwand eingefallen. »Nicht daß wir nachher eine Verleumdungsklage am Hals haben.«

»Du glaubst, Eric Clapton würde eine Schülerzeitung verklagen?« Als darauf lediglich ein Schulterzucken folgte, fügte Doug hinzu: »Und wenn, um so besser. So kommen wir selbst in die Zeitung.«

Mr. Serkis, der junge Englischlehrer, der die Treffen beaufsichtigte, fuhr sich nachdenklich durch die langen Haare, die in Kürze aus der Mode kommen würden.

»Ihr wißt, daß ich das dem Direktor vorlegen muß. Bevor wir in Druck gehen, sollte er das auf jeden Fall sehen.«

»Das ist doch Zensur, nichts anderes«, protestierte Doug. »Ich dachte, wir leben hier unter Callaghan und nicht unter Ceaucescu.«

Claire griff wieder nach ihrem Kugelschreiber. »Wie schreibt man eigentlich Ceaucescu?« fragte sie.

»Als unsere Amanuensis solltest du das eigentlich wissen«, sagte Doug. Sie bemerkte sein flirtendes Lächeln, erwiderte es aber nicht. Angesichts ihrer Zurückweisung vor den anderen breitete er die Hände aus und flüchtete ins Rhetorische. »Ich dachte, wir hätten uns geeinigt, daß wir uns hier nicht bloß mit Klatsch, sondern auch mit heißen Eisen befassen wollen. Mit Politik eben. Ich meine, die Schülerzeitung hat sich immer mit politischen Themen beschäftigt.

Und da sollten wir anknüpfen. Weiter die Feder schärfen.« Er sah erneut zu Claire hinüber, die zumindest in dieser Angelegenheit seine engste Verbündete war. »Ich dachte, das wäre beschlossene Sache.«

»Na ja«, sagte Claire, die auf ihrem Notizblock herumkritzelte. Er konnte nicht erkennen, was sie zeichnete; einen Baum vielleicht. »Stimmt schon. Aber ich bin mir nicht sicher, ob das wirklich … tja, die richtige Herangehensweise ist.«

Schweigen senkte sich über die Runde. Mr. Serkis warf einen Blick zur Wanduhr; es war Viertel nach drei. Sie würden die Sitzung überziehen, wenn sie nicht langsam zu einer Entscheidung kamen.

Benjamin hockte am Fenster, das einen Panoramaausblick auf die Dächer der Schulgebäude freigab; bis jetzt hatte er sich aus der Diskussion herausgehalten. Er sah in die bereits jetzt heraufziehende Dämmerung, beobachtete, wie nacheinander die Neonleuchten in den Sprachlabors auf der anderen Seite des Hofs angingen. Es handelte sich nicht nur um eine vorübergehende Geistesabwesenheit; er zog sich immer mehr in seine eigene Welt zurück. Wenn er so weitermachte, dachte Mr. Serkis, würde die Kluft zwischen ihm und seinen Freunden bald unüberbrückbar sein. Er wollte alles in seiner Macht Stehende tun, um eben das zu verhindern.

»Was meinst du dazu, Ben?« Er wandte leicht den Kopf; seine Lider waren bleischwer vor Gleichgültigkeit. Er mochte in Gedanken sonstwo gewesen sein. (Genauer gesagt, bei einem Akkordwechsel; von d-Moll 6 nach C 7.) »Du bist doch Clapton-Fan.«

»Früher mal«, sagte Benjamin. Er erhob sich steif von der Fensterbank und kam zum Tisch, um Dougs Titelbild unter die Lupe zu nehmen. Aller Blicke waren auf ihn gerichtet (auch wenn ihn niemand so aufmerksam beobachtete wie Claire), während die versammelte Mannschaft sein Urteil abwartete. Doch er hielt die Collage nur kurz hoch, überflog sie flüchtig und blies Luft in seine Wangen. »Tja, also, na ja…«

»Was hat er denn nun tatsächlich gesagt?« wollte Philip wissen. »Clapton, meine ich.«

Doug war sich nicht sicher. »Das genaue Zitat liegt uns nicht vor«, sagte er. »Ich konnte es nicht finden. Irgend so was wie, daß England langsam selbst zu einer seiner eigenen Kolonien wird. Jedenfalls ging es auch um Enoch Powell. Daß Powell recht hätte und man ihm besser Gehör schenken sollte. Steht alles in meinem Artikel.«

»Er war doch betrunken, stimmt's?«

»Na und? Macht das 'nen Unterschied?«

Mr. Serkis beobachtete, wie Benjamin den Tisch verließ und eine Tüte vom Boden aufhob. Es war eine Plastiktüte mit dem Schriftzug und der Adresse von Cyclops Records, einem Plattenladen, der bei den Zehntkläßlern des King William's gerade schwer angesagt war. Offenbar hatte es Benjamin einige Mühe gekostet, seine Bücher und Sportsachen in die Tüte zu quetschen. Eine Schultasche wäre wohl um einiges praktischer, wenn auch lange nicht so supercool gewesen. Dann schlurfte er zu Tür und schien auf eine Gesprächspause zu warten, um sich von den anderen zu verabschieden. Inzwischen hatten Doug und Philip die Details von Claptons letztem Fauxpas ad acta gelegt und waren generell zum Thema Rassismus übergegangen. Aus Birmingham, so stellte Doug fest, kamen immerhin zwei der schlimmsten Rassisten der letzten Jahrzehnte: Enoch Powell und J.R.R. Tolkien. Philip war außer sich, als er das hörte. Tolkien war sein unumstrittener Lieblingsautor, und er wollte wissen, wie Doug denn auf diese Schnapsidee gekommen war. Doug empfahl ihm, gelegentlich noch mal den *Herrn der Ringe* zu lesen. Philip antwortete, das würde er sowieso tun, alle sechs Monate nämlich. Dann, so Doug, sei ihm ja bestimmt aufgefallen, daß die bösen Orks unverkennbar negroide Züge tragen würden. Ob er nicht bemerkt habe, daß die Heerscharen Saurons, des *Schwarzen* Lords, dunkle Haut hätten, aus nicht näher benannten tropischen, im Süden gelegenen Ländern kämen und darüber hinaus häufig auf Elefanten ritten?

»Du bist ja total besessen von deinem Rassismus«, gab Philip zurück. »Es wird Zeit, daß du mal wieder auf den Teppich kommst.«

»Ich glaube, es wird eher Zeit, daß du deine Lesegewohnheiten änderst«, sagte Doug.

Benjamin war gegangen.

Tolkien gefiel ihm eigentlich immer noch, auch wenn es inzwischen Jahre her war, daß er den *Herrn der Ringe* gelesen hatte. Mittlerweile war er zu Conrad und Fielding übergegangen und kämpfte sich mit *Ulysses* ab. Trotzdem war es *Der kleine Hobbit*, dem seine wahre Schwäche galt; und obwohl es ihm vor Dougs Eröffnung nie bewußt gewesen war, daß es sich bei Tolkien um einen lokalen Autor handelte, begann er durchaus den einen oder anderen Zusammenhang zu sehen. Weshalb sonst hing er so an Tolkiens Illustration von Beutelsend und Hobbingen mit ihren sacht schimmernden Farben, die nach all den Jahren ungeachtet aller Geschmackstrends immer noch an seiner Zimmerwand hing? Ganz gewiß auch deshalb, weil er in dem Gemälde, den zarten Konturen der Landschaft, in der naiven Beschwörung eines lange vergangenen Morgens, »als die Welt still war und es weniger Lärm und mehr Natur gab«, nostalgische Echos einer Gegend wahrnahm, in der er selbst aufgewachsen war. Genauer gesagt, erinnerte ihn das Bild an einen Ort im Süden von Longbridge, gerade mal ein oder zwei Meilen entfernt: an die Lickey Hills, wo seine Großeltern lebten, zu denen er am selben Spätnachmittag unterwegs war. Es waren nicht nur die sanften Hügel und die schweigenden herbstlichen Täler dieses malerischen Landstrichs; die Bewohner selbst waren in gewisser Weise hobbitähnlich, in ihrer selbstgenügsamen Abgewandtheit von der Außenwelt, in ihrer unumstößlichen Überzeugung, daß sie das beste aller möglichen Leben in der besten aller Welten führten. Paul haßte diese Art der Weltanschauung; und sicher nicht ganz zu unrecht, wie Ben fand. Er für seinen Teil war mit ihr aufgewachsen und konnte sie nicht so einfach abschütteln; nicht komplett jedenfalls. Er liebte seine Großeltern gerade wegen ihres hochtrabenden, unausgesprochenen Glaubens, daß sie in gewisser Weise von Gott auserwählt worden waren, als er sie in diesem bescheidenen Flecken Erde verwurzelt hatte, wo man die Segnungen des Lebens mit den Händen greifen konnte. Es war ein Glaube, der ihn gleichermaßen erschreckte, wie er ihm neue Kraft gab.

Seine Großmutter öffnete, nachdem er geläutet hatte. »Hallo, Schatz«, sagte sie und gab ihm einen sanften, nach Sauerampfer riechenden Kuß auf die Wange. Sie schien ihn erwartet zu haben, obwohl er seinen Besuch nicht angemeldet hatte. »Kommst du zum Tee?«

Der Anstand gebot es, daß er eine Weile auf dem Sofa verbrachte, Biskuits in den dünnen Tee tunkte und ihr über die vergangene Woche an der Schule berichtete. Es fiel ihm überhaupt nicht schwer. Benjamins Großmutter nahm rege und zwanglos Anteil an seinem Schulleben; sie hatte ein scharfes Gedächtnis und konnte sich die Namen seiner Freunde besser merken als seine Eltern. Er sprach gern mit ihr, und ebenso gern sprach er mit seinem Großvater, den er durch das Fenster sehen konnte, wie er draußen im Garten die ersten gefallenen Blätter zu einem Haufen zusammenharkte und sich wahrscheinlich gerade irgendeinen albernen Witz oder irgendwelche Wortspiele ausdachte, um ihn nachher zum Lachen zu bringen.

Trotzdem war Benjamin nicht gekommen, um seine Großeltern zu besuchen, so gern er sie auch mochte. Er war gekommen, um ihr Klavier zu benutzen; und bei der ersten

Gelegenheit, während sein Großvater weiter im Garten werkelte und seine Großmutter in die Küche ging, um die Fleischpasteten fürs Abendessen vorzubereiten, holte er seinen kleinen Koffer mit den zwei Recordern von oben aus dem Gästezimmer und lief wieder nach unten, um sein provisorisches Studio aufzubauen.

Sein neuestes musikalisches Projekt, dem er sich zwischen der Arbeit an seinem Roman und verschiedenen Kurzgeschichten widmete, war eine Reihe von Kammerstücken für Klavier und Gitarre namens *Seascape Nos. 1–7*. Inspiriert waren die Stücke sowohl von seinen Erinnerungen an Skagen wie auch, unausweichlich, von seiner stetig wachsenden, unerwiderten Sehnsucht nach Cicely. Die ersten drei waren bereits aufgenommen; nachdem er sie sich in den letzten Tagen wieder angehört hatte, war Benjamin zu dem Schluß gekommen, daß sich eine neu gewonnene Reife, ein gemessener, tiefer Lyrizismus in seinen Werken äußerte. Sein Ziel bestand darin, etwas zu schaffen, das ebenso einfach wie tiefsinnig war, schlicht, aber bewegend; ein adäquater Gegenentwurf zu den diversen Zügellosigkeiten, denen dringend jemand Einhalt gebieten mußte, einerseits den lachhaften symphonischen Prätentionen von Philips progressiven Heroen, andererseits dem frühsteinzeitlichen Punk-Geprügel, das Doug zum Entsetzen seiner Freunde unlängst für sich entdeckt hatte. Einen völlig anderen kreativen Pfad zu wählen – den einsamen Königsweg durch unwegsames Gelände, weit von den erwähnten Alternativen entfernt – erschien Benjamin als das edelste Wagnis, als nobles und romantisches Unterfangen. Er war felsenfest davon überzeugt, daß Cicely, sollte sie jemals seine Musik zu hören bekommen (was äußerst unwahrscheinlich war), zutiefst bewegt und fasziniert von ihr sein würde.

Die Aufnahmebedingungen im Haus seiner Großeltern waren eher auf anspruchslose Bedürfnisse zugeschnitten. Zunächst mußte er sich der Kuckucksuhr annehmen, indem er das Pendel außer Kraft setzte, da ihr Ticken um einiges zu laut war und der Vogel die volle Stunde zu den ungelegensten Momenten ansagte. Nicht gerade die Art von Problem, mit der man sich in den Studios von Richard Branson herumschlagen mußte, dachte er. Überhaupt klang einem dauernd irgend etwas in den Ohren, nicht nur der Verkehr auf der Old Birmingham Road, sondern auch die Geräusche, die seine Großeltern bei ihrem Tagwerk verursachten, da es ihm nie gelungen war, sie von der Notwendigkeit absoluter Stille zu überzeugen, die für seine Vorstöße in die Gefilde musikalischer Unsterblichkeit unabdingbar war. X-mal war es inzwischen passiert, daß er eine Aufnahme zu drei Vierteln fertig hatte, als plötzlich das Telefon klingelte oder eine Tür unachtsam zugeschlagen worden war.

Am heutigen Abend lief jedoch fast alles reibungslos. *Seascape No. 4* war eine bittersüße Komposition von etwa vier Minuten Länge, formal wie ein Lied angelegt; mit der Gitarre legte er eine leise plätschernde Melodie über einen sanft auf und ab schwellenden Hintergrund von Moll-Akkorden auf dem Klavier. Die Strophe-Refrain-Struktur löste sich am Ende in einer wehmütigen Improvisation auf. Benjamin bedauerte es immer wieder, daß seine Stücke nie ganz so *avantgarde* waren, wie er sich das vorgestellt hatte; trotzdem fand er sie auf ihre Weise durchaus originell. In seinen Stücken vermischten sich die Einflüsse moderner klassischer Komponisten mit den Errungenschaften englischer Experimentalbands, in deren exzentrische Klangwelt ihn Malcolm damals eingeführt hatte; davon abgesehen, war Benjamin dabei, etwas zu entwickeln, das seine ureigene, unverwechselbare Handschrift trug. Genaugenommen so unverwechselbar, daß er diese Aufnahmen niemals mit jemand anderem teilen würde – auch nicht mit Philip, seinem besten Freund –, weshalb es auch ziemlich egal war, ob er sich, wie an diesem Abend, ein paarmal verspielte, dreimal aus dem Takt kam und gegen Ende von Acorn unterbrochen wurde, dem Kater seiner Großeltern, der vor der Verandatür miaute. Sein Maunzen war klar und deutlich zu hören, als er sich die Aufnahme noch einmal anhörte, doch er zuckte nur mit den Schultern. Die Aufnahme war abgeschlossen, in einer Version, die seinen ursprünglichen Vorstellungen zumindest ansatzweise nahekam. Er hörte sie sich ein paarmal an, verlor das Interesse an ihr und widmete sich neuen Projekten. Er hatte bereits erkannt, daß diese Stücke kaum mehr als die ersten Schritte eines langen, beschwerlichen Weges darstellten, eines Weges, den er unbeirrt bis zum Ende gehen würde, bis er sein Meisterwerk – ob nun auf dem Gebiet der Musik, der Literatur oder des Films, wenn es ihm nicht gar gelang, die drei Gattungen miteinander zu verbinden – geschaffen hatte. Er würde etwas kreieren, das seinen Gefühlen für Cicely ewigen Ausdruck gab; etwas, bei dem ihr in zehn oder zwanzig Jahren, wenn sie es hörte oder las, plötzlich aufgehen würde, daß er dieses Werk für sie geschaffen hatte, daß von allen Jungen, die sie an der Schule wie Drohnen umschwärmt hatten, Benjamin der begabteste, edelste und uneigennützigste gewesen war, ohne daß sie vermocht hatte, seine Vorzüge zu erkennen. An diesem fernen Tag würde sie schlagartig erkennen, was sie all die Jahre entbehrt hatte, und bittere Tränen vergießen; darüber, wie töricht sie gewesen war, und über eine große Liebe, die es nie gegeben hatte.

Natürlich hätte Benjamin einfach mit ihr reden, sie an der Bushaltestelle ansprechen und sich mit ihr verabreden können. Doch alles in allem erschien ihm seine Phantasie als die erstrebenswertere Alternative.

Seine Großeltern ahnten nichts von der glühenden, unerfüllten Leidenschaft, die in seinem jungen Herzen brannte. Als sie am Abendbrottisch saßen und sich über die Fleischpasteten hermachten, trieb Großvater wie immer seine Späße; jede Bitte nach dem Salz, dem Brot oder der Butter wurde von einem seiner schauderhaften Kalauer begleitet, und Benjamin gab sich alle Mühe, ihm Paroli zu bieten. Er genoß die einfache, warmherzige Atmosphäre dieser gemeinsamen Abendessen. Zu Hause erschien ihm alles immer so kalt. Benjamin haßte es, Paul dabei zuzusehen, wie er mit angewiderter Miene in seinem Essen herumstocherte, das ihre Mutter gerade zubereitet hatte. Er fand es zum Kotzen, daß sein Vater den Ärger in der Firma nie vergessen konnte und selbst zu Hause weiter darüber nachgrübelte. Außerdem haßte er es, daß Lois nicht mehr da war. Das war das Schlimmste von allem. Er konnte sich ums Verrecken nicht damit abfinden.

3

›*Großkatze*‹. Fünf Buchstaben, der erste ein T, der letzte ein R.

Komm schon, sagte sich Philips Vater, das kann doch nicht so schwierig sein. Was eine Katze war, wußte er ja schließlich. Eine Katze mit fünf Buchstaben. Also doch wohl ein Kater, oder?

Er würde einfach mal die genaue Bedeutung von ›Großkatze‹ nachschlagen, um ganz sicherzugehen.

»Gibst du mir mal das Wörterbuch, Schatz?«

Barbara reichte ihm das Wörterbuch, während sie in ihrer Zeitschrift weiterlas – besser gesagt in dem Brief, den sie zwischen den Seiten der Illustrierten versteckt hielt.

Der Abendwind rüttelte an den Fenstern, nachdem Sam es nun im dritten Jahr hintereinander versäumt hatte, endlich Doppelglasscheiben einzusetzen. Im Fernsehen liefen die Lokalnachrichten, ohne daß die beiden Notiz davon nahmen; die Lautstärke war auf Flüsterton heruntergedreht.

Als ich Dich am Elternabend zum ersten Mal sah, wußte ich plötzlich, wie Giornado sich gefühlt haben mußte, als er erstmals die Meniñas *von Velazquez erblickte; so ergriffen, ja elektrisiert muß Herbert Howells gewesen sein, als er erstmals Vaughan Williams'* Tallis Fantasia *hörte. Die Erfahrung solcher Schönheit war schlicht überwältigend für mich; die Vollkommenheit, die sich meinen Augen bot (die Vollkommenheit deines Körpers und die essentielle Makellosigkeit deines Wesens), erschloß sich mir, um nicht zu weit vom Thema abzuschweifen, unmittelbar als die eines unübertroffenen Kunstwerks – denn Du, Barbara, bist das Meisterwerk, nach dem ich ein Leben lang gesucht habe, ein wahres* opus magnum …«

Großkatze, die (Zool.): großes katzenartiges Raubtier.

Hatte er's doch gewußt. Also mußte es ja wohl ›Kater‹ sein, oder? Waren Kater groß? Tja, der Kater von Mrs. Freeman nebenan war jedenfalls verdammt groß. Vor zwei Wochen hatte er sogar einen Fuchs verscheucht. Das T am Anfang mußte falsch sein.

Das T ergab sich aus ›treulos‹. Also noch mal: Nach welchem Wort wurde gesucht? ›illoyal‹. Er wollte gerade noch einmal unter ›illoyal‹ nachschlagen, als Barbara gedankenverloren die Hand hob und sagte: »Gibst du mir mal das Wörterbuch, Schatz?«

Er seufzte und reichte es ihr.

Barbara schlug das Buch auf und blätterte verstohlen darin herum, was Sam aber entging, da er völlig in sein Kreuzworträtsel vertieft war.

essentiell <Adj.> 1. a) (bildungsspr.) *wesentlich*; b) (Philos.) *wesensmäßig*. 2. (Chemie, Biol.) *lebensnotwendig*.

Lebensnotwendig!

Das meinte er also. Sie war lebensnotwendig für ihn! Damit bestand wohl kein Zweifel mehr an seinen Absichten. Mr. Plumb (langsam wurde es Zeit, daß sie sich an »Miles« gewöhnte) warb um sie. Er machte ihr den Hof. Die plötzliche Erkenntnis war einfach betörend: Sie hatte einen Verehrer. Ihre Wangen glühten, nein, sie brannten; sie wußte, daß sie knallrot geworden war. Von tiefer, süßer Scham ergriffen, versteckte sie den Brief zwischen den Seiten und versuchte sich wieder auf ihre Frauenzeitschrift zu konzentrieren. Sie hatte genug gelesen. Nein, sie durfte sich einfach nicht darauf einlassen!

SCHNELLKOCHTÖPFE – für die einen ein Segen, für die anderen ein Greuel.

SCHLANK DURCH DIE STERNE. Sind Sie Stier – die Feinschmeckerin? Fische – die Genußsüchtige? Oder Zwillinge – essen Sie wie ein Spatz?

Krebs – die Trostsuchende: Sie wissen, wie man sich verwöhnt.

Und wenn Sie mal der Kummer drückt, bringt Sie ein gutes Essen schnell auf andere Gedanken.

Barbara nahm sich noch einen Schokoladenkeks, als Sam sagte: »Gibst du mir noch mal das Wörterbuch, Schatz?«

illoyal <Adj.> (bildungsspr.): a) *den Staat, eine Instanz nicht respektierend*; b) *vertragsbrüchig, treulos, unredlich*; c) *übelgesinnt.*

Na also, da stand's doch: *treulos.* Hatte er's doch gewußt. Da es sich aber bei der Großkatze ganz offensichtlich um einen Kater handelte, konnte ›treulos‹ nicht stimmen. Das Wort, nach dem er suchte, hatte sieben Buchstaben und begann mit einem K.

Na klar! ›korrupt‹!

»O Barbara, meine Barbara, meine Angebetete, meine Erato, meine Venus, meine Apotheose in diesem perfiden, barbarischen Kosmos – wann endlich erbarmen sich die Mächte der Peripetie, um uns die süße Euphorie sybaritischer Wonnen zu gewähren?«

»Gibst du mir mal das Wörterbuch, Schatz?«

Sam stieß einen leicht gereizt klingenden Seufzer aus, als er ihr das Wörterbuch ein weiteres Mal reichte. »Seit wann braucht man ein verdammtes Wörterbuch, um 'ne Illustrierte zu verstehen?« sagte er. »Du tust ja gerade so, als wär das *Doktor Chicago.*«

Barbara streckte ihm die Zunge heraus. »Halt die Klappe, und mach dein Kreuzworträtsel.«

Fein säuberlich korrigierte er ›treulos‹ in ›korrupt‹ und hielt dann inne, um zu sehen, was sich Neues ergeben hatte. 11 waagerecht begann nun mit einem R statt einem E. Gefragt wurde nach ›unverfälscht‹. Das Wort hatte vier Buchstaben und endete mit T.

Verflixt und zugenäht, dachte Sam. Er hätte geschworen, daß ›echt‹ in die Kästchen kam. Irgendwie war heute wirklich der Wurm drin.

Barbara hatte es aufgegeben, Miles' letzten Satz verstehen zu wollen, und widmete sich der Seite mit den Leserzuschriften.

Der Vorsitzende unseres Wanderclubs heißt Mr. Mountain, schrieb Joanna Prior aus Clitheroe. *Wenn das nicht wie die Faust aufs Auge paßt.*

Werfen Sie kaputte Kassetten nicht einfach weg, schrieb Amelia Fairney aus South Shields. *Die Bänder lassen sich auch als Luftschlangen bei Partys oder beim Verpacken von Geschenken verwenden.*

Ein Tip von Sarah Day aus Newbury: *Werfen Sie nicht wegen jeder Kleinigkeit gleich den Wäschetrockner an; mit der Salatschleuder geht es genauso gut, und Strom sparen Sie obendrein.*

Seit ich einen Abendkurs an der Volkshochschule belegt habe, schrieb eine weitere Leserin, *kocht mein Mann ab und zu für unsere Kinder (vier und sechs Jahre alt). Neulich fragte ich sie, wie denn das Abendessen gewesen wäre. Gut, meinten sie, nur das Eis zum Nachtisch hätte komisch geschmeckt. Als ich im Kühlschrank nachsah, fiel es mir wie Schuppen von den Augen. Er hatte ihnen gefrorene Karotten gegeben!*

Unter dem Leserbrief stand: *Stellt sich IHR Mann manchmal genauso dumm an? Schreiben Sie uns!*

Ich wüßte gar nicht, wo ich anfangen sollte, dachte Barbara, während sie zu Sam hinübersah, der stirnrunzelnd über seinem Kreuzworträtsel hockte, derart entrückt, daß er an der Spitze seines Filzstifts kaute.

Mit ›unverfälscht‹ kam er ums Verrecken nicht weiter; er wandte sich der unteren linken Ecke zu.

›Getränk aus Wein und Früchten‹.

Fünf Buchstaben, der erste ein B. Das war einfach. B-O-H-L-E.

23 waagerecht hatte sieben Buchstaben und hörte mit einem A auf.

›Zustand der Glückseligkeit‹, las er.

Ich muß Dich wiedersehen, schrieb Miles Plumb. *Mein tiefer Glaube, daß wir füreinander bestimmt sind, ist für mich zum irreversiblen Credo geworden. Nur in der Vereinigung, der Verschmelzung mit Dir wird mir jener ephemere Zustand des Nirwana zuteil werden, der das solitäre Desideratum meines sinnlosen, nichtswürdigen Daseins ist.*

»Gibst du mir mal das Wörterbuch, Schatz?« fragte Barbara.

Sie schlug ›Nirwana‹ nach.

Nirwana, das; [sanskr. nirvāna]: *(im Buddhismus) Endziel des Lebens als Zustand völliger Ruhe und Glückseligkeit.*

Entnervt legte Sam die Zeitung beiseite.

»Gibst du schon wieder auf?« Leiser Spott lag in Barbaras Stimme.

»Und das soll einfach sein«, grummelte Sam. Seine Lippen waren mit schwarzer Tinte verschmiert. *»Finden Sie im Nu die Lösung.* ›Zustand der Glückseligkeit‹ – ich meine, hast du 'ne Ahnung, was das sein soll?«

»Woher soll ich das wissen?« sagte Barbara schuldbewußt, bevor sie erneut versuchte, sich auf ihre Zeitschrift zu konzentrieren.

Als sie das Oberdeck des Busses betraten, stellten sie fest, daß Claire die vorderste Bank in Beschlag genommen hatte. Benjamin ging voran. Er wußte, daß Claire ihn gern neben sich gehabt hätte, doch statt dessen setzte er sich an das andere Fenster. Dann kam Doug. Er wußte, daß Claire sich nicht gerade um seine Gesellschaft riß, nahm aber trotzdem den Platz neben ihr ein. Philip setzte sich neben Benjamin. Er sah bedrückt aus, aber Claire war die einzige, die das bemerkte. Seinen Freunden war bislang nicht aufgefallen, daß ihm irgend etwas auf der Seele lastete. Nachdem sie zehn Minuten unterwegs waren und kaum einer etwas gesagt hatte, faßte sich Claire schließlich ein Herz und stieß Doug an.

»Philip ist ziemlich still in letzter Zeit.«

»Ist er doch immer«, antwortete Doug.

»Aber so hab ich ihn noch nie erlebt.«

Dougs Theorie, daß die große Volkskrankheit der Engländer ihre Zurückhaltung war, schien er nun höchstselbst widerlegen zu wollen, als er sich zu den beiden anderen wandte und sagte: »He, Philip! Was ist los? Claire meint, du wärst irgendwie schlecht drauf.«

»Hab ich nicht gesagt«, warf Claire ein. Sie sah Philip an. »Du wirkst bloß ein bißchen geknickt. Ich hab mich nur gefragt, ob irgendwas nicht in Ordnung ist.«

Benjamin, der aus dem Fenster starrte und wie immer leicht abwesend war, dachte bei sich, daß Claire nicht nur recht hatte mit ihrer Vermutung, sondern daß er allein wußte, warum Philip so niedergeschlagen war. Er machte sich Sorgen wegen der Band. Aus guten Gründen obendrein. Wenn man an die Band dachte, konnte einem angst und bange werden. Nachdem sie zwei Jahre lang nach Mitstreitern gesucht und sich monatelang den Kopf zerbrochen hatten, wie die Band heißen sollte, hatte letzte Woche die erste gemeinsame Probe stattfinden sollen, die aber ins Wasser gefallen war; vornehmlich deshalb, weil bislang keine Songs vorhanden waren. Benjamin, der als Keyboarder vorgesehen war, hatte sich dagegen entschieden, selbst Stücke beizusteuern, weil er der Meinung war, daß seine Kompositionen nicht zu ihrer Besetzung paßten; was Philips Pläne anging, war lediglich bekannt, daß er schon seit geraumer Zeit an einem höchst anspruchsvollen Opus arbeitete – ob nun an einem Stück von epischen Ausmaßen oder einem Songzyklus, wußte niemand genau –, das er den anderen Mitgliedern der Band (Benjamin, Gidney, Stubbs und Procter) bis jetzt beharrlich vorenthalten hatte. Letzten Freitag war schließlich die Stunde der Wahrheit gekommen, doch Philip hatte die Probe in letzter Minute abgeblasen, weil das Stück offensichtlich noch ein wenig Feinschliff brauchte. Logisch, dachte Ben, daß sein Freund in letzter Zeit so in sich gekehrt war; es bedrückte ihn, daß der Rest der Band von ihm abhing, ganz abgesehen von den Qualen, die jeder wahre Künstler durchmachte, wenn sich sein Werk der Vollendung näherte.

Benjamin lag falsch mit seiner Vermutung. Philip war deshalb so niedergeschlagen, weil seine Eltern nicht mehr miteinander sprachen und sein Vater mittlerweile im Gästezimmer schlief.

Die häusliche Situation war bedenklich, in vielerlei Hinsicht. Seine Mutter hatte einen Liebesbrief bekommen. Das war in der Tat bedenklich. Sein Vater hatte ihn zwischen den Ratgeberseiten der neuesten Ausgabe von *Woman* gefunden, was noch bedenklicher war. Wieso las sein Vater überhaupt die Ratgeberseiten einer Frauenzeitschrift? Ganz klar wegen der zunehmend freimütigen Artikel über Orgasmen, erogene Zonen und andere schwer ergründliche Facetten weiblicher Sexualität, die bei weitem die erotischste Lektüre darstellten, die im Hause Chase zu finden war. Aus demselben Grund las Philip sie ja auch, wenngleich es ihn doch leicht verstörte, daß seinem immerhin 27 Jahre älteren und mit Sicherheit um einiges welterfahreneren Vater offenbar auch nichts Besseres einfiel, um seine pubertäre Neugier zu befriedigen. Was genau in dem Liebesbrief gestanden hatte, wußte Philip nicht. Er hatte sowohl seine Mutter als auch seinen Vater danach gefragt, doch seine Mutter wollte es ihm nicht sagen, während sein Vater es ihm nicht sagen konnte, weil er trotz der Konsultation des *Reader's-Digest*-Lexikons kein Wort verstanden hatte. Die Sache ist trotzdem klar, hatte er Philip gesagt. Der Kerl ist hinter deiner Mutter her. Er will mit ihr ins Bett. Er verpackt das zwar in alle möglichen tollen Worte, aber darauf läuft es hinaus. Er will ihr an die Wäsche.

Das war ebenfalls bedenklich, doch das Schlimmste kam erst noch – nämlich als Philip erfuhr, von wem der Liebesbrief stammte. Er war von Miles Plumb.

Mr. Plumb, die alte Zuckerpflaume! Der durchgeknallte Kunstlehrer! Viermal die Woche hatte Philip Unterricht bei ihm, seit er Kunst als Leistungskurs belegte. Wie konnte er diesem Mann noch länger in die Augen sehen, jetzt, da er wußte, daß dieser die Ehe seiner Eltern bedrohte? Im ersten

Moment hatte er zum Direktor gehen und ihn darüber informieren wollen, was Mr. Plumb im Schilde führte. Zu seinem Erstaunen aber hatte ihm sein Vater diesen Schritt strikt untersagt; er wollte die Angelegenheit selbst klären. Das hat nichts mit dir, dem Direktor oder deiner Mutter zu tun. Mit dem Dreckskerl werde ich schon selbst fertig. Ich regle das auf meine Weise, auch wenn ich noch nicht weiß, wie. Der kriegt sein Fett ab, verlaß dich drauf.

Und das waren die letzten ominösen Worte zum Thema gewesen. Philip hatte nicht den blassesten Schimmer, was sein Vater zu unternehmen gedachte.

Klar, daß er nicht mit seinen Freunden darüber reden wollte.

»Alles in Ordnung«, sagte er dumpf. Als die anderen ihn zweifelnd ansahen, improvisierte er rasch. »Es ... es ist bloß wegen diesem Artikel über den Geschlossenen Kreis. Irgendwie liegt mir die Sache schwer im Magen.«

Doug schüttelte ungläubig den Kopf. »Das haben wir doch alles schon bei unserem letzten Meeting beredet.«

»Klar. Trotzdem bin ich mir immer noch nicht sicher, ob wir das bringen sollen.«

Der Geschlossene Kreis war ein exklusiver Debattierclub, dessen sechzehn Mitglieder sich zum Großteil aus Schülern der Abschlußklasse zusammensetzten; daß Jüngere in den Club berufen wurden, kam höchst selten vor. Niemand wußte, wo oder wie oft sich die Mitglieder trafen, geschweige denn, was bei diesen Meetings vor sich ging. Die Heimlichtuerei der Beteiligten hatte etwas ziemlich Infantiles an sich.

»Der Geschlossene Kreis ist nichts weiter als ein Sammelbecken für elitäre Arschlöcher«, sagte Doug. »Eine Bande Bekloppter, die so tun, als ob sie Freimaurer wären. Höchste Zeit, daß jemand diesen eingebildeten Wichsern mal zeigt, wo der Hammer hängt.«

»Bist du in den Kreis aufgenommen worden?« fragte eine Stimme.

Als Doug sich umwandte, sah er, daß Paul direkt hinter ihm saß – Benjamins verhaßter kleiner Bruder.

»Was machst du denn hier?« fragte Benjamin. Selbst nach mehr als einem Jahr hatte er sich immer noch nicht daran gewöhnt, daß Paul jetzt auf dieselbe Schule ging und dementsprechend auch mit demselben Bus nach Hause fuhr. Jeden Tag holte ihn das Grauen in Gestalt seines Bruders erneut ein; es war unmöglich, ihm aus dem Weg zu gehen.

»Wir leben in einem freien Land, oder?« sagte Paul. »Außerdem ist kein anderer Sitz frei.«

Womit er leider recht hatte.

»Wir haben echt keinen Bock auf dein Gelaber, kapiert?«

»Wir leben in 'nem freien Land, wie ich schon sagte.« Er wandte sich wieder zu Doug. »Ich hab dich was gefragt.«

Doug konnte kaum glauben, wie unverfroren der Bursche war. In seinem Blick stand die kalte Verachtung eines reinrassigen Bluthunds, dem ein Straßenköter gerade am Schwanz geschnüffelt hat.

»Bist du in den Kreis aufgenommen worden?« wiederholte Paul.

»Natürlich nicht.«

»Eben. Du bist doch bloß neidisch.«

»*Neidisch?*«

»Mich täuschst du nicht mit deinem Geschwätz. Elitär bist du doch selbst, sonst wärst du nämlich gar nicht auf unserer Schule. Du hast doch auch die Aufnahmeprüfung gemacht, stimmt's?«

»Ja, aber ...«

»Es muß eine Elite geben. Jeder weiß das, bis auf ein paar Ideologen, die mit Scheuklappen durchs Leben laufen. Elitedenken führt dazu, daß am Ende die Besten übrigbleiben. Und was den Geschlossenen Kreis angeht – *ich* werde jedenfalls fragen, ob sie mich aufnehmen.«

Benjamin stieß ungläubig Luft aus. »*Du?* Du bist doch

fünf Jahre zu jung. Außerdem fragt man nicht. Man *wird* gefragt.«

Bevor Paul ihn noch weiter auf die Palme bringen konnte, hatte der Bus Northfield erreicht, wo Philip und Claire aussteigen mußten. Benjamin starrte wieder aus dem Fenster, nicht, weil er unhöflich sein wollte, sondern um Claire nicht in die Augen sehen zu müssen; er wußte, daß sie ihn wieder so anblicken würde wie damals, als sie ihm das erste Mal aufgefallen war, hier, vor zwei Jahren, an derselben Haltestelle, und er wollte sich auf nichts einlassen. Überhaupt war er der allerletzte gewesen, der bemerkt hatte, daß Claire auf ihn flog, daß sie eine seltsame, unerklärliche Schwäche für ihn empfand, obwohl er ihre offensichtlichen Hoffnungen nie durch irgend etwas bestärkt hatte. Die Befangenheit, die seitdem zwischen ihnen herrschte, war mit der Zeit nur immer größer geworden. Inzwischen schien es auch Claire unangenehm zu sein, wenn sie sich begegneten; aber so war es nun mal. Er konnte einfach nicht aus seiner Haut. Nicht zuletzt betraf die Sache auch Doug, der wiederum ganz andere Gefühle für Claire hegte, ohne daß sie diese je auch nur im mindesten erwidert hätte. So kam es, daß immer eine gewisse Spannung zwischen Benjamin und Doug herrschte, wenn sich Claire in ihrer Nähe befand. Vielleicht schwiegen sie deshalb eine Weile (Doug hatte sich neben Benjamin gesetzt), als sie den Bus verlassen hatte.

»Also«, sagte Doug schließlich, »kommst du am Wochenende mit nach London?«

Es war nicht das erste Mal, daß er Benjamin darauf ansprach.

»Ich glaube nicht«, sagte Benjamin. »Mich hat ja keiner eingeladen.«

»Sie haben geschrieben, wir sollten mal reinsehen, wenn wir in London sind. Also gilt das auch für dich.«

Benjamin war sichtlich verlegen.

»Mach das ruhig mal allein.«

Doug sah seinen Freund einen Moment lang an, bevor er ein kurzes, trauriges Lachen von sich gab. »Du willst es einfach nicht, stimmt's?«

»Was?«

»Endlich mal hier rauskommen. Das Leben am Kragen packen und ordentlich durchschütteln. Du drehst lieber Däumchen, stimmt's? Mann, da hast du mal die Chance, dahin zu kommen, wo echt was los ist, wo wirklich die Post abgeht, und statt dessen hockst du lieber weiter zu Hause bei Mum and Dad und bringst deine Plattensammlung in alphabetische Reihenfolge. Als ob es irgendwie wichtig wäre, ob Soft Machine vor Stackridge kommt.«

Die scharfen Vorwürfe trafen Benjamin mitten ins Herz. Jedes Wort kam punktgenau, jedes einzelne ein perfekt gezielter Schlag, unter dem er sich duckte, und er wußte nur zu gut, daß Doug recht hatte. Ja, es stimmte; um nichts in der Welt wäre er mit Doug nach London gefahren. Er war einfach nicht der Typ, der hocherhobenen Hauptes unbekanntes Terrain betrat und lauter Fremden die Hände schüttelte, die allesamt älter, erfahrener und tausendmal cooler als er selbst waren. Allein die Vorstellung ließ ihm die Haare zu Berge stehen. Aber er hatte eine Ausrede, eine echte Rechtfertigung, die auch Doug akzeptieren mußte, und diese brachte er jetzt vor.

»Darum geht es gar nicht«, sagte er. »Es ist bloß so, daß ich am Samstag schon etwas vorhabe. Wie jeden Samstag.«

Dann erzählte er Doug, daß er samstags immer Lois in der Psychiatrie besuchen ging. Was voll und ganz der Wahrheit entsprach. Doug sagte, es täte ihm leid, und schwieg. Dagegen ließ sich nun wirklich nichts sagen.

4

Jedesmal, wenn er an ihrer Straße vorbeikam, beschlich Bill dieses seltsame Gefühl. Hier hatte sie schließlich nicht nur gewohnt, sondern hier hatte er sie auch zuletzt gesehen. Hier hatte sie ihn in seinem Wagen angeschrien und gedroht, sich umzubringen, wenn er Irene nicht verlassen würde. Er hatte am Straßenrand gehalten und versucht, sie zu beruhigen. Fünf oder zehn Minuten lang hatten sie sich gestritten, aber später konnte er sich an kaum ein Wort erinnern. Doch selbst jetzt, so lange danach, übte diese anonyme Kreuzung, wo die Straße, in der sie gewohnt hatte, in die Bristol Road mündete, immer noch einen schrecklichen Bann auf ihn aus; mit aller Macht kamen die Erinnerungen an ihre letzte Begegnung zurück, sobald er nach Birmingham hineinfuhr.

Sie war nicht bei ihm zu Hause vorbeigekommen, wie er zunächst befürchtet hatte. Nur einmal hatte sie versucht, wieder Kontakt mit ihm aufzunehmen; sie hatte ihn zu Hause angerufen und gesagt, sie müßten dringend miteinander reden. Sie hatte ihren üblichen Treffpunkt vorgeschlagen, einen der Duschräume in der Fabrik, wo sie sich des öfteren in aller Heimlichkeit geliebt hatten. Doch Bill ging nicht hin. Er hatte es einfach nicht über sich gebracht.

Die beiden nächsten Abende hatte er das Telefon lahmgelegt, indem er den Hörer mit einem Stück Gummi angehoben hatte, doch war ihm schnell aufgegangen, daß er dieses Versteckspiel nicht ewig so weiter treiben konnte. Am zweiten Abend hängte er den Hörer um halb zehn wieder normal ein, und fünf Minuten später klingelte es auch schon. Als er abnahm, war Miriams Vater am anderen Ende. Er war völlig außer sich und schrie Bill an, er würde ihn umbringen, aber Bill ließ sich keine Angst einjagen; abgesehen davon, wußte er, daß er sich diesem Mann stellen mußte. Sie vereinbarten, sich eine halbe Stunde später im Black Horse in Northfield zu treffen, wo ihn Miriams Vater anschließend auch darüber informierte, was geschehen war: Miriam war verschwunden.

Donald Newman war einer, der schnell zuschlug; das erkannte Bill sofort. An diesem Abend beschränkte er sich jedoch darauf, Bill verbal die Meinung zu geigen und ihn mit allen erdenklichen Obszönitäten zu überhäufen, während er ihm vorwarf, seine Tochter verdorben, mißbraucht und geschändet, sie womöglich sogar geschwängert und zu mehreren Abtreibungen gezwungen zu haben, lauter Dinge, die Bill wahrscheinlich als Ausgeburten einer blühenden Phantasie abgetan hätte, wenn die vorgebrachten Anschuldigungen nicht so unangenehm nah an der Wirklichkeit gewesen wären. Das meiste bekam er ohnehin nicht mit; in seinem Kopf begann sich alles zu drehen, als er hörte, was geschehen war. Offenbar hatte Miriam ein Tagebuch geführt; ihm hatte sie nie davon erzählt. Es stand nicht alles über ihre Affäre darin, wohl aber, wie es zwischen ihnen beiden angefangen hatte, und nun war es ihrem Vater in die Hände geraten. Schmach und Schande erwarteten ihn jetzt – seine Frau würde sich scheiden lassen, und seinen Job würde er auch verlieren –, und er beschwor Donald, um Irenes und Dougs willen Stillschweigen über die Sache zu bewahren. Doch darum ging es Donald gar nicht. Er wollte nur wissen, wo seine Tochter war. Wo ist meine Tochter, wiederholte er in einem fort, und alles, was Bill zur Antwort geben konnte, war, daß er es nicht wußte. Ich weiß es wirklich nicht.

Das einzige, was ihm einfiel, war dieser ominöse andere Mann. Er erinnerte sich, wie Miriam damit kokettiert hatte – obwohl kokettieren das falsche Wort war, wenn er an ihre

Verzweiflung dachte –, es gäbe da jemand anderen, einen anderen Liebhaber, einen anonymen Rivalen, der ihren Worten zufolge nicht in Longbridge arbeitete und auch nicht aus der Gegend war. Sie hatte ja sogar gedroht, mit ihm abzuhauen – und möglicherweise hatte sie auch genau das getan. Immer wieder fragte Donald nach dem Namen des Mannes, aber Bill wußte ihn einfach nicht. Schließlich fragte Donald, ob er glaube, daß sie sich vielleicht umgebracht habe, doch Bill schüttelte abermals nur den Kopf, während sich seine müden grauen Augen hinter der Nickelbrille mit Tränen füllten. Ich weiß es nicht.

Dann war Donald gegangen.

Acht bange Tage später kam es zu einem seltsamen, ergebnislosen Nachspiel. Bill hatte ein paar seiner Freunde bei der Anti-Nazi-Bewegung kontaktiert und weitere Informationen über den »Bund aller Briten« erbeten, dem auch Roy Slater angehörte. Wie erwartet, schien es sich um das übliche Gesindel zu handeln, einen versprengten Haufen rechtsradikaler Schwachköpfe, von dem wahrscheinlich keine Gefahr ausging, auch wenn gemunkelt wurde, daß einige kleinere, rassistisch motivierte Übergriffe auf ihr Konto gingen. Bill hatte Roy Slater zu sich zitiert und ihn beschuldigt, ausländerfeindliche Propaganda im Werk zu verbreiten. Slater hatte ihn gefragt, was er dagegen unternehmen wollte, worauf Bill erwiderte, daß er die Gewerkschaft in Kenntnis setzen und empfehlen würde, Slater von seinem Amt als Betriebsrat zu suspendieren – womit er höchstwahrscheinlich auch seinen Job los wäre.

»Tun Sie, was Sie für richtig halten«, hatte Slater geantwortet. »Aber wenn Sie's tun, erfährt Ihre Frau von Miriam Newman.«

Die Erpressung hatte funktioniert. Bill ließ die Sache unter den Tisch fallen, und Slater hielt sich an die Abmachung. Bei ihrem Treffen hatte er Bill versichert: »Niemand wird je davon erfahren, Genosse Anderton. Mein Wort darauf.«

Bill hatte keine Ahnung, woher Slater von seiner Affäre wußte. Zuletzt kam er zu dem Schluß, daß er durch Victor Gibbs davon erfahren haben mußte; nach wie vor vermutete er, daß irgendeine undurchsichtige Verbindung zwischen den beiden Männern bestand, auch wenn er keinen konkreteren Beweis hatte, als daß beide Dougs Schule als Scheißreiche-Söhnchen-Akademie bezeichnet hatten. Als etwas Gras über die Sache gewachsen war, fragte er sich sogar, ob Gibbs tatsächlich so viel über ihn und Miriam gewußt hatte. Womöglich war das alles bloß Wichtigtuerei gewesen, und er hatte Gibbs' Schreiben überinterpretiert. Obwohl es mittlerweile sinnlos geworden war, weiter darüber zu spekulieren. Gibbs hatte die fristlose Kündigung erhalten, nachdem seine Unterschlagungen aufgeflogen waren. Bill hörte nie wieder von ihm. Slater heiratete ein Jahr später und zog nach Oxford, wo er einen Job im dortigen British-Leyland-Werk an Land zog – nicht zuletzt aufgrund eines ausgezeichneten Empfehlungsschreibens von Bill höchstpersönlich, der sich schwor, daß dies seine letzte Gefälligkeit gewesen war.

Er tat sein Bestes, Miriam zu vergessen. Zuerst war es ihm unmöglich gewesen. Tag für Tag stand er kurz davor, ihren Vater anzurufen und zu fragen, ob es inzwischen irgendwelche Neuigkeiten gab. Doch hielt er jedesmal im letzten Moment inne; er konnte die Verachtung des Mannes kein zweites Mal ertragen. In den Zeitungen stand nichts, und auch im Werk war nichts zu hören, abgesehen von ein paar Gesprächsfetzen in der Kantine, daß Miriam mit einem Mann durchgebrannt sei. Bill hatte keine Ahnung, ob an diesem Klatsch wirklich etwas dran war, doch schließlich glaubte er selbst, daß der mysteriöse andere Liebhaber wirklich existierte. Monatelang lag sein Herz im Widerstreit zwischen Erleichterung und Eifersucht, ohne daß ein Gefühl die Oberhand gewann. Er kämpfte verbissen dagegen an, sich tagaus, tagein nach Miriam zu verzehren, und versuchte, wieder Ruhe und Frieden im Alltag und seiner Ehe zu finden. Seit dem Ende seiner Affäre war er seiner Frau treu geblieben; zumindest körperlich. Doch selbst jetzt, fast zwei Jahre später, kamen die Erinnerungen an jenes letzte Wochenende mit aller Macht zurück, sobald er nur an ihrer Straße vorbeifuhr. Ohne es sich eingestehen zu wollen, hatte er alles aufs Spiel gesetzt; ihm war einfach nicht klar gewesen, worauf er sich eingelassen hatte. Ein eiskalter Schauder überlief ihn, sobald er nur daran dachte.

Er stellte fest, daß er inzwischen fast am King William's angekommen war; die letzten vier Meilen mußte er wie in Trance gefahren sein, da er sich an nichts erinnern konnte, obwohl in Selly Oak jetzt Rush-hour war. Es war ein Wunder, daß er nie einen Unfall baute. Doug wartete vor der Schule auf ihn. Er hatte sich umgezogen; seine Schuluniform trug er zusammengerollt unter dem Arm. Nachdem er jahrelang Hosen mit Schlag getragen hatte, war Doug neuerdings auf schwarze Röhrenjeans umgestiegen, in denen seine Beine unglaublich dürr aussahen. Darüber trug er ein weißes T-Shirt.

»Um Himmels willen, steig ein«, sagte Bill. »So holst du dir noch den Tod. Wo hast du denn deine Jacke?«

Doug warf seine Uniform und die schwarze Sporttasche auf den Rücksitz und stieg ein.

»Ich brauch keine Jacke, Dad.«

»Ohne Jacke fährt du mir nicht nach London.«

»Ich hab sie zu Hause gelassen.«

»Dann zieh deinen Schulblazer an.«

»Vergiß es.«

»Tu ihn in deine Sporttasche. Du brauchst 'ne Jacke bei dem Wetter.«

Murrend legte Doug den Sicherheitsgurt an. »Danke fürs Abholen«, murmelte er.

»Kein Problem.« Bill fädelte sich wieder in den Verkehr ein. Es war erst zwei Uhr, aber die Straßen waren jetzt schon überfüllt. Wie üblich bekam er den dritten Gang nicht richtig hinein; der Motor heulte gequält auf, während der Wagen jäh nach vorn ruckte.

»Dieses verdammte Scheißgetriebe«, sagte Bill.

»Warum kaufst du nicht mal 'nen anständigen Wagen? Irgendeine ausländische Marke.«

»Die taugen doch noch weniger«, knurrte sein Vater. »Das hier ist echte britische Wertarbeit. Und ich sollte das ja schließlich wissen.« Er fuhr bei Gelb über die nächste Ampel. »Außerdem, wie stellst du dir das vor? Was sollen die Leute sagen?«

Es war Freitag, der 29. Oktober 1976, und vor Doug lag ein großes Abenteuer: Zum erstenmal fuhr er ohne seine Eltern nach London; ohne jede Aufsicht oder Begleitung, obwohl das ursprünglich nicht so geplant gewesen war. Ohne eigentlich so recht zu wissen, warum – abgesehen davon, daß er seine Helden beeindrucken wollte –, hatte er ein Exemplar der *Bill-Board*-Ausgabe mit seinem Artikel über Eric Clapton an die Redaktion des *New Musical Express* geschickt, worauf zwei Wochen später ein kurzer Dankesbrief von einem Redakteur namens Neil Spencer eingetroffen war. Und nicht nur seine Schreibe schien bei den Leuten vom *NME* gut angekommen zu sein; Vorschläge wären immer gern gesehen, hieß es, und bei interessanten Gigs in Birmingham könnten sie auch Besprechungen schicken. In einem mit der Hand gekritzelten Postskriptum hatte der Redakteur hinzugefügt, sie sollten auf jeden Fall vorbeischauen, falls sie mal in London seien. Doug hatte den Brief auf der letzten Redaktionssitzung laut vorgelesen, doch zu seinem Erstaunen fand das Schreiben kaum Beachtung; die anderen glaubten nicht, daß die Einladung ernst gemeint war. Nur um ihnen das Gegenteil zu beweisen, hatte er ein paar Tage später beim *NME* angerufen. Der Typ am anderen Ende wußte zwar nichts von dem Brief, war aber sonst echt nett, und als er hörte, daß Doug das Wochenende über in London sein würde (er hatte das einfach mal so gesagt), meinte er, klar, Doug solle auf jeden Fall mal reinsehen, Freitag nachmittag wäre günstig. Doug ließ durchblicken, daß er noch nicht wüßte, wo er übernachten sollte, aber die Stimme am anderen Ende hatte ihm versichert, das sei kein Problem, da ließe sich bestimmt etwas arrangieren. Das würden sie alles locker hinkriegen.

»Und du hast nicht mal eine Telefonnummer?« fragte sein Vater. »Nur damit wir dich notfalls erreichen können.«

»Es ist noch nicht ganz klar, wo ich schlafen kann«, sagte Doug. »Wahrscheinlich bei dem Redakteur. Ich rufe dann von dort aus an.«

Die nächste Frage hatte er schon kommen sehen. »Die nehmen doch hoffentlich keine Drogen, diese Leute. Nicht, daß du da unter die Räder kommst.«

»Bestimmt nicht, Dad. Das ist 'ne seriöse Zeitschrift mit angesehenen Journalisten.« Doug ging stark davon aus, daß das nicht der Fall war. Der Erwerb bewußtseinserweiternder Substanzen war ein weiterer Grund für seine Reise. »Außerdem kann ich schon auf mich selbst aufpassen. Ich weiß, wann ich nein sagen muß.«

Von mir hast du das bestimmt nicht gelernt, dachte Bill. Er ließ seinen Sohn am Bahnhof New Street aussteigen und winkte ihm hinterher – in seinen Augen sah er immer noch unglaublich dünn und verletzlich aus –, bevor er einen Blick auf seine Uhr warf und sah, daß er bis zum Tee noch drei Stunden totzuschlagen hatte. Der neueste Streik zog sich nun schon seit zwei Wochen hin, und seinen Papierkram hatte er schon vor Tagen erledigt. Er hatte den Nachmittag zur freien Verfügung. Die Pubs waren noch geschlossen, was also sollte er jetzt tun? Vielleicht bei Samuel's an der Broad Street hineinsehen und Irene ein Überraschungsgeschenk kaufen. Er war momentan zwar knapp bei Kasse, aber die Ohrringe, die er letzte Woche im Schaufenster gesehen hatte, kosteten nur 15 Pfund, und er wußte, wie sehr sie sich darüber freuen würde. Sie würde die Geste verstehen.

Er schuldete ihr noch endlos viele Gesten.

London war braun und grau. An diesem Nachmittag Ende Oktober schienen der Stadt alle anderen Farben auf ihrer Palette ausgegangen zu sein, so daß die vor sich hin rostenden roten und weißen Geländer an der Blackfriars Bridge geradezu frivol aus der allgemeinen Eintönigkeit herausragten. Unter Dougs Füßen flossen die bräunlichen, mit einer Nuance von Joyceschem Rotzgrün durchsetzten Abwässer der Themse. Der Regen hatte sich schon vor einer halben Stunde angekündigt, als er an der Euston Station aus dem Zug gestiegen war. Doug hatte sich mit der U-Bahn nach Blackfriars durchgekämpft, nachdem es zunächst ziemlich schwierig für ihn gewesen war, den Kurs der Northern Line zu durchschauen, und Bank and Monument hatte sich ebenfalls als harte Nuß erwiesen, was das Umsteigen anging. Leicht außer Atem, stand er nun auf der Brücke und rieb sich die frierenden Arme; und wenn der Wind noch so schneidend kalt war, hätte ihn nichts auf der Welt dazu gebracht, seinen King-William's-Blazer anzuziehen.

Es war kurz vor halb fünf, und die Dämmerung senkte sich schneller und schneller über die Stadt. Die riesigen dunklen Umrisse zahlloser, von neongleißenden Quadraten und Rechtecken durchwirkter Bürogebäude ließen die Stadt noch bizarrer, noch weniger einladend wirken; vor ihm erstreckte sich eine betongewordene Enzyklopädie unbekannter Geschichten, Splitter und Scherben anonymen Lebens. Doug vermutete, daß das größte der Gebäude am anderen Ufer, eine monströse Symphonie verschiedener Brauntöne, die sich wie ein rechteckig geformter Haufen Scheiße über die anderen Bauten erhob, der King's Reach Tower sein mußte – die Adresse des *New Musical Express*. Langsam näherte er sich dem anderen Ende der Brücke, während er im prasselnden Regen immer wieder von entgegenkommenden Passanten angerempelt und von übelriechenden Böen durchgeschüttelt wurde. Mit jedem Schritt wurde ihm mulmiger zumute.

Offensichtlich beherbergte der King's Reach Tower eine ganze Reihe von Magazinen. Vergrößerte Titelseiten von *Woman and Home, Amateur Photographer, TV Times* und *Woman's Weekly* zierten die getönten Scheiben im Erdgeschoß. Vom *NME* konnte Doug keine Spur entdecken, doch als er den hinter seinem fiesen kleinen Schreibtisch hockenden Portier fragte, der wie ein Page in einer billigen Absteige aussah, nickte dieser nur. »23. Etage«, sagte er und zeigte zu den Fahrstühlen hinüber.

In sich selbst versunken, wartete er dort ein oder zwei Minuten, bis eine leicht pummelige, junge Blondine das Foyer betrat und aufgekratzt den Portier begrüßte; man sah gleich, daß er auf sie stand. Sie gesellte sich zu Doug und drückte einen der Fahrstuhlknöpfe. Das hatte er ganz vergessen. Nicht gerade ein toller Anfang.

»Wohin soll's denn gehen?« fragte sie, als sie den Lift betraten.

»23. Stock.«

»Dann haben wir ja das gleiche Ziel«, sagte sie lächelnd, während sie ihn kurz musterte.

»Auch zum *NME*?« fragte Doug hoffnungsvoll.

»Himmel, nein. Ich arbeite bei *Horse and Hound*.« Sie sprach mit einem durchdringenden Home-Counties-Akzent. »Ist ja irre. Schreibst du für die oder so?«

»Na ja... Ich bin so was wie ein freier Mitarbeiter.«

»Echt abgefahren. Und – stehst du auf Punkrock?«

Es klang einfach lächerlich, wie sie es sagte, und Doug mußte ein Grinsen unterdrücken.

»Auf einige Sachen schon. Aber eigentlich kenne ich mich da gar nicht so aus. Das ist alles noch nicht so richtig nach Birmingham gedrungen.«

»Birmingham?! Ich faß es nicht. Die King's Road ist voll von ihnen. Punks und so. Da geht's echt total ab.«

»Ja, kann ich mir gut vorstellen.«

Ein kurzes Rucken unterbrach ihre Unterhaltung, als der

Lift im 23. Stock hielt. Sie wies kurz nach rechts, bevor sie in die andere Richtung davonging.

Die Tür zur Redaktion stand offen. Als Doug das Großraumbüro betrat, fiel ihm zuallererst die wenig verheißungsvolle Stille auf, die schwer über dem allgemeinen Chaos lastete. Er hatte erwartet, daß jede Menge los sein würde: kettenrauchende Schreiberlinge, die Artikel in ihre Schreibmaschinen hackten; genervte Sekretärinnen, die Waschzettel und Promo-Exemplare von einem Tisch zum anderen transportierten. Statt dessen sah er zunächst überhaupt niemanden. Über ihm flackerte eine Neonleuchte, während ein paar Blätter in der Brise eines antik anmutenden Ventilators flatterten. Die gesamten Räumlichkeiten machten den Eindruck, als sei schon wochenlang niemand mehr hier gewesen. Dann tauchte plötzlich ein junger Mann mit langen Haaren und einer Hornbrille auf, der geistesabwesend auf ein Blatt Papier in seiner Hand starrte. Als Doug sich räusperte, blieb er stehen und warf Doug einen desinteressierten Blick zu.

»Hallo«, sagte Doug unsicher.

»Hi.« Etwa eine Epoche später fuhr er fort: »Willst du irgendwas Bestimmtes?«

»Ich bin Doug. Doug Anderton.« Als bei dem anderen daraufhin absolut gar nichts zu klingeln schien, fügte er hinzu: »Ich wollte mal bei euch vorbeisehen. Ich hatte vor ein paar Tagen angerufen. Aus Birmingham.«

»Ach so. Verstehe.«

»Ist ...« Doug sah sich fragend um. »Ist Nick da?«

»Nick? Welcher Nick?«

»Nick Logan. Er schreibt doch für euch.«

»Ach so, *Nick*. Nee, Nick ist heute nicht da.«

»Und Neil?«

Sein Gegenüber ließ den Blick durch den Raum schweifen; zumindest sah er kurz nach rechts und links, bevor er schulterzuckend sagte: »Ich hab Neil heute noch nicht gesehen. Keine Ahnung, wo der sich wieder rumtreibt.«

Doug sah, wie ihm die Felle davonschwammen. Er fühlte sich, als würde er gerade mit dem Fahrstuhl abstürzen.

»Warst du das, mit dem ich telefoniert habe?«

Falls der Mann sich tatsächlich zu erinnern versuchte, strengte er sich jedenfalls nicht besonders an. »Was hattest du gesagt, wo du noch mal herkommst?«

»Aus Birmingham. Ich heiße Doug.«

»Vielleicht hast du mit Richard gesprochen.« Er brüllte quer durch den Raum: »Rich?!«

Hinter einem Raumteiler ertönte eine Stimme: »Ja?«

»Hast du die Woche mit irgendeinem Doug aus Birmingham telefoniert?«

»Nein.«

»Der ist jetzt jedenfalls hier.«

Eine kurze Pause. »Und was will er?«

Der Mann wandte sich wieder zu Doug. »Ja, was willst du eigentlich hier?« Doch Doug fiel absolut keine Antwort ein. Er hatte sich vorgestellt, mit einem herzlichen Schulterklopfen begrüßt und dann auf eine Runde Drinks in den nächsten Pub eingeladen zu werden. Mit einem Mal war ihm sonnenklar, daß überhaupt nichts dergleichen passieren würde.

»Warte mal«, rief die Stimme von hinten. »Ist das der Typ von der Schülerzeitung?«

Doug klammerte sich an seinen letzten Strohhalm und rief, nein, schrie beinahe: »Ja, genau.«

»Hi.« Ein spindeldürrer Endzwanziger mit Dreitagebart, strohigen Haaren und einem schiefen Lächeln tauchte hinter einer Wand auf und streckte seine Hand aus.

»Hallo. Ich bin Doug. Wir haben ja schon miteinander telefoniert.«

Richard schüttelte seine Hand. »Nee, das war ich nicht. Ich glaube, du hast mit Charles gesprochen. Tja, was können wir für dich tun?«

»Na ja ... Ich war gerade in der Gegend, und ...« Plötzlich hielt Doug inne, nicht, weil ihm keine richtige Antwort einfiel (obwohl er tatsächlich nicht wußte, was er sagen sollte), sondern weil ihm plötzlich ein groteskes Detail ins Auge stach. Das Großraumbüro war in lauter kleine Verschläge unterteilt, und irgend jemand hatte eine der Trennwände mit einem Geflecht aus Stacheldraht und Glasscherben versehen. In dem Kabuff selbst standen zwei Schreibtische, zwischen denen eine Henkerschlinge von der Decke baumelte, die in der Ventilatorluft leicht von einer Seite zur anderen schwang.

Richard folgte seinem Blick und sagte: »Yeah, das ist der Bunker von Tony und Julie.«

»Tony *Parsons*?« kam es ehrfürchtig über Dougs Lippen. Langsam hatte er das Gefühl, daß sein Besuch doch nicht ganz umsonst gewesen war.

»Das machen die bloß, um uns Angst einzujagen. Wie die kleinen Kinder. Setz dich doch, Doug.«

Sie setzten sich, und Richard bot ihm eine Zigarette an. Doug hoffte, daß es einigermaßen geübt aussah, als er einen Lungenzug nahm und ihm das scharfe Kraut die Kehle versengte.

»Erste Sahne, was du da über Clapton geschrieben hast«, sagte Richard. »Hat uns echt schwer beeindruckt.«

»Danke«, sagte Doug. »Ich fand, das hatte er echt verdient. Einen wie Powell zu unterstützen, obwohl er der schwarzen Musik selbst so viel verdankt... Das ist doch völlig hirnrissig.«

»Bist du deshalb hier?«

Doug sah ihn ratlos an; er verstand nur Bahnhof.

»Na, wegen dem Gig heute abend«, erklärte Richard. »Das Rock-Against-Racism-Konzert in Forest Gate. Carol Grimes ist auch mit dabei.«

»Ach ja, klar. Ja, da wollte ich eigentlich schon hin.« Er nahm an, daß Richard genau das hören wollte, obwohl er sich alles andere als sicher war. Er ging in die Offensive und fragte: »Könnte ich nicht was für euch drüber schreiben?«

»Möglicherweise.« Richard klang nicht allzu begeistert. »Das Problem ist bloß, daß sich der *Melody Maker* schon schwer auf das Thema eingeschossen hat. Die waren zuerst am Ball.«

»Oh.«

»Vielleicht kannst du ja 'nen anderen Gig für uns besprechen. Wie lange bist du überhaupt hier?«

»Bloß heute.«

»Tja...« Er kramte auf seinem Schreibtisch herum, förderte von irgendwoher eine Liste zutage und überflog sie ohne großen Enthusiasmus. »Ich weiß nicht... Steeleye Span spielen heute abend im Marquee.«

Doug schüttelte den Kopf. »Die sind nicht so mein Ding.«

»National Health am University College. Hast du schon mal was von denen gehört?«

Hatte Doug nicht.

»Ganz neue Band. Irgendwie hippiemäßig, schwer intellektuell drauf, die Typen. Ein paar von ihnen haben vorher bei Hatfield and the North gespielt.«

»Ja, klar.« Doug erinnerte sich vage an den Namen der Band. Benjamin war damals bei ihrem Konzert im Barbarella's gewesen; der Freund seiner Schwester Lois hatte ihn mitgenommen. Er hatte tagelang von nichts anderem geredet. Aber Doug stand überhaupt nicht auf die Art Sound. Er reckte sich vor, um selbst einen Blick auf die Liste zu erhaschen. »Wow – The Clash spielen ja auch heute abend. Da könnte ich doch hingehen.«

Richard sog scharf Luft zwischen die Zähne. »Na ja... nicht daß ich dich dran hindern will, aber das hat sich sicher schon Tony unter den Nagel gerissen. Das ist seine Baustelle, verstehst du.« Er dachte nochmals einen Moment nach. »Paß auf – warum gehst du nicht einfach zu Rock Against Racism und schreibst uns 50 Zeilen darüber?«

Ein breites Lächeln erschien auf Dougs Gesicht, das er schnell zu unterdrücken versuchte, nur damit nicht allzu augenscheinlich wurde, wie sehr er sich freute. Er hatte soeben seinen ersten Auftrag als Journalist bekommen; gerade mal sechzehn, war es ihm gelungen, in eines der ganz großen Blätter vorzustoßen. Er war so aufgeregt, daß er völlig vergaß, nach einem Schlafplatz zu fragen.

Doug verließ die Redaktion des *NME* mit gemischten Gefühlen. Einerseits hatte er weder Tony Parsons noch Julie Burchill getroffen, und Nick Logan und Charles Shaar Murray waren ihm auch nicht über den Weg gelaufen; andererseits hatte er ein paar Platten abstauben können. Klar, er wäre lieber mit Promo-Exemplaren von »New Rose«, »Anarchy in the UK« und dem ersten Album von Eddie and the Hot Rods abgezogen; statt dessen hatte ihm Richard »Money, Money, Money« von Abba, »Ring Out Solstice Bells« von Jethro Tull und »Morning Glory« von den Wurzels in die Hand gedrückt. Natürlich schmeichelte es ihm, daß er gleich etwas so Wichtiges wie das Rock-Against-Racism-Konzert unter die Lupe nehmen sollte; noch besser wäre es allerdings gewesen, wenn ihm auch jemand gesagt hätte, wie er dort hinkommen sollte.

Das Konzert fand in einem Pub namens The Princess Alice statt, der in Forest Gate lag. Da Doug keinen Stadtplan dabeihatte, blieb ihm nichts anderes übrig, als ein paar Leute am U-Bahnhof Blackfriars nach dem Weg zu fragen. Die ersten drei ließen ihn einfach stehen. Der vierte meinte, von Forest Gate hätte er noch nie gehört. Doug erwiderte, Forest Gate müsse irgendwo im Osten Londons liegen. Der Passant schüttelte nur den Kopf und sagte, er würde bestimmt Forest Hill meinen, was allerdings im Süden läge. Doug versicherte ihm, er müsse nach Forest Gate, fand es aber ziemlich logisch, als der andere meinte, Forest Gate läge bestimmt in der Nähe von Forest Hill. Der Fremde erklärte ihm also, wie er nach Forest Hill kam, was sich als äußerst kompliziertes Unterfangen herausstellte. Die U-Bahn fuhr nicht dorthin; man mußte entweder den Zug oder den Bus nehmen. Es war eine Wissenschaft für sich, die Verbindungen herauszukriegen, und Doug wartete mehr als 40 Minuten an einer Haltestelle in Camberwell, während bis auf den letzten Platz mit müden Pendlern besetzte Busse an ihm vorbeifuhren. Als endlich ein Bus hielt, fuhr der auch noch in die falsche Richtung.

Es war acht Uhr, als er in Forest Hill ankam. Schon der erste Passant sagte ihm, daß es keinen Pub namens The Princess Alice in der Gegend gab. Doug erwiderte, der Pub wäre in Forest Gate, und das müsse hier irgendwo um die Ecke liegen. Der Mann gab zurück, Forest Gate läge im Osten, jenseits der Themse Richtung Romford, etwa zehn Meilen entfernt. Doug sah ihn mit schreckgeweiteten Augen an, während er sich erneut so fühlte, als würde er mit dem Lift im King's Reach Tower 23 Etagen nach unten rasen. Der Mann sah ihn mitleidig an, und Doug tröstete sich im nächsten Pub mit zwei großen Bieren. Ausnahmsweise hatte er Glück; der Barkeeper fragte nicht nach, wie alt er war.

Wie auch immer, jetzt war es offiziell: Sein Trip nach London hatte sich als totales Fiasko erwiesen. Wie konnte er den Abend noch retten, um am Montag in der Schule nicht als kompletter Idiot vor seinen Freunden dazustehen?

Forest Gate konnte er abhaken; das war einfach nicht mehr zu schaffen. In ein paar Tagen würde er Richard anrufen und sich entschuldigen müssen, aber so wahnsinnig scharf schien er ohnehin nicht auf die Konzertbesprechung gewesen zu sein; für ihn war das bestimmt kein großer Verlust. Ja, er hatte immer noch Zeit genug, nach Euston zurückzufahren und sich in den Zug nach Birmingham zu setzen, aber allein bei dem Gedanken wurde ihm schon anders. Es war sein großes Wochenende, sein großes Abenteuer. Irgendwo in seinem Hinterkopf dräute der unangenehme Gedanke, daß er immer noch keinen Schlafplatz hatte, aber er kümmerte sich nicht weiter darum. Schließlich gab es ja Jugendherbergen; irgend etwas würde er schon finden. Er nahm den *NME* aus seiner Sporttasche und sah sich noch einmal die Konzerttermine an. The Clash spielten in der Old Town Hall in Fulham, wo immer das sein mochte, zusammen mit den Vibrators und Roogalator. Er hatte zehn Pfund dabei. Ein Taxi würde bestimmt weniger kosten.

Es war der nackte Wahnsinn, und dazu so laut, daß man alles um sich herum vergaß. Kleinere Probleme – wenn man etwa kein Geld mehr und keine Ahnung hatte, wo man pennen sollte – lösten sich im Gewitter der Akkorde auf, in all dem Schweiß, dem Bier, den Rückkopplungen und dem Meer von Leibern, die sich im Stakkato zum Rhythmus der Musik bewegten. Doug hatte vorher keines der Stücke gekannt, aber in den kommenden Monaten und Jahren sollten es die Songs seines Lebens werden: »Deny«, »London's Burning«, »Janie Jones«. Gebannt starrte er zu Joe Strummer hinüber, der mit schweißnassem Gesicht und weit hervortretenden Halsarterien ins Mikro schrie, brüllte und heulte. Doug ließ sich vom Lärm mitreißen und tanzte die nächste Stunde wie ein Derwisch inmitten der entfesselten, zuckenden Leiber, von denen eine schier unglaubliche Energie ausging. Als der letzte Ton verklungen war, stolperte er zur Bar und drängte sich zwischen die anderen, die ebenfalls zur Tränke strömten. Er wurde hin und her gestoßen, rempelte mit aller Kraft zurück und fühlte sich zum ersten Mal an diesem Tag rundum glücklich und zufrieden.

Dann tippte ihm plötzlich jemand auf die Schulter. Als er sich umwandte, sah er in ein Gesicht, das ihm irgendwie bekannt vorkam.

»Hallo! Da bist du ja wieder!« Die Stimme klang wie die einer Fernsehansagerin. »Mann, das ist ja total irre!«

Im selben Moment kam die Erinnerung wieder. Es war die Frau, mit der er im King's Reach Tower im Aufzug gefahren war. In ihrer Lederhose und dem T-Shirt hatte er sie erst nicht erkannt. Sie hatte die blonden Haare mit Gel zurückgekämmt, und ihr Make-up war in der Hitze zerlaufen. Sie wirkte kein bißchen pummelig mehr, sondern einfach atemberaubend sexy.

»Oh, hi!« sagte er.

Sie stand näher an der Bar als er. »Soll ich dir was zu trinken mitbringen?«

»Ein Bier, wenn's geht. Danke.«

Als sie sich ihren Weg aus dem Gedränge gebahnt hatten, führte sie ihn in eine freie Ecke, wo zwei leicht spießig angezogene Typen an der Wand lehnten und das allgemeine Treiben mit skeptischen Mienen verfolgten, als hätten sie Angst, daß ihnen jemand ans Leder wollte.

»Das ist Jacko, und das ist Fudge«, sagte sie. »Jungs, das ist …«

»Douglas«, soufflierte er, ohne so recht zu wissen, weshalb er seinen vollen Vornamen benutzte.

»Und ich bin Ffion.« Sie hielt ihm die Hand hin. »Ffion Ffoulkes. Mit vier Fs.«

»Vier?« sagte Doug.

»Zwei vorne und zwei hinten.«

Er verstand kein Wort, ließ das aber so stehen.

»Douglas ist Journalist beim *NME*«, erklärte sie. »Schreibst du was über das Konzert?«

»Nein. Ich bin heute abend einfach nur so da.«

»Die letzte Band war doch wohl echt total abgefahren«, sagte Ffion. »Mann, die haben echt die Sau rausgelassen. Meine Ohren klingeln jetzt noch von dem Lärm.«

Fudge sagte gar nichts, während Jacko gähnte.

»Hör mal, Fee, laß uns endlich abzischen. Mir dröhnt echt der Schädel, und bei den ganzen Prolls hier holen wir uns noch die Krätze.«

»Oder irgendwas Schlimmeres«, sagte Fudge.

»Ich bin selbst einer von diesen ›Prolls‹«, sagte Doug, der langsam Oberwasser bekam.

»Douglas ist aus Birmingham«, sagte Ffion zu ihren Freunden.

»Aus dem Kaff?« sagte Jacko. »Du arme Sau.«

»Man versteht ihn aber ganz gut«, sagte Fudge grinsend. »Obwohl die doch sonst so nuscheln in der Gegend.«

Doug hingegen hatte echte Probleme, die beiden komischen Vögel zu verstehen, die mit einem Akzent sprachen, der in seinen Ohren schon fast wie eine fremde Sprache klang. Während er angestrengt zuhörte, konnte er kaum glauben, was die beiden für Töne spuckten.

»Es wissen doch alle, was mit Birmingham los ist«, sagte Jacko. »Die Stadt stinkt doch nur so nach Pakis, stimmt's nicht?«

»Pakis und Prolls«, bestätigte Fudge.

Doug wandte sich wortlos von ihnen ab und sagte zu Ffion: »Können wir irgendwo anders weiterreden? Deine Freunde sind die größten Flachwichser, die ich je getroffen habe.«

Jacko packte ihn am Kragen seines T-Shirts und sagte: »Okay, du kleiner Pisser. Soll ich dir ein paar auf deine Schweinefresse geben?«

»Versuch's doch«, sagte Doug. »Wenn du unbedingt Bekanntschaft mit meinem Springmesser machen willst.«

Jacko ließ ihn langsam los. Alle Farbe war aus seinem Gesicht gewichen, als er sich zu Ffion wandte. »Laß uns gehen, Fee. Wir wollten uns doch noch mit McSquirter und den anderen im Parson's treffen.«

»Ich bleib hier.«

Sie wechselten ein, zwei saure Blicke, bevor Jacko mit dem Fuß aufstampfte und ihnen den Rücken zukehrte.

»Du blöde Schnalle«, sagte Fudge noch, bevor er ihm zum Ausgang folgte.

Ffion und Doug nippten eine Weile schweigend an ihren Flaschen. Dann sah sie ihn lächelnd an.

»Hast du wirklich ein Messer dabei?« fragte sie.

»Natürlich nicht.«

Plötzlich beugte sie sich zu ihm und küßte ihn mit offenen Lippen. Sie schmeckte nach Bier und Lippenstift.

»Du bist echt süß«, sagte sie. »Magst du noch auf einen Kakao und 'ne Nummer mit zu mir kommen?«

»Okay«, sagte Doug, etwa zu 90 Prozent sicher, daß er die Einladung richtig interpretiert hatte. »Kann ich bei dir übernachten?«

»Na, klar.«

In dieser Nacht kam Doug etwas Wichtiges abhanden. Es war nicht seine Unschuld, die er bereits mit vierzehn an ein williges Mädchen aus der Neunten verloren hatte, in einem kleinen Hotel am linken Seine-Ufer, als sie übers Wochenende mit Mr. Plumb auf einer seiner unbezahlbaren Exkursionen in Paris gewesen waren. Was er in jener Nacht mit Ffion einbüßte, war nicht ganz so einfach in Worte zu fassen, aber auf seine Weise ebenso unwiederbringlich verloren. Es hatte mit seinem Selbstbild zu tun, mit seinem Zugehörigkeitsgefühl, seiner Herkunft und den Wurzeln seiner Familie. Innerhalb von kaum mehr als ein paar Stunden sollte sich alles abrupt verändern und der Wunsch nach einem anderen Leben in ihm keimen. In jener Nacht verfiel er der herrschenden Klasse.

Er verfiel ihrem Stadtviertel. Als er Ffion in jener Nacht durch den eisigen Oktoberregen zu ihrem Apartment an der King's Road begleitete – ihr Vater hatte ihr die Wohnung kurzerhand geschenkt –, verliebte er sich in die erhabenen Anwesen Chelseas, in die ruhigen, von hochherrschaftlichen Häusern gesäumten Plätze. Hier, das konnte Doug sehen, wurde das Leben in vollen Zügen genossen. Rednal war eng und miefig dagegen.

Er verfiel ihrer Lebensart. Er bewunderte das lässige Durcheinander von Stilen in ihrer Wohnung, die Sitzkissen und afghanischen Teppiche, das lebensgroße Ölgemälde einer blauäugigen Frau im Tweedkostüm, bei der es sich, wie er später erfahren sollte, um Ffions Mutter handelte. Sie erzählte Doug, von wem das Bild gemalt worden war, und fand es unglaublich, daß er noch nie von diesem Künstler gehört hatte. Er fand es unglaublich, daß in ihrer Wohnung Bilder von berühmten Malern hingen. Alles, was in dieser Nacht geschah, war neu und außergewöhnlich, und nach und nach verfiel Doug der Kultur der Reichen und Betuchten mit Haut und Haar – ihrem Essen, ihren Drinks, der ohrenbetäubend lauten Musik, mit der sie ihre Nachbarn aus dem Schlaf rissen, ihren Drogen und natürlich ihrem Sex, der so hemmungslos, so heftig, so polymorph und ausschweifend war, wie er es sich in seinen kühnsten Träumen nicht vorgestellt hätte.

»Du meinst, du hast es noch nie auf die Weise gemacht?« fragte Ffion mit großen, ungläubigen Augen, während sie sich gerade in einer bizarren Stellung befand, aus der sie ihn nur unter ihrem Knie hindurch ansprechen konnte. »Du bist doch wohl keine Jungfrau mehr, oder, Duggie?«

Einige Stunden später – sie hielt ihn an den Haaren und hatte seinen Kopf fest zwischen ihren Beinen fixiert – bearbeitete er ihre Klitoris gerade mit ungebrochenem, ausdauerndem Enthusiasmus, als sie plötzlich einen langgezogenen Laut ausstieß, der einem Vollblutpony alle Ehre gemacht hätte, bevor sie mit einem genießerischen Seufzen sagte: »Oh, Duggie, das toppt ja alles. Ich glaube, ich könnte das ganze Wochenende so weitermachen.«

»Ich auch«, sagte Doug wahrheitsgemäß, wenn auch ziemlich undeutlich.

»Ach, wie blöd.« Ffion gab sich alle Mühe, halbwegs deutlich zu sprechen, während sie eine neue Welle der Erregung durchzuckte. »Ich bin morgen zum Lunch eingeladen … in Gerrards Cross.«

»Sag doch einfach ab«, ertönte Dougs erstickte Stimme.

»Aber es ist doch bei – oooh! – den Eltern von meinem Verlobten.«

Er hielt abrupt inne und starrte sie, wie vom Donner gerührt, an. Er sah einfach urkomisch aus, und das lag nicht nur daran, daß seine Haare in alle Richtungen abstanden und sein Mund mit Schamhaaren und vaginalen Säften verschmiert war.

»Du bist verlobt?« sagte er.

»Ja«, antwortete Ffion mit finsterer Miene. »Und mit was für 'ner Schlaftablette.«

»Wann kommst du zurück?«

»Nicht vor Sonntag abend. Ich glaube, wir wollen zusammen ausreiten.«

Doug stützte sich auf einen Arm und wischte sich mit dem Handrücken über den Mund. Urplötzlich wußte er, daß er Ffion nie wiedersehen würde. Gleichzeitig spürte er, daß es ihm nichts auszumachen schien.

»Egal«, sagte er und küßte nacheinander ihre Brustwarzen, bevor er sich über ihren Bauch und ihren Nabel wieder abwärts orientierte. »Ich hab sowieso noch jede Menge Hausaufgaben zu erledigen.«

Ffion griff erneut in seine Haare und zog ihn zu sich hoch. Jetzt war sie es, die völlig überrascht aus der Wäsche sah.

»Hausaufgaben?« sagte sie. »Du... du gehst noch zur Schule?«

»Du hast's erfaßt.«

Sie sahen sich an, und mit einem Mal war alles wie ein großer, unglaublicher, von Hasch, Musik, Sex und Alkohol beflügelter Witz. Sie prusteten los und lachten und lachten, bis sie keine Luft mehr bekamen und ihre nackten Körper keuchend ineinander verschlungen waren. Doug kam als erster wieder zu Puste, aber er brachte nur ein affektiertes »Ist ja total irre!« über die Lippen, wie er es von ihr kannte, worauf sie ein spitzes, hysterisches Kreischen von sich gab, so daß jemand draußen auf dem Flur wahrscheinlich angenommen hätte, daß Doug sie gerade kitzelte, obwohl der sich gerade wieder jenen fließenden Säften zuwandte, die zwischen Ffions feucht schimmernden Schenkeln auf ihn warteten.

5

»Also – bist du jetzt fertig?

Laß mich nur noch diese Platte hier hinlegen. Ich hab sie dir mitgebracht, aber wir reden später drüber.

Zieh dir besser 'nen Mantel über. Die letzten Tage ist es richtig kalt geworden.

Alles klar? Dann geh mal besser vor. Ich verlaufe mich hier dauernd auf all den Fluren.

Moment, Moment, nicht so schnell. Wir haben doch noch den ganzen Nachmittag.

Ja, so ist's besser.

Ich wette, du kannst es kaum erwarten, mal rauszukommen.

Da siehst du's – hab ich dir doch gesagt, daß es saukalt ist. Komm her, laß dir mal den Schal umbinden. Damit du dir keine Erkältung holst. Na also. Den Mantel hast du schon ganz schön lange, was? Hast du den nicht schon damals in der Zehnten getragen? Meiner ist nagelneu. Mom hat ihn mir letzten Monat geschenkt. Sie meinte, sie könnte es nicht mehr sehen, wie ich in Onkel Lens altem Mantel rumlaufe. Ist am Ende in die Altkleidersammlung gewandert.

Ich hab mir gedacht, wir gehen hoch zum Beacon. Okay für dich? Oder lieber zu den Ententeichen?

Okay, also zum Beacon.

Ich dachte nur, es würde dich langweilen, jede Woche das gleiche zu unternehmen.

Du siehst echt besser aus. Viel besser. Mom meinte das schon, nachdem sie am Mittwoch hier war, und es stimmt auch. Dein Gesicht ist viel voller geworden. Du ißt bestimmt wieder mehr.

Obwohl das Essen doch bestimmt fürchterlich ist, oder?

Paß auf die Autos auf. Manche brettern hier mit fünfzig Sachen runter. Und die Polizei ist natürlich nie da, wenn man sie braucht. Da vorn kommen wir sicher rüber.

Komisch, letzten Mittwoch waren wir auch hier im Wald. Ich und Harding und ein paar von den anderen. Ich weiß nicht, ob ich's dir erzählt habe, aber Mr. Tillotson hat den Direktor zu dieser neuen Unterrichtsgestaltung am Mittwoch nachmittag überredet. Wir nennen es Wanderstunde, und… na ja, genau das ist es auch, einfach 'ne Alternative für diejenigen von uns, die beim Rugby bloß immer eins aufs Maul kriegen und es auch beim Laufen und den anderen Sachen nicht bringen, jedenfalls brauchen wir beim normalen Sport nicht mehr mitzumachen, wir setzen uns einfach in den Minibus, fahren irgendwo in den Wald und marschieren ein paar Stunden durch die Botanik. So kommen wir an die frische Luft und machen ein bißchen Sport, und zugleich können wir uns geistig ertüchtigen, wenn wir irgendwas diskutieren oder so.

Das einzige Problem ist, daß ich mir mit Harding kaum noch was zu sagen habe. Keine Ahnung, warum. Er hält mich wahrscheinlich für 'ne Schlaftablette, und ich… na ja, ich finde, er ist irgendwie merkwürdig geworden. Ja, merkwürdig. Jedenfalls wissen wir nicht mehr, worüber wir reden sollen. Komisch, wenn man dran denkt, was wir alles zusammen schreiben wollten… und jetzt…

Gott, Lois, du zitterst ja. Du bist echt kälteempfindlich geworden. Das liegt bestimmt daran, daß du da die ganze Zeit bloß in diesem überheizten Zimmer hockst. Klar, ist besser, als wenn's dauernd kalt wär, aber wenn man dann mal nach draußen kommt – stimmt doch, oder? Hier, ich hab diese schreckliche Wollmütze dabei. Großmama hat sie für mich gestrickt, und ich muß sie immer mit mir herumschleppen, falls sie mal fragt, wo ich die Mütze habe. Komm, setz sie auf. Zieh sie über die Ohren, die sind ja ganz rot. Mann, bist du kalt! Ja, so ist's besser.

Zum Thema Rugby – nicht, daß ich mich so irre dafür interessiere –, dabei geht's doch bloß um unterdrückte Homosexualität, wenn du mich fragst, obwohl ›unterdrückt‹ irgendwie doch nicht das richtige Wort ist, wenn man sich ansieht, was manchmal danach in den Duschen abgeht. Sorry, ich schweife ab, aber mach dir keine Sorgen, das ist bloß, weil ich so nervös bin, nur… Manchmal bin ich mir nicht mal sicher, ob du mich überhaupt hörst, aber natürlich hörst du mich, das haben die Ärzte ja auch gesagt, also rede ich einfach weiter, genau wie die's gesagt haben, einfach weiterreden, als wäre es eine ganz normale Unterhaltung, außer daß bei normalen Unterhaltungen der andere ab und zu auch mal was sagt, aber darum geht's ja auch gar nicht… Wo war ich gerade? Ja, klar, Rugby, beim Thema Rugby, tja, da gab's 'nen kleinen Skandal die Woche, als Astell House gegen Ransome House spielte, Richards für Astell und Culpepper für Ransome, vorne links oder Mitte außen, oder wie immer diese bekloppten Positionen auch heißen – wie auch immer, keiner weiß, was da wirklich gelaufen ist, jedenfalls gab's irgendein Gerangel, und auf einmal liegt Culpepper am Boden und schreit vor Schmerzen – aber wie –, und dann stellt sich heraus, daß er sich den Arm gebrochen hat. Nun ja, Richards geht das echt an die Nieren, wie du dir vielleicht denken kannst, er ist total fertig, weil er absolut niemandem weh tun will, aber jetzt läuft Culpepper überall rum und erzählt, er hätte es absichtlich getan. Purer Schwachsinn, und das weiß auch jeder. Der Grund ist, daß er Richards haßt; er will ihm sowieso bloß alles vermiesen. Er hat ihn vom ersten Tag an gehaßt, als er zu uns an die Schule kam, und manche meinen, das wär deshalb so, weil Richards schwarz ist, aber meiner Meinung nach ist der wahre Grund, daß Richards einfach der bessere

Athlet ist, der bessere Sportler, eigentlich der Bessere in allem. Und das Ganze wird immer nur schlimmer und schlimmer. Culpepper haßt ihn mit jedem Tag mehr, und keiner weiß, wo das enden wird.

Egal, jedenfalls kann sich Richards bald die nächste Feder an den Hut stecken. Ich hab's gestern erst gehört. Er ist jetzt auch Mitglied der Theatergruppe. Na ja, nicht direkt Mitglied, aber ...

Sorry, ich glaube, jetzt sind wir 'nen kleinen Umweg gelaufen. Die Frau da eben war eine Freundin von Mum, Mrs. Oakeshott, und du willst ja wohl auch nicht, daß die uns eine halbe Stunde das Ohr abquatscht. Ich glaube nicht, daß sie uns gesehen hat. He, das könnte sogar 'ne Abkürzung sein, wenn ich's mir recht überlege. Nur noch ein paar Meter, und wir sind oben.

Ach ja, Richards und die Theatergruppe. Die Sache ist, er hat noch nie zuvor Theater gespielt und gleich die Hauptrolle in der Weihnachtsaufführung bekommen. *Othello*, logo. Na ja, bei schwarzen Darstellern haben sie ja auch keine große Wahl, was? Harding hatte angeboten, es wie Lawrence Olivier zu machen, die alte Schuhcreme-Nummer, aber der Vorschlag kam nicht so irre gut an, wie du dir denken kannst. Und Desdemona ... na, ich brauche dir wohl nicht zu erzählen, wer die spielt. Cicely natürlich. Jetzt brauchen sie nur noch Culpepper als Jago zu besetzen, dann geht echt die Post ab.

Ja, ich bin immer noch verrückt nach ihr. Ich weiß, das geht jetzt schon seit Jahren so, und ich hab bis heute kein Wort mit ihr gewechselt. Langsam wird's lächerlich. Ich habe praktisch vier Symphonien und ein halbes Dutzend Gedichtzyklen über die Frau geschrieben, und sie könnte mich immer noch nicht von sonst wem unterscheiden, wenn wir uns morgen auf der Straße über den Weg laufen würden. Aber ... na ja, es passiert einfach nichts an der Schule, was dazu führen würde, daß sich unsere Wege kreuzen. Es ist fast, als wären die Götter gegen mich. Ich meine, der einzige Grund, warum ich bei der Schülerzeitung mit eingestiegen bin, war doch, weil ich dachte, daß sie auch dabeisein würde. Und dann kam sie nicht mal zum ersten Treffen. Und als wir dann schließlich gemeinsame Englischstunden mit den Mädchen hatten, kamen wir in verschiedene Klassen. Da ich nicht schauspielern kann, habe ich keine Chance, sie auf diese Weise kennenzulernen, und große Reden schwingen war auch noch nie mein Ding, womit der Debattierclub ebenfalls ausscheidet... Ich weiß echt nicht mehr, was ich machen soll. Der einzige Mensch, durch den ich sie kennenlernen könnte, ist Claire, die beiden hängen ja die ganze Zeit miteinander herum, aber Claire ist nun wirklich die letzte, mit der ich darüber reden könnte. Die allerletzte. Warum, brauche ich ja wohl nicht zu sagen.

Wo wir gerade von ihr reden. Philip hat mir gestern was Komisches erzählt. Er und Claire sehen sich ja inzwischen ziemlich oft, wegen der Schülerzeitung, und sie wohnt ja sowieso nur ein paar Straßen von ihm weg. Na ja, jedenfalls scheint Claires Schwester – ich hab sie sogar mal zufällig kennengelernt, unten in dem Café am Busterminal, zusammen mit Paul, dem verdammten Flegel –, jedenfalls scheint diese Schwester, Miriam heißt sie... nun ja, sie scheint spurlos verschwunden zu sein. Wie vom Erdboden verschluckt. Ich weiß keine Einzelheiten – eigentlich gar nichts, um ehrlich zu sein –, aber sie hatte wohl irgendwas mit einem Lover, irgendeine Affäre, worauf sie noch einen Brief an Claire geschrieben hat, oder an ihre Eltern, und dann war sie plötzlich verschwunden, einfach weg. Sie haben nie wieder etwas von ihr gehört.

Ich glaube, Claire findet das alles furchtbar. Nein, ich weiß es sogar ganz sicher. Würde jedem so gehen, oder?

Apropos, die Urlaubsfotos aus Dänemark sind immer noch nicht da. Dad ist stocksauer, daß er sie per Post weggeschickt hat, statt sie gleich unten in der Drogerie entwickeln zu lassen. Das ist jetzt zwei Monate her, und die Leute in dem Betrieb, wo sie entwickelt werden sollten, streiken anscheinend immer noch. Sobald man die Fotos erwähnt, steht er kurz vor 'nem Schlaganfall. Er brüllt jedesmal, die Streiks würden noch das ganze Land ruinieren. Na ja, in ein oder zwei Wochen sind die Fotos bestimmt da. Ich hoffe, sie sind gut geworden. Es war wirklich schön da oben, Lois. Echt schade, daß du nicht mit uns kommen konntest.

So, da wären wir. Ist doch ein toller Ausblick, oder? Ich weiß, Orte wie Skagen sind spektakulärer, aber trotzdem… mir gefällt es hier einfach. Da drüben ist Longbridge, siehst du? Wo Dad arbeitet. Und Dougs Vater ja auch. Und da ist der Turm der Universität. Die Schule ist ja direkt dahinter, erinnerst du dich? Und der andere Turm dort drüben, der mit der grünen Spitze, da kommen wir gerade her. Da bist du momentan untergebracht. Aber nicht mehr lange. Bald bist du wieder draußen. Alle sagen das.

Oh, Lois, ich wünschte, du würdest irgend etwas sagen, einfach irgendwas. Ich weiß, daß du mir zuhörst, daß du alles verstehst, was ich sage, und ich weiß auch, wie sehr du es magst, wenn ich dir die ganzen blöden Neuigkeiten von der Schule erzähle, aber sag doch irgendwas, irgend etwas, so wie vor ein paar Monaten, als wir alle dachten, du wärst über das Schlimmste hinweg, und es so schien, als ob… Ach, es sah einfach so aus, als würdest du bald wieder die alte Lois sein.

Du wirst wieder auf die Beine kommen. Du mußt einfach.

Ich bete für dich, weißt du. Jede Nacht. Und das funktioniert. Ich weiß, daß es funktioniert. Ich hab nie jemand anderem davon erzählt, weil mir sowieso keiner glauben würde, aber es ist wahr. Nur du kennst die Geschichte; du weißt, wovon ich rede. Es ist passiert. Es ist wirklich passiert. Du glaubst mir doch, oder, Lois? Und das bedeutet, daß es jederzeit wieder passieren kann. Ich muß mich diesmal bloß mehr anstrengen, weil es einfach um so viel mehr geht. Aber

Gott hört mir zu, Lois, ich weiß, daß er's tut. Er hört mir zu, und er wird alles wieder in Ordnung bringen. Bald.

Okay, ich glaube, wir machen uns jetzt besser auf den Rückweg.

Übrigens, die andere große Neuigkeit ist, daß wir jetzt endlich mit dem Proben anfangen. Mit der Band. Nachdem wir so viel Zeit mit Reden verschwendet haben. Eigentlich wollten wir schon letzte Woche loslegen, aber jetzt haben wir's doch auf nächsten Donnerstag verschoben. Den Abend vor Bonfire Night. Ehrlich, ich bin echt neugierig, was Philip sich ausgedacht hat, er macht ein Riesengeheimnis aus der Sache …

Verdammt! Nein! Schon gut, Lois, alles ist okay.

Wirklich, alles ist okay. Es ist bloß ein Hund. Ein bellender Hund.

Bloß ein …

Ja, komm, halt dich fest. Halt dich ganz fest.

Wirklich, es ist alles okay. Beruhige dich doch endlich.

Es ist bloß …

Würden Sie Ihren verfickten Hund jetzt endlich zur Vernunft bringen!

Das ist mir absolut scheißegal! Sehen Sie nicht, daß sie sich zu Tode ängstigt?

Komm. Komm jetzt. Alles ist okay.

Komm. Ruhig. Ganz ruhig. Tief ein- und ausatmen.

Halt dich fest. Halt dich ganz fest, Lois. Der Hund ist weg. Kein Lärm mehr. Alles ist gut. Alles wird wieder gut.

Laß uns nach Hause gehen.

Zurück zur Klinik.

Ich muß jetzt gehen, Lois. Das war ein schöner Ausflug. Mir hat's echt gefallen. Und du siehst so viel besser aus.

Ich wünschte, ich könnte noch länger bleiben. Ich wünschte, ich könnte die ganze Zeit bei dir sein.

Jetzt gibt's bald Abendessen, stimmt's?

Hier, schau mal. Das wollte ich dir noch geben. Die Platte, von der ich dir erzählt habe.

Dr. Saunders sagte, ihr hättet einen Plattenspieler im Aufenthaltsraum und daß du da manchmal Musik hörst. Er sagt, du würdest Bach hören und Mozart und solche Sachen. Daß das gut für die Nerven sei.

Na ja, ich dachte, das hier wär bestimmt was für dich. Ich dachte, du wärst jetzt vielleicht ... dafür bereit.

Ich weiß nicht, ob du dich erinnerst, aber kurz bevor ... kurz bevor Malcolm starb, hat er mich zu einem Konzert mitgenommen. Wir waren im Barbarella's; total ausgeflippt, was da abging. Du erinnerst dich doch, auf welchen Sound er stand? Jedenfalls spielte die Gruppe, von der die Platte ist, auch an dem Abend; es war seine Lieblingsband. Er stand wahnsinnig drauf. Und ich dachte, daß dich die Platte an ihn erinnern würde ... daran, was für ein Mensch er war.

Außerdem gibt es noch einen anderen Grund. Hier, der Titel der Platte. Sie heißt ›The Rotters' Club‹.

Der Rotters' Club, das sind wir, stimmt's nicht, Lois? So haben sie uns doch damals genannt. Bent Rotter und Lowest Rotter. Der Rotters' Club, das sind *wir*. Du und ich. Nur wir beide. Nur du und ich.

Es ist *unsere* Platte, verstehst du. Malcolm hat sie nicht mehr hören können, aber ich glaube ... es hört sich blöde an, aber ich glaube, ja, ich glaube, er kennt sie. Es ist sein Geschenk an dich und mich. Wo immer er jetzt sein mag.

Ich weiß. Es hört sich alles so unsinnig an.

Egal.

Ich laß sie einfach hier auf dem Tisch.

Hör sie dir an, wenn dir danach ist.

Ich muß jetzt gehen.

Ich muß jetzt gehen, Lois.

Ich muß jetzt gehen.«

6

(Am Montag, den 13. Dezember 1999, nahm Douglas Anderton zusammen mit fünf anderen Personen des öffentlichen Lebens an einer Veranstaltung unter dem Motto »Goodbye To All That« in der Queen Elizabeth Hall in London teil. Die Vortragenden waren gebeten worden, anläßlich des zu Ende gehenden Millenniums je eine kurze Rede darüber zu halten, wonach sie sich am meisten zurücksehnten oder was sie im neuen Jahrtausend am wenigsten vermissen würden. Die folgenden Seiten umfassen das komplette Transkript seines Vortrags.)

Bonfire Night

An unserer Schule gab es einen Jungen namens Harding. Jungen wie ihn gibt es wohl an jeder Schule, denke ich. Er war unser Klassenclown. Es wäre sicher zuviel zu behaupten, daß er nur so vor Esprit und Geistesblitzen sprühte; es war auch keineswegs so, daß er pausenlos Witze erzählt hätte. Trotzdem brachte er uns dauernd zum Lachen – und niemand war vor seinen Streichen sicher.

Nur um eines von vielen Beispielen herauszugreifen: Wir hatten damals einen Mathelehrer, Mr. Silverman, der von uns allen ›Schwitzy‹ genannt wurde, obwohl er nicht mehr transpirierte als andere auch, bevor Harding ihn aufs Korn nahm. Keine Ahnung, warum er sich ausgerechnet diesen harmlosen, netten Kerl als Opfer auserkoren hatte, vielleicht mal abgesehen davon, daß er gerade erst sein Referendariat abgeschlossen hatte und noch ziemlich unbeleckt war. Harding konnte es förmlich riechen, wenn jemand nervös war, und nutzte solche Schwächen dann gnadenlos aus. Ich erinnere mich genau, wie das Ganze anfing; Mr. Silverman war gerade erst ein paar Wochen bei uns an der Schule. Er verteilte die Bögen für einen Mathetest und stand gerade vor Hardings Tisch, als plötzlich eine gefleckte Ratte ihren Kopf aus der Einfassung streckte, in der sich normalerweise das Tintenfläschchen befand; vor Schreck sprang er fast über die nächste Bank. Ein paar Tage später folgte Hardings nächster Schabernack. Mr. Silverman half jemandem bei einer quadratischen Gleichung, worauf Harding und zwei seiner Komplizen still und leise ihre Bänke Zentimeter für Zentimeter vorwärts rückten, bis der arme Mann von allen Seiten eingekreist war und sich am Ende fast noch ein Bein gebrochen hätte, als er über die Bänke steigen wollte. Es war auch das erste Mal, daß er einen dieser unkontrollierten Schweißausbrüche bekam, die ihm kurz darauf seinen Spitznamen geben sollten. Danach begann ein endloser Spießrutenlauf für ihn, und während seiner Stunden herrschte ein geradezu legendäres Chaos (ein andermal überredete Harding uns dazu, unsere Tische umzudrehen, so daß wir bei Mr. Silvermans Eintreffen alle mit dem Rücken zu ihm saßen), bis schließlich der Direktor an einer der Stunden teilnahm, um sich höchstpersönlich davon zu überzeugen, ob die kursierenden Gerüchte tatsächlich der Wahrheit entsprachen. Zunächst ging auch alles gut, bis Mr. Silverman – er schrieb gerade irgendwelche Logarithmen an die Tafel – mehr und mehr zu transpirieren begann und schließlich sein Taschentuch hervorholen wollte; nur daß er plötzlich Hardings Unterhose in der Hand hielt, ein schmutzigweißes Schiesser-Feinripp-Teil, das dieser ihm ein paar Minuten vorher untergejubelt haben mußte. Völlig ahnungslos wischte sich Schwitzy Silverman also die Stirn, bis er zwei oder drei Sekunden später merkte, daß etwas nicht stimmte;

dann brach die Hölle los, und während wir uns vor Lachen bogen, lehnte sich Harding einfach nur in seinem Stuhl zurück und grinste selbstzufrieden in sich hinein; das Lächeln, das sich auf seinem Gesicht ausbreitete, war das eines begnadeten Künstlers, eines diabolischen Dirigenten, der sich beiläufig vergewisserte, daß er immer noch voll auf der Höhe seines Könnens war. Der Herr des Tohuwabohus überblickte sein Reich und stellte fest, daß alles in bester Ordnung war.

Was wird aus all den Hardings unserer Welt, wenn sie die Schule verlassen haben? Verlieren sie ihren Sinn für Humor und widmen sich nur noch ihrem Kontostand, sobald sie die erste Hypothek am Hals haben? Da ich ihn – so wie alle anderen auch – aus den Augen verloren habe, werde ich es womöglich nie erfahren. Ich bin auch nie dahintergekommen, was ihn eigentlich motivierte, was der Motor hinter seinen Späßen war. Damals hätte ich wahrscheinlich gesagt, daß es ihm schlicht und einfach Vergnügen bereitete, andere zum Lachen zu bringen, aber wahrscheinlich war das gar nicht der springende Punkt. Vielleicht tat er das alles letztlich nur für sich selbst. Er liebte es, andere der Lächerlichkeit preiszugeben; er wollte schlicht wissen, wie weit er mit seinen Provokationen gehen konnte, und das war es wohl, was ihm wirklich den Kick gab. Political Correctness war damals noch nicht erfunden, und mit der Zeit wurden seine Späße immer krasser – Grenzen kannte er keine mehr, schon gar nicht die des sogenannten guten Geschmacks. Am Ende ging es ihm wohl nur noch darum, so viele Leute wie möglich vor den Kopf zu stoßen; ob nun Lehrer oder Schüler, spielte keine Rolle mehr.

An eine Geschichte erinnere ich mich besonders gut. Das Ganze passierte im November 1976, genauer gesagt, zwei Tage vor Bonfire Night. Und es muß an einem Mittwoch gewesen sein, da sich an diesem Nachmittag immer der Debattierclub traf. Am kommenden Tag fand eine kommunale Neuwahl in Walsall statt, und die Mitglieder des Clubs hatten beschlossen, selbst Reden für die jeweiligen Parteien zu halten. Harding übernahm die Rede für die National Front.

Die meisten Leute haben längst vergessen, wie die Siebziger wirklich waren. Sie reden über Schlaghosen und Glamrock und werden plötzlich nostalgisch, wenn sie an *Fawlty Towers* und die *Sesamstraße* zurückdenken; dabei vergessen sie völlig, welcher Wahnwitz damals an der Tagesordnung war. Sie erinnern sich daran, daß die Gewerkschaften damals noch wirklich Macht hatten, lassen dabei aber außer acht, daß paramilitärische Organisationen bereits in den Startlöchern saßen, um im Falle eines Bürgerkriegs die Ordnung wiederherzustellen. Niemand denkt mehr an die Flüchtlinge aus Uganda, die 1972 in Heathrow ankamen, daran, wie plötzlich Stimmen laut wurden, Enoch Powell habe eben doch recht gehabt mit seiner Warnung, daß noch Ströme von Blut fließen würden; Eric Claptons Äußerungen im Birmingham Odeon 1976 sind nur ein weiterer Beweis dafür, wie sehr sich Powells Rede in den Köpfen festgesetzt hatte. Die meisten Leute haben vergessen, daß die National Front damals weit mehr Zuspruch hatte als heute.

Jene in Walsall stattfindende Neuwahl verdankte sich den Umtrieben von John Stonehouse, einer der schillerndsten Figuren der siebziger Jahre – dem früheren Labour-Abgeordneten, der im November 1974 spurlos in Florida verschwand, einen Monat später von der Melbourner Polizei dingfest gemacht und später nach endlosen Prozessen wegen Betrugs, Diebstahls, Unterschlagung und Fälschung in 21 Fällen zu sieben Jahren Freiheitsstrafe verurteilt wurde. Das Urteil fiel im glühendheißen, schicksalhaften Sommer des Jahres 1976, als ganz Großbritannien unter der Dürre litt, Eric seine unglücklichen Äußerungen im Birmingham Odeon kundtat und wir dem Beginn der elften Klasse entgegensahen. Die Wahl vollzog sich am 4. November; am Tag zuvor traf sich der Debattierclub, um seine Parteireden zum besten zu geben.

Natürlich habe ich nur verschwommene Erinnerungen an jenen Nachmittag. Ich weiß noch, daß der Konzertsaal der Musikschule gerammelt voll war; ich stand ganz hinten, zusammen mit meinen Freunden Benjamin und Philip – wirklich nette Burschen, wenn auch mit leichten Hippie-Tendenzen. Zu der Zeit war es so gut wie unmöglich, mit ihnen über irgend etwas anderes zu reden als über die Band, die sie gründen wollten. Harding hatte lange mit zu unserer Clique gehört, doch langsam begann sich unsere einst so verschworene Gemeinschaft aufzulösen; nichtsdestotrotz waren wir gespannt, was sich unser alter Freund diesmal ausgedacht hatte.

Nachdem wir uns bei den Reden der ersten drei Kandidaten fast zu Tode gelangweilt hatten, kam er endlich auf das Podium; zuallererst fiel uns auf, daß Harding völlig anders als sonst aussah. Mit krummem Rücken und breiten O-Beinen erklomm er die Bühne, während sich in seinen stechenden Augen Haß und tiefe Verbitterung über all die Trottel dieser Welt spiegelten. Er schien um sechzig Jahre gealtert zu sein. Mit seinem Auftritt wollte er offenbar A.K. Chesterton parodieren, den langjährigen Vorsitzenden der National Front; es sah ganz so aus, als ob sich Harding genauestens vorbereitet hatte. Den Regeln des Debattierclubs entsprechend waren alle Teilnehmer der Runde verpflichtet, ihre Reden selbst zu schreiben, doch als Harding mit zittrigen Greisenfingern in die Seitentasche seines Blazers griff, förderte er ein Originalflugblatt der National Front zutage. Er begnügte sich schlicht und einfach damit, den Inhalt laut zu deklamieren.

Die Reaktion des Publikums war wahrscheinlich das allerletzte, was er erwartet hatte. Fast augenblicklich erstarb das Gemurmel im Saal, und binnen kurzem lauschten alle in ehrfürchtigem Schweigen. Wenn wir an diesem Tag etwas lernten, dann, welche Magie des Bösen in rassistischen Reden liegen kann. Viele seiner Worte haben sich für immer in mein Gedächtnis gebrannt; noch heute, 25 Jahre später, erinnere ich mich so deutlich an seine Rede, als hätte er sie gestern gehalten. Er ließ sich aus über ›Horden von schwarzhäutigen Untermenschen‹, ›Rassendegeneration‹, ›die Lüge von der rassischen Gleichberechtigung‹ und sprach mit donnernder Stimme davon, daß unser ›nordisches Geburtsvorrecht‹ bedroht sei. Der einzige schwarze Junge an unserer Schule, Steve Richards (gemeinhin Rastus genannt, wenn Sie's genau wissen wollen), verließ den Saal nach nicht mal einer halben Minute, völlig außer sich vor Empörung. Harding bemerkte das sehr wohl, ohne sich dadurch in irgendeiner Weise beirren zu lassen. Dann fing er an, vom ›Schlund der Verdammnis‹ zu reden; es müsse endlich Schluß sein mit der Einwanderungspolitik der Regierung, sonst würde das ganze Land noch im Abgrund enden. »Der Schlund der Verdammnis!« wiederholte er immer wieder. »Der tiefe Schlund der Verdammnis!« Das Ganze nahm derart groteske Dimensionen an, daß ein paar unsichere Lacher zu hören waren. Gut, man konnte das Ganze auch als grandiose Verarschung auffassen. Trotzdem merkten ein paar Leute, daß Hardings Humor – wenn man das wirklich so bezeichnen konnte – in letzter Zeit immer bizarrere Blüten trieb.

Er erhielt übrigens sechs Stimmen, also mehr als fünf Prozent. Gar nicht so übel, doch der echte Kandidat der National Front schnitt noch besser ab. Tja, das waren noch Zeiten – und die Midlands voll von netten, aufgeschlossenen Leuten.

Am folgenden Tag genoß ich das Privileg, der ersten und, wie sich herausstellen sollte, einzigen Probe von Philips und Benjamins Band beiwohnen zu dürfen.

Um es an dieser Stelle noch einmal klar und deutlich zu sagen: Die Siebziger waren eine sehr, sehr seltsame Zeit. Die Musik jener Jahre macht da keine Ausnahme. Im Rückblick mag man kaum glauben, was sich die Leute – zum Großteil *intelligente* Leute – damals allen Ernstes auf ihren Kompaktanlagen angehört haben. Da gab es beispielsweise eine holländische Band namens Focus, deren Keyboarder mittendrin aufhörte, seinen Moog-Synthesizer zu bedienen, um plötzlich lauthals ins Mikro zu jodeln. Auch Gryphon sollte man nicht vergessen, eine Band, deren Mitglieder zuweilen mitten in einem Rock'n'Roll-Riff abrupt aussetzten, nach ihren Krummhörnern griffen und ein mittelalterliches Rondo anstimmten. Der Größte von ihnen allen war natürlich Rick Wakeman mit seinen monströsen Konzeptalben über Heinrich VIII. und König Artus – wenn ich mich recht entsinne, wurde eines der Werke sogar als Eisrevue im Wembley-Stadion uraufgeführt. Es waren wirklich seltsame Zeiten.

Und dann gab es da noch ein Buch, das im Grunde alle in ihren Armeerucksäcken mit sich herumschleppten, die auf diese Art von Musik standen. Ich meine natürlich J.R.R. Tolkiens *Der Herr der Ringe.* Selbstredend war es auch Philips bevorzugte Lektüre – was dazu führte, daß er dauernd mit neuen Bandnamen ankam, die er seinem Lieblingsbuch entlehnt hatte. Lothlorien war einer der von ihm vorgeschlagenen Bandnamen – andere lauteten Mithril, Minas Tirith oder Isildur's Bane. Am Ende übertrafen sie sich selbst und entschieden sich für den beknacktesten Bandnamen aller Zeiten. Sie nannten sich Gandalf's Pikestaff.

Irgendwie war es Philip und Benjamin gelungen, drei weitere Mitstreiter für ihr Projekt zu gewinnen; die drei wurden blaß und blässer, als Philip ihnen zu Beginn dieser ersten gemeinsamen Probe die Blätter mit den Akkorden für den ersten Song überreichte – mindestens vierzehn Seiten, wenn ich mich recht entsinne, übersät mit penibel gezeichneten gotischen Runen und Roger-Dean-artigen Illustrationen von Drachen und großbrüstigen Elfenmädchen in verschiedensten Stadien der Entkleidung.

»Was ist denn das?« fragte der Drummer entsetzt.

Worauf Philip erklärte, daß es sich bei seiner ersten Komposition um eine Rocksymphonie in fünf Sätzen handelte, die alles in allem 32 Minuten lang war (also sogar noch länger als »Supper's Ready« von Genesis) und die gesamte Geschichte des Universums von seiner Entstehung bis hin zu Harold Wilsons Rücktritt im Jahr 1976 umfaßte. Der Titel dieses musikalischen Leckerbissens war »Apotheosis of the Necromancer« – die Soulclubs der Stadt konnten es sicher gar nicht erwarten, bis sich die Scheibe endlich auf ihren Plattentellern drehte.

Wie auch immer, sie gaben wirklich ihr bestes, soviel muß man ihnen lassen. Jedenfalls etwa fünf Minuten lang. Doch Philip hatte sich einfach den falschen historischen Moment ausgesucht, was seinen Griff nach der Krone des Progressiv-Rocks anging. Wir schrieben schließlich das Jahr 1976, das sich langsam seinem Ende zuneigte. Daß in London und Manchester ein neuer Sound angesagt war, wußte man inzwischen auch im kulturellen Hinterland – Bands wie die Damned, The Clash und natürlich die Sex Pistols, über die selbst in Birmingham geredet wurde. Die Zweiminutensingle feierte ihr Comeback. Gitarrensoli waren verpönt, Konzeptalben total out. Mellotron-Spielereien waren *verboten.* Es war die Geburt des Punk, des Arbeitslosen-Rocks, wie Tony Parsons es so treffend formulierte. Und alsbald sollte das Fieber auch auf meine wohlerzogenen Klassenkameraden übergreifen.

Die Rebellion wurde durch den Drummer ausgelöst. Nachdem er Ewigkeiten lang die zartesten Klänge aus seinem Becken herausgeholt hatte – ein Instrumentalteil, der das Entstehen unendlicher Galaxien evozieren sollte –, verkündete er plötzlich: »Ach, scheiß doch drauf!«, um mit einem Mal einen gnadenlosen Viervierteltakt vorzugeben, worauf der Gitarrist kurz entschlossen seinen Verstärker aufdrehte und eine sich ständig wiederholende Folge von drei

Akkorden herunterdrosch, während der Leadsänger, ein aggressiver kleiner Bursche namens Stubbs, dazu ein Gegröle improvisierte, das aufgeklärte Geister unter Umständen als Melodie bezeichnet hätten. Und jetzt wurde das Ganze wirklich interessant. Wahrscheinlich sang er einfach die ersten Worte, die ihm spontan einfielen – tja, und jetzt raten Sie mal, welchen Text er zum besten gab. Es waren genau die Worte, die Harding am Tag zuvor bei seiner Nazi-Rede von sich gegeben hatte. »Der Schlund!« brüllte er. »Der Schlund der Verdammnis! Der tiefe Schlund der Verdammnis!« Er wiederholte das Ganze ohne Unterlaß, wie eine Beschwörungsformel, während der Gitarrist und der Schlagzeuger immer erbarmungsloser ihre Instrumente malträtierten, bis Philip sich vor ihnen aufbaute und versuchte, dem ganzen Irrsinn Einhalt zu gebieten – ohne den geringsten Erfolg, und so stand er mit beleidigt verschränkten Armen da, bis schließlich Benjamin zu ihm trat und ihm einen Arm um die Schultern legte. Seite an Seite sahen sie zu, wie ihr großes, über Jahre geplantes Projekt den Bach herunterging. Stubbs' Augen brannten; ein dämonisches Feuer loderte in ihnen, entfacht durch die pure Freude, den ganzen alten Ballast in die Tonne getreten zu haben. Es war die Geburtsstunde der ersten Punkband an unserer Schule – von da an hießen sie The Maws of Doom, der Schlund der Verdammnis, und obwohl all das zum Totlachen war, fühlte ich mich auch ein bißchen traurig, als ich daran dachte, wie Philip sein Traum unter den Fingern zerronnen war.

Obwohl mir erst am Abend des folgenden Tages aufging, wie er sich wirklich gefühlt haben mußte.

Es war Guy Fawkes' Night, und im Cofton Park fand das jährliche Feuerwerk statt. Die versprengte Menge schoß Raketen in den blauschwarzen Himmel über Longbridge; Wunderkerzen gingen von Hand zu Hand. Ich erspähte Benjamin und seine Familie, verspürte aber keine große

Lust, zu ihnen hinüberzugehen. Ein bißchen war auch die Kluft zwischen unseren Vätern daran schuld. Sie arbeiteten beide bei British Leyland; mein Vater war Betriebsrat, Benjamins Vater im Management. Sie grüßten sich, wenn sie sich zufällig über den Weg liefen, hatten sich aber sonst nicht viel zu sagen. Das Wahlergebnis hatte Benjamins Vater offensichtlich in Hochstimmung versetzt. Die Tories hatten mit gewaltigem Stimmenzuwachs gewonnen; dem höchsten Stimmenzuwachs seit dem Krieg, wie in den Nachrichten zu hören gewesen war. Es hatte sich bereits das gesamte Jahr lang abgezeichnet, und nun mußten alle den Tatsachen ins Auge sehen: daß die Callaghan-Regierung am Ende war, selbst wenn sie das letzte Jahr ihrer Amtszeit noch überlebte. Die Labour-Partei besaß keinen Rückhalt mehr in der Bevölkerung; Denis Healey bettelte beim Internationalen Währungsfonds um Geld, und es war schlicht kein Vertrauen mehr da, wie das Wahlergebnis nur allzu deutlich bestätigte. Eine neue Generation von Tories wartete darauf, die Macht zu übernehmen, Strategen, für die der Markt an allererster Stelle stand und deren flammende Rhetorik keinen Zweifel daran ließ, daß sie gegen den Sozialstaat, gegen die Gleichberechtigung und gegen den Konsens waren. Noch ein, zwei Jahre, und sie würden selbst an den Schaltstellen sitzen – und zwar länger, als irgend jemand gedacht hätte.

Benjamin hatte einen jüngeren Bruder namens… nun, vielleicht sollte ich Ihnen besser doch nicht erzählen, wie er hieß; so wie die Dinge mittlerweile stehen, dürfte er wohl kaum begeistert sein, seinen Namen in diesem Zusammenhang zu hören. Er war zwar ein paar Klassen unter uns, aber wir kannten ihn alle. Im Grunde konnte man ihn auch gar nicht übersehen. Er war ein eigenartiger Junge, sehr intelligent für sein Alter, aber auch ein ziemlicher Klugscheißer. Er hatte etwas Unheimliches an sich, und wir trauten ihm nicht über den Weg. Seine politische Einstellung war mir nicht bekannt, obwohl er garantiert eine hatte; er mußte immer zu allem seinen Senf dazugeben. Wie auch immer – an diesem Abend fand ich heraus, wes Geistes Kind er war.

»Hey, Duggie! Duggie! Duggie!« Er kam auf mich zugerannt, eine Wunderkerze in der Hand. Ich hätte dem kleinen Arschloch am liebsten eine geklebt. Niemand nannte mich ungestraft Duggie.

Er hielt mir die Wunderkerze vors Gesicht. »He, warte mal«, sagte er.

Na, genau das tat ich ja hier.

»Hier, schau«, sagte er. »Weißt du, was das ist?«

Und in genau dem Moment erlosch seine Wunderkerze. Ich sagte nichts, deshalb ließ er die Antwort auf dem Fuß folgen. »Der Tod des sozialistischen Traums«, sagte er.

Er kicherte wie ein Geisteskranker, und während er mich noch anstarrte, bevor er die Beine in die Hand nahm, sah ich in seinen Augen dasselbe wilde Flackern, das ich am Tag zuvor schon bei Stubbs beobachtet hatte. In seinem Blick lag derselbe Triumph, dasselbe Entzücken – und zwar nicht, weil etwas Neues entstanden, sondern weil etwas kaputtgegangen war. Plötzlich mußte ich an Philip und seine beknackte Rocksymphonie denken; ich schwöre, daß mir dabei Tränen in die Augen schossen. Sein alberner Versuch, die Geschichte von Jahrmillionen in einer halben Stunde abgenudelter Riffs und Akkordwechsel zu kondensieren, war von vornherein zum Scheitern verurteilt gewesen – genau wie alles, wofür sich mein Dad und seine Kollegen eingesetzt hatten. Die Umverteilung des Volksvermögens durch neue Steuergesetze. Chancengleichheit für alle. Große Vorsätze, noble Ziele, wie sie nicht zuletzt auch Philips musikalischem Hokuspokus zugrunde gelegen hatten. Doch jetzt war alles Schall und Rauch. Vielleicht wäre es wirklich möglich gewesen, die Welt zu verändern, aber sie hatten den entscheidenden Moment verpaßt. Und das war's. Der Abschied vom Gestern war längst eingeläutet.

Sicher, im nachhinein kann man immer sagen, man hätte

es kommen sehen. Und trotzdem trog mich mein Gefühl nicht. Wenn man aus unserer heutigen Perspektive, diesen letzten Wochen des ausklingenden Jahrtausends, einen kurzen Blick zurückwirft, muß man wohl oder übel zugeben, daß ich recht hatte mit meinen Befürchtungen. Tja, und auch Benjamins kleiner Bruder behielt recht – zwölf Jahre war er alt, das kleine Arschloch mit seiner Wunderkerze, seinem dreckigen Grinsen und diesem siegessicheren Lächeln in den Augen. Und tschüs, so lauteten seine unausgesprochenen Worte. Er hatte genau verstanden, was Sache war. Er wußte, wie die Zukunft aussah.

Danach blieb ich nicht mehr lange. Es war fast acht Uhr, und gleich kam *Mit Schirm, Charme und Melone* im Fernsehen. Nur wegen ein paar Raketen würde ich mir bestimmt nicht entgehen lassen, wie Joanna Lumley ihren neuesten Fall löste – wie immer in den allerknappsten Klamotten. So war das damals; man mußte sich eben amüsieren, so gut es ging.

7

THE BILL BOARD

Donnerstag, 9. Dezember 1976

THEATER EXKLUSIV

Während die Theatergruppe mit den Anproben zur Weihnachtsaufführung von »Othello« beschäftigt war, sprachen wir exklusiv mit den beiden Hauptdarstellern.

Steve Richards als OTHELLO

Interviewt von Doug Anderton

»Ich sehe ihn als aufrecht und mutig, als Mann der Tat, aber er hat diesen einen wunden Punkt – daß ihm sein Ego immer wieder in die Quere kommt. Und genau da hakt Jago mit seinen Intrigen ein.«

Diese ebenso schlichte wie einleuchtende Beschreibung eines der ganz großen tragischen Heroen Shakespeares läßt einmal mehr den frischen Wind spüren, mit dem Steve Richards seine Rolle erfüllt.

Bereits bestens als unumstrittener Star unserer Rugby- und Cricketmannschaften bekannt, ist Steve ein Neuling in der Welt des Bühnenkollers und des Lampenfiebers. Doch was sagt er selbst zu seinem Ausflug in bislang unbekannte Gefilde?

»Bis jetzt ist alles phantastisch gelaufen«, grinst er. »Wir kommen alle super miteinander klar, und obwohl das Drama ja echt schwere Kost ist, kommen wir die ganze Zeit kaum aus dem Lachen raus. Zuerst ging mir ein bißchen die Muffe wegen der Rolle. Wir hatten ›Othello‹ schon mal im Unterricht durchgenommen, und mir war klar, daß das für jeden Schauspieler eine echte Herausforderung ist. Was mir aber bloß ein zusätzlicher Ansporn war. Ich gehe immer bis ans Limit. Nur so holt man das Letzte aus sich heraus, und genau darum geht's doch hier an der Schule, oder?«

Steves Eltern, Lloyd und Connie, sind Mitte der Fünfziger aus Kingston, Jamaika, in unser Land gekommen. Sie ließen sich in Handsworth nieder, doch wie vielen Jamaikanern fiel es ihnen zunächst schwer, dort heimisch zu werden. Lloyd war eigentlich Möbeltischler, konnte aber fürs erste nur eine Stelle als ungelernter Arbeiter finden. Er fing als Fabrikarbeiter bei Wilmot Breedon an und hat sich seitdem bis zum Werkmeister bei British Leyland hochgearbeitet. Steves Mutter Connie arbeitet als Krankenbetreuerin. Steves jüngeren Bruder Aldwyn haben sie nach Aldwyn ›Lord Kitchener‹ Roberts benannt, einem der bekanntesten karibischen Calypso-Musiker.

»Ja, wir stehen uns alle sehr nahe«, so Steve. »Anfangs war es echt schwierig für Mum und Dad, schließlich hatten sie ja all ihre Verwandten zurücklassen müssen. Sie mußten hier ganz von vorn anfangen. Natürlich werden sie auch morgen dasein, um mich bei meinem ersten Auftritt zu sehen. Und zu den beiden anderen Aufführungen kommen sie bestimmt auch!«

Ich werfe ein, einige Leute wären schon etwas erstaunt, daß er sofort die Hauptrolle ergattert hätte. Und da unsere Schule ja nun nicht gerade von Angehörigen ethnischer Minderheiten überquillt – ob ihm die Rolle nicht vielleicht einfach aufgrund seiner Hautfarbe in den Schoß gefallen wäre?

»Klar, die Theatergruppe hat mich gefragt, ob ich nicht mal vorsprechen wollte«, so Richards. »Aber ich hab mich beworben wie alle anderen auch. Absprachen hat's da keine gegeben.«

Nicht zuletzt geht seit Wochen das Gerücht um, es hätte nicht nur bei den Proben zwischen Steve und Cicely Boyd gefunkt. Allerdings gibt es schlechte Nachrichten für die Klatschtanten: Steve pocht darauf, daß an dem Gerede absolut nichts dran sei. Dennoch werden seine vielen Verehrerinnen auf der anderen Seite des Founder's Drive nicht begeistert sein.

»Na logo, auf der Bühne kann's schon mal heftig werden«, so Richards. »Aber das war's dann auch schon, was Cicely und mich angeht. Ich bin mit meiner Freundin Valerie jetzt seit fast sechs Monaten zusammen. Eigentlich kennen wir uns schon ewig, wir sind ja schon – o Mann, das hört sich jetzt bestimmt ziemlich öde an – zusammen zur Sonntagsschule gegangen. Sie ist ein echt tolles Mädchen, und ich hab schon immer auf sie gestanden. Sie wird ganz vorne sitzen und aufpassen, daß ich bei den Liebesszenen nicht den Bogen überspanne.«

Ein knappes Händeklatschen von Regisseur Tim Newsome (dessen nüchterne »Endspiel«-Inszenierung im letzten Jahr nicht nach jedermanns Geschmack war) signalisiert mir, daß meine Zeit um ist und Steve zur nächsten Probe kommen soll. Auf meinem Weg nach unten erfahre ich vom Hausmeister, daß die Karten für das Stück weggehen wie geschnitten Brot. Und so scheint doch zumindest eines sicher: Alle sind überzeugt, daß dieser »Othello« ein unvergeßliches Erlebnis wird.

Cicely Boyd als DESDEMONA
Interviewt von Claire Newman

Manche Haare sind wie gemacht dafür, sie dauernd lässig hin und her zu schütteln, und Cicely Boyd ist in dieser Hinsicht besonders reichlich von der Natur beschenkt worden. Die legendären flachsfarbenen Locken, die so selbstverständlich über ihre wohlgeformten Schultern fallen, haben über die Jahre wohl mehr Zehntkläßlerpoesie hervorgebracht als das Mittelalter Minnelieder – abgesehen davon, daß sie diese Locken auf so vielfältige Weise schüttelt, wie ich es noch nie gesehen habe.

Und wie sie die Haare schütteln kann – mal von oben herab, mal zustimmend, dann wieder voller Ungeduld, ganz zu schweigen davon, daß sich ihre Mähne auch hervorragend zum Baggern eignet (wovon ja manch einer unserer Englischlehrer ein Liedchen singen kann, seit wir gemischte Klassen haben). Kein Wunder also, daß viele hinter vorgehaltener Hand »Jetzt wird's haarig!« sagen, wenn sie ihr auf dem Flur begegnen.

Heute schüttelt sie ihre Mähne zur Abwechslung mit Leidenschaft und Hingabe, während sie mir erklärt, was ihr die Rolle der Desdemona in Tim Newsomes mit Spannung erwarteter »Othello«-Inszenierung bisher alles abverlangt hat.

»Man muß sich intensiv mit emotionaler Eurythmie befassen«, sprudelt es aus ihr hervor. »Es geht ja schließlich darum, bei der Premiere in absoluter körperlicher und geistiger Topform zu sein. Dein Karma muß einfach stimmen, verstehst du. Es hilft einem enorm, wenn man sich durch Meditation einstimmt. Ich hab's auch Steve beigebracht, und manchmal setzen wir uns vor den Proben einfach im Schneidersitz gegenüber und sehen uns eine halbe Stunde in die Augen.«

Wie aus dem Lehrbuch für Schauspielschüler, nicht wahr? Bei »Steve« handelt es sich übrigens um Steve Richards, unseren Musterathleten mit den sehnigen Schenkeln und der gestählten Brust, der als krankhaft eifersüchtiger Mohr sein Debut neben der Boyd gibt. War es eigentlich schwierig für sie, mit einem bislang unbeschriebenen Blatt zusammenzuarbeiten?

»Ich habe Steve selbst vorgeschlagen für die Rolle.« Sie zieht einen Schmollmund. »Er war mir schon seit einer ganzen Weile ins Auge gefallen. Er wirkt zwar auf den ersten Blick ziemlich normal, so offen und direkt, wie er sich gibt, aber ich habe gleich gespürt, daß sich hinter seiner Fassade etwas Großes und Außergewöhnliches verbirgt. (Offenbar meint sie sein Talent.) Er wird großartig sein in der Rolle, ich weiß es einfach. Er hat ein echtes Feeling für Shakespeares Verse.«

Ein bißchen nervös bin ich schon, doch dann nehme ich meinen ganzen Mut zusammen und spreche sie darauf an, daß vereinzelte kritische Stimmen behaupten, sie würde den anderen in der Theatergruppe Vorschriften machen und sich wie eine Diva aufführen. Wie steht sie selbst zu diesen Vorwürfen?

Zunächst äußert sie sich überhaupt nicht – jedenfalls nicht verbal. Sie wirft lediglich die Haare so majestätisch zurück, daß selbst ein jähzorniges Nashorn im vollen Galopp erstarren würde. Dann schnurrt sie: »Ich kann nichts dafür, daß andere neidisch auf mich sind. Das ist nun wirklich nicht mein Problem. Alles läuft super, und wir haben super miteinander geprobt. Ich kann nur sagen, daß ich mit allem total zufrieden bin.«

Ich hake nach – ob diese anderen vielleicht auf ihr Aussehen neidisch sind?

»Bestimmt, Claire, schon wegen diesem uralten Vorurteil. Viele glauben ja immer noch, eine Frau könne nicht gleichzeitig schön und intelligent sein. Aber in Wirklichkeit finde ich mich sowieso nicht besonders schön.« (Jetzt erwartet sie, daß ich das bejahe oder vielleicht auch verneine, aber als

professionelle Reporterin weiß ich mich zu beherrschen.) Sie beugt sich vertraulich zu mir. »Eigentlich ist es ein Geheimnis, aber unter uns Frauen kann ich's dir ja verraten.« Ich weise sie ausdrücklich darauf hin, daß ich sie offiziell für die Schülerzeitung interviewe, aber sie weiht mich trotzdem ein. »Ich habe ein ernstes Problem mit meinem Körperimage«, haucht sie. »Offen gesagt, hasse ich meinen Körper sogar, und ich kann nur dagegen angehen, indem ich mich jeden Tag von morgens bis abends mit mir selbst konfrontiere. Deshalb habe ich auch lauter Fotos von mir an die Wand über meinem Bett gepinnt. Nacktfotos.«
Ihr unerwartetes Bekenntnis macht mich so baff, daß ich vor Schreck meinen Jungreporter-Bleistift in zwei Hälften beiße, an dem ich eben noch gekaut habe; kurz entschlossen beende ich das Interview an dieser Stelle. Ich bedanke mich bei Miss Boyd, die wieder zu ihren Proben entschwebt, nachdem sie mich mit einem huldvollen Schütteln ihres Haars aus ihrer Audienz entlassen hat. Sie ist wirklich ein himmlisches Wesen, schießt es mir durch den Kopf, ein wahres Geschenk der Götter, und die Premiere wird sich wohl niemand am King William's, ob männlich oder weiblich, ernsthaft entgehen lassen wollen. Tja, Jungs, bleibt zu hoffen, daß euch die erwähnten Fotos nicht zu sehr von euren Griechischvokabeln ablenken …

(Die Aufführung von »Othello« wird nach den Weihnachtsferien von unserem neuen Theaterkritiker Benjamin Trotter besprochen.)

FREIZEITAKTIVITÄTEN

Wanderstunde

Letzten Mittwoch verirrten sich die Teilnehmer von Mr. Tillotsons Wanderkurs wieder einmal hoffnungslos in der Natur – zum dritten Mal hintereinander, diesmal im Waseley Country Park. Nach den Weihnachtsferien können erstmals auch Mädchen an den Wanderungen teilnehmen. Vielleicht bringt ja eine von ihnen sogar eine Landkarte mit.

Wichsstunde

Das erste Treffen fiel aufgrund allgemeiner Abwesenheit ins Wasser. Offenbar waren die Teilnehmer nicht in der Lage, den Aushang am Schwarzen Brett zu entziffern.

8

The Bill Board

Donnerstag, 13. Januar 1977

»OTHELLO, DER MOHR VON VENEDIG«
(Schulaufführung, 13. – 15. Dezember)
Kritik von BENJAMIN TROTTER

Ach, die Mysterien des Theaterlebens! Da stand ich in den Schuhen Harold Hobsons, Kenneth Tynans und… äh, nun ja, anderer berühmter Theaterkritiker. Mein erster Ausflug in die schillernde Welt der Bühne. Draußen wartete mein Chauffeur auf mich, während das Garderobenmädchen mit einem kecken Augenaufschlag meine Handschuhe und den Mantel entgegennahm und ich mich schließlich in einem samtigen Sitz in der ersten Reihe niederließ. Leise tuschelnd harrte das Publikum…

Okay, tatsächlich war es so: Um Viertel vor sieben stand ich an der Lickey Road und wartete auf den 62er-Bus, der bereits über eine halbe Stunde Verspätung hatte. Als ich dann anderthalb Minuten vor Beginn der Aufführung vor der Aula eintraf, mußte ich feststellen, daß ich meinen »Presseausweis« vergessen hatte – ein eselsohriges Stück Papier mit ein paar freundlichen Worten von Tim Newsome (»Die Pfeife kommt umsonst rein«). Jedenfalls kämpfe ich mich an den Türstehern vorbei und quetsche mich auf eine dieser Holzbänke, die direkt aus einer Dickensschen Besserungsanstalt zu stammen scheinen, gerade rechtzeitig, um noch das Ende der ersten Szene mitzukriegen.

Und nach dem ersten Blinzeln sehe ich ihn auch schon: Julian Stubbs als Jago. Exzellent besetzt, mit genau dem richtigen dämonischen Funkeln in den Augen, während er sich die Verse geifernd auf der Zunge zergehen läßt. Drei Stunden später wird er im The Bournbrook erneut auf der Bühne stehen, als Frontman unserer King-William's-eigenen Punkband The Maws of Doom (bei deren Gründung euer Rezensent selbst eine kleine Rolle spielte), wobei er auch hier dieselbe manische Energie an den Tag legt. An dieser Eingangsszene gibt es nichts auszusetzen, sieht man von Graham Temples lustlosem Auftritt ab, dessen Roderigo im direkten Vergleich einfach nur hölzern wirken mag.

Dann kommt endlich Othello, und man spürt, wie eine Woge der Begeisterung durchs Publikum geht. Steve Richards füllt die Rolle wirklich aus. Er ist athletisch gebaut, von imponierender Statur; dieser Mann hat Präsenz. Emily Sandys' einfaches, aber für die Rolle perfektes Kostüm unterstreicht seine Erscheinung noch, die militärisch durchtrainierte Gestalt; diesen Mann sollte man ernst nehmen. Doch dann, als er zu sprechen beginnt, erweist sich seine Stimme schnell als Enttäuschung. Er verhaspelt sich, wird unsicher, kommt aus dem Rhythmus. Statt die Verse zu beherrschen, erstarrt er fast vor Ehrfurcht. Das Herz sackt mir in die Hose; so wird das ganz bestimmt nichts. Offenbar war es ein Fehler, die ganze Last der Hauptrolle auf die Schultern eines Debütanten zu legen.

Doch wie sich herausstellt, sind das nur Anlaufschwierigkeiten. Kurz darauf hat er den Text im Griff und erheblich an Selbstvertrauen gewonnen. Er spürt, wie das Publikum an seinen Lippen hängt, und mit einem Mal ist er wieder obenauf:

Rauh bin ich im Reden,
Kenn kaum den Segen sanfter Friedenslaute,
Denn seit mein Arm grad sieben Jahre stark war,
Bis vor neun Monden, die er brachliegt, tat er
Nach Kräften Dienst im zeltbedeckten Feld.

Richards traf den doppeldeutigen Ton dieser Worte haargenau. In seinem wohlgesetzten Vortrag klang immer wieder die Prahlerei Othellos durch, die kaum verhohlene Verachtung für all jene, die nur den

Frieden wollen. Schon jetzt zeigte sich mehr als deutlich, daß hier einer schillernden Figur echtes Leben eingehaucht wurde. Und daran sollte sich bis zur letzten Minute auch nichts mehr ändern.

Doch dann nimmt die Katastrophe ihren Lauf. Erster Akt, 3. Szene, Zeile 169. Eine simple Regieanweisung: »Auftritt Desdemona«. Und mit einem Mal beginnt die gesamte Aufführung wie ein Kartenhaus in sich zusammenzufallen.

Cicely Boyd spielt die Desdemona. Etwas später im Stück fragt sie Jago: »Was würdst du wohl, um mich zu loben, reimen?«, worauf der ausgekochte Intrigant antwortet: »O Gnädge, beschwörn Sie's nicht herauf, denn ich bin nichts, wenn nicht ein Lästermaul.« Tja, Cicely, tut mir echt leid, aber da muß man Jago leider recht geben.

Die Figur der Desdemona erfordert seit jeher ein gewisses Feuer; ohne Leidenschaft und Entschlossenheit bleibt sie nichts weiter als ein bemitleidenswertes Mauerblümchen, dessentwegen sich zufällig ein paar Männer die Köpfe einschlagen. Die Grundlagen für eine solche Darstellung befinden sich schon in Shakespeares Text; wer immer die Rolle spielt, braucht eigentlich nur dem kraftvollen Rhythmus der Verse zu folgen, dann ergibt sich alles andere wie von selbst. Miss Boyd jedoch wurde diesen Anforderungen – ob nun vorsätzlich oder aus schierer Inkompetenz – in keiner Weise gerecht. Böse Ahnungen beschlichen mich bereits, als sie ihren Mund öffnete und mir zu Ohren kam, wie sie ihre allererste Textzeile zum besten gab – »Ich seh mich hier in zweigeteilter Pflicht« –, wobei sie die Betonung ohne jeden ersichtlichen Grund auf »seh« und »Pflicht« legte. Was wollte sie uns wohl damit sagen?

Zu traurig, daß es in genau diesem Stil bis zum bitteren Ende weiterging. Nun kann man Desdemona ebenso als treue und fürsorgliche Ehefrau interpretieren wie als erotisch attraktive Verführerin, die die tragischen Ereignisse in mancher Hinsicht noch beschleunigt; mit dem nötigen Talent kann man sich zwischen diesen beiden Extremen bewegen und die Figur in all ihrer Widersprüchlichkeit zum Leben erwecken. Von Cicely Boyds Desdemona kam indes nichts als Geleier, wenn sie nicht gerade ihren Göttergatten mit großen Augen anhimmelte. Mit diesem Auftritt hat Cicely Boyd nicht nur ihre Mitakteure im Stich gelassen, sondern obendrein dem Stück den Rest gegeben – wie übrigens auch ihrem Ruf als eine der begabtesten Schülerinnen des King William's.

Eine noch herbere Enttäuschung war Jennifer Hawkins in der Rolle der Bianca. In Miss Hawkins' Interpretation versprühte die mit allen Wassern gewaschene Kurtisane das erotische Temperament einer komatösen Meeräsche.

Tim Newsome hat sich wirklich bemüht, das Letzte aus diesen Darstellern und dem Rest des Ensembles herauszuholen, doch am Ende blieb nur ein »Othello« ohne jede Tiefe und Gewicht. Führt man sich noch einmal den Erfolg vor Augen, den die Theatergruppe vor zwei Jahren mit »Kiss Me Kate« hatte, fragt man sich unwillkürlich, ob eine flotte Musical-Version des Dramas den Beteiligten nicht besser zu Gesicht gestanden hätte. Den Titelvorschlag gibt's gratis von mir: »Othello, oder ›Je Mohr, desto Rübe‹«. Was meinen Sie dazu, Mr. Newsome?

LESERBRIEF

Von Arthur Pusey-Hamilton, MBE

Sehr geehrte Damen und Herren, die Schulaufführung von »Othello« hat mir gut gefallen. Mir war das Werk bislang nicht geläufig, doch schien es mir nur allzu genau in das aktuelle politische Klima zu passen. Der Höhepunkt des Dramas unterstreicht in äußerst kraftvoller Weise, was Mr. Powell damit meinte, daß »Ströme von Blut« fließen werden, und demonstriert sattsam, welche Gefahren der ungehinderte Zustrom von Einwanderern birgt – im 16. Jahrhundert wie auch heute. Bravo, Mr. Newsome!

Nichtsdestotrotz möchte ich an dieser Stelle meiner Entrüstung über die schockierende Zurschaustellung moralischer Degeneration Ausdruck geben, die sich meinen Augen bei der sogenannten »Abschlußfeier« bot.

Mein Filius Arthur Pusey-Hamilton Jr. ist nun mittlerweile im dritten Jahr am King William's. Der Junge hat durchaus einiges in den Oberarmen und fungierte bei den Aufführungen als Kulissenschieber, sehr auch zur Freude meines treuen Eheweibs Gladys; beide waren wir der Meinung, daß ein wenig körperliche Ertüchtigung außerhalb des Lehrplans dazu beitragen könnte, ihn (wie es unser Kinderpsychologe zu formulieren pflegt) »aus seinem Schneckenhaus zu locken«. Obgleich weder ich selbst noch mein treues Eheweib Gladys etwas Unnatürliches an seinen sonstigen Freizeitaktivitäten finden (unser Filius hockt manchmal stundenlang auf seinem Bett, während er ununterbrochen vor und zurück schaukelt und die mattschwarz gestrichenen Wände seines Zimmers anstarrt), erachtete der bereits erwähnte Psychologe einen verstärkten Kontakt zu seinen Schulkameraden als wünschenswert, so wie übrigens auch die Sozialarbeiter des Jugendamts, die sich, um ihre eigenen Worte zu benutzen, »eingehend mit seinem Fall beschäftigen«.

Aus diesen Beweggründen heraus stimmten wir gern zu, als er uns darum bat, an der kleinen – und, wie wir dachten, zivilisierten – Feier teilnehmen zu dürfen, die im Anschluß an die letzte Aufführung bei einem der Mitglieder des Ensembles stattfinden sollte. Dieser Umstand bedeutete natürlich, daß unser Filius nicht zur gewohnten Zeit im Bett sein würde (um halb sechs, es sei denn, daß eine besonders aufschlußreiche Dokumentation oder Wissenschaftssendung im Fernsehen läuft), doch weder ich noch mein treues Eheweib Gladys sahen einen Grund, uns als Spielverderber aufzuführen, abgesehen davon, daß wir fest davon überzeugt sind, daß manche Regeln eben gebrochen werden müssen! (Keinesfalls allerdings die Regel, nach der er nur mit fest auf dem Rücken gefesselten Händen duschen und schlafen darf. Ganz sicher nicht.)

Dementsprechend war es bereits weit nach zehn Uhr und die Party bereits in vollem Gang, als ich am strittigen Abend vor dem Haus Pickworth Road Nummer 43 ankam. Das Haus war problemlos zu finden, da der dumpfe, steinzeitliche Rhythmus sogenannter »Reggae«-Musik über die gesamte Straße dröhnte; es klang, als würden Satans Kesselpauken den Zapfenstreich am Höllenschlund einläuten. Prompt beschlich mich ernste Sorge, was diese infernalische Kakophonie mit der empfindsamen Psyche unseres Juniors anrichten mochte, dem es selbstverständlich nicht gestattet ist, zu Hause sogenannte »Pop«-Musik zu hören, da sowohl mein treues Eheweib Gladys als auch ich der festen Überzeugung sind, daß der regelmäßige Genuß anständiger klassischer englischer Kompositionen wie beispielsweise Delius' »Erster Kuckuck des Frühlings« einem Burschen seines Alters um einiges zuträglicher ist; auch wenn wir es bei zwanglosen Anlässen gelegentlich billigen, daß er sich etwas Leichteres wie etwa Elgars Märsche zu Gemüte führt.

Infolgedessen erwartete ich das Ärgste, als ich die Klingel von Nummer 43 drückte. Dennoch war das, was sich meinen Augen bot, weit abstoßender, als ich mir auch nur im entferntesten hätte vorstellen können.

Ich verzichte darauf, hier detailliert auf die dekadenten Szenen einzugehen, die mich hinter der so harmlos wirkenden Tür von Pickworth Road Nummer 43 erwarteten. Ich will mich an dieser Stelle darauf beschränken, daß ich Augenzeuge von Perversionen wurde, die selbst die sittenlosesten Wüstlinge zu Zeiten Caligulas hätten rot vor Scham werden lassen. So also, schoß es mir durch den Kopf, »feiert« man in aufstrebenden Theaterkreisen seine dramatischen Triumphe! Während ich den Blick hierhin und, um der Wahrheit die Ehre zu geben, auch dorthin schweifen ließ, bahnte ich mir mit klopfendem Herzen und schweißnassen Händen meinen Weg durch ein Meer sich windender Leiber und hielt Ausschau nach meinem Junior, dessen zarte Seele angesichts dieser Widernatürlichkeiten bereits irreparable Schäden erlitten haben mußte. Und schließlich fand ich ihn auch, nämlich auf einer Treppe, wo er gerade an einem Malzbier nippte (da sieht man, was die verderblichen Einflüsse bewirken; zu Hause kriegt er nichts als natürliches Mineralwasser und gelegentlich ein Gläschen ungesüßten Pflaumensaft), während auf den Stufen hinter ihm, keinen Meter entfernt, zwei der Nebendarsteller einem Tun nachgingen, wie ich es seit meiner Zeit als Infanterist im Kampf gegen Rommel nicht mehr erlebt habe, als ich eines Abends, gefesselt, geknebelt, nackt und durch Drogen willenlos gemacht (wie ich meinem Vorgesetzten vor dem Militärgericht erklärte), in einem ägyptischen Bordell erwachte, das selbst gemessen an den Standards jenes unterentwickelten Landes höchst unhygienisch war.

Lassen Sie mich ergänzen, daß diese Akte der Unzucht keineswegs den Nebendarstellern des Dramas vorbehalten waren. Bereits während der Aufführung war mir aufgefallen, daß es zwischen den beiden Hauptdarstellern, wie man wohl gemeinhin sagt, »gefunkt« hatte, doch war ich so naiv zu glauben, daß sie lediglich ihre Rollen perfekt beherrschten. Was sich nur allzubald als Trugschluß erweisen sollte! Als ich meinen Junior nach oben in die improvisierte Garderobe begleitete, um seinen Parka und die Ohrwärmer zu holen, stießen wir auf die beiden Hauptdarsteller höchstpersönlich – Othello und Desdemona, um ihre Identitäten nicht länger zu verschweigen –, die auf dem Bett in einem Akt verfangen waren, der über kurz oder lang unausweichlich zur Rassenvermischung führen mußte.

Dies war beileibe mehr, als menschliche Augen ertragen können – geschweige denn mein armer Junior, der angesichts dieser Szenen wild an meiner Hand zerrte und Zeter und Mordio schrie – »Hau ab, hau endlich ab, ich hasse dich, ich halte das nicht mehr aus!« und so weiter, ein schreckliches Geheul, das sich ganz offensichtlich an die anderen Partygäste richtete. Ich mußte ihn schnellstens aus diesem Sündenpfuhl befreien, und eine halbe Stunde später war er wieder zu Hause, wo ihn mein treues Eheweib Gladys umgehend ins Bett verfrachtete und er sich endlich jenem seligen Schlummer hingeben durfte, dessen Grundlagen seit jeher die Unschuld der Jugend, die Reinheit des Herzens und eine gehörige Dosis Beruhigungsmittel sind.

Wie lange mein Sohn nach diesen abscheulichen Vorfällen noch ans Bett gefesselt bleibt, muß sich zeigen.

Durch diese Zeilen wende ich mich nicht zuletzt an den Direktor des King William's. Ich bitte Sie dringend, mir folgende Fragen zu beantworten, Sir: Wollen Sie solche Sitten unter Ihren Schülern dulden? Soll der Name unserer einst so ehrwürdigen Anstalt durch den Dreck gezogen und in die Kloake gespült werden? Und dies ist keineswegs die hysterische Überreaktion von einem, der nicht mehr »uptodate« mit den Errungenschaften unserer ach so modernen Zeit ist. Ich bin weiß Gott kein Spießer. Du meine Güte, Sir, ich kann es tolerieren, wenn man sich unter Kameraden hin und wieder an den Arsch geht; aber muß es gleich Verkehr – körperlicher Verkehr – mit dem anderen Geschlecht sein? In einem so zarten und sensiblen Alter? Und obendrein mit einer anderen Rasse, verflixt noch mal? So geht das nicht; ganz und gar nicht. Ich fordere Sie hiermit auf, sofortige Maßnahmen zu ergreifen, die Eitergeschwüre auszubrennen und jenem Natterngezücht Einhalt zu gebieten, das aus meiner Sicht (und auch der meines treuen Eheweibes Gladys) die Ehre und Würde Ihrer Lehranstalt bedroht. Ich bitte Sie nachdrücklich: Handeln Sie, sobald Sie dies lesen! Wie wir zu meiner Zeit an der Front zu sagen pflegten: »Na los, Sir – wir Weißen halten zusammen!«

Ihr ergebener
Arthur Pusey-Hamilton, MBE

Versehen mit dem altehrwürdigen Adelssiegel der Pusey-Hamiltons

9

Nach zwei Wochen war Mr. Serkis wieder da. Obwohl er sich von seiner Blinddarmentzündung erholt hatte, sah er alles andere als glücklich und zufrieden aus.

»Ich bin sehr, sehr enttäuscht von euch«, ließ er die Redakteure der Schülerzeitung wissen.

Es war ein weiterer grauer, regnerischer Freitagnachmittag, und der Heizstrahler im Redaktionsraum funktionierte mal wieder nicht. Es war der wahrscheinlich kälteste Raum im gesamten Schulgebäude; er lag ganz am Ende des Carlton-Korridors, den man über eine enge und ein bißchen unheimliche Stiege erreichte, gleich neben dem Umkleideraum der Präfekten. Nur den Schülern der Abschlußklassen war es erlaubt, diesen entlegenen Bereich zu betreten, und selbst für diese gab es eine Menge Einschränkungen. In den Carlton Club mußte man gewählt werden, erst dann hatte man Zutritt zu den eichengetäfelten Gefilden des Clubraums; jedes Jahr wurde mehr als die Hälfte der Bewerber in einem langwierigen Wahlverfahren ausgesiebt, dessen Kriterien ein Rätsel blieben. Benjamin kam für eine Mitgliedschaft ohnehin erst nächstes Jahr in Frage. Noch vor ein paar Monaten hätte er sich nicht mal im Traum vorgestellt, einmal pro Woche in dieser eisigen, unzugänglichen Dachkammer mit ihrem rissigen Putz und den uralten Rohren sitzen zu dürfen. Trotzdem hatten die Redaktionssitzungen seine Erwartungen lange nicht erfüllt. Nach den ersten paar Minuten machte sich jedesmal eine vage Enttäuschung in ihm breit.

»Da läßt man euch zwei Ausgaben allein machen, und was passiert?« Mr. Serkis wies auf den vor ihm liegenden Stoß Papier. »Siebzehn Beschwerden, inklusive einer vom Direktor.« Er blätterte sie durch, während Doug, Claire und Philip verlegen aus der Wäsche sahen. »Die meisten wegen dieses Leserbriefs.« Er sah auf. »Weiß jemand, wer ihn geschrieben hat?«

»Harding«, riefen alle gleichzeitig (außer Benjamin).

Mr. Serkis seufzte. »Typisch.« Er begutachtete den Siegellack am Ende des inkriminierten Schreibens. »Ganz seine Art von Perfektionismus.«

»Er hat's mit seinem Siegelring gemacht«, sagte Philip. »Den hat er mal auf dem Flohmarkt oder so gekauft, und jetzt läuft er immer mit dem Ding rum.«

»Ihr hättet das nie, nie, nie drucken dürfen«, sagte Mr. Serkis, während er kopfschüttelnd erneut die schlimmsten Stellen überflog. »Zumindest hättet ihr den Brief kürzen müssen. Allein das, was er über Steve und Cicely geschrieben hat – praktisch steht hier doch, daß die beiden es in aller Öffentlichkeit miteinander getrieben haben. Und das mit der ›Rassenvermischung‹ ist ja wohl das Allerletzte. Ihr werdet euch dafür schriftlich entschuldigen.«

»Okay.« Niedergeschlagen kritzelte Doug etwas auf einen Zettel. »Schriftliche Entschuldigung.«

»Ich weiß nicht, wer von euch sich den Gag mit der Wichsstunde ausgedacht hat, aber der Direktor ist die Wände hochgegangen. Nun, jedenfalls schreibt er hier...« Er hielt das ausführliche, in akkurater Handschrift verfaßte Schreiben des Direktors hoch. »Eingedenk der Tradition unserer Schülerzeitung hätte ich gehofft, das aktuelle Redaktionsteam sei in der Lage, gelegentlich über das Niveau geistloser pubertärer Witzchen hinauszuwachsen.«

»He, sind wir hier an einer Schule oder nicht?« warf Philip ein. »Pubertäre Witzchen sind doch genau das, was alle wollen.«

»Ihr werdet eine Entschuldigung bringen.« Mr. Serkis ging nicht auf sein Argument ein, und Doug kritzelte wieder etwas auf seinen Zettel. »Und das« – er wandte sich an Claire – »was du über Cicely geschrieben hast, zieht ebenfalls noch einen Rattenschwanz nach sich. Und ich muß auch ehrlich zugeben, etwas Infameres ist mir selten untergekommen.«

»Sie hat's verdient«, antwortete Claire, wenngleich jeder hören konnte, daß sich ein verlegener Unterton in ihre Stimme geschlichen hatte. »Diese Primadonna. Weiß doch jeder, wie die sich immer aufspielt.«

»Trotzdem war das nicht fair von dir. Und das mit ihrer Baggerei in der Klasse schlägt ja wohl einfach alles.«

»Aber es ist *wahr.*«

Kurz herrschte Stille; sie hatten sich festgefahren.

»Also, eine fette Riesenentschuldigung«, sagte Doug und kritzelte weiter. »Tja, so wie's aussieht, brauchen wir gar nicht mehr über andere Beiträge zu reden. Und wer soll sie schreiben?«

Als sich keine Freiwilligen meldeten, bestimmte Mr. Serkis, daß Benjamin es machen sollte.

»Wieso denn ich?«

»Weil du von allen am besten schreiben kannst.« Da er aus Benjamins perplexem Schweigen schloß, daß diesen das Kompliment ebenso überraschte wie freute, begründete er weiter: »Außerdem bist du anscheinend der einzige, dessen Artikel keine Beschwerden hervorrufen.«

Unwillkürlich hatte Mr. Serkis damit einen Nerv getroffen.

»Aber wieso denn nicht?« wollte Benjamin wissen. »Ich hab das Stück total niedergemacht. Wieso regt sich darüber keiner auf?«

Darauf schien keiner eine Antwort parat zu haben. Kurze Zeit später wurde Benjamin in den Nebenraum abkommandiert, um eine angemessen reuige Entschuldigung zu verfassen, die gleichzeitig das Gesicht der Redaktion wahrte.

Er saß vor der Schreibmaschine und sah hinaus auf die regennassen, silbern schimmernden Dächer. Die beiden gewaltigen Eichen am südlichen Tor bogen sich im Wind. Er starrte so lange auf die Bäume, bis seine Augen trübe wurden und er nur noch verschwommene Farben wahrnahm. Seine Finger lagen untätig auf der Tastatur. Die an seinem Selbstwertgefühl nagende Frage – *Warum? Warum gehen meine Artikel so sang- und klanglos unter?* – rückte langsam in den Hintergrund, während er wie betäubt dasaß. Vage nahm er wahr, wie das Leben in den Klassen und Korridoren unter ihm pulsierte. Nicht mehr lange, dann war der Freitagnachmittag zu Ende. Gleich würden die Schachspieler ihre Figuren wegpacken, die Strategiefetischisten ihre Karten und Aufstellungen zusammenlegen, die Kunstfreaks ihre Pinsel unter Mr. Plumbs selbstvergessener Aufsicht auswaschen, die Kadetten ihre schnittigen Uniformen gegen ihre Zivilkleidung eintauschen; die Musiker und Theaterbegeisterten, die Bridgefanatiker und Squashspieler, alle würden sie gleich nach Hause gehen. Wie rastlos die Welt doch war! Benjamin fühlte sich fremd, weit weg von allem. Reglos saß er vor der Schreibmaschine, teilnahmslos vor Schwermut und Leidenschaftslosigkeit. Zwischendurch kam Claire herein, die einen Karton mit alten Ausgaben der Schülerzeitung zurückbrachte; möglich, daß sie ein paar Worte mit ihm wechselte. Natürlich sah Philip noch kurz vorbei, seinen Regenmantel über der Schulter, und sagte irgend so etwas wie »Na, wie läuft's, Maestro?«, »Mach nicht zu lange« oder »Dann bis Montag«. Und dann war Benjamin allein. Noch eine Minute, dann würde er ebenfalls die Segel streichen; er konnte schließlich schlecht das ganze Wochenende hier herumhocken. Trotzdem hatte diese Stille, diese Einsamkeit etwas seltsam Tröstliches an sich. Die schweigenden Korridore waren auf seiner Seite.

In solchen Momenten, wenn er ganz allein war, wartete Benjamin manchmal darauf, daß Gott zu ihm sprach. Er erinnerte sich an die Stille des Umkleideraums, an das Aufschwingen und Zuklappen der Spindtür und daran, wie er angesichts des unerwarteten Geschenks auf die Knie gefallen war. Obwohl Gott seitdem nicht mehr zu ihm gesprochen hatte, bestand für Benjamin kein Zweifel daran, daß er es wieder tun würde; vielleicht sogar bald. Bis dahin blieb Benjamin nichts anderes übrig, als zu warten. Er mußte bloß Geduld haben.

Vom Flur drang ein Geräusch an seine Ohren. Der leichtfüßige Schritt einer Frau, die an seiner halbgeschlossenen Tür vorbei zum Redaktionsraum ging. Er kümmerte sich nicht weiter darum.

Benjamin fragte sich, ob er jetzt noch mit dem Verfassen der Entschuldigung beginnen sollte. Mit einem Mal erschien ihm alles einfach nur noch mühselig. Schon allein die Anstrengung, den Finger zu heben und eine der Tasten fest genug anzuschlagen, um einen Buchstaben zu Papier zu bringen, war ihm zuviel, ganz zu schweigen von der mentalen Belastung, welche Taste er anschlagen und mit welchem Wort er anfangen sollte. Er würde das morgen oder am Sonntag machen; schließlich hatte er Zeit genug. Momentan zog er es vor, seine Isolation auszukosten und tief in süßer Apathie zu schwelgen, ohne daß ein Ton an seine Ohren drang oder ihm etwas Störendes in den Blick geriet.

Und in der Tat war es weder ein Geräusch noch ein Anblick, der Benjamin aus seiner Lethargie riß. Es war ein Geruch. Der Geruch einer Zigarette.

Das war äußerst merkwürdig. Rauchen im Schulgebäude war untersagt, so streng untersagt, daß selbst Doug sich an das Verbot hielt. Überrascht sah Ben auf, als der unverkennbare Geruch in seine Nase stieg. Abrupt kam er aus seinem Stuhl hoch – mittlerweile hatte er fast darin gelegen – und schlich leise über den Flur zum Redaktionsraum. Er verharrte auf der Türschwelle, während seine verblüfften Augen die Umrisse von Cicely Boyd erkannten.

Sie saß, nein, vielmehr hockte sie am Redaktionstisch, mit dem Rücken zur Tür, einen nackten Fuß (anscheinend war ihr der Schuh heruntergefallen) unter das andere Bein gezogen. Ihre Haltung verriet nervöse, fieberhafte Anspannung. Sie trug eine rehbraune Hose und einen weiten marineblauen Wollpullover, und ihr berühmtes goldenes Haar hatte sie zu einem Pferdeschwanz geschlungen, der ihr fast bis zur Hüfte reichte. Die Asche ihrer filterlosen Zigarette fiel auf den Tisch, ohne daß sie es merkte, während sie ernst aus dem Fenster starrte und den Blick auf ihr Profil freigab. Sie hatte eine dünne Adlernase und die blaßblauesten Augen, die man sich überhaupt vorstellen konnte; über ihre Wangenknochen erstreckte sich eine Galaxis winziger Sommersprossen, und unten auf ihrer linken Wange saß ein noch winzigerer Leberfleck. All diese Einzelheiten waren Benjamin vorher nie aufgefallen, und plötzlich wurde ihm klar, daß er Cicely bislang immer nur von weitem gesehen hatte. Doch jetzt hatte er sie direkt vor sich, in Fleisch und Blut, und sie war fünfzig-, hundert-, nein, tausendmal schöner, als er es sich je ausgemalt hatte. Einige Sekunden lang kam es ihm vor, als hätte sein Herz aufgehört zu schlagen.

Dann drehte sie sich um, und im selben Moment, noch bevor sich ihre Blicke trafen, wußte er, daß sie aus nur einem einzigen Grund hierhergekommen war – seinetwegen.

Zögernd trat er einen Schritt näher.

»Du bist doch Benjamin«, stellte sie fest.

»Ja.« Und aus irgendeinem unerfindlichen Grund sagte er dann: »Hier drin ist Rauchen verboten, weißt du.«

»Ach so.« Sie ließ die Zigarette fallen, hob ihren Schuh auf und trat die glimmende Kippe aus. »Du meinst, wir sollten uns an die Vorschriften halten.«

Sie musterte ihn so lange, bis er sich genötigt sah, erneut das Wort zu ergreifen: »Die anderen sind alle schon weg.«

»Aber du bist ja noch da«, erwiderte sie. »Ich wollte kurz mit dir reden. Du hast diesen Artikel …«

»Ja, ich weiß. Die Theaterkritik. Es…« Plötzlich erschien ihm alles völlig nutzlos, aber er wußte nicht, was er sonst sagen sollte. »Es tut mir leid.«

Sie schien zu überlegen.

»Wieso hast du das dann geschrieben?« fragte sie nach einer Pause, die ihm wie eine Ewigkeit vorkam.

Genau das war die Frage, die Benjamin befürchtet hatte. Es war dieselbe Frage, um die er sich die ganze Zeit herumgedrückt hatte, und jetzt, da er mit ihr konfrontiert war, fiel ihm absolut keine passende Antwort ein. Es mußte ihn schlicht und einfach der Teufel geritten haben, als er sich an jenem Abend an die Schreibmaschine gesetzt hatte. Schließlich war das die Gelegenheit gewesen, auf die er seit Jahren gewartet hatte: die Chance, Cicely nicht nur einen Liebesbrief zu schreiben, sondern etwas von viel größerer Überzeugungskraft – eine öffentliche Erklärung, wie sehr er sie bewunderte, eine Lobpreisung ihrer Schönheit und ihres Talents, die sie auf ewig in seiner Schuld hätte stehen lassen. Und trotzdem, aus irgendeinem unerklärlichen Grund hatte er genau das nicht getan. Er hatte den Anfang einer wundervollen Freundschaft auf dem Altar halbgarer kritischer Objektivität geopfert. Ja, ihr Auftritt war grauenhaft gewesen; natürlich war ihm das nicht verborgen geblieben, und natürlich hatte er nach bestem Wissen und Gewissen geurteilt; aber daß er ihre Darbietung in so unverzeihlicher Weise verrissen hatte, ungeachtet dessen, was ihm jede Faser seines Herzens sagte – das war einfach idiotisch. Totaler Schwachsinn. Tatsächlich lief das Ganze auf eine Frage ganz anderer Größenordnung hinaus, die sich ebenfalls nicht beantworten ließ und ihm wie ein Zementsack auf der Seele lastete: Was war eigentlich mit ihm los? War er inzwischen völlig verrückt geworden?

Cicely wartete nicht länger auf seine Antwort. Sie hatte sich bereits ihre eigene zurechtgelegt.

»Ich sag dir, warum du das geschrieben hast.« Ihre

Stimme klang rauh. »Weil es die Wahrheit war. Wort für Wort.«

In genau dem Moment, als sie das sagte, hatte Benjamin zum ersten Mal in seinem Leben etwas, das man als außerkörperliche Erfahrung bezeichnen könnte. Plötzlich sah er sich selbst, wie er zu ihr eilte und sie tröstend in die Arme nahm. Wie aus weiter Entfernung hörte er sich sagen: »Nein, Cicely, nein. Das stimmt doch gar nicht. Nichts davon war wahr. Es war absolut idiotisch, das zu schreiben.« Ja, genau so konnte er alles wieder ins Lot bringen. Aber er tat es nicht. Er verharrte weiter in der Tür, ohne ein Wort zu sagen.

»Die letzten Wochen waren echt grauenhaft. Einfach unvorstellbar.« Sie nahm eine weitere Zigarette aus ihrem Päckchen und drehte sie nervös zwischen den Fingern. »Angefangen bei dem Interview. Diesem ... diesem Mist, den Claire da geschrieben hat.« Sie verdrehte die Augen. »Das war wirklich demütigend.«

»Ich glaube, Claire hat ein Problem mit dir«, sagte Benjamin zögernd. »Anscheinend ist sie ein bißchen neidisch auf dich.«

»Früher war sie meine Freundin.« Sie sagte es zu sich selbst, als hätte sie Benjamins Worte gar nicht wahrgenommen. »Was hab ich ihr denn getan?«

»Ach, bestimmt nichts«, sagte Benjamin, aber sie ging wiederum nicht auf ihn ein.

»Wie ich mich hasse.« Plötzlich sah sie Benjamin direkt in die Augen. »Hast du eine Ahnung, wie das ist? Hast du dich jemals selbst gehaßt?«

»Ich hätte wohl allen Grund dazu, nachdem ich so über dich hergezogen bin«, hörte Benjamin sich sagen. Tatsächlich sagte er nur: »Ich glaub nicht.«

»Aber irgendwie«, sagte Cicely, »war das halb so wild, was sie geschrieben hat. Sie kann mich einfach nicht leiden. Es war einfach bloß mies von ihr. Während du das alles wirklich so gemeint hast. Du hast nicht ein gutes Haar an mir gelassen.«

»Nein, ich... ich hab das alles zu eng gesehen. Ich weiß nicht, was mich geritten hat.«

»Habe ich wirklich alles falsch betont?«

»Die anderen doch genauso«, versuchte er vergeblich, die Tatsachen schönzureden. »Das war doch bloß Tims Schuld. Er ist schließlich der Regisseur.«

Cicely stand auf und ging zum Fenster. Sie war größer, als er gedacht hatte, aber von solcher Schönheit, so graziler Anmut, daß ihm der Atem stockte. Am liebsten hätte er sich verkrochen, als ihm durch den Kopf schoß, wie er diese Anmut durch den Dreck gezogen hatte.

»Was ist mit... mit Hardings Brief?« Es erstaunte ihn selbst, daß er sich bemüßigt fühlte, danach zu fragen. »Davon war doch auch kein Wort wahr, oder?«

Cicely drehte sich abrupt zu ihm. »Du meinst, was er über mich und Steve geschrieben hat?«

Er nickte.

»Das war echt hinterhältig von euch. Wie konntet ihr das bloß drucken? Steves Freundin hat es auch gelesen. Sie hat Schluß mit ihm gemacht.« Ihr Körper zitterte merklich, als sie ein Schluchzen unterdrückte. »Manchmal passiert so was einfach. Man hängt zusammen rum, und dann kommt eins zum anderen. Wir haben doch bloß ein bißchen rumgemacht. Ich wollte doch niemandem weh tun. Ach, ich bin einfach das Allerletzte.«

Benjamin fiel nichts mehr ein, womit er sie weiter trösten konnte; davon abgesehen, erfüllte es ihn mit einem irrationalen, geradezu lähmenden Neid, daß Richards das große Los gezogen hatte – wie kurz seine Glückssträhne auch immer gewesen sein mochte. Einmal mehr bestärkte ihn eine innere Stimme, Cicely einfach in die Arme zu nehmen. Einmal mehr blieb er wie angewurzelt auf seinem Fleck stehen.

Auch ohne sein Zutun hatte sie sich einen Augenblick später wieder gefaßt. Mit dem Rücken zu ihm stand sie am Fenster und wischte sich die Augen mit einem Papiertaschentuch. Dann drehte sie sich wieder um. Ein entschlossener Schimmer hatte sich in ihre rot geränderten Augen geschlichen.

»Jemand wie du würde mir bestimmt manchmal guttun«, sagte sie.

»Was?«

»Ich finde dich echt interessant.«

»Danke«, sagte Benjamin verblüfft.

»Hin und wieder kann ich ziemlich eitel sein, aber daß heißt nicht, daß ich mir gegenüber völlig unkritisch bin. Meine Freundinnen himmeln mich ja sowieso nur an und reden mir die ganze Zeit nach dem Mund. Wohingegen du...« – plötzlich schenkte sie ihm ein ebenso herausforderndes wie zauberhaftes Lächeln – »mir doch immer die Wahrheit sagen würdest. Oder?«

»Ich weiß nicht genau, was du meinst, aber... Na ja, ich würd's zumindest versuchen.«

»Daß ich mich nicht mehr leiden kann, hab ich nicht einfach so dahergesagt«, fuhr Cicely fort. Sie hatte sich auf den Tisch gesetzt, so daß sie jetzt nur noch knapp einen Meter von ihm entfernt war. »Ich weiß, daß ich mich ändern muß.«

»Ich glaube nicht, daß...«, warf Benjamin ein.

»Ja?«

Aber er hatte schon wieder vergessen, was er eigentlich sagen wollte.

»Die anderen haben mir ja schon gesagt, daß du nicht viel redest«, sagte sie, »aber daß du so schweigsam bist, hätte ich nicht gedacht. Du benimmst dich ja fast wie ein Trappistenmönch.«

»Welche anderen?« fragte Benjamin. »Wer hat gesagt, daß ich nicht viel rede?«

»Alle«, sagte Cicely. »Ich hab mal ein bißchen rumgefragt, was du für ein Typ bist. Ich meine, das hättest du an meiner Stelle doch wohl auch getan.«

»Jetzt sag schon.« Benjamin schluckte. »Was haben die über mich geredet?«

Cicely sah ihn ernst an. »Manchmal ist es besser, wenn man nicht weiß, wie andere über einen denken, Benjamin.« Sie ließ ihren Ratschlag kurz im Raum stehen, bevor sie fortfuhr: »Außerdem brauchst du dir keine Sorgen zu machen. Die meisten haben bloß gesagt, sie würden sowieso nicht schlau aus dir. Du wärst ein echt undurchschaubarer Typ. Ich glaube, einige halten dich für so was wie ein Genie, aber irgendwie auch für 'nen ziemlichen Langweiler.«

»Also, das hab ich noch nie gehört.« Benjamin gab ein unsicheres Lachen von sich. »Das mit dem Genie, meine ich.«

Cicely versicherte ihm mit sanftem Nachdruck: »Die Welt erwartet große Dinge von dir, Benjamin.«

Er starrte wortlos zu Boden und sah dann wieder auf, zum ersten Mal direkt in ihre Augen. »Also, ich finde, du solltest so bleiben, wie du bist.«

»Das ist lieb von dir«, sagte Cicely. »Aber du verstehst das nicht. Wie gefallen dir meine Haare?«

Für einen kurzen Moment hatte Benjamin das Herz auf der Zunge getragen, doch statt ihr jetzt zu sagen, wie wunderschön er ihre Haare fand, murmelte er nur: »Gut. Sieht echt hübsch aus, wie du sie trägst.«

Cicely lachte ätzend und schüttelte den Kopf. Dann erblickte sie eine Schere am anderen Ende des Tisches, langte herüber und hielt sie Benjamin hin. »Ich will, daß du sie mir abschneidest.«

»Was?«

Sie nahm wieder auf dem Stuhl Platz, wandte ihm den Rücken zu und wiederholte: »Ich will, daß du sie abschneidest. Alles.«

»Alles?«

»Hier.« Sie zog am Ende ihres Pferdeschwanzes, als hätte sie einen Klingelzug in der Hand. »Das muß alles ab.«

»Ich kann das nicht«, sagte Benjamin.

»Wieso nicht?«

»Ich hab noch nie jemandem die Haare geschnitten. Ich würde dich bloß total zurichten.«

»Um Himmels willen, du sollst mir ja keine Dauerwelle machen. Einmal schnipp, das reicht.«

Benjamin trat einen Schritt näher und streckte erschrokken die Hand nach ihr aus. Es war das erste Mal, daß er sie berührte. Tatsächlich war es das erste Mal, daß er – abgesehen von seiner Schwester – überhaupt ein Mädchen berührte, seit er in die Pubertät gekommen war.

Zögernd sagte er: »Bist du dir wirklich sicher, daß du das willst?«

Cicely seufzte. »Ja, klar. Jetzt mach schon.«

Mit zitternden Fingern ergriff Benjamin ihren Pferdeschwanz. Ihr Haar war unglaublich fein und seidenweich. Schimmernd lag es in seiner Hand. Entsetzen überkam ihn angesichts der Endgültigkeit dessen, was sie von ihm verlangte.

Als er Cicelys Haar zusammenraffte und die Schere anlegte, streifte er unabsichtlich ihren Nacken. Er spürte, wie sich ihr ganzer Körper versteifte, entweder in jäher Erwartung des Schnitts oder als Reflex auf seine unbedachte Berührung.

»Sorry«, murmelte er. Und nach einer kurzen Pause: »Also dann.«

Er spürte, wie Cicely abermals erstarrte.

»Achtung … fertig … LOS!«

Der kurze Schnitt war ebenso drastisch wie effektiv. Mit einem Mal hielt er ihr Haar in der Hand; er umklammerte den Pferdeschwanz so fest, daß nicht eine Strähne zu Boden fiel. Cicely stand auf.

»Hier.«

Sie hielt ihm die Schallplattentüte hin, die er vorhin liegen gelassen hatte; behutsam legte er ihre Haare zusammen, so daß sie perfekt in die Tüte paßten. Unterdessen hatte Cicely einen kleinen Taschenspiegel zutage gefördert und betrachtete ihre neue Frisur mit neugierigem, schreckgeweitetem Blick.

»Jetzt siehst du ein bißchen wie Joanna Lumley aus«, sagte Benjamin. »Wie in den neuen Folgen von *Mit Schirm, Charme und Melone.*«

Was erstunken und erlogen war. Sie sah aus wie die Insassin eines Konzentrationslagers. Doch sie schien ihn ohnehin nicht zu hören, während sie sich aus allen möglichen Perspektiven betrachtete. Fast unhörbar flüsterte sie: »O mein Gott.«

»Was, äh ...« Benjamin hielt die Tüte mit den Haaren hoch. »Was soll ich damit machen?«

»Was du willst«, sagte Cicely, immer noch mit sich selbst beschäftigt.

»Okay.« Er legte die Tüte auf den Tisch. »In Ordnung.«

Nach ein paar weiteren Sekunden geistesabwesender Betrachtung ihres Konterfeis klappte Cicely den Taschenspiegel zu. »Gut«, sagte sie. »Das ist ein Anfang.« Sie griff nach einem Blatt Papier und kritzelte etwas darauf, bevor sie es Benjamin gab.

»Was ist das?« fragte er.

»Meine Telefonnummer.«

Er starrte auf die sieben mit blaßgrüner Tinte geschriebenen Zahlen. Noch vor ein paar Stunden hätte er nicht einmal den Mut aufgebracht, Cicely anzusprechen, und jetzt besaß er sogar ihre Telefonnummer. Mit einem Mal hatte sich sein Leben von Grund auf verändert. Er konnte das alles kaum begreifen.

»Danke«, sagte er.

»Kein Problem. Und danke für deine Hilfe.«

Sie wollte los. Er versuchte sie aufzuhalten.

»Übrigens, das, was ich über dich geschrieben habe …«, begann Benjamin.

»Ich denke, wir sehen uns jetzt doch bestimmt öfter.« Cicelys nüchterner, kurz angebundener Ton ließ keinen Zweifel daran, daß ihre Unterhaltung für sie beendet war. »Dann können wir ja immer noch darüber reden.«

»Na gut«, sagte Benjamin; dann war sie fort.

Er nahm die Plastiktüte mit ihren Haaren mit nach Hause. In seinem Zimmer angelangt, warf er die Tüte aufs Bett und ließ sich mit einem erschöpften Seufzer daneben fallen.

Was in aller Welt sollte er jetzt damit machen?

10

Fünf Tage später stellte ihm Philip die entscheidende Frage, doch Benjamin mußte zugeben, daß er die Antwort nicht kannte.

»Also – gehst du jetzt mit Cicely oder nicht?«

»Ich glaube nicht«, antwortete Benjamin und hielt einen Finger hoch, um festzustellen, aus welcher Richtung der Wind kam – ein vergeblicher Versuch, vom Thema abzulenken.

»Du *glaubst* nicht?« Philip sah ihn kritisch an. »Was soll das denn jetzt heißen? Ich meine, entweder gehst du mit ihr oder nicht.«

»Na ja, dann wohl nicht.« Er hatte keine Ahnung, woher der Wind kam. Er erinnerte sich undeutlich, daß man sich über den Finger leckte, bevor man ihn hochhielt, obwohl er nie verstanden hatte, warum. Davon abgesehen, war es ohnehin fast windstill. »Da drüben müßte Osten sein«, riet er blindlings und wies den schlammigen Weg entlang.

»Was hat sie dann gemeint?« beharrte Philip. »Als sie gesagt hat, ihr würdet euch jetzt öfter sehen.«

»Ich schätze, sie meinte einfach – na ja, daß wir uns jetzt bestimmt öfter über den Weg laufen.« Tatsächlich hatte er nicht die geringste Ahnung, was Cicely gemeint haben könnte, und es beleidigte ihn, daß Philip genau das zu vermuten schien. »Hör mal, meinst du nicht, wir sollten uns lieber darum kümmern, wo zum Teufel wir eigentlich sind, statt hier mein nicht vorhandenes Liebesleben zu diskutieren?«

Es war ein Donnerstag nachmittag, der Tag der wöchentlichen Wanderexkursion, und wieder einmal war das Übliche passiert. Es war der Wandergruppe nicht nur gelungen, sich bereits nach einem knappen halben Kilometer zu verlaufen; die Schar hatte sich obendrein längst aufgelöst, nachdem ein paar Bummelanten einfach zurückgeblieben waren und sich der Rest der Gruppe im Gelände zerstreut hatte. Mittlerweile befanden sich Philip und Benjamin allein auf einem Feldweg in der Nähe des Upper-Bittell-Stausees; den unseligen, hilflos in seiner zerfledderten Karte blätternden Mr. Tillotson hatten sie bereits vor mehr als einer halben Stunde aus den Augen verloren.

»Das artet ja langsam in Arbeit aus«, sagte Philip nach weiteren zwanzig Metern. »Komm, laß uns mal 'ne Pause einlegen.«

Zu diesem Zweck bot sich ein unweit gelegener Zauntritt an. Sie setzten sich einander gegenüber, Benjamin mit Blick auf den Feldweg, Philip mit Blick auf die von der Sonne grüngelb gefärbte, hier und da von blühenden Freesien gesprenkelte Landschaft. Er öffnete seinen Army-Rucksack und wickelte ein paar dick belegte Käsesandwiches aus ihrer Alufolie. Sie teilten sich eine Dose Guinness und genossen den bittersüßen, öligen Geschmack.

»Es geht doch nichts über ein bißchen Leibesertüchtigung«, sagte Philip, nachdem sie ein paar Minuten schweigend gegessen und getrunken hatten. »Gut für die Muskeln. Da fühlt man sich wie neu geboren.«

Sonne, Essen und Alkohol hatten Benjamin dazu gebracht, alles locker zu sehen. Er war jetzt bereit, Cicelys vage Erklärung von der philosophischen Seite zu nehmen. Wichtig erschien ihm jetzt vor allem, daß sie endlich mit ihm gesprochen hatte. Insofern hatten sie durchaus eine Beziehung.

»So sehr können wir uns gar nicht verlaufen haben«, sagte Philip, während er seinen Blick gleichgültig über den Horizont schweifen ließ. »Du wohnst doch gar nicht so weit von hier, oder?«

»Schon möglich«, sagte Benjamin. Er sah sich schulterzuckend um. »Sieht irgendwie bekannt aus. Ich glaube, ich bin hier schon mal mit Mum langgefahren.«

Zwei Mädchen kamen in Sicht und blieben bei den beiden stehen. »Habt ihr Mr. Tillotson irgendwo gesehen?« wollte Philip wissen.

Sie schüttelten die Köpfe. Die Kleinere hatte lockiges blaßblondes Haar und einen ziemlichen Vorbau. Sie lächelte ernst und sagte: »Ich glaube, er ist unten am Kanal. Wir haben ihm gesagt, daß ein paar von euch zum Rauchen da runtergegangen sind.«

»Gut, gut«, sagte Philip. »Früher oder später holt er uns bestimmt ein.«

»Das nennt ihr also Wandern«, sagte das Mädchen.

»Setzt euch doch zu uns.«

»Nein, danke. Wir gehen jetzt nach Barnt Green und nehmen den Bus.«

»Na, dann.«

Als die Mädchen weitergingen, sagte Benjamin: »Kennst du die beiden?«

»Die Dunkelhaarige nicht; 'ne ganz Hübsche, was? Die andere heißt Emily. Emily Sandys.«

»Ach ja. Sie hat die Kostüme für *Othello* entworfen.«

»Doug meinte, sie will vielleicht auch bei der Schülerzeitung mitmachen. Layout und so.« Mit ebenso nachdenklichem wie begehrlichem Gesichtsausdruck sah er den beiden Mädchen hinterher. »Ich hätte die Dunkelhaarige anquatschen sollen. Ich glaube, das ist ein echter Feger.«

Emily und ihre Freundin gerieten außer Sicht, und die Jungen schwiegen. Für eine Weile widmete sich jeder seinen ureigenen Gedanken. Die sie umgebende ländliche Idylle war für geistige Höhenflüge wie geschaffen. Obwohl nur ein oder zwei Meilen von Longbridge und dem Ortsrand von

Birmingham entfernt, hätte die sanft gewellte Landschaft mit ihren friedlich grasenden Herden und akkurat geschnittenen Hecken so manchen Dichter oder Komponisten zu Großem inspirieren können. Die pastorale Stille blieb minutenlang ungestört, bis Philip schließlich fragte: »Wie oft denkst du eigentlich an nackte Mädchen?«

Benjamin überdachte die Frage mit der gebührenden Ernsthaftigkeit. »Ziemlich oft«, sagte er. »Ehrlich gesagt, pausenlos.«

»Ziehst du auch manchmal welche mit den Augen aus?«

»Ab und zu. Ich versuche, nicht allzu offensichtlich hinzuglotzen, aber meistens gelingt es mir nicht. Geht doch jedem so.«

Während Philip weiter seinen Blick schweifen ließ, kam ihm plötzlich ein unerwartet abstrakter Gedanke: »Der weibliche Körper ist eine wunderbare Sache.« Er blickte Benjamin an und fuhr fort: »Hast du schon mal… eine nackt gesehen? So richtig, meine ich?«

Benjamin schüttelte den Kopf. »Bloß im Fernsehen.«

Im selben Moment drang das Quietschen eines sich nähernden Fahrrads an ihre Ohren, übertönt von jemandem, der lauthals vor sich hin sang. In der bäuerlichen Umgebung hätte man vielleicht einen frohgemuten Knecht erwartet, der nach getaner Arbeit ein schönes altes englisches Volkslied schmetterte. Doch das, was an ihre Ohren drang, war eine schauderhaft unmelodiöse Jungenstimme, die folgende Worte durch die Landschaft grölte:

I am an anti-CHRIST
I am an anar-CHIST

Damit schien sich die textliche Kenntnis des Interpreten allerdings zu erschöpfen, da er nach einer kurzen Pause wieder von vorn anfing, diesmal noch durchdringender als vorher.

I am an anti-CHRIST
I am an anar-CHIST

Dann kam er plötzlich in Sicht und kam schliddernd vor ihnen zum Stehen. Es war Paul.

»Aha!« sagte er und sah grinsend auf die beiden in flagranti ertappten Drückeberger herab. »Was wird denn hier gespielt? Hillary und Tensing kurz vor dem Aufstieg zum Everest? Oder hat Captain Scott keinen Bock auf die nächste Tour zum Südpol?«

»Verpiß dich, Paul«, sagte Benjamin, genervt, daß er nicht mal hier draußen vor seinem Bruder sicher war. »Was hast du überhaupt hier zu suchen?«

»Ich kann ja wohl radfahren, wo es mir gefällt, oder? Wir leben immer noch in einem freien Land, auch wenn das den Sozialisten an der Regierung nicht in den Kram paßt.«

»Heute morgen hast du Mum noch vorgejammert, du wärst erkältet«, erinnerte ihn Benjamin. »Deshalb warst du ja auch nicht in der Schule.«

»Eine kleine Notlüge«, weihte Paul ihn ein, bevor er einen verschwörerischen Finger an die Lippen legte. »Natürlich ist mir klar, daß das für dich als rechtschaffenen und pflichtbewußten Menschen nie in Frage käme, aber …«

»Komm, Phil, laß uns gehen.« Benjamin hatte es plötzlich eilig. »Das Gelaber hält doch kein Mensch aus.« Mit weit ausholenden Schritten ging er los, um seinen Bruder abzuhängen, der hinter ihm in die Pedale trat. »Wo waren wir eben stehengeblieben?« rief er über die Schulter in Philips Richtung.

Phil versuchte, mit ihm Schritt zu halten, während er sich den Rucksack über die Schulter warf. »Bei nackten Frauen.«

»Ha!« Paul gab ein verächtliches Lachen von sich. »*Ihr* habt doch noch nie eine gesehen!«

»Kannst du nicht einfach abhauen und uns endlich in Ruhe lassen?« sagte Benjamin.

Philip jedoch hatte einen speziellen, bedeutungsschwangeren Unterton in Pauls Stimme wahrgenommen; offenbar war da etwas, das er ihnen durch die Blume sagen wollte.

»Wieso – hast *du*?« fragte er.

»Was?«

»Schon mal 'ne nackte Frau gesehen?«

»Und ob«, sagte Paul. Er trat in die Pedale und überholte die beiden.

»Na klar, ausgerechnet du«, sagte Benjamin spöttisch. »Wahrscheinlich jeden Tag x-mal, was?«

»Nein«, sagte Paul. »Bloß das eine Mal.«

Benjamin griff nach seinem Arm und zog ihn fast vom Rad, während er ihn zum Anhalten zwang.

»Ach ja?« sagte er. »Wen denn?«

Paul überschlug kurz die Situation.

»Was kriege ich dafür?« wollte er wissen.

»Was du kriegst?« sagte Benjamin. »Ich sag dir, was du kriegst, wenn du's nicht sagst!«

Sein Griff schloß sich wie ein Schraubstock um Pauls Arm. Das tat weh. Genüßlich sah er zu, wie Paul qualvoll die Augen aufriß.

»Laß mich los«, sagte Paul. Als Benjamin seinen Griff lockerte, fügte er hinzu: »Es war die Schwester von deiner Freundin.«

»Welche Freundin? Von wem redest du?«

»Na, von diesen beiden Mädchen. Die wir mal unten in dem Café an der Bushaltestelle getroffen haben.«

Jetzt erinnerte sich Benjamin wieder an die Begegnung; jenen Sonntagmorgen, an dem Claire ihn gefragt hatte, ob er mit ihr in die Disco gehen würde, und Paul sich Miriam gegenüber so unmöglich benommen hatte, daß sie ihm eine Ohrfeige verpaßt hatte.

»Du meinst Claires Schwester?«

»Genau. Ich hab sie unten am See gesehen. Dem See im Cofton Park. Sie war splitternackt. Ich hab ihren Busch gesehen. Alles.«

Benjamin war so baff, daß er Paul losließ, worauf dieser unmittelbar die Gelegenheit zu Flucht nutzte.

»Paul!« rief Benjamin ihm hinterher. »Was sollte der Mist?« Als keine Antwort kam, brüllte er ihm hinterher: »Du armseliges Würstchen! Hättest du dir nicht ein bißchen was Besseres ausdenken können?«

Doch alles, was durch die milde Winterluft an seine Ohren drang, war:

I am an anti-CHRIST
I am an anar-CHIST

Und die Worte wiederholten und wiederholten sich, während Paul hinter der nächsten Kurve verschwand; wie ein Wahnsinniger trat er in die Pedale, getrieben von einer grenzenlosen, manischen, mysteriösen Energie.

11

»Du bist mir immer eine echte Freundin gewesen«, sagte Barbara Chase zu Sheila Trotter.

Sheila starrte verlegen in ihren Kaffee. Es war schön, so etwas gesagt zu bekommen, aber sie wußte nicht, was sie antworten sollte.

»Wahrscheinlich hältst du mich für eine völlig willenlose Idiotin«, fügte Barbara hinzu.

»Nein, überhaupt nicht. Wie käme ich dazu, so etwas von dir zu behaupten?«

Barbara lächelte traurig und drückte ihre Hand.

Es war ein trister, stürmischer Morgen, und die beiden Frauen waren die einzigen Gäste im Baker's Dozen, einem Café an der Bristol Road im Zentrum von Northfield. Die Resopaltische waren von Kaffeeringen übersät und die Ritzen der Sitzpolster voller Doughnutkrümel und Schokoladeresten. Es gab sicher passendere Orte für zwei Frauen, um tiefgreifende Eheprobleme zu besprechen. Andererseits hatte man in Northfield keine große Wahl.

»Du mußt Schluß mit ihm machen, Barbara. Du mußt es einfach.«

»Ich weiß.« Sie rührte gedankenverloren in ihrer Tasse, als könnte sie eine Antwort im dunklen Kreisen des Kaffees finden. »Aber er gibt mir das Gefühl, etwas *Besonderes* zu sein. Wenn ich mit ihm zusammen bin, fühle ich mich wieder *lebendig*. Ich fühle mich endlich wieder *bewundert*.« Sie starrte auf den Straßenverkehr und die Wartenden an der Bushaltestelle, auf die Hausfrauen, die ihre Einkaufswagen hinter sich herzogen und mit verbissenen Mienen dem Wind trotzten. »Ich brauche deinen Rat, Sheila. Was soll ich bloß tun?«

»Das hab ich dir eben gesagt. Du mußt Schluß mit ihm machen.«

Barbara gab darauf keine Antwort. Sie sagte lediglich: »Ich hab dir doch erzählt, wie alles angefangen hat, nicht wahr?«

»Ja, hast du. Außerdem war ich ja selbst dabei, als er dich bei dem Elternabend angequasselt hat, falls du dich erinnerst.«

»Und wie er dann Philip diesen Brief für mich mitgegeben hat.«

»Hast du erzählt.«

»Er bat mich, ihn bei einem Klassenausflug zur Tate Gallery zu begleiten. Als zusätzliche Aufsichtsperson sozusagen.«

»Sagtest du, ja.«

»Eins führte zum anderen, wie das eben so ist. Das Museum ist ja riesig, und auf einmal waren wir allein. Er führte mich herum, zeigte mir die Gemälde und erzählte mir all diese Sachen über Kunst und Malerei. Ich hätte ihm ewig zuhören können, am liebsten alle Museen der Welt mit ihm besucht. Das ist jetzt schon Monate her, und... und trotzdem waren wir immer noch nicht miteinander im Bett. Hab ich dir das erzählt?«

»Ja, hast du.«

»Wir reden immer bloß miteinander.«

»Ich weiß.«

»Er kann einfach so toll reden. Das ist es, was ich so an ihm mag. Er kann so gut...«

»... mit Wörtern umgehen. Ich weiß. Du sagst das ja nicht zum ersten Mal.«

Zwei weitere Gäste kamen herein. Sie setzten sich an einen Tisch am anderen Ende des Cafés. Barbara senkte trotzdem die Stimme.

»Ich liebe Sam. Er ist ein wunderbarer Ehemann. Er hat

absolut nichts getan, was mein Verhalten rechtfertigen würde. Ja, und ich weiß auch, daß man als Busfahrer keine große Leuchte sein muß. Ich wünschte nur... Ich wünschte nur, er hätte mir ein bißchen mehr zu *sagen*.«

»Weiß Sam, daß ihr euch weiter miteinander trefft?«

»Ja.«

»Und?«

»Er meinte, ich müßte mich entscheiden. ›Er oder ich‹, hat er gesagt.«

»Und was hast du darauf gesagt?«

»Daß er ein guter Ehemann ist. Daß ich bei ihm bleiben will.«

Sheila gab ein erleichtertes Seufzen von sich. »Gut. Das hast du goldrichtig gemacht. Also ist die Affäre jetzt beendet?«

»Noch nicht.«

»Du mußt es tun. Schreib ihm einen Brief, daß du nicht so weitermachen willst.«

»Ich hab's doch x-mal versucht. Er schreibt mir einfach zurück, und seine Briefe sind voll von diesen ganzen Wörtern. Diesen wunderschönen langen Wörtern, die ich nicht verstehe. Oh, Sheila, was soll ich bloß machen?«

»Hab ich dir doch gesagt. Allein heute schon drei- oder viermal.«

Doch Barbara hörte ihr gar nicht zu, während ihr Dutzende und Aberdutzende von Wörtern durch den Kopf gingen – natürlich nicht Sheilas, sondern *seine*, eine Flut von Phonemen, ein endloser Strom von Silben, dessen Sog sie hilflos ausgeliefert war: *Sublimität Konkupiszenz Veneration Aphrodite Inamorata Amour fou Koketterie Flatterie Keuschheit Billet-doux Unbeflecktheit Dedikation Proskynesis Epithalamion* – alles begann sich zu drehen, schneller noch als der Kaffee vor ihren Augen, in dem sie unablässig weiter rührte, bis Sheila die Hand auf ihren Arm legte und noch einmal sagte: »Barbara, mach endlich Schluß mit ihm.«

Als Barbara aufsah, wirkte sie, als hätte sie Sheila gerade erst bemerkt.

»Du bist mir immer eine echte Freundin gewesen«, sagte sie träumerisch. »Aber diesmal brauche ich deinen Rat mehr denn je. Was soll ich bloß *tun*?«

An einem regnerischen Abend trafen sich Colin Trotter und Sam Chase im Black Horse. Sie saßen zusammen an einem Ecktisch und genehmigten sich ein paar Biere.

»Geht alles auf mich«, sagte Sam. »Ich wollte mich bei dir bedanken. Du hast dich als echter Freund erwiesen.«

Colin war gerührt. Sie stießen an und tranken in tiefen Zügen.

»Wir können einen Strich unter die Sache ziehen, denke ich«, fuhr Sam fort. »Die Krise ist vorüber. Dank dir haben wir die Katastrophe noch einmal abwenden können.«

»Dank mir?«

»Anscheinend war dein Rat genau der richtige.«

»Was ist passiert?«

»Na ja, du weißt, daß ich ihn eigentlich zur Rede stellen wollte. Aber du meintest ja, ich sollte das Ganze mit ein bißchen mehr Fingerspitzengefühl angehen.«

»Das ist jedenfalls meine Erfahrung in der Firma«, sagte Colin. »Manchmal ist es besser, nicht gleich wie ein Stier auf alles loszugehen.«

»Genau. Aber man muß ihn bei den Hörnern packen.«

»Du hast also mit Barbara gesprochen?«

»Hab ich. Ich hab ihr gesagt, wir wären am Scheideweg angelangt. Er oder ich, hab ich gesagt. Daß sie Farbe bekennen müsse. Schluß mit dem Reden um den heißen Brei. Entweder oder, mein Schatz.«

»Und was hat sie gesagt?«

»Sie meinte, ich sollte endlich mit der Phrasendrescherei aufhören.« Er setzte das Bierglas ab und beugte sich vertraulich vor. »Ich hab bildungsmäßig 'ne Menge nachzuholen,

Colin. Meinen Eltern war das nicht wichtig, verstehst du. Und jetzt muß ich noch mal ganz von vorn anfangen. Ich hab mir mal ein paar von den schlauen Büchern angesehen, die Philip von der Schule mit nach Hause bringt. Ich versuche mich weiterzubilden, wenn ich mit dem Bus unterwegs bin. Ist 'ne ganz schöne Ackerei, aber es bringt auch was. Ein blindes Huhn findet auch mal ein Korn.«

»Finde ich richtig gut, was du da machst, Sam. Ganz ehrlich.«

»Ich kann ihr Herz zurückgewinnen, Colin. Ich weiß, daß ich es kann.«

»Das glaube ich auch.«

»Das Schlimmste haben wir hinter uns, ganz sicher. Die Wolken verziehen sich langsam, und ich sehe wieder Licht am Ende des Tunnels. Das ist die Ruhe nach dem Sturm.«

»Die Ruhe kommt eigentlich vor dem Sturm«, bemerkte Colin.

»Ja, aber endlich sehe ich wieder 'nen Lichtstreif am Horizont.«

»Darauf trinken wir«, sagte Colin, und sie stießen erneut miteinander an.

»Ich weiß ja nicht, was in den Sternen steht«, sagte Sam, und Colin lächelte in sich hinein, weil selbst er inzwischen gemerkt hatte, daß sein Freund immer so anfing, wenn er irgend etwas voraussagen wollte, »aber ich glaube, eins steht mal fest. Die Sache zwischen den beiden ist ein für allemal gelaufen.«

12

Fasziniert beobachtete Claire, wie Mr. Plumb ein großes Stück Walnußtorte auf seine Gabel schaufelte und es Barbara hinhielt. Sie öffnete den Mund; unbeholfen bugsierte er den Kuchen zwischen ihre Zähne und auf die dahinter wartende Zunge. Sie hielt schmachtend die Augen geschlossen. Zwar berührten sie sich nicht einmal, doch hatte die Szene etwas höchst Intimes an sich. Genausogut hätten sie auf dem Tisch übereinander herfallen können.

Es war Samstag nachmittag, und Claire saß im Café der Ikon Gallery in der John Bright Street. Direkt neben ihrem Tisch befand sich eine Säule, hinter der sie immer wieder verstohlen hervorlugte; das flirtende Pärchen hätte sie durchaus bemerken können, wären nicht beide so tief in ihr Gespräch versunken (auch wenn die Plauderei Claire ziemlich einseitig vorkam) und mit den sinnlichen Freuden des Tortenverzehrs beschäftigt gewesen. Wegen Mr. Plumb machte sie sich keine Gedanken; sie hatte nie Unterricht bei ihm gehabt, und der einzige Hinweis darauf, daß sie Schülerin des King William's war, bestand darin, daß ein Stapel älterer *Bill-Board*-Ausgaben vor ihr auf dem Tisch lag. Sie lief weit größere Gefahr, eventuell von Mrs. Chase erkannt zu werden. Sie waren sich schon öfter auf der Straße begegnet, und einmal hatte sie Philip sogar einander vorgestellt, als sie sich zufällig im Grosvenor Shopping Centre über den Weg gelaufen waren. Es war wohl besser, wenn sie sich außer Sichtweite hielt.

Die beiden schienen über Kunst zu sprechen, oder vielmehr Mr. Plumb, während Barbara ihn völlig verzückt anstarrte, mit halb offenen Lippen, an denen Sahne und Krümel klebten. Claire fand es ziemlich frustrierend, daß sie nur einzelne Worte verstehen konnte. Aber was für Worte! *Triptychon* hörte sie, *Aquarell*, *Tempera* und *Gouache*, mit leiser Stimme dahingeraunt, als handele es sich um höchst frivole Begriffe, die direkt aus Casanovas Handbuch zu stammen schienen. Sie hörte, wie er von *Chiaroscuro*, *Zeroplastiken*, *Petroglyphen* und *Grisaille* redete, als wäre er ein umherziehender Troubadour, der am Fuß eines Veroneser Balkons sein Abendständchen sang. Klar war, daß es sich bei seinem Monolog nur um eine Art Vorspiel zum Besuch der Galerie handeln konnte; oder, je nachdem, auch um ein Nachspiel. Waren sie schon drin gewesen, oder gingen sie erst noch? Ging es erst zur Sache, oder hatten sie schon? Claire blendete die anderen Gäste aus, während sie angestrengt die Ohren spitzte.

Doch dann schoben Mr. Plumb und Mrs. Chase auf einmal die Überreste ihrer Walnußtorte beiseite und ließen den Tisch zurück, als handele es sich um das ungemachte Bett in einem billigen Motel, während sie Hals über Kopf ins Museum eilten.

Claire stand auf, spielte kurz mit dem Gedanken, die beiden zu beschatten, entschied sich dann aber kurzerhand dagegen. Das war nun wirklich nicht ihre Angelegenheit. Sie war hierhergekommen, um zu arbeiten, und es ging sie weiß Gott nichts an, ob Mrs. Chase eine Affäre hatte oder Mr. Plumb sich mit einer weiteren Eroberung schmücken konnte. Sie führte sich doch nur selbst an der Nase herum, wenn sie sich weiszumachen versuchte, daß sie Philip damit in irgendeiner Weise half; außerdem war das auch gar nicht ihr wahres Motiv, wie sie sich eingestehen mußte. Der Grund, warum sie sich unwillkürlich von ihrem Stuhl erhoben hatte, ließ sich in einem Wort zusammenfassen: Sex. Kaum lag etwas davon in der Luft, wandten sich ihre Gedanken unweigerlich wieder jenem Thema zu, das sie geradezu zwanghaft beschäftigte.

Ihre Eltern waren schuld. Sie waren überhaupt an allem schuld, davon war sie mittlerweile fest überzeugt; an allem, was in den letzten Jahren schiefgelaufen war. Durch die permanente Weigerung, mit ihren Töchtern über Sex zu reden, das pausenlose Verdrängen und strikte Leugnen des Themas hatten sie lediglich eine geradezu obsessive Neugier in beiden ausgelöst, was in Miriams Fall bereits zu katastrophalen Folgen geführt hatte. Für Claire stand so gut wie fest, daß sie Miriam nie wiedersehen würden, und der bloße Gedanke brach ihr das Herz. Ein arktisches Gefühl der Leere durchdrang sie, an das sie sich nie gewöhnen würde, und selbst heute wurde sie es nicht los, obwohl sie doch ihre Arbeit hatte, mit der sie sich ablenken konnte; und auch das kleine Zwischenspiel von Miles und Barbara hatte sie nur ein paar Momente lang auf andere Gedanken gebracht. Mit jedem Tag vermißte sie Miriam mehr. Und daß sie nicht wußte, was passiert war, das endlose Rätselraten, was aus ihr geworden sein mochte, machte alles nur noch schlimmer.

Die Fakten stellten sich folgendermaßen dar. An jenem Wochenende im November 1974 hatte Miriam besonders niedergeschlagen gewirkt. Zwar sagte sie weiter nichts, doch Claire wußte, daß sie die Nacht mit Bill verbracht hatte und irgend etwas nicht in Ordnung war. Am Sonntag morgen waren sie zusammen spazieren gewesen und schließlich in das Café an der 62er-Bushaltestelle in Rednal gegangen, wo sie die beiden Trotter-Brüder, Paul und Benjamin, getroffen hatten. Am folgenden Tag schien sich Miriam wieder gefangen zu haben; jedenfalls war sie zur Arbeit gegangen wie sonst auch. Acht Tage darauf aber, am Dienstag, den 26. November, war sie plötzlich verschwunden. Wie gewohnt war sie zur Arbeit gegangen, dann aber nicht nach Hause gekommen. Ihre Eltern blieben bis spät nachts auf, machten sich immer größere Sorgen; am nächsten Morgen, als Mr.

Newman die Polizei einschalten wollte, sah sich Claire trotz aller Gewissensbisse schließlich gezwungen, ihren Eltern zu gestehen, daß Miriam einen Liebhaber hatte, mit dem sie wahrscheinlich über Nacht zusammen gewesen war. Auch am letzten Freitag, als ihre Eltern davon ausgegangen waren, sie würde bei ihrer Freundin Judith schlafen, hatte sie sich mit diesem Mann in einem Hotel in Stourbridge getroffen. Ihr Vater wollte den Namen des Liebhabers wissen; zuerst gab sie vor, ihn nicht zu wissen, doch als sie von der Schule nach Hause gekommen war, hatte ihr Vater sie gezwungen, ihn preiszugeben. Sie schloß die Augen; es lief ihr eiskalt den Rücken herunter, als sie daran dachte, wie er sie an jenem Abend behandelt hatte. Es war das erste und bislang auch einzige Mal gewesen, daß ihr gottesfürchtiger, sonst so selbstbeherrschter Vater sie spüren ließ, zu welcher Brutalität er fähig war. Am Ende sagte sie ihm die Wahrheit: daß es sich um Bill Anderton handelte, Dougs Vater, einen der einflußreichsten Gewerkschaftler in Longbridge, wo Miriam als Sekretärin arbeitete.

Zuerst hatte sie geglaubt, ihr Vater würde jede Sekunde anfangen, Amok zu laufen. Er tobte herum, drohte, Mr. Anderton die schlimmsten Dinge anzutun. Selbst ihrer Mutter gelang es zunächst nicht, ihn zu beruhigen, doch schließlich konnte sie ihn dazu überreden, Bill Anderton erst einmal anzurufen, statt sofort bei ihm zu Hause aufzukreuzen.

Zwei Stunden lang war bei den Andertons besetzt, aber dann, just in dem Moment, als Donald aufgeben und sich doch auf den Weg machen wollte, kam er endlich durch. Nach einem kurzen, heftigen Wortwechsel stieg er in seinen Wagen und fuhr los.

Später hörte Claire, daß ihr Vater sich mit Mr. Anderton in einem Pub in Northfield getroffen hatte, auch wenn sie nie nähere Details erfuhr. Am nächsten Morgen ging Donald zur Polizei und meldete Miriam als vermißt. Die Beamten schien das Ganze nicht groß zu interessieren, insbesondere als sie hörten, daß ein Mann in die Sache verwickelt war. Sie gaben Donald zu verstehen, daß solche Vorfälle völlig alltäglich waren und Miriam höchstwahrscheinlich in den nächsten Tagen wieder auftauchen, sich aber zumindest melden würde. Und damit hatten sie sogar recht, das mußte man ihnen lassen. Zwölf Tage später kam ein Brief.

Der Brief. Zwei Jahre danach lag er immer noch in Donalds Schreibtisch, ebenso unbeantwortet wie unbeantwortbar; ein einzelnes, penibel gefaltetes DIN-A-5-Blatt in einem maschinebeschrifteten Umschlag (förmlich an »Mr. und Mrs. Newman« adressiert), dessen Falz Donald sauber mit dem Brieföffner aufgeschlitzt hatte. Weder Donald noch Claire oder ihre Mutter Pamela hatten den Brief in den letzten anderthalb Jahren in die Hand genommen. Das brauchten sie nicht mehr. So oft hatten sie den Brief in den ersten Wochen gelesen, daß sich jedes einzelne Wort in ihr Gedächtnis eingebrannt hatte; so oft, daß der Inhalt am Ende immer nichtssagender geworden war.

Der Brief war ebenfalls größtenteils auf einer Maschine geschrieben worden. Er lautete:

```
Liebe Mum, lieber Dad,
ich schreibe Euch diesen Brief, um Euch zu
sagen, daß ich nicht wieder nach Hause zu-
rückkomme. Ich lebe jetzt mit einem Mann zu-
sammen und bin sehr glücklich.
Ich erwarte ein Baby von ihm und habe auch
vor, es zu bekommen.
Bitte versucht nicht, mich zu finden.
Eure Euch liebende Tochter
```

Darunter befand sich Miriams Unterschrift und ein Postskriptum, ebenfalls in ihrer Handschrift:

P.S.: Die Stadt auf dem Poststempel ist nicht der Ort, wo ich jetzt lebe.

Laut Poststempel war der Brief am 9. Dezember 1974 in Leicester aufgegeben worden; er war am nächsten Tag eingetroffen, einem Dienstag. Der Brief selbst trug kein Datum.

Dieses letzte Detail war für Claire zu einer fixen Idee geworden, auch wenn sie ihre Eltern nie von seiner Bedeutung hatte überzeugen können. Es beweist, hatte sie gesagt, – oder läßt zumindest die *Vermutung* zu –, daß Miriam den Brief auch *vor* ihrem Verschwinden geschrieben haben könnte. Und? fragte ihr Vater. Nun, sagte Claire und holte erst einmal tief Luft, nur mal angenommen, daß jemand… ihr etwas angetan hat. Daß jemand sie umgebracht hat. Und angenommen, dieser Jemand hätte den Brief in ihrer Handtasche gefunden. Das wäre doch die perfekte Gelegenheit gewesen. Er hätte nur noch eine Woche oder so warten und dann den Brief in Leicester einwerfen müssen. Kein Mensch würde so auf die Idee kommen, Miriam könnte tot sein. Alle würden bloß weiter glauben, daß sie mit einem fremden Mann durchgebrannt ist.

Donald hatte zwei Gegenargumente; das eine war sachlich begründet, das andere nicht. Sein sachlicher Einwand bestand darin, daß Claires Theorie auf lauter Zufälligkeiten fußte. Es war alles andere als plausibel, daß ein mutmaßlicher Mörder – es war furchtbar, das überhaupt in Erwägung zu ziehen, aber sie hatten keine andere Wahl – auf diese Weise einen achsonützlichen Behelf in die Finger bekam, mit dem er seine Spuren verwischen konnte. Außerdem *gab* es ja einen Liebhaber, deshalb hatte sie den Brief schließlich überhaupt erst geschrieben. An diesem Punkt ließ er sich von seinen Gefühlen hinreißen, die jeden rationalen Denkansatz im Keim erstickten. Als er von Miriams Affäre mit Bill erfahren hatte, hatte er als erstes ihr Zimmer auf den Kopf gestellt; nun war ihm klar, welche Rolle ihr Tagebuch spielte, warum sich die beiden Schwestern vorübergehend derart entzweit hatten. Und als er es dann las, als er von all den intimen Einzelheiten erfuhr, die Miriam im Überschwang ihrem Tagebuch anvertraut hatte, veränderten sich seine Gefühle für immer. Er empfand nur noch Abscheu für seine ältere Tochter, einen Ekel, in den sich Verachtung und Selbstmitleid mischten; sobald Claire wieder damit anfing, daß hinter dem Verschwinden ihrer Schwester mehr stecken mochte, als sich aus dem Brief schließen ließ, wischte er ihre Argumente brüsk beiseite.

»Wir wissen ja nicht mal, mit wie vielen Männern deine Hurenschwester noch geschlafen hat«, sagte er. »Vielleicht hat sie's ja mit der halben Fabrik getrieben.«

Claire hatte geweint, als diese Worte gefallen waren, und auch jetzt schossen ihr wieder Tränen in die Augen, als sie sich daran erinnerte. Sie haßte ihren Vater; es war furchtbar, sich das eingestehen zu müssen, doch der Haß schwelte nun schon so lange in ihr, daß es sie nicht einmal mehr überraschte oder entsetzte, was in ihrem tiefsten Herzen vor sich ging. Sie haßte sein schleimiges Gebaren, sein scheinheiliges Getue, die subtile Art, wie er ihre Mutter unterdrückte, und mehr noch als all das haßte sie die frömmlerische Atmosphäre, die ihr Zuhause bis in den letzten Winkel durchdrang; in erster Linie war es diese Atmosphäre gewesen, die Miriam aus dem Haus getrieben hatte, und nun vertrieb sie auch Claire, die inzwischen fast jedes Wochenende Zuflucht in Cafés wie diesem suchte.

Sie versuchte, sich endlich auf die mitgebrachten Ausgaben des *Bill Board* zu konzentrieren, um die trüben Gedanken zu verscheuchen; vielleicht fand sie ja etwas, das sie auf neue Ideen für den einen oder anderen Artikel brachte. Doch zuerst mußte sie sich noch einer anderen Sache widmen. Es ging um Doug.

Doug stand auf sie, gar keine Frage. Unter normalen Umständen hätte ihr sein Interesse sogar geschmeichelt; er sah gut aus, und Humor hatte er ebenfalls, auch wenn er vielleicht ein wenig zu sehr von sich überzeugt war. Aber die Umstände waren eben nicht normal. Sie wußte selbst, wie unfreundlich sie immer zu ihm war, manchmal sogar einfach nur fies, und genauso war ihr klar, daß Doug keine Ahnung hatte, weshalb sie ihm die kalte Schulter zeigte; ganz offensichtlich wußte er nichts davon, was zwischen Miriam und seinem Vater gelaufen war. Dieser Umstand allein machte ihr Verhältnis zu Doug bereits schwierig; noch komplizierter wurde das Ganze dadurch, daß sie sich nicht von dem Gedanken lösen konnte, ob Bill Anderton vielleicht nicht doch etwas mit dem Verschwinden ihrer Schwester zu tun hatte.

Um es kurz und knapp auszudrücken: Wie hätte sie mit einem Jungen ausgehen können, dessen Vater vielleicht der Mörder ihrer Schwester war?

Nun gut, ganz so simpel war es doch nicht. Nach und nach kam sie zu dem Schluß, zunächst einmal zwei Dinge in Angriff zu nehmen: Erstens mußte sie damit aufhören, Doug gegenüber so abweisend zu sein und ihn für etwas leiden zu lassen, an dem er keine Schuld trug; zweitens wollte sie versuchen, mit seinem Vater zu sprechen. Sie wußte einfach, daß sie keine Ruhe finden würde, solange sie nicht von ihm selbst erfuhr, was zwischen ihm und Miriam vorgefallen war.

Zum ersten Mal kam ihr in den Sinn, daß sie vielleicht sogar beides miteinander verbinden konnte.

Claire seufzte und trank den letzten bitteren Rest ihres Kaffees. Ihre Grübelei hatte sie zutiefst deprimiert, und mit einem Mal fand sie es auch nicht mehr spaßig, hinter Mr. Plumb und Mrs. Chase herzuspionieren. Lustlos begann sie, die alten Ausgaben des *Bill Board* durchzugehen, bis sie schließlich die Nummer vom 28. November 1974 in Händen hielt; jener Woche, in der Miriam verschwunden war.

Besonders Amüsantes war dort nicht zu lesen.

SCHÜLERIN DES KING WILLIAM'S OPFER VON BOMBENANSCHLAG

lautete der Aufmacher; darunter war ein Foto von Lois Trotter, Bens älterer Schwester. Da sie die Geschichte kannte, überflog sie den Artikel nur. Unglaublich, daß Lois körperlich völlig unversehrt geblieben war, wenn man in Betracht zog, daß ihr Freund Malcolm direkt neben ihr gesessen hatte und durch die Explosion getötet worden war; auch der Verfasser des Artikels fand keine Erklärung dafür. Claire lachte freudlos, als sie die abschließenden Zeilen las: »Lois steht unter schwerem Schock und befindet sich momentan im Queen Elizabeth Hospital.« So schwer, dachte sie, daß sie sich mehr als zwei Jahre später immer noch nicht davon erholt hat. Sie fragte Ben schon lange nicht mehr, wie es Lois ging; sie wußte, wie sehr ihm all das an die Nieren ging. Obwohl ihr jemand erzählt hatte, daß Lois inzwischen wieder zu Hause bei ihrer Familie war.

Die Folgenummer vom 5. Dezember 1974 war extrem öde. Anscheinend war nichts los gewesen, da sich die Titelstory mit einem Leck im Swimmingpool der Mädchenschule befaßte. Unten auf Seite 5 stieß sie dann aber doch noch auf etwas, das ihr Interesse erregte; einen kurzen Beitrag unter der Überschrift **NEUES AUS LONGBRIDGE**.

Ein schwerer Werksunfall wirft erneut Fragen nach der Sicherheit in Longbridge auf. Jim Corrigan, ein erst 23 Jahre alter Wartungsmonteur, war gerade dabei, Maschinenteile von mehr als einer Tonne Gewicht mit einem Gabelstapler zu transportieren, als eines der Räder seines Fahrzeugs in einem Riß im Betonboden steckenblieb. Den Ermittlungen zufolge nahm Corrigan einen Wagenheber zu Hilfe, um das Fahrzeug wieder flottzumachen; er wurde von den Maschinenteilen erdrückt, als der Gabelstapler aus dem Gleichgewicht geriet. Bereits vor drei Monaten hatte sich ein fast identischer Zwischenfall ereignet, bei dem ein anderer Arbeiter glücklicherweise glimpflich davonkam. Der Werksbeauftragte für Sicherheit sprach von einem »außergewöhnlichen Zufall«, räumte aber ein, daß der lebensgefährliche Riß im Boden nach dem ersten Unfall nicht beseitigt worden war. Mr. Corrigan hinterläßt eine Frau und eine kleine Tochter.

Der Bericht war kaum dazu angetan, Claires Stimmung aufzuhellen, erinnerte sie darüber hinaus aber an etwas: Es war gar nicht so lange her, daß die Schülerzeitung regelmäßig Artikel über Longbridge gebracht hatte, nicht zuletzt, um die Schüler für das Werk zu interessieren, das die halbe Region mit Arbeitsplätzen versorgte. Da die Beiträge bei den Lesern auf wenig Gegenliebe gestoßen waren – Claire erinnerte sich, daß die Themen sie ebenfalls kaltgelassen hatten –, hatte man die Berichterstattung schließlich eingestellt. Aber konnte man diese Tradition nicht vielleicht neu beleben? Natürlich nicht, weil es eine so umwerfende Idee war, sondern weil sich ihr so der perfekte Vorwand bot, unter vier Augen ein Gespräch mit Bill Anderton zu führen. Ja, das war's: ein ausführliches Interview mit einem der Wortführer im weiter andauernden Arbeitskampf.

Ja, das konnte funktionieren…

Armer Jim Corrigan, dachte sie, während sie den Papierstapel beiseite schob und sich die müden Augen rieb. 23 Jahre alt; von einer grausamen Laune des Schicksals jäh aus dem Leben gerissen, von einer Tonne Stahl erdrückt, an einem ganz normalen Arbeitstag. Der arme Malcolm. Aus heiterem Himmel von einer Bombe zerfetzt, an einem ganz normalen Donnerstag abend; als er mit seiner Freundin in den Pub gegangen war, hatte er sein eigenes Todesurteil unterschrieben. Und die arme Miriam, wo immer sie jetzt sein mochte…

Drei Tote?

Bitte, Gott, schoß es ihr unwillkürlich durch den Kopf, mach, daß das nicht wahr ist. Laß Miriam nicht tot sein.

Drei Geschichten, die mittendrin aufhörten. Drei Geschichten, die nichts miteinander zu tun hatten, abgesehen davon, daß sie alle völlig abrupt endeten, kaum daß die ersten Kapitel überhaupt geschrieben waren. In denselben paar Tagen. Denselben verhängnisvollen paar Tagen. Es waren die Tage der unvollendeten Geschichten gewesen.

13

The Bill Board

Donnerstag, 17. März 1977

LESERBRIEF

Von R.J. Culpepper, 11. Klasse

Sehr geehrte Damen und Herren, ich antworte hiermit auf einen in Ihrer letzten Nummer erschienenen Artikel von S. Richards mit dem – wahnsinnig originellen – Titel »Das Ende einer Ära«. Es ist schon länger her, daß Sie Ihren Lesern zuletzt mit derartig gefühlsduseliger Phrasendrescherei gekommen sind.

Mr. Richards macht sich zum Sprecher aller seiner Meinung nach aufrechten und anständigen Sportler und beklagt den Umstand, daß die diesjährige Ruderregatta zwischen Oxford und Cambridge erstmals finanzielle Unterstützung durch einen kommerziellen Sponsor, nämlich das Wettbüro Ladbrokes, erhält. Dabei betont er ausdrücklich, daß der Siegerpokal in – o Graus! – »Ladbroke Cup« umbenannt worden ist.

Wenn Mr. Richards seinen Kopf freundlicherweise für ein paar Sekunden aus dem Sand heben könnte, würden ihm vielleicht auch die Vorteile dieses Arrangements ins Auge stechen.

Es gibt wohl nur wenige ähnlich mitreißende Sportereignisse wie die jährliche Ruderregatta zwischen Oxford und Cambridge. Wer einmal die Klassemannschaften in ihren pfeilschnellen Achtern auf der Themse gesehen hat, wird diesen Anblick nie wieder vergessen (und ich schreibe als jemand, der dieses Erlebnis, im Gegensatz zu Mr. Richards, aus erster Hand kennt). Darüber hinaus wohnen jedes Jahr Zehntausende von Londonern und Millionen von Fernsehzuschauern diesem einmaligen Wettbewerb bei – übrigens ohne einen Penny für dieses Privileg zu zahlen.

Glaubt Mr. Richards tatsächlich, daß Monate intensivsten Trainings keine Kosten verursachen? Oder vielleicht sogar, daß die Rennboote auf den Bäumen wachsen? Zu seiner Information darf ich ihm mitteilen, daß jedes dieser Boote 3000 Pfund kostet; Ausgaben, die jetzt von privaten Sponsoren übernommen werden können, so daß das Fortbestehen dieses großen britischen Traditionswettbewerbs auch für die Zukunft gesichert ist.

Die sechzehn Mitglieder des Geschlossenen Kreises, eines Bundes Gleichgesinnter, dem die besten Köpfe des King William's angehören (und in den Mr. Richards meines Wissens nach nicht aufgenommen worden ist), führten letzte Woche eine angeregte Diskussion zum Thema »Beständigkeit und Wandel«. Bei dieser Gelegenheit brachte unser neuestes, erst kürzlich im beispiellosen Alter von dreizehn Jahren gekürtes Mitglied P.D. Trotter ein äußerst treffendes Argument vor. Trotter wies darauf hin, daß nur Menschen mit einem wahrhaft tiefen Gespür für das Wesen der Tradition auch verstehen, daß manchmal radikale, ja, zuweilen sogar brutale Maßnahmen ergriffen werden müssen, um diese am Leben zu erhalten. »Modernisieren oder Zugrundegehen«, war die von ihm geprägte Parole; ein Leitsatz, den sich Mr. Richards einmal gründlich durch den Kopf gehen lassen sollte, ebenso wie seine Brüder im Geiste – die Mitglieder unserer jetzigen Regierung eingeschlossen –, die die soziale und ökonomische Lähmung unseres Landes so leichtfertig herbeigeführt haben.

Abschließend möchte ich Mr. Richards empfehlen, die Sorge um unsere britischen Traditionen jenen zu überlassen, die damit schon ein paar Generationen länger vertraut sind.

Mit freundlichen Grüßen,
R.J. Culpepper

14

Es gab eine ganze Reihe von Theorien, die Culpeppers Haß auf Richards zu erklären versuchten. Manche Schüler des King William's meinten, er sei einfach ein Rassist; andere wiederum führten zu Recht an, daß Richards ihn in sportlicher Hinsicht längst überflügelt hatte und sein Rivale langsam an seiner eigenen Mißgunst erstickte.

Doug hatte noch eine andere Erklärung. »Das liegt doch alles bloß daran, daß Steve es geschafft hat, bei Cicely zu landen – und er nicht.«

Benjamin, dem schon der bloße Gedanke an die Party der Theatergruppe immer noch Magenschmerzen verursachte, sagte plötzlich gar nichts mehr. Gleichzeitig war Claires Interesse geweckt. Endlich bot sich ihr die Gelegenheit, die ganze Geschichte der gescheiterten Romanze zu hören.

»Das ist alles bloß wegen Sean passiert«, begann Doug, und kurz dachte Benjamin darüber nach, wie seltsam es klang, wenn Harding bei seinem Vornamen genannt wurde. Den Rubikon vom Nachnamen zum Vornamen zu überqueren gehörte zu den einschneidenden Momenten am King William's; bei Harding hatte es ewig gedauert, sicher auch deswegen, weil viele einen Heidenrespekt vor ihm hatten. Benjamin nannte ihn immer noch meistens beim Nachnamen. Aber sie sprachen ja ohnehin kaum noch miteinander.

»Culpepper war hinter Cicely her«, erläuterte Doug. »Wie der Teufel hinter der armen Seele.«

Claire sagte: »Ja, klar. So wie ihr alle.« Sie sah kurz zu Benjamin hinüber, der sich weiter in Schweigen hüllte.

»Und letzten Sommer meinte er plötzlich, er hätt's geschafft. Er war mit 'nem Kumpel draußen auf dem Tennisplatz, und auf einmal taucht sie mit einer Freundin auf; na ja, jedenfalls dauert es nicht lange, und sie spielen ein gemischtes Doppel. Nun ist Cicely im Tennis eine echte Niete, aber er läßt sich nichts anmerken. Er redet ihr ein, sie würde bloß den falschen Schläger benutzen, und kommt ihr hinterher auf die Tour, beim nächsten Mal könne sie sich ja seinen Schläger leihen. Selbstredend besitzt er den sauteuersten Edelschläger auf diesem Erdball, die Art Teil, mit dem Björn Borg und Ilie Nastase spielen. Sie sagt also, danke, du bist mein Held, oder was auch immer und klimpert ein bißchen mit den Wimpern, egal, jedenfalls macht sie genau das, was man von ihr erwartet.

Okay, in der darauffolgenden Woche will sie sich seinen Schläger ausleihen. Er befindet sich in seinem Spind, der zufällig ein Kombinationsschloß hat. Er zieht also seine Show ab, kein Problem, klar verrät er ihr die Nummer, bedien dich ruhig, mein Spind ist dein Spind. Das Problem ist bloß, daß Sean die Kombination ebenfalls kennt. Fragt mich nicht, woher, er weiß es einfach. Und kurz bevor Cicely an Culpeppers Spind geht, zieht er sein Ding durch.«

»Was hat er denn gemacht?« fragte Claire.

»Tja, wenn's außer seiner weichen Birne eins gibt, wofür Culpepper berühmt ist, dann seine Pornosammlung. Er ist echt süchtig nach dem Zeug. Kann einfach nicht genug davon kriegen. Natürlich versteckt er das Zeug nicht in seinem Spind, logo, er ist ja nicht völlig bekloppt. Aber genau das muß Harding auf die Idee gebracht haben. Wie auch immer, Cicely geht an den Spind, öffnet ihn und fällt fast in Ohnmacht bei dem Anblick, der sich ihr bietet. Der ganze Spind, jeder Quadratzentimeter ist von oben bis unten mit Bildern aus Wichsmagazinen beklebt. Und nicht bloß mit normalen Pornobildern, sondern echt krankem, perversem Zeug. Frauen, die es mit Hunden treiben, Typen, die sich gegenseitig Staubsaugerrohre in den Arsch stecken, lauter so Zeugs. Und mittendrin steht Culpeppers brandneuer Superschläger, obwohl ich nicht glaube, daß sie dem noch große Beachtung geschenkt hat.«

Claire lachte laut los, und auch Benjamin konnte sich nicht mehr halten, obwohl er die Geschichte schon x-mal gehört hatte. Damit hatte Harding echt den Vogel abgeschossen, dachte er.

»Und? Was hat sie zu Culpepper gesagt?« wollte Claire wissen.

»Gar nichts, glaube ich.« Doug stand auf und sammelte die leeren Gläser ein. »Fragt sie doch selbst – da kommt sie gerade.«

Er ging zur Bar, um die nächste Runde zu holen, während Cicely durch den Pub auf ihren Tisch zukam. Ganz im *Stadtneurotiker*-Look, trug sie eine Tweedjacke und eine weite grüne Kordhose, dazu ein kragenloses Hemd und einen breitkrempigen Hut. Benjamin fand, daß sie unglaublich elegant aussah, so schön, daß ihm fast das Herz stehenblieb. Claire fand den Aufzug einfach nur lächerlich.

»Hi, Ciss«, sagte sie. »Tolle Klamotten.«

Die durch Claires Interview entstandenen Wunden waren mittlerweile zumindest oberflächlich verheilt. Trotzdem wirkte es immer noch leicht gekünstelt, als sie sich gegenseitig auf die Wange küßten. Benjamin bekam keinen Kuß. Sie sagte nur: »Kommst du mit und setzt dich ein bißchen zu mir?«

»War das sehr unhöflich?« fragte sie, als sie sich an einem Fensterplatz niederließen. (Mit das Beste am Grapevine war, daß es große Panoramafenster hatte. Nicht ganz so toll war, daß man direkt auf einen Hotelparkplatz und eine belebte Unterführung sah, die unpassenderweise Paradise Circus hieß.)

»Fand ich nicht«, sagte Benjamin, dem es im übrigen völlig egal war. Für einen so intimen Moment hätte er alle Umgangsformen der Welt geopfert. »Zwischen den beiden passiert heute noch was, glaube ich.«

»Es fällt mir echt schwer, so zu tun, als ob nichts gewesen wäre, nachdem Claire das über mich geschrieben hat. Es war so hinterhältig von ihr. Irgendwie ist sie so undurchschaubar.«

Benjamin zuckte mit den Schultern. Wie üblich hatte er Angst, in Cicelys Anwesenheit kein Wort mehr herauszubekommen, und wie üblich stockte ihm bei diesem Gedanken die Sprache.

»Die meisten Menschen sind so… so unergründlich. So *enigmatisch.«* Sie sah ihn nachdenklich an. »Das muß dich doch faszinieren, oder? Als Schriftsteller, meine ich.«

»Tut es ja auch«, sagte Benjamin. Er hatte Cicely gegenüber beiläufig erwähnt, daß er an einem Roman arbeitete, und nun sah sie ihn als jemanden an, der die menschliche Natur mit seziermesserscharfem Blick unter die Lupe nahm. Die Konsequenz war, daß er sich nun wiederum verpflichtet fühlte, diese Rolle auf Teufel komm raus weiterzuspielen. »Nun ja, die Komplexitäten menschlichen Verhaltens, die subtilen Nuancen verschiedener Charaktere« – wovon, zum Henker, redete er da eigentlich? – »ja, das beschäftigt mich schon ziemlich.«

»Also, mir macht das irgendwie angst.« Cicely lächelte. »Wenn ich dran denke, wie genau du mich wahrscheinlich die ganze Zeit über beobachtest. Schreibst du das später dann alles auf?«

»Brauch ich nicht«, sagte Benjamin ernst und wahrheitsgemäß. »Ich erinnere mich auch so dran.«

»Ich hoffe bloß, daß ich nicht nachher in deinem Buch vorkomme. O Gott, ich kann mir genau vorstellen, wie du mich siehst. Als kindische Egoistin, die immer nur an sich selbst denkt und der alle anderen total egal sind.«

Es traf Benjamin jedesmal (und das war bereits ihr viertes Treffen im Grapevine) wieder bis ins Mark, wenn sie erneut mit ihrer endlosen Selbstkasteiung anfing.

»Glaubst du das wirklich von dir?«

»Ja. Du hast mir die Augen geöffnet«, erwiderte Cicely, während sich in ihrem Blick nichts als tiefe Dankbarkeit spiegelte.

»Ich hol uns was zu trinken«, murmelte Benjamin. Während er an der Bar wartete, kaute er an seiner Unterlippe und sagte sich wieder und wieder, daß die Stunde der Wahrheit gekommen war. Er mußte Cicely ein für allemal sagen, daß es einfach absurd war, welche Rolle sie ihm in ihrem Leben zugedacht hatte – sie betrachtete ihn als ihren schärfsten Kritiker, ja, fast als so etwas wie ihr Gewissen, obwohl er sie doch mit völlig kritikloser Hingabe anbetete. Nur ein einziger Gedanke hielt ihn zurück; der schreckliche Verdacht, daß sie jedes Interesse an ihm verlieren würde, sobald er ihr seine wahren Gefühle offenbarte. Er befand sich in einer grotesken Zwickmühle. Einerseits war es ihm gelungen, die Person, die er von allen auf der Welt am meisten verehrte, jederzeit sehen zu können, andererseits jedoch nur unter der Voraussetzung, daß er dauerhaft seine Gefühle verleugnete – kein Kompliment und keine Liebesbezeugung war gestattet, nicht einmal die bloße Feststellung, daß sie ihm gefiel. Der Preis, den er für ihre Treffen zahlen mußte, war der, permanent zum Lügen gezwungen zu sein.

Kurz nachdem er mit einem Guinness und einer Bloody Mary zu ihrem Tisch zurückgekehrt war, sollte Benjamin allerdings erfahren, daß seine Qualen bald ein Ende haben würden.

»Du bedeutest mir wirklich etwas«, sagte Cicely. Mit einem graziösen Finger entfernte sie etwas aus ihrem linken Nasenloch, und er sah verzaubert zu, wie sie den Finger an ihrem Taschentuch abwischte. Herrgott noch mal, jetzt fing er schon an zu schmachten, wenn sie sich nur die Nase putzte. Hätte er in diesem Moment die Wahl gehabt, Cicely beim Naseputzen zuzusehen oder abwechselnd einen von Brigitte Bardot und Julie Christie geblasen zu bekommen, wäre ihm die Entscheidung sicher nicht schwergefallen.

»Ab jetzt werden wir Freunde sein«, fuhr sie fort. »Aber nicht bloß so einfach Freunde. Zwischen uns ist etwas Besonderes. Etwas... Kostbares. Schon wie das mit uns angefangen hat! O Gott, wenn ich nur daran denke!«

Sie warf den Kopf in den Nacken und lachte, doch aus irgendeinem Grund stimmte Benjamin nicht in ihr Lachen ein. Er hatte das dumpfe Gefühl, daß gleich etwas ganz und gar Grauenhaftes passieren würde. Er warf ihr ein zögerliches Lächeln zu.

»Ich werde dir immer dankbar sein für das, was du für mich getan hast. Es war echt wunderbar mit dir. Wenn wir uns hier im Pub getroffen und miteinander geredet haben. Du bist immer so offen zu mir gewesen. So ehrlich.«

»*Gewesen?*« sagte Benjamin. Sie sah ihn irritiert an, und so fuhr er fort: »Wieso tust du denn so, als wäre das alles vorbei?«

»Ich weiß.« Sie starrte in ihr Glas und vermied es, seinem Blick zu begegnen. »Es tut mir leid, Ben, aber wir können uns nicht länger miteinander treffen.«

Irgendwo kam es plötzlich zu einem Kurzschluß, und auf einmal war der ganze Weltraum pechschwarz.

»Wieso nicht?« hörte sich Benjamin sagen. Seine Stimme klang, als wäre sie Lichtjahre von ihm entfernt.

»Mein neuer Freund will das nicht.«

»Dein ...«

»Ich bin jetzt mit Julian zusammen. Julian Stubbs.« Jetzt weinte sie fast in ihr Glas. »Ich weiß, es ist schrecklich. Ich... ich bin echt das Allerletzte.«

Für Claire verlief der Abend um einiges erfolgreicher. Doug lud sie noch auf einen Kaffee zu sich nach Hause ein, nachdem sie den ganzen Abend so nett zu ihm gewesen war. Sie waren beide leicht angetrunken, und als sie mit dem 62er an den Werkstoren von Longbridge vorbeirumpelten, ließ sie es zu, daß er den Arm um ihre Schulter legte. Als er sich zögernd, aber unmißverständlich in Richtung ihrer linken Brust vortastete, mußte sie ihn bremsen; trotzdem war es alles in allem eine prima Sache, zusammen durch die warme Frühlingsnacht zu fahren, ohne viel zu sagen, und dabei zuzusehen, wie das bernsteinfarbene Licht der Straßenlaternen über die vorderen Sitze huschte, während der Bus sich langsam seinem Ziel näherte und Claire zum nächsten Punkt ihrer Suche brachte; vielleicht war es auch nur eine Sackgasse.

Als sie bei Doug eintrafen, saß seine Mutter vor dem Fernseher; sein Vater hockte noch über der Arbeit, vor sorgfältig unterteilten Papierstapeln auf dem Wohnzimmertisch, während seine fast unberührte Zigarette im Aschenbecher vor sich hin glomm. Beide erhoben sich, als sie sahen, daß Doug jemanden mitgebracht hatte. Einen schrecklichen Moment lang befürchtete sie, Doug würde sie mit vollem Namen vorstellen; wenn Bill begriff, daß sie Miriams kleine Schwester war, würde er garantiert nicht mit ihr reden, und damit wäre ihr ganzer Plan gescheitert. Doch Doug sagte nur: »Mum, Dad – das ist Claire«, worauf Bill sich anschließend wieder seinen Unterlagen widmete und sie eine halbe Stunde mit Doug und Irene in der Küche plauderte. Kurz bevor sie ging, warf sie noch einen Blick ins Wohnzimmer und fragte Bill, ob er ihr ein Interview für die Schülerzeitung geben würde. Er sah überrascht, aber sichtlich erfreut aus, und auch Doug wirkte überrascht, wenn auch weniger erfreut, doch als Claire ihn auf den Mund küßte, als sie sich vor der Haustür voneinander verabschiedeten, schien alles wieder in bester Ordnung.

15

The Bill Board

Donnerstag, 28. April 1977

LESERBRIEF

Von Arthur Pusey-Hamilton, MBE

Sehr geehrte Damen und Herren,
ein unlängst erschienener Artikel Ihres Korrespondenten Douglas Anderton beschäftigte sich mit einigen Beobachtungen, die er als »anti-irische Tendenzen« unter der Birminghamer Bevölkerung bezeichnete. Seit den Bombenanschlägen auf verschiedene Pubs im Jahr 1974, so Anderton, habe es eine Reihe von Anschlägen auf irische Mitbürger gegeben, die teils in Brandstiftung und Lynchmord gipfelten. Weiterhin bezeichnete er diese Vorfälle als »Schande«.

Um es klipp und klar zu sagen: Ich stimme Mr. Anderton aus vollem Herzen zu. Diese Vorfälle sind in der Tat eine Schande. Es hat viel zu wenige Anschläge gegeben, und kein einziger war drastisch genug. Ist Mr. Anderton eigentlich nicht klar, daß wir uns im Krieg mit Irland befinden – einem Krieg, der geführt wird, um legitime britische Interessen durchzusetzen? In diesem Sinne kann es jedem aufrechten britischen Staatsbürger nur recht und billig sein, alles in seiner (oder ihrer) Macht Stehende zu tun, um die Regierung bei ihrem Feldzug gegen jene zersetzenden Kräfte zu unterstützen, die sich auf der anderen Seite der Irischen See gegen uns erheben.

Was dies anbelangt, gibt es eine ganze Reihe von ebenso simplen wie durchschlagenden Maßnahmen, die jeder von uns ergreifen kann. Nehmen wir nur einmal das (von manchen) kontrovers diskutierte Verfahren der sogenannten »Internierung«. Tatsächlich war es mein treues Eheweib Gladys, der es gelang, dieses Verfahren für den Hausgebrauch umzusetzen. Wir hegten bereits seit längerem den Verdacht, daß unser direkter Nachbar, Mr. O'Reilly – um nicht gleich mit dem Zaunpfahl zu winken –, irischer Herkunft sei. Obgleich wir keine konkreten Beweise hatten, ließen uns schließlich doch verschiedene Gegebenheiten – sein Name, die Farbe seines Wagens (Smaragdgrün), seine Angewohnheit, beim Rasenmähen »Danny Boy« zu pfeifen – zu der festen Überzeugung kommen, es mit einem Abkömmling irischen Blutes zu tun zu haben. In nur wenigen Stunden hatte Gladys seine Auffahrt mit einer höchst schlichten Falle versehen, und als er schließlich hilflos an seinem linken Knöchel vom nächsten Laternenpfahl baumelte, brauchten wir ihn nur noch fachgerecht zu verschnüren und den wild um sich tretenden Schreihals oben in den Lüftungsschacht zu sperren, wo er sich seitdem in Gewahrsam befindet. Ein Paddy weniger, der die Straßen unserer schönen Stadt verseucht, wenn ich das mal so sagen darf!

Ich möchte hinzufügen, daß meine eigene Vorgehensweise gegen diese Elemente sich ein wenig radikaler gestaltet. Seit einiger Zeit wird ja nun bereits hinter vorgehaltener Hand gemunkelt – obschon mir diese Geheimniskrämerei wirklich ein Rätsel ist –, daß die britische Armee in Nordirland keine Gefangenen macht. Wenngleich ich trotz wiederholter Anfragen in Downing Street bislang keine offizielle Bestätigung dieser Strategie erhalten habe, leuchtete mir beim besten Willen nicht ein, warum ich als ehrbarer Patriot nicht selbst Säuberungsaktionen dieser Art in unserer hübschen Straße vornehmen sollte. Dementsprechend nahm ich einen kleinen Kredit auf, um Munition zu kaufen und unseren Dachboden mit Schießscharten auszustatten, bevor ich dort oben Posten bezog. Es dauerte nicht lange, bis mir der Schriftzug auf dem Lieferwagen des Fleischers ins Auge fiel, der jeden Dienstag- und Donnerstagmorgen um zehn an unserem Haus vorbeifährt: »Murphy's – feinstes Fleisch und Geflügel«. Wenn das nicht bis zum Himmel stank! Genausogut hätte der Fahrer gleich eine Kriegserklärung auf seinen Truppentransporter pinseln können. Wie du willst, dachte ich. Wie du willst, du dreckiger kleiner Provokateur – das Spielchen kenn ich. Beim nächsten Mal gab ich ihm ein paar Salven aus meiner treuen Kalaschnikoff zu schmecken. Leider ist meine Zielgenauigkeit nicht mehr die, die sie einmal war (mit meinem Augenlicht steht es nicht zum besten, seit mein treues Eheweib Gladys und ich uns damals über die korrekte Haltung bei der dritten Strophe unserer Nationalhymne in die Haare gerieten und im Eifer des Gefechts unser schöner birmesischer Korkenzieher zum Einsatz kam), worauf ich bei dieser Gelegenheit bedauerlicherweise nur den Hund eines Rentners traf – immerhin ein Irischer Wolfshund, wie ich bemerken darf –, während der feige Hund Murphy das Weite suchte und dabei in einen Baum fuhr; tragischerweise trug er nur ein paar oberflächliche Verletzungen davon. Er besaß allen Ernstes die Frechheit, den Vorfall der Polizei zu melden, die daraufhin mich und meine treue Gattin Gladys verhaftete; was ich auf einen Mangel an Urteilsvermögen und Vaterlandsliebe zurückführe, der uns allen zu denken geben sollte. Derweil befinden wir uns immer noch in Gewahrsam Ihrer Majestät, unserer Königin, doch sind wir zuversichtlich, daß unser Ansehen beim Prozeß am kommenden Mittwoch endlich wiederhergestellt wird. Die Anwesenheit und Unterstützung Ihrer verehrten Leser bei diesem historischen Ereignis würden wir außerordentlich zu schätzen wissen.

Ich verbleibe Ihr unermüdlicher
Arthur Pusey-Hamilton, MBE

Versehen mit dem altehrwürdigen Adelssiegel der Pusey-Hamiltons

16

CN: … diesen Recorder mitlaufen lassen, wenn Sie das nicht stört.

BA: Kein Problem, überhaupt nicht. Machen Sie nur.

CN: Na ja, wir werden sowieso nicht alles benutzen. Das wird dann eh gekürzt.

BA: Mein Schicksal in Ihren Händen, Claire. Diese neumodische Technik ist mir einfach ein Rätsel.

CN: (lacht) So neu ist sie nun auch wieder nicht… Okay, fangen wir doch einfach an. Sind Sie bereit?

BA: (lacht) Immer. Legen Sie los. Volle Breitseite.

CN: Okay. Nun… ich weiß nicht genau, wo ich anfangen soll. Ich spreche mit Bill Anderton, seines Zeichens Gewerkschaftsfunktionär und langjähriger Betriebsrat bei British Leyland in Longbridge.

BA: Langjährig, ja, das kann man wohl sagen.

CN: Vielleicht könnten Sie uns einfach erst mal sagen, warum der Streik in Longbridge Ihrer Meinung nach auch unsere Leser angeht.

BA: Das ist eine wichtige Frage, Claire, und es gibt zwei Antworten darauf. Einmal läßt sich schlicht und einfach sagen, daß letztlich jeder Bürger Birminghams von dem Streik betroffen ist. Ein Betrieb dieser Größe beeinflußt das gesamte Leben einer Stadt. Das fängt bei den Autohändlern an und geht weiter über die Zulieferfirmen bis hin zu den Supermärkten, in denen die Frauen der Arbeiter am Wochenende einkaufen gehen… Die Verzahnungen sind endlos. Jeder wird mir da zustimmen, denke ich. Meine zweite Antwort ist ein bißchen ketzerischer. Das, was in Longbridge vor sich geht, ist ein Kampf – man könnte sogar sagen, ein Krieg. Ein Konflikt zwischen den Arbeitern und dem Großkapital. Dieser Konflikt ist so alt wie die Geschichte selbst, zumindest so alt wie der Kapitalismus, auch wenn die Geschichtsbücher sich größtenteils darüber ausschweigen. Ich hab mir mal Dougs Schulbücher angesehen, und letztlich sind es genau die gleichen Bücher, die wir damals im Unterricht hatten – die Geschichte, um die es dort geht, ist die von Königen, Prinzen und Premierministern. Mit anderen Worten, die Geschichte der herrschenden Klasse. Doch die herrschende Klasse war immer nur ein kleiner Teil der Bevölkerung, und über die Jahrhunderte waren es immer die Arbeiter, die die Mächtigen in ihren Positionen gestützt haben – also haben auch sie die Geschichte geprägt. Was ich sagen will, ist, daß der Streik in Longbridge euch am King William's deshalb angeht, weil er ein Spiegel der Gesellschaft ist. Die herrschende Klasse kämpft gegen die Arbeiterklasse. Das Management gegen die Arbeiter. Darum dreht sich die gesamte Geschichte der Menschheit, die gesamte Gesellschaft, ja, eigentlich das ganze Leben. Nun gut… Ich hoffe, das kommt so einigermaßen verständlich rüber.

CN: Diese beiden Klassen befinden sich Ihrer Meinung nach also miteinander im Krieg.

BA: Im großen und ganzen gesehen, ja.

CN: Sie gelten als militant – nicht zuletzt wegen Ihrer Ansichten, oder?

BA: Diesen Ausdruck lehne ich ab. Das ist doch genau das Gerede der herrschenden Klasse. Damit versuchen sie diejenigen schlechtzumachen, die für die Interessen ihrer Genossen einstehen. Sehen Sie, selbst die Sprache gehört inzwischen der herrschenden Klasse, so wie alles andere auch. Sie pervertieren die Sprache für ihre Zwecke.

CN: Würden Sie sich als Marxist bezeichnen?

BA: Also… Das ist jetzt aber eine ziemlich heikle Frage, Claire. Wissen Sie überhaupt genau, was ein Marxist ist?

CN: (lacht) Eigentlich nicht so richtig. Doug hat bloß gesagt, Sie wären einer.

BA: Klar habe ich Marx gelesen. Damals an der Abendschule, und seine Argumentation hat mich voll und ganz überzeugt. Aber deswegen bin ich ja noch kein Kommunist.

CN: Aber unter den Betriebsräten in Longbridge gibt es schon einige Kommunisten.

BA: Wie kommen Sie denn darauf?

CN: Ich hab's in der Zeitung gelesen.

BA: Davon stimmt kein Wort. Denken Sie mal nach, Claire. Die Zeitungen gehören den Bossen, nicht den Arbeitern. Und deshalb sind sie auch immer auf der Seite der Mächtigen. Wem gehört denn eure Zeitung?

CN: Hm, ich weiß nicht genau, ob sie jemandem gehört… Na ja, der Schule wahrscheinlich.

BA: Genau. Und? Läßt euch der Direktor einfach drucken, was euch gerade in den Kram paßt?

CN: Nicht alles, nein.

BA: Die Pressezaren tun doch alles, um uns Arbeiter zu diffamieren. Und auf einmal stehen die gewählten Repräsentanten der Arbeiter dann als Kommunisten da. Ich bin kein Kommunist und war auch nie einer. Ich bin Sozialist. Und wenn Sie mich jetzt nach Rußland fragen – das hat mit wahrem Sozialismus nichts zu tun.

CN: Sie sagten, daß Sie sich als Gewerkschaftler für die Interessen der Arbeitnehmer stark machen. Trotzdem denken viele Leute, daß die Streiks in Longbridge eigentlich nur Nachteile bringen. Daß sie bloß die Produktivität hemmen und dem Image der Firma schaden.

BA: Viele Leute? Wen meinen Sie denn damit?

CN: Wir hatten kürzlich mal eine Diskussionsrunde zur Frage, ob die Gewerkschaften zuviel Macht haben. Neunzig Prozent haben mit Ja gestimmt.

BA: Das sagt vielleicht etwas über die Meinung bei euch an der Schule aus, aber noch lange nichts über die generelle Stimmung in unserem Land.

CN: Welche Fähigkeiten braucht man eigentlich, um als Gewerkschaftler über die Firmengrenzen hinaus bekannt zu werden? Leute wie Sie oder Derek Robinson kennt ja nun inzwischen fast jeder aus dem Fernsehen.

BA: Schön, daß Sie Derek erwähnen; jetzt kann ich endlich mal über ihn reden, ohne pausenlos die Trommel für mich zu rühren. (lacht) Erst mal muß man ein guter Redner sein, ohne das geht gar nichts. Vor 10 000 Leuten eine Rede zu halten und sie auch noch mitzureißen erfordert schon eine gewisse Portion Mumm. Derek hat das drauf wie kaum ein anderer. Er ist ein echtes Naturtalent. Die Sprache zu beherrschen ist schon die halbe Miete. Sprache ist Macht. Dann braucht man natürlich Ausdauer, den Biß, weiter für seine Überzeugungen zu kämpfen, auch wenn's mal nicht so läuft. Aber man braucht noch etwas, einen gewissen Überblick über das Gesamtbild, wenn ich das mal so nennen darf.

CN: Was genau meinen Sie damit?

BA: Nun ja, wie ich – wenn wohl auch nicht besonders gut – zu erklären versucht habe, ist der Arbeitskampf in Longbridge ja kein Einzelphänomen. Solche Arbeitskämpfe gibt es seit Jahrhunderten, und zwar überall auf der Welt. Der Sozialismus war immer eine internationale Bewegung. Er vereint alle Völker und alle Rassen, obwohl es manchmal ziemlich schwierig ist, das auch allen klarzumachen.

CN: Und warum ist das Ihrer Meinung nach so schwierig?

BA: Wegen des allgegenwärtigen Rassismus. Die Leute haben Angst um ihre Arbeitsplätze und ihr Auskommen, und die Rechten nutzen diese Ängste für ihre Zwecke. Sie spielen die Leute gegeneinander aus, die sonst gemeinsam für eine Sache kämpfen würden.

CN: Diese »Rechten« – können Sie die genauer benennen?

BA: Da gibt's einige. Vor ein paar Jahren hatten wir sogar einen Betriebsrat – ich werde hier keinen Namen nennen, er arbeitet inzwischen auch nicht mehr in Longbridge –, der Nazi-Flugblätter im Werk verteilt hat. Wir mußten ein Disziplinarverfahren gegen ihn einleiten. Und neuerdings tönt ja dieser Dreckskerl – tut mir wirklich leid, aber das kommt von Herzen –, dieser Dreckskerl Enoch Powell vor seinen Tory-Freunden im Monday Club herum, Afrikaner und Asiaten sollten einen Bonus von 1000 Pfund bekommen, wenn sie in ihre Heimat zurückkehren; jedenfalls das, was er ihre Heimat nennt. Es ist schlicht ekelerregend. Und eben deshalb ist auch der Streik bei Grunwick so wichtig.

CN: Grunwick?

BA: Nehmt ihr so was nicht im Unterricht durch? Ich meine, ihr habt doch bestimmt Gesellschaftskunde oder so was.

CN: Ja, Sozialwissenschaften.

BA: Und da wird nicht über Grunwick geredet? Außerdem ist der Streik doch dauernd in den Nachrichten.

CN: Sorry, ich...

BA: Okay, machen wir's kurz. Grunwick ist ein großes Fotolabor in Willesden, einem Stadtteil im Westen Londons. Möglich, daß Ihr Vater nach dem Urlaub ein paar Filme zum Entwickeln weggeschickt hat und immer noch auf die Bilder wartet. Und dafür gibt es auch einen Grund. Der Postversand bei Grunwick wird größtenteils von Indern abgewickelt, die letzten Sommer wegen ihrer

Arbeitsbedingungen in Streik getreten sind; als sie der Angestelltengewerkschaft APEX beitreten wollten, wurden sie allesamt gekündigt. 140 Leute auf einen Schlag. Seitdem haben sie Streikposten vor der Firma bezogen und riskieren dabei Kopf und Kragen, weil die Busse mit den Streikbrechern einfach durch die Kette rasen. Ich versuche momentan, die Mitglieder unserer Gewerkschaft zu mobilisieren – wir müssen Seite an Seite mit den Genossen in London kämpfen, nur so sind wir stark. Die meisten wollen mitmachen, auch wenn ein paar Unbelehrbare mit ihrem üblichen Gemecker ankommen. »Warum sollen wir 'nem Haufen Pakis helfen?«, so in der Art.

CN: Und wie versuchen Sie diesen Vorurteilen zu begegnen?

BA: Tja, wo soll ich anfangen? Ich stehe in engem Kontakt mit der Frau, die den Streik dort organisiert – Jayaben Desai heißt sie … (Pause.) Hier, ich schreib's Ihnen auf; eine wunderbare Frau, die sich wirklich bis zum Letzten für ihre Kollegen einsetzt. Ich habe ihr vorgeschlagen, zu uns nach Longbridge zu kommen und eine Rede vor unseren Genossen zu halten, damit sie verstehen, worum es geht… Wie auch immer, unsere Jungs müssen sie einfach kennenlernen, dann wird ihnen auch klar, daß wir alle in einem Boot sitzen. Viele haben einfach nur Angst vor dem, was sie nicht kennen. Und natürlich sind es auch nicht immer nur die Schwarzen und die Asiaten. Nach den Bombenanschlägen auf die Pubs ging es gegen die Iren. Die üblichen Latrinenparolen und Drohungen, was eben so passiert. Der ganze Nationalismus ist eine echte Katastrophe, wenn Sie mich fragen. Er macht immer wieder alles kaputt. Wenn wir den Nationalismus besiegen, schaffen wir damit gleichzeitig 90 Prozent aller globalen Probleme aus der Welt. Die ganzen Typen, die auf die nationalistische

Karte setzen und daraus politisches Kapital zu schlagen versuchen, sind einfach nur zum Kotzen. Diese Dreckskerle sind Abschaum – verzeihen Sie mir, aber das muß einfach mal gesagt werden.

CN: Abschließend würde ich Sie gern fragen, welche Aufgaben und Ziele Sie sich selbst für die nächsten Jahre setzen. Glauben Sie, daß die Arbeitsplätze bei British Leyland trotz der aktuellen Probleme auch weiterhin sicher sein werden?

BA: Wir können optimistisch in die Zukunft blicken, denke ich. In Longbridge werden Spitzenprodukte hergestellt, und wir können stolz auf das sein, was dort geleistet wird. Die Bosse werden schon Wege finden, die Bilanzen wieder nach oben zu schrauben, so oder so. Und es hängt von uns Gewerkschaftlern ab, von unserem Einsatz und unserem Kampfgeist, ihnen dabei die Grenzen aufzuzeigen. Wenn ich nur einen kleinen Teil zur Sicherung unserer Arbeitsplätze und zur Aufbesserung der Löhne beitragen kann, bin ich schon zufrieden. Dann ist schon einiges erreicht.

CN: Mr. Anderton, ich danke Ihnen für das Gespräch.

BA: (lacht) Oh, jetzt wird's aber formell. Nun, auch Ihnen vielen Dank, Miss, äh …

CN: Newman.

BA: Newman?

CN: Claire Newman.

(Eine gekürzte Version des Transkripts erschien in der Bill-Board-*Ausgabe vom 5. Mai 1977. Der folgende Teil des Interviews blieb unveröffentlicht.)*

CN: Ist alles in Ordnung, Mr. Anderton? Geht es Ihnen nicht gut?

BA: Nein, alles ist okay. Mir geht's bestens.

CN: Wußten Sie etwa nicht, wie ich heiße?

BA: Nein. Soweit ich weiß, hat Doug Ihren Nachnamen nie erwähnt.

CN: Ich bin Miriams Schwester. (Lange Pause.) Sie wissen doch, von wem ich rede, nicht wahr? Miriam Newman.

BA: Nein. Nein, weiß ich nicht. Ich glaube nicht, daß ich den Namen kenne.

CN: Ich fürchte, da irren Sie sich. Sie erinnern sich nicht an Miriam Newman?

BA: Nein. Tut mir leid.

CN: Sie hatten eine Affäre mit ihr. Drei Jahre ist das jetzt her. Sie hat als Sekretärin in Longbridge gearbeitet. (Lange Pause.)

BA: Und?

CN: Und was?

BA: Was soll das? Was wollen Sie von mir?

CN: Ich wollte … mit Ihnen über sie sprechen.

BA: (Pause.) Wo ist sie?

CN: Ich weiß es nicht. Niemand weiß es.

BA: Sie ist also nicht wieder aufgetaucht?

CN: Nein. Wir wissen nicht, was mit ihr passiert ist, und ich hab mich gefragt … Ich hab mich gefragt, ob Sie mir nicht weiterhelfen können.

BA: Hat dich dein Vater geschickt?

CN: Nein. Er weiß nichts davon. Aber ich glaube sowieso nicht, daß ihn das alles noch groß kümmert.

BA: Ich habe damals mit ihm gesprochen, kurz nachdem sie verschwunden war.

CN: Ich weiß.

BA: Ich habe ihm alles gesagt, was ich wußte. Ich habe mir auch immer wieder vorgenommen, ihn anzurufen, ob es Neuigkeiten gäbe, aber … (Pause.)

CN: Sie hat uns eine Nachricht geschickt.

BA: Eine Nachricht?

CN: Einen Brief.

BA: Wann? Und was hat sie geschrieben?

CN: Der Brief kam ungefähr zwei Wochen nach ihrem Verschwinden. Darin stand, daß sie mit einem Mann zusammenleben würde.

BA: Das habe ich auch gehört. Irgend jemand in der Kantine hat so was fallenlassen.

CN: Hat sie diesen anderen Mann je Ihnen gegenüber erwähnt?

BA: Ja. An dem Tag, an dem ich sie zuletzt gesehen habe. Wir waren zusammen in einem Hotel in Stourbridge ... Ein grauenhaftes Wochenende war das ... Jedenfalls hat sie da von ihm gesprochen. Sie meinte, er wäre nicht von hier.

CN: Der Brief war in Leicester aufgegeben worden. Sie schrieb auch, sie sei schwanger. (Lange Pause.) Halten Sie das für möglich?

BA: Natürlich. Alles ist möglich.

CN: Glauben Sie, daß das Baby von Ihnen gewesen sein könnte?

BA: (Pause.) Ja, nicht ausgeschlossen. Aber vielleicht war sie auch von ihm schwanger. Von dem anderen.

CN: Ich glaube nicht, daß es einen anderen Mann gab.

BA: Wieso nicht? Wenn ich das richtig verstanden habe, hat sie doch geschrieben, sie würde mit ihm zusammenleben.

CN: Ich glaube es einfach nicht. Miriam war nicht so eine. Mir gegenüber hat sie diesen anderen Mann nie erwähnt, mit keinem Sterbenswörtchen. Sie hat immer nur von Ihnen gesprochen. Sie war verrückt nach Ihnen. Sie hat sie geliebt.

BA: (Schweigen; ein nicht näher definierbares Geräusch, möglicherweise das Knarren eines Stuhls.) Ja, ich denke, du hast recht. Ich weiß es sogar. (Stille.) Ja, sie war verrückt nach mir. Und ich habe mich darauf eingelassen. Es hat mir geschmeichelt, daß sie mich so sehr wollte, und… Ich wollte mir einfach nicht eingestehen, wohin das Ganze führte. Alles ist bloß soweit gekommen, weil… weil ich sie auch geliebt habe. Ja. Am Anfang war es keine Liebe, aber am Ende schon. Oh, ich habe nie aufgehört, Irene zu lieben – und das machte alles nur noch schlimmer. Weil sie es wußte. Ich bin mir sicher, daß Irene es wußte. Ja, natürlich. Frauen merken so was. Monatelang ging das so. Keine Ahnung, wie wir das durchstehen konnten. Ich weiß nur, wie schwer das alles für mich und Irene war, aber für Miriam muß es genauso unerträglich gewesen sein. Wir haben uns ja jeden Tag in der Firma gesehen. Fast jeden. Wir trafen uns immer heimlich in einem der Waschräume. An dem Tag, als sie verschwand, hatten wir das auch so vereinbart. Aber ich bin dann nicht hingegangen. Sie muß ewig auf mich gewartet haben. Wir konnten uns immer nur dort sehen. Wir haben ja nie die Nacht zusammen verbracht. Nur dieses eine Mal. Dieses furchtbare eine Mal in dem Hotel. Ich hatte immer Irene, zu der ich zurückgehen konnte, während sie es zu Hause kaum aushielt, es gab wohl pausenlos Ärger, obwohl sie eigentlich nie viel darüber redete. Aber manchmal hat sie von dir erzählt. Ihrer Schwester. Sie mochte dich wirklich. Das Ganze war eine einzige Katastrophe, für alle, alle haben nur unter der ganzen verdammten Sache gelitten, und trotzdem hätte ich wahrscheinlich immer so weitergemacht, obwohl ich genau wußte, daß es so nicht weitergehen konnte. Aber daß es dann so enden mußte… Ich hätte nie geglaubt, daß sie einfach so fortgehen würde. Und ich glaube auch nicht, daß sie es so wollte. Ich kann mir das einfach nicht vorstellen. Es muß irgend etwas passiert sein. Etwas…

(Stille. Verkehrsgeräusche. Das Rascheln eines Taschentuchs. BA? CN?)

BA: Deine Schwester ist tot. Ich glaube, daß sie tot ist.
CN: Ich schalte jetzt das Gerät aus.

17

Wann immer Ben zur Kirche ging, nämlich jede Woche, und wann immer er betete, nämlich jeden Tag, bat er Gott um das gleiche: darum, ihn endlich aus der Verbannung von Cicely zu erlösen. Doch seine Gebete blieben unerhört. Er schien zum Exil verurteilt zu sein, zu einer Einsamkeit, die fast noch größer war als in jenen Tagen, als er nie mit ihr gesprochen hatte.

Wenn ihn der Glaube kurzfristig verließ, suchte er Trost in der Kunst. Er begann, einen Gedichtzyklus mit dem Titel »Während du fort bist« zu verfassen, gab diesen aber nach den ersten neun Zeilen eines Sonetts und einem halben Haiku auf. Dann widmete er sich erneut seinem Roman, wobei er versuchte, seine aktuelle Beziehung zu Cicely im Rahmen eines gnadenlos ironischen Kapitels zu thematisieren, um seine Seelenqual und das nagende Gefühl der Niederlage in literarische Hochkomik zu verwandeln. Nach zwei Absätzen gab er auf. Ein geplantes Streichquartett kam nicht über den Titel und die Widmung hinaus. Aus zweiter oder dritter Hand kam ihm zu Ohren, daß ihre Romanze mit Stubbs nur ein paar Wochen gedauert hatte; seine Nähe schien sie trotzdem nicht zu suchen. Er wußte auch, daß sie aus der Theatergruppe ausgestiegen war, wenn auch nicht, warum. Wenn sie sich irgendwo auf dem Gang über den Weg liefen, schenkte sie ihm immerhin jedesmal ein warmes Lächeln. Wenn sie auf den Bus warteten, winkten sie sich über die Straße zu. Doch die Tage der Nähe, wie er sie während der Wochen um Ostern mit ihr erlebt hatte, schienen für immer vorbei zu sein. Benjamins einziges Andenken an jene verzückten, traumgleichen Stunden befand sich in der hintersten Ecke seines Bettkastens – eine Plastiktüte, voll mit blondem Haar.

Unterdessen hatte sich die Rivalität zwischen Richards und Culpepper weiter zugespitzt. Im Vorfeld der jährlichen Schulwettkämpfe Anfang Juli 1977 war die Gegnerschaft der beiden derart in aller Munde, daß der Redaktionsstab des *Bill Board* beschloß, die kollektive Voreingenommenheit in puncto Sportberichterstattung abzulegen und einen Reporter zur Aschenbahn zu schicken, wo sich die beiden auf den großen Tag vorbereiteten. Philip erklärte sich bereit, die Aufgabe zu übernehmen, und erschien pflichtgemäß eine Viertelstunde vor Beginn des ersten Wettkampfs (dem 400-Meter-Lauf) im Umkleideraum des Sportpavillons.

Als er hereinkam, machte Culpepper gerade Sit-ups auf dem Betonboden, während Steve panisch seine Sporttasche durchwühlte.

»Was ist los, Steve?« fragte Philip.

»Er hat seinen Glücksbringer verloren«, erklärte Culpepper, während er eine Riesenshow aus seinem Training machte. »Du weißt ja selbst, wie saumäßig abergläubisch diese Eingeborenen sind. Er hat da irgend so ein Amulett, das er vorher dreimal abknutschen muß oder so.«

»Es ist 'ne St.-Christophorus-Münze, du Spritzer«, sagte Steve. »Müßte doch selbst dir christlich genug sein. Und vor einer Minute war sie noch hier.«

»Gleich behauptest du noch, ich hätte sie gestohlen, was?«

»Bei dir würde mich gar nichts überraschen«, murmelte Steve.

Philip begann wie ein Wilder in sein Notizheft zu kritzeln. *Die Atmosphäre ist schweißgetränkt und gereizt... Schon vor dem Start hagelt es gegenseitige Beschuldigungen... Richards jetzt schon psychologisch gehandicapt...*

Ein kleiner Lockenkopf aus der Siebten namens Ives steckte seinen Kopf zur Tür herein und sagte: »In fünf Minuten müssen alle draußen bei Mr. Warren sein.«

Steve war immer noch nicht über den Verlust seiner Münze hinweg, als sich die Läufer am Start versammelten.

»Von wegen Aberglaube«, sagte er. »Die Münze bedeutet mir einfach was. Valerie hat sie mir geschenkt.«

»Ich dachte, ihr hättet Schluß gemacht«, sagte Philip.

»Deswegen ja. Es ist das einzige Geschenk, das sie mir je gemacht hat.«

»Ach, die taucht schon wieder auf.«

Steve schien davon nicht so überzeugt zu sein; skeptisch beäugte er Culpepper, während sie sich Seite an Seite in Startposition begaben. Steve lief für Astell House, Culpepper für Ransome, doch wie alle wußten, ging es um Wichtigeres als den Wettlauf. Jedes Jahr gab es zum Abschluß der Schulwettkämpfe einen silbernen Pokal, mit dem der beste und untadeligste Sportler des Jahres ausgezeichnet wurde. Der Preisträger durfte sich mit dem Titel *Victor Ludorum* schmücken, und genau diese Ehre war es, um die Steve und Culpepper so verbissen miteinander kämpften. Außer den beiden gab es keine ernsthaften Anwärter auf den Titel.

Vor dem Rennen zog sich Philip auf die Zuschauertribüne zurück, von wo er gute Sicht auf die Aschenbahn hatte. Er setzte sich und blätterte zur nächsten Seite seines unlinierten Notizhefts um, das er auch als Skizzenbuch benutzte. Als er sah, was sich auf der Seite befand, schlich sich ein trauriges Lächeln auf sein Gesicht. Vor mehr als acht Monaten hatte er mit einem »Rock-Stammbaum« à la Pete Frame begonnen, in der Hoffnung, dieser würde eines Tages Zeugnis von seiner langen und erfolgreichen Zusammenarbeit mit Benjamin ablegen. Doch statt dessen hatte das Ganze so geendet:

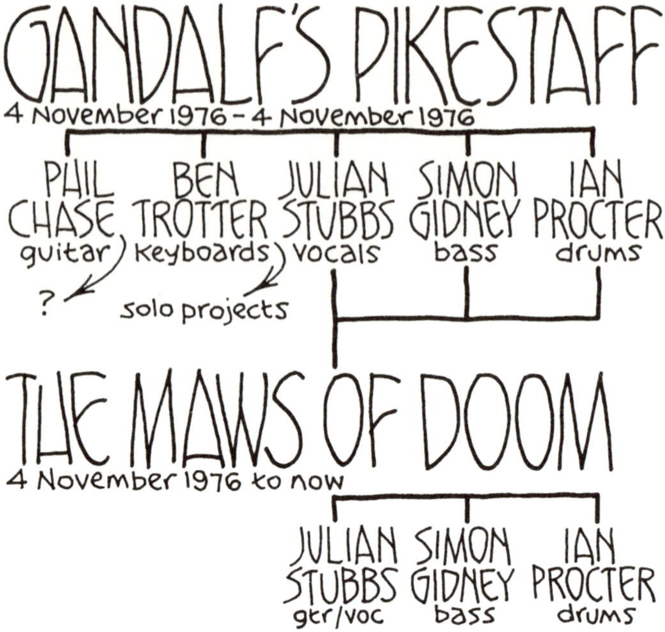

Und die Maws waren offenbar immer noch schwer angesagt, da sie jeden Freitag abend im Bournbrook in Selly Oak vor vollem Haus spielten. Selbst die letzten Nichtskönner zogen noch Leute an, dachte Philip, solange sie auf der Punkwelle ritten. Es waren trostlose Zeiten für einen wie ihn, dessen Helden – allesamt Spezialisten für fünfzehnminütige Instrumentalstücke, für gewöhnlich mit einer Prise klassischer Mythologie und einem elektrischen Violinsolo gewürzt – noch bis vor kurzem die Titelseiten der Musikpresse beherrscht hatten, mittlerweile aber kaum noch einen Plattenvertrag an Land ziehen konnten; Bands, deren bloße Erwähnung inzwischen nur noch Hohngelächter bei seinen Freunden hervorrief. Verdammt, was hatten alle auf einmal an Camel, Curved Air und Gentle Giant auszusetzen? Wie ungerecht und grausam die Welt doch manchmal war…

Plötzlich aufbrandender Beifall riß ihn abrupt aus seinen Gedanken, während ihm jäh durch den Kopf schoß, daß er den Wettlauf verschlafen hatte. Er rappelte sich hoch und hielt Ives fest, als der an ihm vorbeilief.

»Wer hat gewonnen? Wer hat gewonnen?«

»Culpepper. Hast du's nicht gesehen?«

»Nein. Was ist passiert? War es ein knappes Rennen?«

»Frag jemand anderen. Ich hab's eilig.«

»Komm schon, Ives. Ich will doch nur wissen…«

»Ich hab keine Zeit! Mann, der bringt mich um, wenn ich nicht bis drei da bin!«

Und mit diesen mysteriösen Worten lief er los.

Offensichtlich waren alle zu den Wettkämpfen gegangen. Alle außer Benjamin, um genau zu sein. Wieder einmal saß er in seinem Verschlag neben dem Redaktionsraum und genoß das Gefühl, ganz für sich allein in der von Schülern und Lehrern verlassenen Schule zu sein. In genau der gleichen Situation war schließlich damals Cicely aufgetaucht. Es herrschte dieselbe undurchdringliche Stille, und auch den Weltschmerz, der Besitz von ihm ergriffen hatte, kannte er nur allzugut. Mit dem Unterschied, daß ihm damals nicht bewußt gewesen war, woher seine Schwermut rührte, wohingegen er diesmal genau wußte, woran er litt: an einer geradezu lähmenden Melancholie, der unstillbaren Sehnsucht, jenen Tag noch einmal erleben zu können und diesmal alles anders zu machen. Warum, warum nur hatte er damals die Gelegenheit nicht beim Schopf ergriffen? Was in aller Welt war bloß passiert (oder vielmehr nicht passiert)? Was auch immer es für eine Erklärung geben mochte, am Ende blieb ihm nur eine bittere, wieder und wieder verdrängte Gewißheit, die er endlich akzeptieren mußte: Weder Spenser-Stanzen noch Pianosonaten würden sie je wieder zu ihm zurückbringen.

Regungslos saß Benjamin an seinem Tisch, während er hinaus über die Dächer sah und vor sich hin träumte. Er starrte in den blaßblauen Himmel und erinnerte sich an eine Szene aus seiner Kindheit. Es war die vielleicht früheste Erinnerung, die er besaß. Er befand sich mit seiner Mutter auf einem Gartenfest; drei Jahre alt war er gewesen, vielleicht vier. Er erinnerte sich an mit bunten Bändern geschmückte Wagen, an eine Tombola. Seine Mutter hielt ihn fest an der einen Hand, während er mit der anderen eine Schnur umklammerte, die zu einem gelben Luftballon gehörte. Sie verließen gerade das Fest und waren unterwegs zum Auto, als es geschah. Er hatte nicht aufgepaßt. Die Schnur entglitt seinem Griff, und plötzlich war der gelbe Ballon, das Kostbarste, was er je besessen hatte, nicht mehr da, erhob sich in die Lüfte, um weiter und weiter zum Firmament zu schweben. Er wußte nicht mehr, ob er in Tränen ausgebrochen war, ob er verzweifelt nach seiner Mutter gerufen hatte. Wann immer er sich an diese Szene erinnerte – und es war beileibe nicht das erste Mal, daß er sie vor seinem inneren Auge abspulte –, hörte er keine Stimmen, sondern Musik, als handele es sich um einen Film und den dazugehörigen Soundtrack. Es war immer dieselbe Musik. Deutlich konnte er die anschwellenden Klänge, die süße Harmonie der ersten Takte von Vaughan Williams' »The Lark Ascending« vernehmen. Dann setzte die Solostimme der Geige ein, zunächst verhalten, scheu, fast zaghaft, bis die Melodie schwungvoller wurde, sich weiter und weiter in den wolkenlosen Himmel erhob, zusammen mit dem Ballon, von dem schließlich nur noch ein winziger gelber Punkt übrigblieb, während seine Augen brannten und ein überwältigendes Gefühl unwiederbringlichen Verlusts Besitz von ihm ergriff.

Doch dann merkte Benjamin plötzlich, daß es nicht seine Einbildung war, die ihn die Musik hören ließ. Er hörte sie wirklich, vorausgesetzt, daß er nicht völlig verrückt geworden war. Von weit entfernt, aus irgendeinem entlegenen Raum der Schule, drangen die ersten Akkorde und Phrasen von »The Lark Ascending« an seine Ohren. Irgend jemand spielte die Platte und hatte die Lautstärkeregler voll aufgedreht. Woher kam die Musik?

Benjamin sah aus dem offenen Fenster und spähte nach links, wo sich die Musikräume befanden. Er schien richtig vermutet zu haben. Soweit er wußte, gab es in der gesamten Schule nur einen einzigen Plattenspieler, und zwar im sogenannten Gerald Hill Studio, wo die Partituren und die klassischen Schallplatten aufbewahrt wurden. Doch wer hatte sich an diesem Nachmittag dort eingenistet? Offensichtlich jemand, den die Schulwettkämpfe genauso anödeten wie ihn selbst. Benjamin lief hinaus auf den Flur, die Treppe hinunter und am Büro des Hausmeisters vorbei; auf dem Hof angekommen, hielt er inne. Von dort hatte er gute Sicht auf die Musikräume, wo er eine einsame Gestalt ausmachte, die mit ebenso uncharakteristischem wie feierlich verzücktem Gesichtsausdruck am Panoramafenster des Gerald Hill Studios lehnte, während Vaughan Williams' Tongedicht seinen ersten Höhepunkt erreichte. Ungläubig kniff Benjamin die Augen zusammen. Es war Harding.

Steve hatte den 200-Meter-Lauf gewonnen, Culpepper die achthundert Meter. Auch im Hochsprung sah Culpepper wie der sichere Sieger aus (inzwischen lag die Stange bei 1,90 Meter), während Steve die Schulrekorde im Weitsprung und im Speerwerfen gebrochen hatte. Mr. Warren – auf dessen Konto das äußerst komplizierte Punktesystem ging, das außer ihm offenbar auch niemand sonst verstand – schwieg sich darüber aus, wer von den beiden vorne lag; aber es lag auf der Hand, daß sich die Rivalen nichts schenkten. Die Spannung stieg weiter, nicht zuletzt angeheizt durch das geheimnisvolle Verschwinden von Steves St.-Christopherus-Münze; inzwischen beschuldigte er Culpepper ganz offen, sie gestohlen zu haben. Wie auch immer die Wettkämpfe ausgehen mochten, am Ende würde es auf jeden Fall böses Blut geben.

Philip hatte sich weitere Notizen gemacht. *Eine unglaubliche Abfolge von Kopf-an-Kopf-Rennen… von Anstrengung und Auszehrung verzerrte Gesichter… Wann wird Konkurrenz zum Krieg?* Trotzdem packten ihn die Wettkämpfe nicht so, wie sie die meisten Zuschauer zu packen schienen. Er wollte, daß Steve das Rennen machte, weil er ihm einfach sympathischer war, doch damit erschöpfte sich sein Engagement auch schon. Offen gesagt, begann er sich mehr und mehr zu langweilen.

Er nahm wieder seinen Platz unter den Zuschauern ein, schlug eine neue Seite in seinem Notizbuch auf und begann mit einer detaillierten Skizze der Schulkapelle, die sich, etwas weiter entfernt, leicht verschwommen gegen den Horizont abhob. Unter der Ägide von Mr. Plumb wurde er allmählich zu einem richtig guten Zeichner. Ein paar Minuten später hatte sich eine Schar von Jungen um ihn versammelt, die staunend seine Künste bewunderte.

»Die Geschichte der Kapelle kennt ihr doch hoffentlich, oder?« sagte Philip, während er sich dem Mauerwerk widmete. »Unsere Schule gibt's ja erst seit etwa vierzig Jahren. Früher war das King William's direkt an der New Street Station, aber kurz vor dem Krieg wurde dann beschlossen, die Schule hierher zu verlegen. Und die Kapelle ist eigentlich gar keine. Die Steine, aus denen sie erbaut wurde, stammen allesamt aus dem obersten Stockwerk des alten Schulgebäudes. Sie haben das ganze alte Gemäuer Ziegel für Ziegel abgebaut und dann die einzelnen Teile numeriert. Und als dann der Krieg dazwischenkam, standen hier fünf Jahre nur Steinhaufen herum.«

Philip hielt seine Ausführungen für interessant, auch wenn sich sein Publikum nicht so recht dafür erwärmen wollte. Sein neu erworbenes Spezialwissen hatte er sich teils in der Stadtbibliothek angeeignet, teils bei seinen Streifzügen am Wochenende, wenn er sich auf die Suche nach lohnenden Motiven für seine Skizzen machte. Besonders faszinierte ihn das weitverzweigte Netz der stillgelegten Kanäle Birminghams; schon seit einiger Zeit versuchte er Mr. Tillotson zu überreden, eine Wanderung entlang dieser halb vergessenen Gewässer zu organisieren. Dort gab es noch eine Menge spannender Ecken zu entdecken.

Kurz darauf drang abermals stürmischer Beifall an seine Ohren. Eine Schar von Jungen war hinunter zur Ziellinie gelaufen; zwischen ihnen konnte Philip Culpepper erkennen, der vornüber gekrümmt und schwer atmend auf dem Rasen kauerte.

»Scheiße!« Philip sprang auf. »Jetzt hab ich das auch noch verpaßt!«

Diesmal war es der 1500-Meter-Lauf gewesen, den offenbar Steve gewonnen hatte, wenn auch wiederum nur mit wenigen Zentimetern Vorsprung. Jetzt standen nur noch zwei Wettkämpfe aus, und noch immer zeichnete sich nicht ab, wer am Ende als Sieger hervorgehen würde.

Während hinter ihnen die wehmütigen Klänge der »Five Variants on Dives and Lazarus« aufstiegen, sprachen Benjamin und Harding über ihr gemeinsames Faible für Vaughan Williams. Sie waren sich einig, daß es sich bei seiner Dritten und seiner Fünften Symphonie um Meisterwerke handelte und daß die Achte sträflich unterschätzt wurde. Sie redeten über die »London Symphony« und sannen darüber nach, ob es irgendwann jemandem gelingen würde, eine »Birmingham Symphony« von gleicher Erhabenheit und Klangfülle zu schaffen. Benjamin war skeptisch. Er gab Sean (den er nun freiheraus bei seinem Vornamen nannte) den Tip, sich das Oboenkonzert anzuhören; ein Nebenwerk zwar, aber von vollendeter Schönheit. Sean erklärte, daß er am liebsten die »Serenade to Music« hörte, Williams' Vertonung von Versen aus dem *Kaufmann von Venedig* für Chor und Orchester. Durch dieses Werk hatte er den Komponisten überhaupt erst kennengelernt; er war acht Jahre alt gewesen, als seine

Mutter eine der Solostimmen bei einem Auftritt ihres Chors gesungen hatte.

»Ich wußte gar nicht, daß deine Mutter so musikalisch ist«, sagte Benjamin, während ihm gleichzeitig einfiel, daß er eigentlich gar nichts über Seans Eltern wußte.

»Mum und Dad haben beide ziemlich gute Stimmen«, sagte Sean. »Ihre Liebe zum Gesang war eine der Sachen, die sie gemeinsam hatten.«

»Hatten?«

»Sie leben momentan getrennt«, vertraute er Benjamin an. Es war verblüffend, wie die Musik seine Zunge löste. »Dad ist vor ein paar Wochen ausgezogen.«

»Oh. Das tut mir leid.«

Sean durchquerte den Raum, griff nach einem Plattencover und tat so, als würde er irgend etwas nachlesen. Es mußte ihn einiges an Überwindung gekostet haben, so viel von sich preiszugeben. »Das hat sich schon seit längerem so abgezeichnet«, sagte er. »Dad hat 'ne Riesenfamilie, alles Iren, und Mom ist durch und durch Engländerin. Und manchmal... na ja, manchmal kommt man wirklich nicht leicht mit ihr aus. Sie ist ziemlich streng.«

Einen Augenblick lang kam Ben die bizarre Familie der Pusey-Hamiltons in den Sinn, die Sean für seine getürkten Leserbriefe erfunden hatte – der schüchterne, gehemmte Junge, der unter dem Schreckensregime seiner Eltern litt, die gnadenlose Art, mit der er anti-irische Ressentiments durch den Kakao zog –, während er sich zum ersten Mal fragte, ob die humoristischen Einlagen seines Freundes wirklich bloß anarchistischer Klamauk waren.

»Was meinst du mit ›streng‹?« hakte er nach.

Doch Sean erwiderte nur ebenso nachdrücklich wie kurz angebunden: »Ich liebe meine Mutter.« Die Feststellung schien ihm außerordentlich wichtig zu sein, auch wenn Ben gar nichts Gegenteiliges hatte andeuten wollen. »Sie ist eine wunderbare Frau. Von solchen Menschen gibt's nicht viele.«

Damit verstummte er abrupt, und eine Zeitlang füllte nur die Musik die Stille aus. Zum Glück klopfte es kurz darauf sachte an der Tür.

»Komm schon rein«, rief Sean.

Vor ihnen stand Ives, völlig außer Atem. Es war fünf vor drei; unter dem Arm hielt er eine Plastiktüte von Vincent's, einer Musikalienhandlung im Zentrum Birminghams.

»Und? Hast du die Scheibe gekriegt?«

»Ja. Hat aber zwanzig Pence mehr gekostet, als du meintest.«

»Egal.«

Er stieß einen Jubelschrei aus, als er den Inhalt der Tüte inspizierte. Es war eine weitere Platte mit Orchesterstücken von Vaughan Williams. Unter anderem befanden sich »In the Fen Country« und die »Norfolk Rhapsody No. 1« darauf.

»Das mußt du dir anhören, Ben«, sagte er, brach »Dives and Lazarus« mittendrin ab und legte die neue Platte auf. »Paß auf – das bläst dich echt weg.« Ives stand immer noch unschlüssig in der Tür. »Hau schon ab, Kleiner«, rief Sean und winkte ihn ungeduldig nach draußen. »Mach dir keinen Kopf um das Geld. Ich geb's dir später.«

Die »Norfolk Rhapsody« begann mit einer gedämpften Streicherpassage, in die sich die wehmütigen Melodiefragmente einer Soloklarinette mischten. Als dann die anderen Instrumente einsetzten, kristallisierte sich langsam das Thema heraus: eine sich allmählich steigernde, schwebende Harmonie von unbeschreiblicher Schönheit und Traurigkeit. Benjamin kam es vor, als habe er die Melodie schon sein ganzes Leben gekannt, als sei sie nur bis jetzt im geheimsten innersten Winkel seines Herzens verborgen gewesen.

»Oh.« Es fiel ihm schwer, seine Bewunderung in Worte zu fassen. »Echt toll.«

»Es ist ein altes Volkslied«, erklärte Sean. »Er ist in King's Lynn darauf gestoßen.« Seine Augen leuchteten, als er sich Benjamin gegenübersetzte. »Stell dir das mal vor. Wir schreiben das Jahr 1905, und Vaughan Williams ist per Rad in Norfolk unterwegs. Alle naselang geht er in irgendwelche Dorfpubs, freundet sich mit den Leuten an, und nach einer Weile bittet er sie, ihm alte Weisen vorzusingen. Und in King's Lynn lernt er diesen alten Fischer kennen – weit über Siebzig war er schon! Und Vaughan Williams gibt ihm ein Bier nach dem anderen aus, vielleicht steckt er ihm auch noch den einen oder anderen Shilling zu. Und dann, nach ein paar Stunden, kurz bevor der Pub schließt, fängt der alte Mann zu singen an. Er singt, und zwar genau *dieses* Lied! Ich meine, hast du je etwas so Wunderbares gehört?«

»Weißt du, wie das Lied heißt?«

»›The Captain's Apprentice‹. Der Kapitän und der Schiffsjunge. Vaughan Williams hat das Stück geliebt. Er hat es wieder und wieder verwendet. Willst du wissen, wovon der Text handelt? Es geht um einen Mann, der im Kerker sitzt. Er ist wegen Mordes angeklagt. Er war Kapitän eines Schiffs, und mit an Bord war immer dieser Waisenjunge – sein Lehrling. Aber eines Tages baut der Junge irgendeinen Mist; man erfährt nicht, was passiert ist, wahrscheinlich hat er ihm nicht gehorcht oder so, und was macht der Kapitän? Er läßt ihn an den Mast fesseln und peitscht ihn mit einem Stück Tau zu Tode. Er verbringt den ganzen verdammten Tag damit, schlägt den Jungen so lange zu Brei, bis nichts mehr von ihm übrig ist. Und am Ende sitzt er im Kerker und singt davon, wie sehr er bereut, was er getan hat.«

Benjamin lauschte den letzten ersterbenden Klängen und spürte, wie ihm ein Schauder über den Rücken lief. »Wow. Dabei ist die Melodie so schön … und so englisch.«

»Warst du mal in Norfolk?« fragte Sean.

»Nein.«

»Solltest du unbedingt nachholen. Unglaubliche Landschaften. In manchen Gegenden meint man, man sei am Ende der Welt. Ehrfürchtig wartete er ab, bis die Musik ganz verklungen war, dann nahm er den Tonarm hoch. »Wir Engländer sind ein grausames Volk«, sagte er, halb zu sich selbst. »Die Leute wollen es nicht wahrhaben, aber das ändert nichts. Hinterher streuen wir immer Asche auf unser Haupt; das ist ja auch der Grund, warum wir so melancholisch sind. Aber an erster Stelle steht immer die Tat... das, was getan werden muß.«

Seine Worte gingen Benjamin nicht aus dem Kopf, als er ein paar Minuten später zur Bushaltestelle schlenderte. Grausamkeit und Melancholie... Beides lag an diesem Tag in der Luft. Am Abend rief Philip an, um ihm zu sagen, wie die Wettkämpfe ausgegangen waren, und Benjamin schauderte bei dem Gedanken, welche Wut in Culpepper gelodert haben mußte, als Steve zum *Victor Ludorum* gekrönt worden war. Und Steve – was hatte er wohl gefühlt, als ihm die Trophäe überreicht worden war? Nichts als Triumph, oder hatte sich vielleicht auch Traurigkeit in den Jubel gemischt, weil er an Valeries Glücksbringer denken mußte, den er viel lieber in seinen Händen gehalten hätte, während er der klatschenden Menge den Pokal entgegenreckte?

18

Schön und gut, nach seinem Gespräch mit Harding wußte Benjamin, daß sie dieselben musikalischen Vorlieben teilten, doch davon abgesehen, blieb ihre Begegnung eine Enttäuschung. Zu einem nennenswerten Wiederaufleben ihrer Freundschaft kam es jedenfalls nicht. Kurz darauf brachen die Sommerferien an, und als das neue Schuljahr begann, schien Harding noch aufsässiger und schwieriger geworden zu sein; auch ging das Gerücht, daß sich seine Eltern endgültig getrennt hatten und sein Vater nach Irland zurückgekehrt war. Seine Streiche waren weiterhin in aller Munde; zumindest stand er immer als erster im Verdacht, sobald es zu besonders grotesken und verrückten Vorfällen an der Schule kam, etwa als Culpepper, der inzwischen den Führerschein gemacht hatte, an einem Oktobernachmittag einen schwer narkotisierten Ziegenbock auf dem Rücksitz seines Wagens vorfand. Harding selbst bekannte sich allerdings nie zu der Sache; darüber hinaus blieb es ein Rätsel, wie in aller Welt er an den Bock gekommen sein mochte.

Philip begrub seine musikalischen Ambitionen, verkaufte seine Gitarre über eine Anzeige am Schwarzen Brett und investierte das Geld in seine stetig wachsende Bibliothek über die Geschichte und die Architektur des »geheimen« Birmingham. Benjamin sah Cicely nur selten. Claires Vater erhielt einen Brief von der Polizei, in dem es hieß, die Akte über seine Tochter sei weiterhin offen. Claire und Doug zogen ein paarmal zusammen um die Häuser und ließen es dann gut sein. Mit anderen Worten, das Leben ging weiter.

Es war ein Sommer des Stillstands gewesen; akute Probleme blieben unbewältigt, entscheidende Fragen ungelöst. Der Streik bei Grunwick und die Affäre zwischen Mrs. Chase und Mr. Plumb hatten fast zur selben Zeit begonnen, im Spätsommer 1976. Nun, mehr als ein Jahr später, war nach wie vor weder die eine noch die andere Sache beendet. In beiden Fällen hatten sich die Beteiligten zwischendurch in eine Sackgasse manövriert, dann wiederum war es zu überstürzten Aktivitäten gekommen; man hatte über Standpunkte geredet, dann die Kommunikation eingestellt; in beiden Fällen war Rat von Dritten eingeholt worden. Und obwohl mittlerweile so viel Zeit vergangen war, gestanden die Grunwick-Bosse ihren Angestellten immer noch nicht den Beitritt in die Gewerkschaft zu, ebensowenig wie Miles Plumb sich damit abfinden wollte, daß Barbara ihre Ehe mit Sam heilig war. Die Konflikte schienen unüberbrückbar.

Am 7. November 1977 riefen die Streikenden bei Grunwick zu einer neuen Massendemonstration vor den Werkstoren auf; zu dieser Kundgebung hatte sich auch eine Delegation von British Leyland unter der Leitung von Bill Anderton angesagt. Sie mieteten einen Bus, dessen Fahrer, wie sich herausstellen sollte, Sam Chase war. Den Großteil der dreistündigen Fahrt nach London hing er seinen Rachegedanken nach, wobei er kurz hinter Northampton um ein Haar gegen die Leitplanke gefahren wäre.

Sie machten Frühstückspause am Rastplatz Watford. Sam lehnte sich in seinem Sitz zurück und meinte, sie sollten sich auf zwanzig Minuten beschränken.

»Wie, kommst du nicht mit?« fragte Bill.

»Nein, danke. Ich hab ein gutes Buch dabei. Bring mir doch 'nen Becher Tee mit, wenn's dir nichts ausmacht.«

Tatsächlich hatte er sogar zwei gute Bücher dabei: *Die 25 Stufen der Redekunst* von Dr. Wilfred Funk und ein zerfleddertes amerikanisches Taschenbuch mit dem Titel *Wie Sie mit Worten Ihr Leben verändern*, das ihm im Juli auf einem

Flohmarkt in die Hände gefallen war. Beide Bücher hatte er in den vergangenen Wochen wieder und wieder gelesen, ganze Absätze auswendig gelernt und sich Hefte voller Notizen dazu gemacht. Trotzdem fand er, daß sich sein Leben immer noch nicht genügend verändert hatte. Er war fest davon überzeugt, daß er der Sache noch tiefer auf den Grund gehen mußte.

Er schlug eines der Bücher an einer mit Eselsohr markierten Seite auf und begann mit der Rezitation jener Worte, die inzwischen zu seinem persönlichen Mantra geworden waren:

»Worte sind **reiner Sprengstoff**.«
»Worte sind **pure Energie**.«
»Worte sind **meine Freunde**.«
»Worte sind **meine Zukunft**.«
»Worte sind **mein neues Ich**.«

Dann sah er sich erneut das Inhaltsverzeichnis an.

Wählen Sie Ihre Worte selbst.
Wie Sie Ihre Schlagfertigkeit verbessern und immer Herr der Lage bleiben.
Verbale Vitamine für den ganzen Tag.
Sprache – das große Abenteuer.
Die Sprache beherrschen heißt die Welt beherrschen.
Gut gesagt, gut gegeben – und wie gut das tut.

Bill Anderton kam mit dem Tee zurück.

»Hier, Sam. Laß es dir schmecken.«

Sam stierte in die graue Brühe, auf deren Oberfläche sich bereits ein äußerst unappetitlicher Film gebildet hatte.

»Danke, Bill«, sagte er, bevor er ein kleines Experiment wagte und probeweise hinzufügte: »Bei so viel unverdienter Gratifikation muß einem das Herz doch unabdingbar höher schlagen.«

Bill warf ihm einen besorgten Blick zu, ehe er sich wieder auf seinen Platz begab.

Der Bus kam kurz nach halb sieben in Willesden an. Als Sam langsam die Dudden Hill Lane entlangsteuerte, sah er, daß die Chapter Road gesperrt war – wo sich die Haupttore des Betriebs befanden. Die Straße wurde allerdings nicht von Streikposten, sondern von Polizisten blockiert. Es schienen einige Hundert zu sein.

»Ich fürchte, ich muß euch hier rauslassen«, sagte er zu Bill. »Die lassen uns nie im Leben durch.«

Die rund siebzig Fahrgäste verließen den Bus; Sam beobachtete, wie Bill Anderton mit einem der Polizisten sprach und ihn offenbar bat, seine Männer passieren zu lassen. Hinter dem dichten, aus fünf oder sechs Reihen bestehenden Polizeikordon sah Sam die Demonstranten, die auf den Bus mit den Streikbrechern warteten. Schließlich gaben die Polizisten Bill und seinen Begleitern zögernd den Weg frei. Sam fuhr die Dudden Hill Lane hinauf und parkte den Bus am Straßenrand.

Fangen Sie noch heute damit an, Wörter zu sammeln! las er. *So wie andere Leute Briefmarken oder Streichholzschachteln aus aller Welt sammeln, sollten Sie systematisch Ihren Wortschatz aufstocken.*

Der Wörtersammler schärft seine Beobachtungsgabe jeden Tag aufs neue; statt das herkömmliche Vokabular zu benutzen, ist er immer auf der Suche nach neuen, seltenen Wörtern. Und genauso wie der Schmetterlingssammler seine Trophäen katalogisiert, ist es unverzichtbar für den Wörtersammler, sich die frisch erworbenen Vokabeln aufzuschreiben und kontinuierlich ins Gedächtnis zu rufen.

Er nahm sich die Übung für den heutigen Tag vor.

V steht für VARIETÄT. *Versuchen Sie, die folgenden 20 mit V beginnenden Begriffe zu erklären. Prüfen Sie anschließend Ihr Ergebnis auf Seite 108 nach.*

Viskose	*Vitrine*
Veto	*Velodrom*
Verrucht	*Versatil*
Vakant	*Vigil*
Vesper	*Va banque*
Vulgär	*Vamp*
Vinaigrette	*Viadukt*
Verballhornen	*Vasall*
Vaskulär	*Verbatim*
Votiv	*Vakuum*

Sam stellte fest, daß er gerade mal vier Begriffe kannte. Gestern, bei ›U steht für UNGEWÖHNLICH‹, hatte er sechs geschafft, und am Tag davor satte elf, bei ›T steht für TISCHGESPRÄCH‹. Und jetzt bloß noch vier! Das durfte doch wohl nicht wahr sein! Er wurde mit jedem Tag schlechter!

Als Bill die Menge der Demonstranten vor den Toren sah, fühlte er sich unsagbar stolz. Das Ziel der Kundgebung war nicht, den Bus mit den Streikbrechern aufzuhalten – die würden wahrscheinlich sowieso das Hintertor benutzen –, sondern vielmehr, Solidarität mit den Streikenden zu zeigen, die sich trotz diverser Rückschläge vor Gericht nicht hatten entmutigen lassen und seit fünfzehn Monaten wie ein Mann hinter ihrer Sache standen. Am Abend sollte Bill aus den Nachrichten erfahren, daß über 8000 Demonstranten aus den verschiedensten Regionen des Landes gekommen waren; ein klares Zeichen von Loyalität und Zusammenhalt, dafür, daß die britische Arbeiterbewegung an einem Strang zog. Seine eigenen Leute hatten eine Woche zuvor gegen seinen ausdrücklichen Rat dafür gestimmt, die Einsparungsmaßnahmen des Managements mitzutragen. Es war eine persönliche Niederlage für ihn; er hegte tiefes Mißtrauen gegen die Pläne des designierten neuen Vorstandsvorsitzenden, Michael Edwardes. Als Sozialist hatte man dieser Tage einen schweren Stand, dachte er; auf nichts konnte man sich mehr verlassen. Doch dieser Morgen schien all seine Befürchtungen zu widerlegen. Er würde als großer Tag in die Geschichte des Arbeitskampfs eingehen.

In Windeseile verbreitete sich die Nachricht, daß es tatsächlich ein Bus mit Streikbrechern durch das Hintertor geschafft hatte. Dann erhob sich Jubelgeschrei in die eisige Luft, während Jayaben Desai eine hölzerne Plattform erklomm, um eine kurze Rede an die Demonstranten zu richten. Ein paar Minuten zuvor hatten Bill und sie sich herzlich begrüßt, als sie sich zufällig in der Menge begegnet waren. Als er jetzt zu ihr aufsah, schämte sich Bill erneut dafür, wie er in all den Jahren mit Frauen umgegangen war, daß er in den meisten kaum mehr als die Gelegenheit für eine schnelle Nummer gesehen hatte. Es war schlicht beeindrukkend, Jayaben zuzusehen. Er bewunderte sie so sehr, daß es an Verehrung grenzte. Sie wirkte winzig klein, wie sie dort auf dem Podest stand – sie war keine 1,60 Meter groß –, und doch gelang es ihr auf geradezu magische Weise, die Aufmerksamkeit aller auf sich zu ziehen. Vielleicht lag es auch an ihrem farbenprächtigen Sari, der sie von der grauen Menge abhob, die großteils Overalls und Arbeitskittel trug; aber das allein war es sicher nicht. Es war ihr eindringlicher Ton, der die Menge in den Bann zog, ihre Entschlossenheit, die Leidenschaft, die aus ihrem ruhelosen Blick sprach. In den langen Monaten der Auseinandersetzung war sie zu einer echten Autorität gereift.

Schließlich waren die Reden vorbei; es wurde Zeit für die Heimfahrt. Die Polizei hatte die Straße jedoch zu beiden Seiten hin abgeriegelt, so daß weder die U-Bahn-Station Dollis Hill noch die Busse an der Dudden Hill Lane momentan erreichbar waren. Die Menge blieb ruhig; früher oder später würde sich die Polizei verziehen und sie durchlassen. In Gruppen wartete man ab, rauchte, lachte und erzählte sich Witze. Doch die Polizisten rückten nicht ab, bewegten sich keinen Millimeter von der Stelle, während sie mit regungslosen Mienen zu den Demonstranten hinüberstarrten.

Wer hatte den Befehl zum Losschlagen gegeben? Wie hatte sich der Befehl überhaupt verbreitet? Bill sollte es nie erfahren. Er wußte nur eines – daß die Kordons urplötzlich vorrückten und aus heiterem Himmel zum Angriff übergingen. Mit gezückten Schlagstöcken fielen die Polizisten über die Menge her.

In seiner Erinnerung setzte sich der Angriff nur noch aus einzelnen Bildern zusammen, die sich tief in sein Gedächtnis eingegraben hatten.

Ein Teenager, der von zwei Polizisten gepackt und mit dem Kopf voran gegen eine Motorhaube geschmettert wurde.

Ein Pressefotograf, der hilflos zusehen mußte, wie seine Kamera zertrampelt wurde.

Ein älterer Inder, von dem nur noch die zuckenden Beine zu sehen waren, nachdem er über eine niedrige Gartenmauer gestoßen worden war.

Jayaben Desai, die an den Haaren durch die panische Menge gezerrt wurde.

Eine Weiße mittleren Alters, die im Polizeigriff zu Boden gezwungen wurde.

Ein schwarzer Arbeiter aus Bills Gruppe, der auf der Straße lag und von zwei jungen Polizisten wieder und wieder ins Gesicht getreten wurde.

Überall um ihn herum ertönten gellende Schreie und Flüche; wohin er auch sah, blickte er in panisch aufgerissene Augen, grimmige Mienen und blutverschmierte Gesichter, überall Blut, auf dem Gehweg und der Straße, zerrissene Sachen, während das Splittern von Glas an seine Ohren drang, Ladenfenster, Windschutzscheiben, alles versank im Chaos, bis schließlich, ganz zuletzt, ein junger Polizist vor ihm auftauchte, fast noch ein Kind, vielleicht neunzehn oder zwanzig, dessen Lippen sich zu einer höhnischen Grimasse des

Hasses verzogen, bevor er seinen Schlagstock hochriß und irgend etwas ausstieß, das sich wie eine Mischung aus einem Fluch und einem Urschrei anhörte. Bill konnte sich noch erinnern, wie er versucht hatte, den Schlag abzuwehren, doch dann brach sein Arm mit einem gräßlichen Knacken, und als nächstes mußte ihn der Knüppel voll erwischt haben, denn danach war alles um ihn herum schwarz geworden.

Am späten Nachmittag machten sie wiederum Pause am Rastplatz Watford. Diesmal blieb Bill mit Sam im Bus. Am Kopf trug er einen Verband, und sein Arm hing in einer Schlinge, aber er fühlte sich soweit wieder auf dem Damm. Andere hatten weit schlimmere Verletzungen davongetragen. Etwa 250 Demonstranten hatten ärztlich behandelt werden müssen. Im Parlament waren bereits Rufe nach einem Untersuchungsausschuß laut geworden, der nie einberufen werden sollte, und vor dem Polizeirevier von Willesden Green hatte eine aufgebrachte Menge gegen die Ausschreitungen der Polizei demonstriert. Ja, es war tatsächlich ein historischer Tag gewesen, wenn auch nicht ganz so, wie Bill sich das vorgestellt hatte.

»Was liest du da überhaupt?« fragte er.

Sam hatte sich die letzten Minuten wieder in sein Buch vertieft. Jetzt hielt er es Bill hin.

»*Die 25 Stufen der Redekunst*«, las Bill. Er grinste. »Aha, du tust was für deine Bildung.«

»Sprache ist 'ne echt wichtige Sache«, sagte Sam.

»Stimmt.«

»Hier.« Sam blätterte zur Einführung des Autors zurück. »Hör dir das mal an: *Schon seit Jahrhunderten haben sich Staatsmänner und Herrscher die Magie der Sprache zunutze gemacht.*«

»Stimmt auch.«

»*Schon vor drei Jahrhunderten stellte der englische Staatsmann John Selden fest, daß Worte die Welt regieren.*«

»Tja, da hatte er wohl recht.«

»Sobald ein Diktator vom Schlage eines Hitler, Mussolini oder Peron an die Macht kommt, macht er sich als erstes die Worte untertan – indem er die Presse, den Rundfunk und die Literatur kontrolliert.«

»Genau auf den Punkt gebracht.«

»Und selbst in einer Demokratie sind Worte immer auch Mittel zum Zweck. Wer regiert oder regieren will, muß zuerst einmal die Kunst der Rede beherrschen. Sprache beeinflußt die Menschen weit mehr als die Realität.«

»Der Bursche weiß, wovon er redet.«

»Alles läuft auf eine unumstößliche Wahrheit hinaus«, beendete Sam seine Vorlesung. *»Die Feder ist mächtiger als das Schwert.«*

Bill stöhnte leise, als er sich vorsichtig an den bandagierten Kopf faßte. »Nun ja«, sagte er. »Mit 'nem Knüppel kann man auch so einiges rüberbringen. Verstehst du, was ich meine?«

Sam lächelte und legte grübelnd das Buch beiseite.

19

The Bill Board

Donnerstag, 15. Dezember 1977

LEITARTIKEL: Weg mit der Prätorianergarde

Hier eine Frage an alle designierten Oxbridge-Kandidaten, die vielgerühmte Crème de la crème unter Birminghams Intellektuellen: Was verbindet den letzten Monat über alle Fernsehschirme gegangenen Streik bei Grunwick mit der Morgenversammlung hier an der Schule?

Keine Ahnung? Dann ruft euch noch mal die Fernsehbilder in Erinnerung: Kette um Kette von Polizisten mit martialischen Gesichtern und griffbereiten Schlagstökken, aufgereiht, um die Interessen der Bosse durchzusetzen. Und jetzt denkt mal an die Präfekten, wie sie jeden Morgen in der Aula vor uns stehen, als schützende Barriere zwischen uns (dem Mob) und unserem hochverehrten Herrn Direktor, während der seine üblichen Weisheiten verzapft.

Zugegeben, die Präfekten haben (noch) keine Schlagstöcke. Und die Gesichter von C.J. Lambert oder W.H.C. Pinnick sind auch nicht gerade dazu angetan, dem angehenden Schulrevolutionär Angst einzujagen, so betreten, wie sie aus der Wäsche schauen und verlegen von einem Bein aufs andere treten. Aber das Prinzip ist dasselbe. Denn was ist ein Präfekt schließlich anderes als ein Handlanger des Direktors? Nichts anderes als ein gekaufter Gorilla, mit dem Unterschied, daß die Gorillas des Herrn Direktor für gewöhnlich den Eindruck machen, als könnten sie nicht mal das Fähnlein Fieselschweif zur Räson bringen, und für die Bürde ihres Amtes kriegen sie gerade mal einen adretten neuen Schlips und einen belanglosen kleinen Aufnäher, den ihnen ihre Mamis in den Weihnachtsferien an den Blazer sticken dürfen.

Im alten Rom war der Präfekt der Prätorianer der Kommandant der königlichen Leibwache, einer von Kaiser Augustus ins Leben gerufenen Elitetruppe, die Attentate wie jenes auf Caesar künftig verhindern sollten. Leider erwies sich die Prätorianergarde als nicht ganz so vertrauenswürdig wie gedacht und wurde schließlich von Septimius Severus wieder abgeschafft, als dieser befürchtete, daß ihm seine eigenen Wächter an den Kragen wollten. Da wünscht man sich, der Geist der alten Prätorianer möge doch ein wenig auf unsere heutigen Präfekten abfärben!

Wir vom *Bill Board* haben unsere Standpunkte bislang nur selten öffentlich vertreten und uns in Sachen Redaktionspolitik meist auf die Fakten beschränkt. In diesem besonderen Fall aber meinen wir, daß es Zeit wird, ein für allemal Stellung zu beziehen! Wir sind schlicht und einfach der Überzeugung, daß derartige Institutionen aus den Tagen imperialistischer Schurkerei nichts an einer fortschrittlichen Schule der siebziger Jahre zu suchen haben.

Wir bitten unsere Leser auf diesem Wege, sowohl beim Direktor als auch bei Mr. Nuttall einen Antrag zur Abschaffung der Präfekten einzureichen. Da bei Erscheinen dieser Ausgabe bereits eine neue Gruppe Präfekten auserkoren worden sein wird (wie oder von wem, wird für uns Normalsterbliche wohl immer ein Geheimnis bleiben), richten wir unsere Bitte nicht zuletzt an die Berufenen. Leistet Widerstand! Sagt nein zu diesen Machenschaften! Es ist kein Privileg, seine ehemaligen Waffengefährten zu unterdrücken!

Gezeichnet
Doug Anderton …

»Gezeichnet Doug Anderton, et cetera.«

Doug hatte sein Manuskript zu Ende gelesen und warf einen abwartenden Blick in die Runde, ob die anderen damit einverstanden waren. Claire war sofort auf seiner Seite.

»Also, ich find's gut«, sagte sie begeistert. »Richtig gut. Ich unterschreibe auch.«

Sie kritzelte ihre Signatur unter Dougs und gab die Seite an Philip weiter. Er schüttelte stirnrunzelnd den Kopf. »Damit reiten wir uns echt rein«, murmelte er. Trotzdem stimmte er Doug in allen Punkten zu und setzte ebenfalls seine Unterschrift darunter.

»Benjamin?« sagte Doug.

Benjamin zögerte um einiges länger als Philip. Wie immer war er von Dougs rhetorischer Kunst und der Klarheit seiner Gedankenführung schwer beeindruckt. Er beneidete Doug darum, daß dieser jederzeit in der Lage war, unmißverständlich Stellung zu beziehen und seinen Standpunkt mit Zähnen und Klauen zu verteidigen, während er sich immer bemüßigt fühlte, auch die Argumente der Gegenseite zu erfahren. Er war mit einigen Präfekten befreundet und insgeheim der Meinung, daß sie in Ordnung waren und versuchten, das Beste aus ihrer schwierigen Aufgabe zu machen. Mann, war das alles kompliziert.

»Na gut«, sagte er und unterzeichnete ebenfalls. Schließlich war er Künstler, und hin und wieder mußte man als Künstler politisch Farbe bekennen.

Nun war nur noch Emily Sandys übrig, das neueste Mitglied des Redaktionsteams, die sich noch unentschlossener als ihre Vorgänger zeigte, sich diesem Akt der Subversion anzuschließen. Doug faßte sie mit kritischer Miene ins Auge, als hätte er genau diese Reaktion von ihr erwartet. Er hatte nicht viel übrig für Emily, und zwar aus exakt demselben Grund, weshalb sich Benjamin heimlich zu ihr hingezogen fühlte: Sie engagierte sich im Club Junger Christen am King William's. Benjamin hatte sich dieser alles andere als angesagten Gemeinschaft nie angeschlossen. Er war ohnehin kein Gruppentyp, und davon abgesehen, hätte er damit als totaler Außenseiter gegolten. Auf der sozialen Rangleiter des King William's befanden sich die Jungen Christen ganz unten, sogar noch unter dem Bund der Juniorkadetten oder jenen traurigen drei Tröpfen vom sogenannten Nahverkehrsverein, die sich mit dem fein säuberlichen Notieren von Busnummernschildern beschäftigten. Bereits die bloße Erwähnung des Clubs Junger Christen ließ einen unweigerlich an Tischtennisturniere und Bibelkreise denken, bei denen die Ausdünstungen unterdrückter sexueller Begierden schwadenschwer aus den selbstgestrickten Pullovern stiegen. Mit diesen armen Schweinen wollte man lieber nichts zu tun haben. In Bens Augen war Emily jedoch eine Ausnahme. Sie war ziemlich clever, ließ sich nicht ins Bockshorn jagen, wenn mal jemand einen Witz auf ihre Kosten machte, und hatte mit ihren Layout-Ideen einiges zum neuen Look der Schülerzeitung beigetragen; nicht zuletzt war keinem der anwesenden jungen Männer entgangen, daß sich unter ihren Klamotten ein draller, höchst verlockender Körper verbarg.

»Was, wenn ich nicht unterschreibe?« wollte sie wissen.

Doug warf einen Blick in die Runde und atmete tief und hörbar aus, um den Ernst der Lage zu betonen.

»Dann solltest du unser Team verlassen, finde ich. Wir müssen alle an einem Strang ziehen, sonst funktioniert das nicht.«

»Oh.« Sie sah ihn betroffen an. »Aber ich mache doch so gern bei euch mit. Wir haben doch immer eine Superstimmung zusammen.«

Doug zuckte mit den Schultern. Sie hatte die Wahl.

»Okay«, sagte Emily und setzte die fünfte und letzte Unterschrift auf das Blatt. Doug lächelte zufrieden, als er es wieder an sich nahm.

»Hervorragend«, sagte er. »Ein bedeutender Augenblick in der Geschichte des *Bill Board.*«

Wie sich kurz darauf herausstellen sollte, ein ebenso bedeutender wie kurzlebiger Augenblick. Zehn Minuten später mußte Benjamin notgedrungen aus dem Redaktionsteam aussteigen, als ein Schüler seinen Kopf zur Tür hereinsteckte und vom Direktor ausrichten ließ, daß er soeben zum Präfekten ernannt worden war.

»Du hättest sowieso nicht ablehnen können«, tröstete ihn Philip später an der Bushaltestelle. »Man wird ja schließlich nicht gefragt, sondern bestimmt.«

»Eben«, sagte Benjamin.

»Ich meine, wenn du abgelehnt hättest, würden sie dir das garantiert hintenrum heimzahlen.«

»Wahrscheinlich.«

»Und am Ende stehst du vielleicht ohne Empfehlung da. Oder sie lassen ein Schreiben an die Unis rausgehen, daß man mit dir sowieso nur Ärger hat.«

»Genau das hab ich den anderen ja auch gesagt.«

»Du hattest echt keine Wahl. Du hast einfach Pech gehabt, daß sie ausgerechnet dich genommen haben.«

Benjamin lächelte dankbar und fragte sich nicht zum erstenmal, warum nicht alle so verständnisvoll wie Philip waren. Sein Verhalten war um so großmütiger, wenn man in Betracht zog, daß er bislang nicht mal in den Carlton Club aufgenommen worden war. Wieso aber war gerade Benjamin mit den höheren Weihen bedacht worden? Er verstand es einfach nicht. Seine Freunde hatten ihn fast alle mit Verachtung gestraft. Doug hatte ihm einen zehnminütigen Vortrag gehalten, daß er sich damit nur »zum Büttel des Establishments« machen würde. Claire sagte überhaupt nichts mehr. Obwohl Emily eigentlich recht nett gewesen war. Doch jetzt bekam er erst einmal einen Vorgeschmack künftiger Freuden, als zwei Jungen aus Pauls Klasse an der Haltestelle auftauchten.

»Entschuldigen Sie, Herr Präfekt«, sagte der eine. »Dürfen wir hier auf den Bus warten?«

»Darf ich mein Schokoladenpapier in den Abfall werfen, Herr Präfekt?«

»Dürfen wir uns miteinander unterhalten, Herr Präfekt? Oder müssen wir sonst zum Nachsitzen kommen?«

»Verpißt euch, ihr beiden«, sagte Benjamin, und sie rannten lachend los.

Er versuchte sich einzureden, daß der Zirkus sowieso bald wieder vorbei sein würde. Es war jedes Jahr das gleiche, wenn die neuen Präfekten bekanntgegeben wurden. Und diesmal machte obendrein eine echte Sensation die Runde – daß Culpepper in die Röhre guckte. Die meisten waren davon ausgegangen, daß er Schulsprecher werden würde, oder zumindest dessen Stellvertreter. Aber er war nicht mal zum Präfekten berufen worden. Es kursierten alle möglichen Gerüchte, unter anderem, daß er wie ein Schloßhund geheult hatte, als die Namen am Schwarzen Brett ausgehängt worden waren. Er hatte unaussprechliche Dinge über den Direktor und Mr. Nuttall gesagt, die ein paar in der Nähe stehende Zehntkläßler schamrot anlaufen ließen. Einige wollten sogar gesehen haben – doch auch hier wichen die Gerüchte voneinander ab, und kaum jemand glaubte die Geschichte –, wie er Steve Richards, der ebenfalls zum Präfekten ernannt worden war, angespuckt hatte, als sie sich auf dem Flur über den Weg gelaufen waren.

Während er auf den Bus wartete, sah Benjamin, wie Cicely die Bristol Road überquerte und auf ihn zukam. Es war halb fünf, und es dämmerte bereits. Sie hatte sich mit einem Kaschmirmantel und einer riesigen Pelzmütze gegen die Dezemberkälte gewappnet, und wie üblich zog sie sofort die Aufmerksamkeit aller auf sich; einige wichen sogar ein Stück zurück, um sie vorbeizulassen, und Benjamin fühlte sich unsagbar stolz, als sie direkt auf ihn zukam und ihm einen Kuß auf die Wange drückte. Es fühlte sich toll an, wie ihr kaltes Gesicht an seinem lag, während sie sich umarmten; doch war es nur eine Umarmung wie zwischen Bruder und Schwester.

»Oh, Benjamin, ich bin so stolz auf dich«, sagte sie. »Du machst dich bestimmt super als Präfekt.«

»Glaubst du?« Bis jetzt hatte niemand besonders überschwenglich auf die Nachricht reagiert. »Die anderen sind alle so… na ja, irgendwie sauer. Meinst du wirklich, ich mache das richtig?«

»Für mich machst du alles richtig. Ich habe absolutes Vertrauen zu dir.«

Er platzte fast vor Freude, als sie das sagte. Er hatte in letzter Zeit kaum mit Cicely gesprochen und beinahe vergessen (nein, er hatte sich nur gezwungen, nicht daran zu denken), wie sie ihn kurzerhand in den siebten Himmel befördern konnte. Urplötzlich schoß ihm durch den Kopf, daß er sie unbedingt wiedersehen mußte.

»Da kommt dein Bus«, sagte sie und gab ihm einen Abschiedskuß. »Laß dich nicht von mir aufhalten.«

»Cicely – wollen wir uns nicht mal wieder treffen? In den Weihnachtsferien? Wir haben schon seit Ewigkeiten nicht mehr miteinander geredet.«

»Oh, liebend gern. Superidee. Ich ruf dich an.«

Sie sagte es so, daß er im selben Moment wußte, daß es nicht klappen würde. Als sie kurz darauf zusammen im Bus saßen, erzählte ihm Philip, Cicely habe eine Affäre mit Mr. Ridley, dem Mann ihrer Lateinlehrerin, und der würde sie ganz bestimmt nicht mit irgendwelchen Jungs um die Häuser ziehen lassen. Benjamin seufzte und sah zu, wie die ersten Schneeflocken gegen die Fensterscheibe wehten. Offenbar war er immer der letzte, der von solchen Dingen erfuhr.

Immer noch leicht durcheinander von den Ereignissen der letzten Schultage, versuchte er über die Weihnachtsfeiertage Halt im Familienleben zu finden.

Lois war wieder zu Hause und wohnte in ihrem alten Zimmer. Zur Erleichterung aller waren die Abstände zwischen ihren schweren Depressionsschüben immer größer geworden. Laute Geräusche machten ihr immer noch angst, genauso, wie sie keine brutalen Filme im Fernsehen verkraftete. Immerhin war sie inzwischen wieder in der Lage zu arbeiten, auch wenn es sich nur um ein paar Stunden hinter der Theke eines Getränkeladens um die Ecke handelte, doch gab es weitere ermutigende Anzeichen, daß es ihr besserging. Als ihre Tante Evelyn ihr zu Weihnachten eine kleine Summe überwies, kaufte sie sich für das Geld einen Fünfjahre-Terminplaner und begann am Neujahrstag mit ihren Eintragungen. Alle interpretierten dies als Zeichen, daß sie wieder Hoffnung für die Zukunft gefaßt hatte.

Paul ließ sich nur selten blicken. Er verbrachte fast den ganzen Tag in seinem Zimmer, wo er sich entweder mit den Ferienaufgaben beschäftigte oder sich *Time*, *Newsweek*, dem *Spectator*, dem *Listener* und anderen politischen Wochenmagazinen widmete, die seit neuestem zu seiner bevorzugten Lektüre zählten. Am Weihnachtsabend, als sich der Rest der Familie vor dem Fernseher versammelt hatte, um sich die *Morecambe and Wise Show* anzusehen, las er oben in einer Essaysammlung des Ökonomen Milton Friedman.

Colin und Sheila waren stolz auf Benjamin. Als Sheila das Präfektenabzeichen auf seinen Schulblazer nähte, waren ihre Augen so voller Tränen, daß sie kaum die Nadel einfädeln konnte.

Obwohl Benjamins Großeltern nur ein paar Meilen weiter wohnten, war es eine geradezu heilige Familientradition, daß sie über Weihnachten drei Tage zu Besuch kamen. Die anschließende 72-Stunden-Freß-und-Fernseh-Orgie war für Benjamin immer ein echtes Highlight gewesen, doch diesmal konnte er keine rechte Begeisterung aufbringen, vielleicht, weil seine neuen Amtsbürden so schwer auf ihm lasteten, vielleicht, weil er kreuzunglücklich war, daß er in Sachen Cicely auf keinen grünen Zweig kam. Er machte einfach alles mit, mehr nicht.

Doch gab es einen kurzen Augenblick, an den er sich noch Jahre später erinnern sollte, einen Moment ganz besonderer Art, den man fast als erhaben hätte bezeichnen können. Es geschah am Weihnachtsabend, während Paul sich oben auf seinem Zimmer in Sachen Monetarismus schlau machte und der Rest der Familie sich *Morecambe and Wise* im Fernsehen ansah. Es war ein Moment, nach dem Benjamin seinen Großvater mit anderen Augen sah.

Über die letzten Monate hatte sich zwischen Benjamin und seinem Großvater eine tiefe Beziehung entwickelt. Auslöser war ein Ereignis im August gewesen, als die Familie Urlaub in Nordwales machte und die Großeltern (ja, auch das war so eine Tradition) sich für eine Woche ein Zimmer in einer unweit gelegenen Pension genommen hatten. Eines unüblich sonnigen Nachmittags hatten Benjamin und sein Großvater eine kleine Wanderung nach Cilan Head unternommen und bei den Grabhügeln von Castell Pared Mawr eine Rast eingelegt. Von dort aus hatten sie einen unvergleichlichen Ausblick auf den gewaltigen, azurblauen Ozean, der ruhelos gegen die steil aufragenden Klippen schwappte, und trotz des diesigen Nachmittags konnten sie bis zur Bucht von Porth Ceiriad und den St.-Tudwal's-Inseln hinüberblicken. Schweigend nahmen sie das Panorama einige Minuten lang in sich auf, ehe Benjamins Großvater plötzlich und unerwartet etwas sehr Bemerkenswertes sagte: »Kann man sich so etwas wirklich ansehen«, fragte er, »ohne dabei an Gott zu glauben?«

Es war eine Frage, die keine Antwort erforderte; gut für Benjamin übrigens, dem wie gewöhnlich auch keine eingefallen wäre. Er hatte seinen Großvater nie als besonders religiösen Menschen angesehen und ihm (ebensowenig wie dem Rest seiner Familie, Lois ausgenommen) auch nicht von jener seltsamen Offenbarung erzählt, die ihm mehr als drei Jahre zuvor im Umkleideraum des King William's zuteil geworden war. Mittlerweile dachte Benjamin, daß wahrer

Glaube etwas höchst Privates war, eine Art wortloser Verschwörung zwischen Gott und einem selbst. Es überwältigte ihn geradezu, durch eine nebenbei eingestreute Bemerkung zu erfahren, daß sein Großvater offenbar ein Mitverschwörer war. Benjamin warf einen neugierigen Blick zu ihm hinüber, doch sein Großvater sah nur mit fast geschlossenen Augen aufs Meer hinaus, während sein silbernes Haar in der Brise flatterte. Weitere Worte verloren sie nicht. Ein paar Minuten später erhoben sie sich und setzten ihre Wanderung fort.

Das, was Benjamin an jenem Weihnachtsabend beobachtete, war etwas ganz anderes. Es geschah mitten in der *Morecambe and Wise Show*. Benjamin hatte es sich auf dem Sofa bequem gemacht und Acorn im Arm – inzwischen ein fetter alter Kater. Sein Großvater saß in einem Sessel links neben ihm. Morecambe und Wise spielten einen Sketch mit Elton John. Ernie wollte eine Musical-Nummer einstudieren, bei der Eric die Melodie vorgab und Ernie nach ein paar Takten mit der Gegenstimme einsetzte, während Elton John die beiden auf dem Klavier begleitete. Doch jeder Versuch ging unweigerlich schief. Eric sang die ersten paar Takte, doch sobald Ernie einsetzte, fiel Eric mit in den Gesang seines Partners ein. Es war eine uralte Nummer aus der Mottenkiste, doch das punktgenaue Timing und das blinde Verstehen zwischen diesen beiden Männern, den damals beliebtesten Komikern Englands, machte diesen Routinesketch zu einem kleinen Wunder. Während er wie gebannt vor dem Fernseher saß und Acorns behagliches Schnurren durch jede Faser seines Körpers drang, hatte Benjamin plötzlich eine Vision: Er war nur ein Mensch von Millionen und Abermillionen anderen im ganzen Land, die in diesem Moment alle mit ihren Familien vor dem Fernseher saßen und diesen beiden Komikern zuschauten, in Birmingham und Manchester und Liverpool und Bristol und Durham und Portsmouth und Newcastle und Glasgow und Brighton und Sheffield und Cardiff und Stirling und Oxford und Carlisle und überall, lauter lachende Menschen, die über denselben Witz lachten, und mit einem Mal fühlte er sich … ja, er fühlte sich eins mit ihnen allen, anders konnte man das nicht nennen, dieses plötzliche Gefühl, daß die ganze Nation einen göttlichen Moment allumfassenden Lachens miteinander teilte, und als er zu seinem Großvater hinübersah, der Tränen in den Augen hatte und sich vor Lachen krümmte, mußte er unwillkürlich an Francis Piper denken, den alten Dichter, dessen Züge ihn damals bei der Lesung am King William's an das Gesicht Gottes hatten denken lassen, und in derselben Sekunde schoß es Benjamin jäh durch den Kopf, daß er vielleicht die falschen Ambitionen hegte, daß es womöglich falsch war, Schriftsteller oder Komponist werden zu wollen, daß die höchste, ja, heiligste Bestimmung darin lag, die Menschen zum Lachen zu bringen, und er fragte sich, ob er das Zeug zum Komiker oder Comedy-Autor hatte. Doch dann war der Sketch vorbei, irgendein Langweiler von Sänger tauchte auf, und auf einmal spürte er in seinem tiefsten Innern, daß er nur ein ganz gewöhnlicher Jugendlicher war; ein ganz normaler Jugendlicher mit einer ganz normalen Familie; selbst das Gesicht seines Großvaters sah wieder aus wie sonst auch, während ihm erst jetzt auffiel, daß Lois nicht mitgelacht hatte. Der Moment gleißender Klarheit war vorbei, und schlagartig schien alles in seinem Leben wieder so wie vorher zu sein – mühsam, kompliziert und ungewiß.

20

Benjamin wachte auf. Als er die Augen öffnete, kam ihm einiges spanisch vor.

Zuerst einmal änderte sich überhaupt nichts, als er die Augen aufschlug; alles blieb stockdunkel. Zweitens litt er Höllenqualen. Er hatte Rückenschmerzen und Krämpfe in beiden Beinen, doch das waren Kinkerlitzchen gegen die hämmernden Schmerzen in seinen Schläfen, die sich alle paar Sekunden wellenförmig ausbreiteten, als hätte jemand seinen Schädel in einen Schraubstock gespannt. Drittens konnte er sich nicht vom Fleck rühren, da er ringsum von Wänden umgeben war, die offensichtlich aus Holz bestanden.

Dann wurde es noch seltsamer. Er hielt irgend etwas Merkwürdiges in der Hand. Weich fühlte es sich an, zart und irgendwie rund, nur in der Mitte befand sich etwas, das ein bißchen fester war. Im ersten Augenblick hatte er nicht die geringste Idee, was es sein mochte. Als er seine Hand befreit hatte und langsam wieder Gefühl in seine Finger zurückkehrte, tastete er weiter und stellte dabei fest, daß das Gebilde mit anderen Teilen in Verbindung stand, die ihm schon etwas vertrauter vorkamen. Einem Schlüsselbein etwa, einer Schulter, einem Arm. Und dann wurde ihm plötzlich klar, was er zuerst gefühlt hatte. Eine Brust. Eine weibliche Brust!

Im selben Moment hörte er jemanden neben sich leise stöhnen.

»Oh, Scheiße …«

Er hörte, wie sich eine Hand in der Dunkelheit vortastete;

dann knarrte eine Tür, ehe durch einen größer werdenden Spalt schwaches, orangefarbenes Licht hereindrang. Benjamin erkannte ein Schlafzimmer, durch dessen Fenster das matte Licht einer Straßenlaterne auf ein Doppelbett fiel, auf dem drei ineinander verschlungene, halbnackte Körper unter ein paar Mänteln lagen. Draußen war es noch dunkel. Langsam erinnerte sich Benjamin. Er befand sich in Bill und Irene Andertons Schlafzimmer. Sie waren für einen Kurzurlaub nach Málaga geflogen, worauf Doug kurzerhand die Gelegenheit genutzt hatte, eine Party zu schmeißen – sturmfreie Bude hatte man ja nun weiß Gott nicht alle Tage. Irgendwie war das Ganze schwer ausgeufert, als sie sich über die Hausbar hergemacht hatten. Benjamin konnte sich erinnern, mindestens eine Flasche edlen Portweins geleert zu haben. Außerdem erinnerte er sich, wie er sich mit diesem netten Mädchen unterhalten hatte, der mit den kurzen roten Haaren und dem blassen, sommersprossigen Gesicht. Er hatte ihr erklärt, daß National Health eigentlich dieselbe Band wie Hatfield and the North waren, nur mit einem anderen Bassisten. Sie hatte ziemlich interessiert ausgesehen. Ausgesprochen interessiert sogar. Trotzdem überraschte es ihn, daß er anscheinend die halbe Nacht über ihre Brust in der Hand gehalten hatte. Wie waren sie überhaupt in Bills und Irenes Kleiderschrank geraten?

Das rothaarige Mädchen kämpfte sich auf die Knie und kroch aus dem Schrank. Ein langes, marineblaues Laura-Ashley-Partykleid baumelte um ihre Taille. Als sie sich erhoben hatte, sah sie sich suchend nach ihrem BH um. Benjamin fand ihn neben sich – er war aus weißer Spitze – und reichte ihn ihr mit ebenso galanter wie verlegener Geste. Sie nahm ihn ohne ein Wimpernzucken entgegen und streifte ihn über, bevor sie sich das Kleid über die Schultern zog. Benjamin kletterte aus dem Schrank und machte den Reißverschluß für sie zu.

»Danke.« Ihre Stimme war rauh von Tabak und Alkohol.

Sie zeigte auf Benjamins Hose, und er zog den Reißverschluß hoch. »Komm, gehen wir erst mal raus hier.«

Er folgte ihr die Treppe hinunter in die Küche; im Flur mußten sie über weitere Partygäste steigen. Als sie Licht in der Küche machte, präsentierte sich ihnen das gesamte Ausmaß der Verheerung. Überall lagen zerbrochene Gläser, leere Flaschen und Essensreste herum. Irenes Fonduetopf war zum Aschenbecher umfunktioniert worden und quoll über von Zigarettenstummeln und den Überresten mehrerer Dutzend Joints.

Das Mädchen musterte ihr Spiegelbild im Küchenfenster und zog eine Grimasse.

»Ich muß nach Hause«, sagte sie. Dann sah sie an ihrem Kleid herunter. »Ugh.«

»Oh«, sagte Benjamin, als er die verräterischen weißen Flecken bemerkte. »Was ist das?«

»Also, bestimmt kein Joghurt.«

Benjamin war schockiert.

»War ich das?«

Zum erstenmal lächelte das Mädchen. »Ich hab ein bißchen nachgeholfen.« Sie trat zu ihm und fuhr mit einem Finger seine Brust entlang. »Erinnerst du dich nicht mehr?«

Er entsann sich verschwommen, doch mit jedem Moment wurde sein Gedächtnis klarer.

»Doch«, sagte er und küßte sie. Sie öffnete den Mund und kam ihm sanft mit der Zunge entgegen.

»Und – was meinst du?« Sie löste sich von ihm und fuhr sich durch die Haare. »Gar nicht so übel für eine komatöse Meeräsche?«

Benjamin starrte sie irritiert an. Jetzt verstand er überhaupt nichts mehr, auch wenn ihm die Formulierung irgendwie bekannt vorkam.

»Was?«

»Hast du 'nen Kamm dabei?« fragte sie, während sie sich erneut im Fenster betrachtete.

»Was hast du da gerade gesagt?«

Ein leiser Triumph lag in ihrem Blick, als sie sich wieder zu ihm drehte. »Letztes Jahr hast du über meine Rolle in *Othello* geschrieben, ich würde das erotische Temperament einer komatösen Meeräsche versprühen«, erklärte sie. »Wo hab ich bloß meinen Mantel gelassen?«

Sie ging hinüber ins Wohnzimmer, um dort weiter zu suchen, während Benjamin ihr mit beklommener Miene folgte.

»Du meinst... du bist Jennifer? Jennifer Hawkins?«

»Hast du mich nicht erkannt?«

»Ich hab dich doch bloß das eine Mal bei deinem Auftritt gesehen.«

Sie hob ihren Mantel auf, ein knielanges Ungetüm aus Kunstpelz, das zumindest die Flecken auf ihrem Kleid verbarg.

»Ich muß jetzt echt gehen«, sagte sie, »sonst rasten meine Eltern voll aus. Mußt du nicht nach Hause?«

Darüber hatte Benjamin noch nicht nachgedacht. »Ich... ich hab gesagt, daß ich hier penne«, sagte er, während er sich vage erinnerte, seiner Mutter irgend so etwas erzählt zu haben. Im selben Moment fiel ihm etwas ganz anderes ein. Morgen war der erste Schultag nach den Weihnachtsferien, und heute abend war er zusammen mit den anderen Präfekten zum Abendessen beim Direktor eingeladen. Er hatte keine Ahnung, wie er das durchstehen sollte. Ihm war speiübel, und er wollte einfach nur ausgiebig kotzen und sich dann zum Sterben ins Bett legen.

»Ich bin mit dem Auto da«, sagte Jennifer. »Soll ich dich mitnehmen?«

»Äh, nein. Nein, danke. Ich kann von hier aus zu Fuß laufen.«

»Wie du willst.« Sie drückte ihm einen flüchtigen, aber unmißverständlich zärtlichen Kuß auf die Wange. »Okay, dann ciao, Tiger. Ich hab's noch nie in einem Schrank gemacht.«

Benjamin sah sie entgeistert an. »Haben wir's echt... miteinander gemacht?«

»Keine Sorge, du hast mir nicht beigewohnt, wie's in der Bibel heißt«, erklärte ihm Jennifer sanft. »Wir hatten bloß ein bißchen Spaß zusammen. Wenn auch nicht besonders lange. Dreißig oder vierzig Sekunden vielleicht. Schneller als du schießt keiner.«

Mit diesem zweifelhaften Kompliment ließ sie ihn stehen, während sie die Haustür öffnete und im Blau der frühen Morgendämmerung zur Straße ging. Im Cofton Park begannen die ersten Vögel zu singen. Mit ohrenbetäubendem Lärm sprang der Motor ihres Wagens an. Benjamin faßte sich mit beiden Händen an den Kopf und schwor sich, nie wieder in seinem Leben Portwein zu trinken.

Das Haus des Direktors befand sich auf dem Schulgelände, zwischen dem Labortrakt und der neuen Sporthalle. Als Benjamin die Bristol Road entlangging, sah er Steve Richards aus der anderen Richtung kommen. Es war schon ein merkwürdiges Gefühl, nach Einbruch der Dunkelheit – es war gleich sieben Uhr – zur Schule zu kommen, noch dazu in den Ferien. Die Schuluniform hatte Steve schon immer gut gestanden, doch heute abend sah er noch smarter als sonst aus, auch wenn er ein wenig nervös wirkte. Benjamin wußte selbst, daß er ein Bild des Jammers bot, aber Steve war feinfühlig genug, nichts zu sagen. Er hatte fast den gesamten Tag im Bett verbracht und sich noch am späten Nachmittag so gefühlt, als ob er nie wieder aufstehen würde. Aber nachdem ihn seine Mutter – ihr gekränktes Schweigen sprach Bände – mit schwarzem Kaffee vollgepumpt hatte, sah es tatsächlich so aus, als würde er doch noch länger unter den Lebenden weilen, wenn er den Rest der Woche die Finger vom Alkohol ließ.

»Einen Sherry, Trotter?« Der Direktor hielt ihm ein Glas zur Begrüßung hin, kaum daß er das Vestibül betreten hatte.

»Oh… äh, nein, danke.«

»Ja, er ist leider ein bißchen bläßlich.«

»Ich weiß, Sir. Ich habe nicht gut geschlafen letzte Nacht. Die Aufregung wahrscheinlich.«

»Ich sprach eigentlich von diesem etwas anämischen *Fino*. Aber da Sie's gerade selbst ansprechen – Sie sind tatsächlich auffallend weiß um die Nase. Wollen Sie sich vielleicht ein bißchen hinlegen?«

»Nein, vielen Dank, Sir. Mit mir ist alles in Ordnung.«

»Wie Sie wollen, wie Sie wollen. Ah, Richards! Als Bleichgesicht wird Sie so schnell keiner bezeichnen, nicht wahr?«

Mit diesen und anderen Aufmerksamkeiten komplimentierte der Direktor seine Gäste in das Speisezimmer.

Am Tisch saß Benjamin zwischen Steve und Mr. Nuttall, dem beliebten Stellvertreter des Direktors; er kam seit jeher bestens mit ihm klar. Auf Mr. Nuttalls Seite des Tischs saßen sieben Präfekten, ihnen gegenüber weitere acht. Der Direktor hatte am Kopfende Platz genommen; am anderen Ende des Tischs saß seine Frau, eine schweigsame, beleibte Frau mit militärisch akkurater Dauerwelle und einem nervösen Tick, der sie unablässig mit dem rechten Auge zwinkern ließ.

»Nun, Trotter«, sagte Mr. Nuttall, während er nach dem Brotkorb griff, »schön, daß wir Sie jetzt auch in unserem Team haben.«

»Danke, Sir.«

»Sinclair und ich sprachen gerade über den Streik der Feuerwehr. Wie denken Sie denn darüber?«

»Na ja…« Eigentlich unnötig zu sagen, daß Benjamin keine Meinung zu dem Thema hatte. Er wußte, daß die Berufsfeuerwehr mittlerweile seit zwei Monaten streikte, aber das war auch schon alles. »Es ist schon ein echter Skandal, daß sich auf einmal niemand mehr darum kümmert, wenn es irgendwo zu einem Brand kommt.«

»Da pflichte ich Ihnen durchaus bei, Trotter. Trotzdem

sollten Sie nicht vergessen, daß manchen Menschen in unserem politischen System gar nichts anderes übrigbleibt, als die Arbeit zu verweigern, wenn sie auf ihre Lage aufmerksam machen wollen. Das mag Sie jetzt überraschen, aber ich bin Labour-Wähler. War ich schon immer. Jemand muß sich für die Interessen des kleinen Mannes einsetzen, und meiner Ansicht nach tut das die Labour-Partei am besten. Wir hier am King William's sind Privilegierte, sowohl die Lehrer als auch die Schüler, Trotter. Wir sollten uns auch für diejenigen einsetzen, die vom Schicksal weniger begünstigt sind.«

Benjamin nickte ernst. Als er kurz darauf eine kleine Dankesrede für den Direktor halten mußte, konnte er sich vor Übelkeit kaum auf den Beinen halten. Anschließend ließ er sich schwer in seinen Stuhl zurücksinken und stöhnte leise beim Anblick des Krabbencocktails, der von einem Hausmädchen serviert worden war. Die Frau des Direktors hörte das Stöhnen und richtete besorgt ihre Augen auf ihn. Benjamin bemerkte, wie sie ihn anstarrte. Ihr rechtes Auge zuckte dreimal hintereinander. Er war der einzige, der bislang nichts von ihrem kleinen Handicap mitbekommen hatte. Da er nicht wußte, was die Etikette verlangte, wenn einem die Frau des Gastgebers über den Tisch zuzwinkerte, zwinkerte er einfach zurück. Die Frau des Direktors fuhr zusammen, als hätte sie eine Tarantel gestochen. Benjamin warf einen Blick zum Direktor hinüber, der ihn mit höchst erstauntem Blick musterte. Er wandte sich wieder seinem Krabbencocktail zu, während ihn der Brechreiz zu übermannen drohte.

Während des Hauptgangs unterhielt er sich fast ausschließlich mit Steve Richards. Sie hatten nie besonders viel Kontakt miteinander gehabt, doch inzwischen fand Benjamin seinen bescheidenen und klugen Tischnachbarn immer sympathischer. Langsam ging ihm auf, was Cicely an ihm gefunden haben mochte.

»Cicely und ich – wir hatten doch überhaupt nichts miteinander«, sagte Steve. »Das war alles Quatsch, was da über uns zu lesen war. Auf einmal kam eins zum anderen bei der Party. So was passiert eben einfach.«

»Ja, klar«, sagte Benjamin mitfühlend.

»Wegen dem Brief im *Bill Board* hat meine Freundin mit mir Schluß gemacht. Und das hat echt weh getan. Wir waren zwar bloß ein halbes Jahr zusammen, aber ich dachte, wir... na ja, ich dachte, wir hätten eine gemeinsame Zukunft.«

»Und deine Eltern? Haben die das auch mitbekommen?«

»Ja. Sie waren eine Zeitlang ziemlich sauer auf mich. Aber inzwischen ist das gegessen. Hier...« – er zeigte auf sein Präfektenabzeichen – »das hat ihnen echt gut getaugt.«

»Meinen auch. Merkwürdig, worauf Eltern so stolz sind, was?«

Zu Rinderkeule und Röstkartoffeln war ihnen französischer Rotwein eingeschenkt worden. Steve trank einen großen Schluck. Benjamin rührte sein Glas nicht mal mit dem kleinen Finger an.

»Was hast du nach dem Abschluß vor, Ben? Du willst doch bestimmt nach Oxford oder Cambridge.«

»Ich denk schon.«

»Ich auch. Ich würde gern Physik am Trinity studieren. Isaac Newton war auch dort. Mr. Nagle glaubt, ich könnte es schaffen. Ich brauch jetzt halt lauter Einser, aber er meint, wenn ich mich die nächsten Monate richtig reinhänge...«

»Ich drücke dir die Daumen, daß dich der ganze Präfektenkram nicht zu sehr ablenkt.«

»Ach was. Das haut schon hin, keine Sorge. Das mach ich mit links.«

Sie schweiften ab. Benjamin erzählte ihm begeistert von Morecambe und Wise, merkte aber schnell, daß Steve ihm nicht richtig folgen konnte. Er sagte, zu Weihnachten würde bei ihnen zu Hause kein Fernsehen geschaut; er habe die Sendung überhaupt noch nie gesehen.

Nach dem Dessert (ein gemischter Obstteller, den Benjamin wenigstens zur Hälfte hinunterbrachte) erhob sich der Schulsprecher, Roger Stewart, um eine Rede zu halten.

»Gentlemen«, sagte er, »Ihnen wird heute die größte Ehre zuteil, die Schülern der höheren Klassen am King William's widerfahren kann. Und Sie sind auch aus einem bestimmten Grund eingeladen worden, nämlich weil jeder von Ihnen aus Sicht des Direktors, Mr. Nuttalls und des restlichen Kollegiums Herausragendes auf einem Gebiet geleistet hat, sei es nun in einem bestimmten Schulfach, in einer athletischen Disziplin, beim Kadettenbund oder sogar« – er sah zu Benjamin herüber – »auf literarischer Ebene. Halten Sie sich immer wieder vor Augen, daß Sie wegen Ihrer Verdienste hier sind. Am King William's geht es um Verdienste, nicht um Privilegien. Zugleich aber hat unsere Schule ihre Traditionen, die unbedingt gewahrt werden müssen. Mir ist von einigen Individuen zu Ohren gekommen, die das Amt der Präfekten in Frage stellen. Es handelt sich dabei um nichtsnutziges, neidisches Geschwätz, das im Keim erstickt werden muß. Das Amt des Präfekten ist kein Popanz. Es schmiedet ein heiliges Band der Pflicht zwischen uns und der Schule, und das sollte keiner von Ihnen vergessen. Der heutige Abend ist ein Grund zum Feiern, aber auch ein Anlaß, gemeinsam über die uns auferlegte Verantwortung nachzudenken.

Mr. Nuttall wird nun eine Flasche Founder's Port öffnen. Gemäß unserer bis ins 18. Jahrhundert zurückreichenden Schultradition wollen wir anschließend dem King William's unsere Treue schwören und unsere Gläser auf einen Zug leeren.«

Als Benjamin von der Toilette zurückkehrte, ging es ihm etwas besser. Die anderen hatten den Speiseraum mittlerweile verlassen und sich zum Kaffee ins Arbeitszimmer des Direktors begeben. Er gab sich alle Mühe, ins allgemeine Gelächter einzustimmen. Auf dem Kaffeetisch vor sich entdeckte er eine lebensgroße Plastikhand, die er für eine Requisite aus der Theaterwerkstatt hielt. Er spielte den Clown, indem er sich mit der Hand am Kopf kratzte und sich unter der Achselhöhle juckte. Als er sich schließlich mit dem Utensil in der Nase bohren wollte, lehnte sich die Frau des Direktors herüber, nahm ihm die Hand ab und streifte sie fachgerecht über den runden Stumpf ihres anderen Arms, ohne ein Wort zu sagen. Er hatte als einziger nicht mitbekommen, daß ihr eine Hand fehlte.

Als er eine halbe Stunde später an der Haltestelle auf den 62er wartete, versuchte er einfach nicht mehr an den peinlichen Vorfall zu denken. Egal, wie herum er es betrachtete, seine Karriere als Präfekt hatte nicht gerade vielversprechend begonnen, doch augenblicklich ging ihm Wichtigeres im Kopf herum. Während er sich zum drittenmal auf der Gästetoilette des Direktors übergeben hatte, war es ihm wie Schuppen von den Augen gefallen. Er hatte sich in Jennifer Hawkins verliebt.

Um halb elf rief Benjamin Doug an, der sich noch schlimmer als er anhörte. Er fragte ihn nach Jennifers Nummer, und zu seiner Erleichterung gab Doug sie ihm, ohne lästige Fragen zu stellen. Benjamin rief sie sofort an.

»Hallo?« drang ihre schwache, heisere Stimme an sein Ohr, nachdem er ein paar Worte mit ihrem Vater gewechselt hatte.

»Hi, Jennifer. Ich bin's.«

Am anderen Ende entstand eine lange Pause. »Sorry – wer?«

»Ich bin's. Benjamin.«

»Oh.« Es dauerte nochmals ein paar Sekunden, bis das zu ihr durchgedrungen war. Sie hörte sich sehr, sehr überrascht an, auch wenn ihr sein Anruf nicht völlig unangenehm zu sein schien. »Hallo, Tiger. Welchem Umstand verdanke ich denn *die* Ehre?«

»Na ja, eigentlich …« Einmal mehr hatte der Meister des geschriebenen Worts Probleme mit der mündlichen Formulierung. Er wünschte, er hätte sich vorher genauer überlegt, was er sagen wollte. »Ich hab mir bloß gedacht, daß … daß da letzte Nacht vielleicht etwas angefangen hat und wir uns mal …«

Es dauerte, bis sie antwortete. »Worauf willst du eigentlich hinaus?«

Benjamin wußte es nicht.

»Willst du dich mit mir verabreden, Benjamin?«

»Äh … ja.«

»Meinst du wirklich, das ist 'ne gute Idee?«

Das wiederum war eine Frage, die er nicht vorhergesehen hatte. »Ja, klar. Bestimmt. Oder findest du nicht?«

»Hör mal, wir waren letzte Nacht einfach stockbesoffen und haben ein bißchen miteinander rumgemacht. Deswegen müssen wir ja nicht gleich heiraten.«

»Das meinte ich auch nicht, Jennifer.« Er konnte es nicht ertragen, daß sie so leichtfertig darüber redete. Vielleicht war sie sich dessen nicht bewußt, aber das, was zwischen ihnen geschehen war, bedeutete etwas. »Ich … ich glaube, es ist wichtig, daß wir uns wiedersehen.«

Jennifer seufzte. »Na gut. Wenn du meinst. Hast du dir schon was überlegt?«

Wenigstens darauf war er vorbereitet. »Im Kino läuft gerade eine Retrospektive mit surrealistischen französischen Kurzfilmen. Sachen von René Clair und Man Ray, die man nur ganz selten zu sehen bekommt.«

»Wie wär's, wenn wir uns statt dessen auf einen Drink im Grapevine treffen?«

Nicht daß ihm große Wahl geblieben wäre.

21

The Bill Board

Donnerstag, 19. Januar 1978

KEIN LESERBRIEF

Das folgende Schreiben – offenbar nur für R.J. Culpeppers Augen bestimmt – ist über verschiedene Umwege auf unseren Redaktionstisch gelangt. Wir drucken diesen hochinteressanten Einblick in die Gedankenwelt eines nicht ganz unbekannten King-William's-Eleven ungekürzt und kommentarlos ab. Besten Dank an den anonymem Maulwurf, der uns den folgenden Brief zukommen ließ.

10. Januar 1978

Lieber Ronald,
ich hoffe, Du hast Dich inzwischen von dem Schock erholt, nicht zum Präfekten ernannt worden zu sein. Das Ganze unterstreicht wieder einmal in erschreckender Weise, welche Schaumschläger diese Entscheidungen treffen, und bestätigt offen gesagt meine schlimmsten Befürchtungen. Eine Pfeife wie Richards allein wegen seiner Hautfarbe zu bevorzugen ist letztlich nichts weiter als ein armseliger liberaler Akt. Zwar könnte man es durchaus als Kompliment auffassen, von diesen Kretins links liegengelassen worden zu sein, aber ich kann verstehen, daß es Dir schwerfällt, das Geschehene aus dieser Perspektive zu sehen. Für Dich muß das alles wie ein Schlag ins Gesicht sein. In einer Hinsicht haben Anderton und seine trotzkistischen Schmierer jedoch völlig recht: Das Amt

des Präfekten ist einen Dreck wert. Die Präfekten stellen tatsächlich nicht mehr als die Lakaien des Direktors dar. Du solltest nicht vergessen, daß Du als Schriftführer des Geschlossenen Kreises eine weit wichtigere Position innehast.

Aus unseren letzten Gesprächen zum Thema weiß ich, daß wir bezüglich der Zukunft unserer Gemeinschaft einer Meinung sind. Wir wollen kein steriles Forum, in dem weltfremde akademische Angelegenheiten debattiert werden, sondern etwas von ganz anderer Tragweite: eine alternative Basis für einen Zirkel sorgfältig ausgewählter Gleichgesinnter; Persönlichkeiten, denen die Zukunft des King William's wirklich am Herzen liegt und denen die Traditionen einiges mehr bedeuten als denjenigen, die jetzt das große Wort führen.

Nur um Dir ein Beispiel zu geben: Mein Bruder hat mir kürzlich erzählt, daß Mr. Nuttall ein Anhänger der Callaghan-Regierung ist. Das muß man sich mal vorstellen! Hat es je ein schwächeres, hilfloser vor sich hin ruderndes Kabinett gegeben, das sich derart willenlos zum Spielball der Launen und Interessen militanter Gruppierungen machen läßt (womit ich natürlich die Gewerkschaften meine)? So stellt sich unser stellvertretender Direktor also den Umgang mit der Macht vor! Kein Wunder, daß das King William's seit Jahren in Selbstgefälligkeit und mangelnder Flexibilität erstarrt.

Meines Erachtens ist es unerläßlich, daß an unserer Schule folgende Maßnahmen in Angriff genommen werden:

1. MODERNISIERUNG. Wir brauchen besser ausgerüstete Laborräume, bessere Sportanlagen, eine bessere Musikschule (was natürlich Kosten verursacht, die nur durch erhöhtes SCHULGELD gedeckt werden können – nicht durch Almosen unserer Regierung).

2. RATIONALISIERUNG. Momentan werden einfach zu viele Schüler angenommen, von denen obendrein etliche den Anforderungen nicht gewachsen sind. Die Aufnahmebedingungen müssen rigoros verschärft werden.

3. REVITALISIERUNG. Das King William's hat in den letzten Jahren stetig an Prestige eingebüßt. Dieses Ansehen muß schleunigst wiederhergestellt werden; es ist an der Zeit, daß man uns in Oxford und Cambridge endlich wieder wahrnimmt. Wir müssen dem Nachteil entgegenwirken, in Birmingham

beheimatet zu sein, einer Stadt, die aus gutem Grund als höchst unattraktiv gilt. Daher geht es darum, nicht bloß den Status quo aufrechtzuerhalten, sondern REKLAME für unsere Leistungen auf sportlichem und wissenschaftlichem Gebiet zu machen.

Laß mich an dieser Stelle noch kurz ausführen, warum der Geschlossene Kreis meiner Meinung nach von allen Gruppierungen an unserer Schule die geeignetste ist, sich diesen komplizierten Fragestellungen zu widmen.

1. DISKRETION. Der Kreis versteht sich als unabhängige Interessengemeinschaft. Daraus folgt, daß wir unsere Überzeugungen freiheitlich entwickeln können, ohne der Einflußnahme irgendwelcher Lobbys ausgeliefert zu sein (ähnlich wie die National Association For Freedom, die meiner Ansicht nach wichtigste rechte Splittergruppe, die einige der besten Köpfe unseres Landes in ihren Reihen versammelt hat – John Braine, Peregrine Worsthorne, Winston Churchill Jr. et cetera).
2. PROTEKTION. Die zweite entscheidende Trumpfkarte des Kreises besteht darin, daß wir unsere Mitglieder auch aus dem LEHRERKOLLEGIUM rekrutieren können. Liberale Schlaffis (Nuttall, Serkis etc.) können wir von der Liste streichen und Gleichgesinnte (Pyle, Daintry, Spraggon) für unsere Sache gewinnen.
3. ELITEDENKEN. Der Kreis läßt den Pöbel außen vor. Wir sparen uns lasche Diskussionsrunden, in denen ohnehin nur gelabert wird. Wir verschwenden keine Zeit mit Erbsenhirnen und Dampfplauderern. Im wesentlichen verstehen wir uns als antidemokratisch, und das ist unsere Stärke. Dementsprechend können Ideen und Taktiken schneller und effizienter entwikkelt werden.

Laß mich abschließend sagen, daß ich es als große Ehre empfinde, als jüngstes Mitglied aller Zeiten in den Kreis aufgenommen worden zu sein. Ich betrachte es als Privileg, dem Neubeginn mit Dir an der Spitze beiwohnen zu dürfen. Ich appelliere an Dich: Laß Dich nicht beirren, schon gar nicht von diesem belanglosen Rückschlag. Der Geschlossene Kreis – und damit das gesamte King William's – erwartet Großes von Dir.
Mit den besten Wünschen
Paul

In der Tat aufschlußreiche Worte von Trotter Jr. Es sieht ganz danach aus, als hätten wir unsere Leser zu Recht vor den verblasenen Ansichten dieser konspirativen Vereinigung gewarnt (siehe *BB*-Ausgabe vom 18. November 1976). Nach derartigen Einsichten stimmt es uns fast schon wieder tröstlich, den kürzlich eingesandten Kommentar eines verdienten und scharfsinnigen Korrespondenten unseres Blattes abdrucken zu dürfen.

GEDANKEN ZUR PRÄFEKTENFRAGE

Von Arthur Pusey-Hamilton, MBE

Sehr geehrte Damen und Herren,

Ihr neulich erschienener Leitartikel »Weg mit der Prätorianergarde« hat mich äußerst bestürzt; nicht so sehr aufgrund seiner Argumentationsweise (die ich aus vollem Herzen verabscheue), aber doch wegen des Sachverhalts, daß die Präfekten am King William's nicht mit Schlagstöcken ausgestattet sind; zumindest, wie Sie ja selbst in Klammern durchblicken ließen, *noch* nicht.

Nun, lassen Sie mich die Frage freiheraus, auf die denkbar einfachste Weise formulieren: *Warum zum Teufel eigentlich nicht?* Wenn die Präfekten, wie Sie ja selbst anführen, eine Schulpolizei darstellen, dann sollten sie doch gefälligst auch entsprechend ausgerüstet sein. Himmelherrgott, sieht denn keiner, welch riskanten und heiklen Job diese tapferen Männer haben? Da sollen sie den Abfalldienst beaufsichtigen und eine gemeingefährliche, großteils mit Zwillen und ähnlichem Gerät bewaffnete Horde von Elfjährigen zur Besinnung bringen – und Sie wollen ihnen das kleinste bißchen Ausrüstung verwehren? Eine Schande ist das, meine Herren! Eine Schande!

Ja, und ich bin nicht nur der Meinung, daß die Präfekten dringend Waffen benötigen, sondern denke darüber hinaus, daß sie unserer untadeligen britischen Polizei auch in anderen Belangen gleichgestellt werden sollten.

Nehmen wir nur mal das samstägliche Nachsitzen. Sicher, es ist gut zu wissen, daß die jugendlichen Missetäter ihrer gerechten Strafe zugeführt werden, doch wäre der Vollzug nicht ein wenig effektiver, wenn man ihnen vorher ein wenig »einheizen« würde? Diese Methode wirkt schließlich nicht nur bei der Polizei der West Midlands Wunder. Potentielle Kriminelle würden garantiert schon bei dem Gedanken abgeschreckt, daß ihnen auf dem Weg zum Nachsitzen eventuell ein kleiner »Unfall« auf der Treppe passieren könnte.

Und denken Sie nur an all die ungelösten Rätsel, die immer wieder den geregelten Ablauf des Schulalltags beeinträchtigen; an Richards' St.-Christophorus-Münze etwa oder an den Ziegenbock in Culpeppers Auto. Auch hier könnten sich die Präfekten ein Beispiel an den Strategien unserer Polizei nehmen. Weshalb betraut man einen durchtrainierten Athleten wie Miller nicht damit, aus unkooperativen Verdächtigen die Geständnisse herauszuprügeln? Oder einen so eloquenten Burschen wie den älteren Trotter, den Verdächtigen die Worte im Mund umzudrehen? Diese Methoden haben (wie mir von anderer Seite versichert wurde) schon bei den Birminghamer Pub-Attentätern funktioniert und werden sicher auch im kleineren Rahmen die Zungen renitenter Delinquenten lösen.

Um es kurz zu machen, meine Herren: Mit Schlagstöcken ist es bei weitem nicht getan! Wir brauchen Schutzschilde! Helme! Elektroschocker! Voll ausgerüstete Verhörzimmer! Wir brauchen eine Schulpolizei, auf die wir stolz sein können!

Ich muß wohl kaum hinzufügen, daß mein treues Eheweib Gladys sich diesen Anregungen in voller Gänze anschließt, und verbleibe wie immer Ihr treuer und ergebener Diener,

Arthur Pusey-Hamilton, MBE

Versehen mit dem altehrwürdigen Adelssiegel der Pusey-Hamiltons

22

Eines Montagabends, dem letzten Montag jenes bitterkalten Januars, verließ Philip die Schule ein paar Minuten früher als sonst, nachdem er noch ein paar Dinge im Redaktionsraum erledigt hatte. Als er zur Abwechslung den Südausgang benutzte, bemerkte er eine einsame Gestalt, die in der Dämmerung Abfall auf dem Schulhof aufsammelte, auch wenn der Schulhof aus militärischem Dünkel nur der »Paradeplatz« genannt wurde. Als Philip näher herankam, sah er, daß es sich bei der einsamen Gestalt um Benjamin handelte.

»Hallo«, sagte er. »Was machst du denn hier?«

»Abfalldienst«, antwortete Benjamin. »Willst du mir helfen?«

Philip half ihm, weggeworfenes Schokoladenpapier und entwertete Bustickets aufzusammeln.

»Ich weiß, das ist 'ne blöde Frage«, sagte er, »aber ich dachte, du würdest bloß ein paar Kids beim Abfalldienst beaufsichtigen.«

»Stimmt ja auch«, sagte Benjamin.

»Und wieso machst du's jetzt selber?«

»Na ja…« Benjamin streckte den Rücken und atmete tief aus. Trotz des kalten Wetters lief ihm der Schweiß von der Stirn. »Eigentlich sollte ich's mit den Kids aus der Sechsten machen. Ich hab ihnen gesagt, sie sollten sich in Fünfergruppen aufteilen und dann den Schulhof fünf Minuten lang gegen den Uhrzeigersinn abkämmen, und dann noch mal fünf Minuten in der anderen Richtung.«

»Und was ist passiert?«

»Sie sind zum Bus abgehauen. Die ganze Bande.« Er stieß einen deprimierten Seufzer aus. »Ich hab einfach keine natürliche Autorität, Phil. Nicht das kleinste bißchen.«

»Komm, Kojak. Laß uns gehen.«

»Fang jetzt bloß nicht wieder damit an«, sagte Benjamin, während sie zusammen losgingen. »Kojak« war der neue Spitzname, den Doug sich für ihn ausgedacht hatte. Zudem hatte Doug sich in Anlehnung an eine andere Krimiserie angewöhnt, Benjamin mit den Worten »Buchte sie ein, Danno« zu bedenken, sobald sie auf Jüngere trafen, die irgendwelchen Mist gebaut hatten. Bis jetzt war Benjamin seiner Aufforderung nicht nachgekommen; nach drei Wochen als Präfekt war er insgeheim stolz darauf, daß er weder jemanden gemaßregelt noch zum Nachsitzen verdonnert hatte. Es war seine Form des passiven Widerstands; ein Versuch, sein Gewissen zu beruhigen, nachdem er sich mit etwas einverstanden erklärt hatte, auf das er sich niemals hätte einlassen dürfen.

»Du bist weiß Gott nicht der einzige mit Problemen«, sagte Philip, als sie an den hellerleuchteten, leeren Klassenzimmern vorbeigingen. »Bei mir zu Hause hält es echt kein Mensch mehr aus.«

»Was ist denn los?«

»Ach, immer der gleiche Mist wegen der alten Zuckerpflaume.«

Benjamin sah ihn stirnrunzelnd an. »Das läuft immer noch mit ihm und deiner Mutter? Ich dachte, das wär seit Jahren vorbei.«

»Meine Mutter weiß einfach nicht, was sie will. Mal will sie nichts mehr von ihm wissen, aber dann trifft sie sich auf einmal doch wieder mit ihm, dann hat sie wieder die Nase voll …«

»Du mußt irgendwas machen. Ich meine, wie hältst du das aus, mit ihm als Lehrer, wo du genau weißt, was er von deiner Mutter will?«

»Der meint doch, daß ich eh nichts schnalle. Aber Dad hat die Schnauze gestrichen voll. Er ist tierisch sauer wegen der Sache.«

»Das tut mir echt leid, Phil«, sagte Benjamin. »Ich hatte keine Ahnung davon.« Jetzt, da er nicht länger Mitglied des Redaktionsteams war, seinen Spind im Gemeinschaftsraum der Präfekten hatte und die Mittagspause so gut wie jeden Tag in der holzvertäfelten Abgeschiedenheit des Carlton Clubs verbrachte, begann er mehr und mehr den Draht zu seinem Freund zu verlieren. Sie hatten schon seit Ewigkeiten nicht mehr richtig miteinander geredet. »Hey – wußtest du, daß ich jetzt 'ne Freundin habe?«

»Ja, klar. Jennifer Hawkins. Doug hat es mir erzählt.«

»Oh.« Benjamin wartete auf irgend etwas – ein Schulterklopfen vielleicht oder ein paar nette Worte –, doch Philip sagte nur: »Er wollte sowieso noch mit dir darüber reden.«

Das klang irgendwie merkwürdig, und Benjamin zerbrach sich den Kopf, worum es wohl ging, ehe ihm Doug am nächsten Tag vor der Schulkantine über den Weg lief.

»Philip meinte, du wolltest über irgendwas mit mir reden.«

»Ach, nur ein bißchen aus dem Nähkästchen plaudern. Was machst du heute nach der Schule?«

Benjamin zog eine Grimasse. »Ich hab diese Woche Aufsicht beim Abfalldienst. Ich bin so um halb fünf fertig.«

»Ich hol dich dann ab.«

»Hättest du nicht Lust...« – es war ihm unglaublich peinlich, aber er fragte trotzdem – »na ja, auch zu kommen und mitzuhelfen? Heute sind die aus der Neunten dran, und ein paar... na ja, ein paar von denen sind ganz schön groß für ihr Alter.«

Doug brach in schallendes Gelächter aus, als er das hörte, hörte aber schnell auf, seinen Freund zu veralbern, weil er merkte, daß Benjamin wirklich nervös war. »Mach dir keine Sorgen, Kojak. Wenn die dein Präfektenabzeichen sehen, machen die sich doch in die Hose. Die werden brav wie die Lämmer sein.«

Er brauchte einige Minuten, um Benjamin nach der Schule aufzuspüren. Seine Beine ragten aus einem der Müllcontainer; die Arme hatten sie ihm mit seinem Präfektenschlips auf den Rücken gefesselt.

»Na, wie war's?« fragte Doug.

Als er Ben herausgeholfen, die akribisch geknüpften Kreuzknoten gelöst und ihn einigermaßen gesäubert hatte, fragte er: »Wie fühlt man sich so als Mitglied der herrschenden Klasse?«

»Ich hab das einfach nicht drauf, Doug«, sagte Benjamin. »Ich sag denen, sie sollen sich jemand anderen suchen.«

»Keine Chance, Alter. Das mußt du bis zum bitteren Ende durchziehen.« Er kicherte. »Da haben sie sich ja den Richtigen rausgepickt. Dabei sieht doch ein Blinder, daß aus dir kein Spezialagent wird.«

»Ja, das glaub ich langsam fast auch.«

»Wie ist es Steve ergangen?«

»Besser als mir«, sagte Benjamin, während sie sich auf den Weg hinunter zur Bristol Road machten. Vor ihnen erstreckten sich die verlassenen Rugbyplätze in der Dämmerung, und von weitem konnten sie die proppenvollen Schulbusse auf der Straße erkennen. »Vor ihm haben sie einfach mehr Respekt. Wir haben uns gestern abend länger drüber unterhalten. Ein paar Eltern haben sich herumführen lassen, und wir mußten so siebzig Tassen Kaffee machen und durften hinterher auch noch abwaschen. Da hatten wir ja genug Zeit, mal ein paar Takte miteinander zu reden.«

»Und wenn du mal gerade nicht Serviermädchen für den Direktor spielst, gehst du Jennifer Hawkins an die Wäsche.«

»Was soll das? Ich hab nichts mit Jennifer.«

Doug gab ein ungläubiges Schnauben von sich. »Komm schon, Ben. Alle wissen doch, was auf der Party gelaufen ist.

Ich hab den Kleiderschrank meiner Eltern immer für echt harmlos gehalten. Und jetzt kommen mir plötzlich ganz andere Gedanken, wenn Dad sich ein frisches Paar Socken holt.«

»Mann, das war ein Mal. Seitdem ist nichts mehr passiert.«

»Aber ihr habt euch doch wieder getroffen, stimmt's?«

»Ja.« Dougs Unterton verwirrte Benjamin. »Ich weiß, es klingt komisch, aber das, was in dem Schrank passiert ist, bedeutet mir etwas. Uns beiden. Okay, die Umstände waren etwas merkwürdig, aber es war nicht einfach nur irgend so eine Sache. Es war etwas Besonderes.«

»Scheiße, Ben, werd endlich *erwachsen!* Bloß weil du dich auf 'ner Party mit 'nem Mädchen besäufst und ihr hinterher in der Kiste landet, heißt das doch noch nicht, daß … daß ihr euch jetzt versprochen seid oder so was. Ich meine, wir sind hier doch nicht in einem Jane-Austen-Roman.«

Benjamin sah ihn sauer an. »Dann hast du wohl irgendwelche Romane von ihr gelesen, die ich nicht kenne. Ich kann mich jedenfalls nicht an solche Szenen erinnern.«

»Du weißt genau, was ich meine. Du und Jennifer, ihr paßt doch überhaupt nicht zusammen.« Er blieb stehen und sah Benjamin eindringlich an. »Ich wollte dir zwei Dinge sagen. Erinnerst du dich, wie ich nach London gefahren bin, um die Leute vom *NME* zu treffen? An dem Wochenende, als du nicht mitkommen wolltest? Ich hab da ein Mädchen kennengelernt, die bei *Horse and Hound* arbeitet. Wir haben uns The Clash in Fulham angesehen, und danach sind wir zu ihr, wo wir uns die ganze Nacht …« – er senkte die Stimme zu einem Flüstern – »die Seele aus dem Leib gevögelt haben. Es war Wahnsinn, Ben. Wir haben es in allen nur möglichen Stellungen miteinander getrieben und Sachen gemacht, an die du nicht im Traum denken würdest. Deine dreißig Sekunden mit Jennifer sind dagegen *gar nichts.*«

»Genau gesagt, waren es vierzig.«

»Was auch immer – der Punkt ist der, daß ich dieses Mädchen nie wiedergesehen habe. Wir haben nicht mal Telefonnummern ausgetauscht oder so. Wir hatten einfach eine Nacht lang phantastischen Sex miteinander, und tschüs.«

Benjamin dachte ein oder zwei Sekunden lang darüber nach, bevor er weiterging. »Das bricht einem ja fast das Herz, Doug. Romeo und Julia pur. Aber manche Leute sehen das eben ein bißchen anders.«

»Na gut, von mir aus.« Doug schloß zu ihm auf. »Ich sag dir was anderes. Was wirklich Wichtiges. Du bist siebzehn Jahre alt. In den nächsten Jahren wirst du Hunderte von Frauen kennenlernen. Wenn du dich schon unbedingt in jemanden aus dieser verwichsten Stadt verknallen mußt, dann such dir wenigstens die Richtige aus; hier gibt's ja sowieso nur zwei Mädchen, die dafür in Frage kommen.«

»Ach ja? Wer denn?«

»Claire und Cicely natürlich.«

Benjamin wurde langsamer und blieb dann stehen. Sie befanden sich jetzt am Eingang der Sporthalle, nicht weit vom Tor zur Hauptstraße entfernt. In der obersten Etage befand sich der Gemeinschaftsraum der zwölften Klasse (wo sich diejenigen trafen, die nicht Mitglied des Carlton Clubs waren); ihre Gestalten warfen lange Schatten im Lichtschein, der sich aus den Fenstern über den geteerten Hof ergoß. Plötzlich kam es Benjamin so vor, als sei er wiederum an einem schicksalhaften Wendepunkt seines Lebens angelangt. Die Luft war wie elektrisch geladen; er mußte zu einer Entscheidung kommen.

»Claire und Cicely?«

»Ich weiß, du hast dich für Claire nie interessiert. Obwohl ich nicht verstehe, warum. Ich steh auf sie, schon lange eigentlich. Aber irgendwie hat es zwischen uns einfach nicht gefunkt. Tja, sollte wohl einfach nicht sein. Und Cicely… na ja, sie ist irgendwie nicht mein Typ, aber…«

»Aber was?«

»Na, dein Typ ist sie doch wohl, oder? Sie ist wie für dich

gemacht. Ihr seid beide wie füreinander gemacht. Gott noch mal, Benjamin, du bist der einzige, der die Frau je beeindruckt hat. Sie betet dich an, wenn du's genau wissen willst. Allein wie sie dich ansieht, wenn ihr miteinander redet. Wenn je zwei Menschen zusammengehört haben, dann du und Cicely – und während sie sich von einem verheirateten Mann vögeln läßt, spielst du mir hier vor, zwischen dir und Jennifer Hawkins würde gerade etwas unglaublich Wichtiges und Tiefgründiges abgehen. Das ist ja zum Steinerweichen!«

Eine ganze Zeit lang sagte Ben überhaupt nichts. Er sah zu Boden und fuhr mit dem Fuß über die Schatten, während seine Schallplattentüte langsam hin und her schwang.

»Jennifer hat morgen Geburtstag«, sagte er schließlich. »Ich kann nicht an ihrem Geburtstag mit ihr Schluß machen.«

»Als ob das was damit zu tun hätte«, sagte Doug, obwohl ihm inzwischen etwas klargeworden war, was er eigentlich schon immer gewußt hatte; daß Benjamin ein hoffnungsloser Fall war und er bloß seine Zeit verschwendete. »Was schenkst du ihr denn?«

»Eine Platte«, sagte Benjamin.

»Sie wird sie zum Kotzen finden«, sagte Doug im Weitergehen. »Und ich brauch nicht mal zu wissen, was das für 'ne Scheibe ist. Sie wird sie hassen. Ich weiß es einfach.«

»Oh, super«, sagte Jennifer, als sie die Platte auspackte. »Das hätte ich ja nun gar nicht erwartet.«

Benjamin hatte ihr *Voices and Instruments* gekauft, eine Neuerscheinung auf Brian Enos Obscure-Label. Auf der einen Seite befanden sich Gedichte von E. E. Cummings, vertont von John Cage und gesungen von Robert Wyatt und Carla Bley, auf der anderen minimalistische Arrangements, die der Birminghamer Musiker Jan Steele zu einigen Texten von James Joyce geschrieben hatte.

»Ich weiß, eigentlich hast du dir ja *Evita* gewünscht«, sagte Benjamin, »aber das war nicht ernst gemeint, oder?«

»Ich freu mich echt riesig«, sagte Jennifer.

Schließlich lud er sie noch in *Krieg der Sterne* ein; der Film war gerade in den Kinos angelaufen, und Jennifer wollte ihn unbedingt sehen. Sie saßen in der vorletzten Reihe und ließen geduldig zehn Minuten lang Trailer und Werbespots über sich ergehen, bevor sie hemmungslos anfingen zu knutschen.

»King-William's-Präfekt bei öffentlicher Unzucht ertappt«, sagte eine Stimme hinter ihnen.

Benjamin wandte sich um und erkannte Ives, der Harding letztes Jahr die Vaughan-Williams-Platte ins Gerald Hill Studio gebracht hatte.

»Was hast du hier zu suchen?« sagte er. »Hast du nichts für die Schule zu tun?«

»Sei du bloß ruhig, sonst sag ich's dem Direx.«

Anschließend gingen sie in eine Fish-&-Chips-Bude in der Hill Street und unterhielten sich über den Film. Benjamin meinte, das wäre doch alles nur Geballer ohne jeden Sinn oder Verstand gewesen. Jennifer meinte, es wäre der beste Film, den sie je gesehen hatte. Na ja, jedem seine Meinung.

Sie verabschiedeten sich an der Haltestelle Navigation Street mit einem unentschlossenen Kuß; er war zu lang, um als förmlich durchzugehen, aber zu kurz, um leidenschaftlich zu sein. Jennifer küßte gut, doch Dougs Worte gingen Ben nicht mehr aus dem Kopf, und auf dem Nachhauseweg fragte er sich, ob er je einen zweiten Blick auf diese Brüste erhaschen würde, die er während dieser dunklen Stunden der Ohnmacht vor drei Wochen so trunken umklammert hatte.

Tiger nannte sie ihn inzwischen auch nicht mehr. Das war kein gutes Zeichen.

23

Sie sind die personifizierte narzißtische Verirrung
Ihre Impertinenz und Schamlosigkeit sind jenseits legitimer Paradigmen
Ich verabscheue und verachte Ihren arroganten Sexus
Unter Ihrer Manieriertheit steckt nichts als Pedanterie und Dilettantismus
Sie sind ein syphilitischer, leukodermischer, febriler, pyrexetischer und fistulöser Marasmus

*

Bill umklammerte seine Kaffeetasse und sah sich um. Das Ambiente war ebenso schmucklos wie imposant; einschüchternd sollte es wirken. Die vertäfelten Wände des Hotels ließen ihn an einen exklusiven Club denken; wäre er je dort gewesen, hätten sie ihn womöglich an die Räume des Carlton Clubs am King William's erinnert. Die einschüchternde Botschaft, die von diesen Wänden ausging, war jedenfalls die gleiche: Betrachte es als Gnade, dich hier aufhalten zu dürfen; wir genießen das Vorrecht seit Jahrhunderten; Entscheidungen historischer Ausmaße sind hier getroffen worden; die Mächtigen und Auserwählten haben sich hier beraten. Ein kurzer Einblick sei dir gewährt, doch bald wirst du wieder unter deinesgleichen weilen. Du gehörst hier nicht her.

*

Sündhaftigkeit
Skrofulose

Obskurantist
Scharlatanerie
Ölgötze
Fettessenz
Persiflage
Sykophant
Suppuration
Impetigo
Furunkulose
Kolotomie
Skorbut
Malignität

*

Im Konferenzraum saßen etwa 25 Leute beim Kaffee. Im Saal warteten etwa 700 andere auf die Rede von Michael Edwardes, dem neuen Vorstandsvorsitzenden von British Leyland. Im Publikum befanden sich Dutzende von Verbandsfunktionären; die einflußreichsten hatten sich im Konferenzraum versammelt. Michael Edwardes war ebenfalls anwesend; er sah nervös, aber entschlossen aus.

Bill hatte bislang nicht mit seinen Kollegen gesprochen, obwohl die angekündigte Rede von großer Bedeutung für sie alle war. Edwardes würde über die wirtschaftliche Lage der Firma referieren und die Beschlüsse zur Sprache bringen, die er und sein Beraterstab in den letzten Wochen vereinbart hatten. Es wurde bereits von Entlassungen gemunkelt. Bill wußte, daß seine ganze Konzentration gefordert war, aber er fühlte sich einfach nur ausgelaugt. Er sah sich bereits auf der Verliererseite und Edwardes als strahlenden Sieger aus dem Saal gehen. Außerdem mußte er dauernd an Zulfiqar Rachid denken, einen pakistanischen Arbeiter, der ihn am Tag zuvor wegen des Margaret-Thatcher-Interviews angesprochen hatte, das kürzlich im Fernsehen übertragen worden war (an jenem Abend, als Benjamins erste Aufsicht beim Abfalldienst in die Hose gegangen war). Rachid wollte wissen, was sie damit gemeint hatte, daß das britische Volk langsam von anderen Kulturen »überschwemmt« würde. Ob es einen Einwanderungsstopp geben würde, wenn die Tories an die Macht kämen. Seine Frau und seine drei Kinder waren nach wie vor in Lahore und sollten in zwei bis drei Jahren nachkommen. Ob das nicht mehr möglich sei, wenn Mrs. Thatcher erst Premierministerin war? Ob seine Frau und seine Kinder überhaupt noch in England willkommen waren?

»Es gibt absolut keinen Grund zur Sorge«, hatte Bill gesagt. »Labour wird sowieso wiedergewählt.« Obwohl er genau wußte, daß er sich in die Tasche log.

*

Sam nahm den Telefonhörer ab. Barbara war einkaufen gegangen, und er befand sich allein im Haus. Es war zehn vor elf. Er wußte, daß am King William's gerade Pause war. Die nächsten zwanzig Minuten würden die Lehrer im Lehrerzimmer verbringen und ihre Ruhe bei einer Tasse Kaffee genießen.

Er besah sich die Liste mit den Sätzen, die er in den letzten drei Nächten verfaßt hatte.

Ihr infam unflexibler Nießbrauch liederlicher und zügelloser Lüstlingspraktiken stimuliert nur meine profundesten, hypogäischsten und bathyalischsten Aversionen.

Er wählte die Nummer der Schule und lauschte dem Klingeln in der Leitung. Es meldete sich die Sekretärin des Direktors, die er bat, ihn direkt zu Mr. Miles Plumb durchzustellen.

*

Marktanteile
Kontingente

Deckungsbeiträge
Überbelegung
Betriebseffizienz
Produktstrategien
Körperschaften
Verwaltungsratssitzung
Kapazitätsüberschuß
Einsparungsmaßnahmen
Dinosaurier
Personalabbau

*

Im Hintergrund hörte Sam Stimmengemurmel, knarrende Stühle und klirrende Tassen. »Ich geh ihn kurz suchen«, hatte die Sekretärin gesagt, ohne näher darauf einzugehen, wie lang das dauern würde. Die Zeit verging. Er wartete jetzt schon seit mindestens anderthalb Minuten.

Ihre frivole Rossigkeit ist Synonym für Nymphomanie.
Sie sind ein tolldreister Pharisäer, ein barbarisches Mondkalb,
ein grotesker Tartüff und ein Ausbund schlappschwänziger
Widerwärtigkeit.

Die Worte begannen ihm vor den Augen zu verschwimmen. All die Sätze, die um zwei Uhr morgens im Halbdunkel des Wohnzimmers so großartig geklungen hatten, erschienen ihm jetzt geschwollen und fehl am Platz. Bei manchen wußte er nicht mal mehr, was sie bedeuteten. Und trotzdem mußte er den Mann mit seinen eigenen Waffen schlagen. Er mußte dieselben Mittel einsetzen, mit denen Miles ihm Barbara abspenstig gemacht hatte.

Plötzlich hörte er, wie sich am anderen Ende Schritte näherten.

*

Wir müssen endlich den Tatsachen ins Auge sehen.

Die Atmosphäre im Saal war angespannt und gedrückt, fast wie bei einem Begräbnis.

ist schwierig, und wir werden sicher auch unpopuläre Entscheidungen treffen müssen

Bill war einer der wenigen im Publikum, denen wirklich klar war, was an diesem Morgen auf dem Spiel stand. In dieser Rede ging es nicht einfach nur um bestimmte Standpunkte. Kurz bevor er aufs Podium gegangen war, hatte Michael Edwardes den Delegierten im Konferenzraum eröffnet, daß er am Ende seiner Rede den Versammelten die Vertrauensfrage stellen würde. Erst kam also sein Bericht zur wirtschaftlichen Lage, verbrämt mit den üblichen salbungsvollen Floskeln, daß man den Gürtel enger schnallen und sich zum Wohle aller gesundschrumpfen müsse, und anschließend sollten die Betriebsräte nach ein paar Minuten Beratung ihre Gegenargumente vortragen, ohne überhaupt richtig vorbereitet zu sein. Sie waren eiskalt ausgekontert worden.

ein schmerzhafter, aber notwendiger Prozeß des Personalabbaus

Schmerzhaft für wen?

etwa zwölfeinhalbtausend Arbeitsplätze sind betroffen

Verkrampft saß Bill auf seinem Stuhl; jede Sekunde mußte ein Raunen durch die Menge gehen. Doch er hörte nur, wie ein oder zwei Leute tief Luft holten; und das war auch schon alles. Zwei Reihen hinter ihm gab Colin Trotter mit einem traurigen Kopfnicken seine Zustimmung kund; für ihn war das alles nur eine logische Konsequenz. Bill sah die Logik dieser Konsequenzen ebenso, nur daß er sie aus tiefstem Herzen verabscheute, mit eben jener Leidenschaft, die ihm in der Vergangenheit immer wieder erneut Kraft gegeben hatte, aber mit einem Mal völlig erloschen zu sein schien. Als er zu Derek Robinson hinübersah, wechselten sie einen langen, niedergeschlagenen Blick.

*

»Hallo?« sagte die Stimme am anderen Ende der Leitung.

Jetzt war es also soweit; der lang erwartete Augenblick der Konfrontation war gekommen.

agapistischer Libertin
ruchloser Liebediener
ekelerregender Casanova
schäbiger Schürzenjäger
nyktalopischer Kuckuck

»Spricht da Mr. Plumb?«

»Ja.«

»Hier ist Sam Chase. Barbaras Mann.«

Schandbube
Fatzke
Perverser
Wulstling
Stymphalide
Zystopyelitiker
Smegmatiker
Subspezies
Taschenspieler
Apoplektiker
Saliromane

Eine lange Pause entstand. Keiner der Männer schien dem anderen etwas zu sagen zu haben. Sam versuchte die Worte zu formen, aber sie wollten nicht über seine Lippen kommen. Mehr als ein Jahr lang hatten sich Frust und Haß in ihm aufgebaut, und jetzt versagte ihm plötzlich die Sprache. Es war schlicht und einfach zuviel für ihn.

»Wollen Sie etwas Bestimmtes artikulieren?« fragte Mr. Plumb. »Intendieren Sie eine Art Konsilium mit Ihrem Anruf?«

Sam war so außer sich über seinen Widersacher, daß er die vor ihm liegenden Papiere zerknüllte, die Augen vor Wut zusammenkniff und instinktiv, ohne auch nur einen Augenblick darüber nachzudenken, das schlimmste, verächtlichste und lauteste Furzgeräusch zustande brachte, das je über seine Lippen gekommen war.

Später, als er sich wieder unter Kontrolle hatte, mußte er zugeben, daß das nicht gerade eine Meisterleistung gewesen war. Eines erwachsenen und redegewandten Mannes war das wirklich nicht würdig. Doch anscheinend hatte er damit den Vogel abgeschossen. Am anderen Ende der Leitung war plötzlich kein Ton mehr zu hören gewesen, bevor sein Widersacher urplötzlich aufgelegt hatte. Weder er noch Barbara bekamen jemals wieder etwas von der Zuckerpflaume zu hören.

*

Die Delegierten strömten aus dem Saal ins Foyer und hinaus in den sonnigen Februar. Michael Edwardes wurde sofort von einer Horde wartender Journalisten umringt. Er wirkte abgekämpft, aber strahlte vor Freude. Seine Rede war ein Triumph gewesen. Er war als strahlender Sieger vom Platz gegangen. Die Anwesenden hatten mit 715:5 Stimmen für seinen Maßnahmenkatalog gestimmt. Die Einwände von ein paar »militanten Extremisten« waren abgeschmettert worden. Die Neustrukturierung von British Leyland war soweit unter Dach und Fach.

Bill saß auf einer niedrigen Mauer und ließ seinen Blick über den gepflegten Hotelgarten schweifen. Als er Schritte auf dem Kiesweg hörte, wandte er sich um und sah, wie Derek Robinson auf ihn zukam.

»Dagegen werden wir kämpfen«, sagte der Mann, der bald darauf – sehr bald darauf – von den Zeitungen als »der rote Robbo« dämonisiert und von Michael Edwardes wegen seiner Protestaufrufe gegen die drohende Kündigungswelle selbst entlassen werden sollte. »Dagegen werden wir bis zum Letzten ankämpfen.«

»Ja, klar«, sagte Bill.

Derek sah ihn mit forschenden, besorgten Augen an. Dann sagte er: »Verlier bloß nicht den Glauben an unsere Sache, Bill.«

Vor dem Hotel wartete ein Bus, der zurück nach Longbridge fuhr. Bill sah kurz nach, ob Sam Chase am Steuer saß. Er hätte sich gern mit Sam unterhalten. Aber es war ein anderer Fahrer.

»Fahren Sie ruhig schon los«, sagte er. »Ich glaube, ich bleibe noch ein Weilchen hier.«

Die Menge löste sich nach und nach auf. Michael Edwardes war bereits in einer Limousine davongefahren, und auch die Journalisten waren nicht mehr da. Bill ging zurück ins düstere Innere des Hotels und sah sich ratlos um, ohne zu wissen, was er als nächstes unternehmen sollte. An einem Tisch in der Ecke saßen Colin Trotter und ein paar andere Manager vor Gläsern mit Bitter Lemon und Gin Tonic. Die dunkle Wandvertäfelung und die schulterklopfende Atmosphäre zwischen den Männern ließen Bill erneut an einen exklusiven Club denken; die Sorte Club, in dem nur Auserwählte Mitglied werden konnten, ohne daß einem je erklärt wurde, nach welchen Regeln die Auswahl erfolgte, warum die einen aufgenommen wurden und andere nicht. Und was war das für ein Club? Der Club der Bosse? Der Club der Schurken? Der Club der Lügner?

Zwölfeinhalbtausend betroffene Arbeitsplätze. Ein schmerzhafter, aber notwendiger Prozeß. Die vorgeblichen Gewissensbisse des Managements waren ihm restlos zuwider, genauso wie die ewig langen, nervenaufreibenden Sitzungen, bei denen saturierte Entscheidungsträger ihre Hände in Unschuld wuschen; gleichzeitig mußte er an all die Tausende von Menschen denken, denen in diesen harten, marktorientierten Zeiten Wochen und Monate, ja, vielleicht sogar Jahre der Not und Hoffnungslosigkeit bevorstanden. Was konnte er jetzt noch unternehmen, nachdem sie die Bekanntmachung ohne Widerworte geschluckt und sich selbst um ihren Lebensunterhalt gebracht hatten? Ja, es war noch gar nicht so lange her, daß er wirklich geglaubt hatte, sie könnten den Kampf gewinnen; doch jetzt neigte sich das Jahrzehnt dem Ende zu, während er mit ihm alt geworden war und in seinem tiefsten Innern wußte, daß diese Zeit unwiederbringlich vorbei war, genauso wie die Zeit der süßen Heimlichkeiten mit Miriam Newman, die ebenfalls nie wieder von den Toten auferstehen würde.

24

Exeter, 14. Oktober 1981

Liebe Chiara (wie ich Dich ja jetzt nennen soll),
grau und trüb ist es hier. Der Wind heult von der Küste landeinwärts. Unglaublich, aber selbst hier auf dem Campus ist die Luft feucht und salzig. Ich sitze in der Bibliothek – soweit ich sehen kann, bin ich die einzige hier – und sehe zu, wie die Nässe an den Fenstern herunterrinnt. Vor mir liegt eine Sammlung kritischer Essays zur Dichtkunst des 18. Jahrhunderts, neben ein paar Bänden Pope und Gray, ebenfalls noch ungelesen. Wo stecken eigentlich alle? Verpasse ich gerade ein lebenswichtiges Seminar, oder was? Egal, ich schreibe lieber an Dich, statt mich hier mit öden alten Versmaßen zu beschäftigen.

Und, wie ist der Herbst in Mantua? Bestimmt wunderbar. Ich kann mir Dein neues Leben lebhaft vorstellen. Wahrscheinlich sitzt Du gerade in einem Café unter einer Arkade und blickst auf eine Piazza, während Du an Deinem Cappuccino nippst. Der Wind weht Blätter über das Kopfsteinpflaster. Eine alte, schwarz gekleidete Frau schiebt ihr Fahrrad über den Platz; ihr Korb ist voll mit Brot und Tomaten und Käse und Milch. An der Ecke stehen ein paar knackige italienische Ragazzi bei ihren Motorrädern und kriegen Stielaugen, während sie diese schöne, geheimnisvolle Studentin aus England beobachten und sich streiten, wer sie als erster ansprechen darf. Hoch oben vom Campanile ertönt die Kirchenglocke, und… Okay, so ist es ganz bestimmt nicht, ich häufe bloß Klischee auf Klischee, aber ich darf ja wohl mal ein bißchen rumspinnen an diesem scheußlichen Morgen.

Übrigens, willst Du dann einfach wieder Claire sein, wenn Du hierher zurückkommst? Na ja, was ist schon einfach, oder?

Philip will Dich also in ein paar Wochen besuchen kommen. Da haben wir uns wohl gegenseitig überrascht, was unverhoffte Besucher angeht. Aber Du und Philip? Wunder gibt es immer wieder. Ja, klar, es ist nichts dabei, er ist bloß ein Freund, der für ein paar Tage nach Italien kommt. Trotzdem, irgendwie klang es schon nach ein bißchen mehr. Wie auch immer, ihr werdet bestimmt jede Menge Spaß miteinander haben. Er ist echt süß, total in Ordnung, das habe ich schon immer gedacht. Von all denen, die damals bei der Schülerzeitung mitgemacht haben, war er am nettesten, total unkompliziert. Findest du nicht auch?

Was man von Benjamin ja nun wahrlich nicht behaupten kann.

Ja, ich bin echt platt, daß er mich hier besuchen will, und dann auch noch das ganze Wochenende lang. Ich glaube, ich hab ihn einfach mürbe gemacht, so oft, wie ich ihn eingeladen habe in den letzten zwei Jahren. Und jetzt, wo es schließlich passiert, bin ich auf einmal total nervös. Ich meine – Benjamin? Und dann gleich für zweieinhalb Tage? Worüber sollen wir uns unterhalten? Selbst zweieinhalb Stunden, ach was, zweieinhalb Minuten sind ja schon die Pest. Ich weiß echt nicht, ob ich das aushalte, ein ganzes Wochenende voller ewig langer Gesprächspausen, während er wie üblich deprimiert aus dem Fenster starrt und sich den Kopf zermartert, um das mot juste *auf so brennende Fragen zu finden, ob er Lust auf eine Tasse Tee hat.*

Oh, ich weiß, ich bin echt unfair, total unfair. Wir haben Benjamin doch alle gemocht. Du ja sowieso. Und vielleicht hat Oxford ja einen ganz anderen Menschen aus ihm gemacht (na ja, wohl nicht gerade der ganz große Hit auf der Wahrscheinlichkeitsskala). Aber Spaß beiseite, es gab wohl schon den einen oder anderen Grund, warum er immer so nachdenklich und traurig war. Ich weiß es sogar. Klar, man kann in Menschen nicht hineinsehen. Aber einen winzigen Blick habe ich doch mal erhascht.

Ich habe noch nie jemandem davon erzählt, aber, hey, es ist halb elf Uhr morgens, alle meine Bekannten amüsieren sich irgendwo ohne mich, hier in der Bibliothek ist es totenstill, und ich habe einen ganzen Notizblock, den ich vollschreiben kann. Vielleicht würde ich Dir ja sowieso irgendwann mal davon erzählen, also kann ich es genausogut auch jetzt tun.

Ehrlich gesagt, ist es eine ziemliche Horrorgeschichte. Und eigentlich dreht sie sich mehr um seine Schwester Lois als um Ben selbst. Ich komme später darauf zurück.

Das Ganze ist jetzt… O Gott, das ist nun auch schon dreieinhalb Jahre her. Wie einem die Zeit zwischen den Fingern zerrinnt! Wenn ich mich recht entsinne, war es im Februar 1978. Kurz nachdem er diese gräßliche Affäre mit Jennifer Hawkins hatte. Je weniger Worte man darüber verliert, desto besser.

Erinnerst Du Dich an Mr. Tillotson und seine Wanderstunde? Nein, ich glaube, du warst nie dabei. Das Ganze fing an der Jungenschule an, so eine Art letzte Zuflucht für die chronisch Unsportlichen, aber schließlich durften auch ein paar Mädchen daran teilnehmen, und auf einmal gab es regen Zulauf, wie Du Dir vorstellen kannst. Da gingen alle möglichen Sachen hinter den Büschen ab, aber das führt jetzt zu weit. Alle frotzelten immer rum, wir würden uns ja doch bloß verlaufen, aber wie in jedem Witz steckte auch ein Körnchen Wahrheit darin. Mr. Tillotson war wirklich ein Lieber, aber Landkarten waren für ihn ein Buch mit sieben Siegeln. Nach einer Weile schlossen einige sogar Wetten ab, wie lange es dauern würde, bis wir vom Weg abgekommen waren. Es war für alle ein Riesenspaß.

Egal, was andere sagen, um Birmingham herum gibt es eine Menge schöner Gegenden, aber nach ein paar Wochen hatten wir sie alle durch. Dann kam Mr. T. auf die Idee, einen Ausflug zu den stillgelegten Kanälen zu machen. Die meisten von uns hatten von diesem Kanalsystem noch nie gehört, aber tatsächlich gibt es Meilen und Abermeilen von Kanälen in Birmingham, obwohl längst keiner mehr als Transportweg benutzt wird. Es war sehr beeindruckend, die Stadt mal von einer ganz anderen Seite zu sehen, die Hinterhöfe von Dutzenden leerstehender Fabriken und unheimliche Lagerhäuser mit zerschlagenen Fenstern. Jedenfalls war das der ideale Ort, um sich total zu verlaufen.

Benjamin und ich hatten uns von den anderen abgesetzt, und schließlich begann es dunkel zu werden. Wir hatten nicht die geringste Ahnung, wo der Rest der Gruppe war, beschlossen dann aber, auf die anderen zu warten, bevor wir uns völlig verzettelten.

Wir setzten uns also hin und unterhielten uns.

Benjamin sagte irgendwas über die Kanäle, und so kamen wir ins Gespräch. Er meinte – jedenfalls hatte ihm das Mr. T. erzählt –, Birmingham hätte ein verzweigteres Kanalsystem als Venedig. Hört sich nicht sehr plausibel an – na ja, vielleicht hast du eines Tages mal Lust, das alles nachzumessen. Egal, jedenfalls sagte ich darauf in etwa, schön und gut, aber in Venedig hast du wenigstens diese ganzen Palazzi und die wunderschönen Kirchen. Und dann sagte Benjamin etwas Merkwürdiges; er sagte, solche Vergleiche würden ihn ankotzen, wie eine Kirche aussehen würde, wäre doch überhaupt nicht wichtig, es ginge doch vielmehr um den Glauben, die Reinheit *dieses Glaubens (oder so ähnlich), und in der Hinsicht seien die Kirchen in Birmingham ebenso bedeutend wie die in Venedig oder anderswo.*

Er sagte das mit ziemlichem Nachdruck, deshalb fragte ich: »Benjamin, willst du mir erzählen, du wärst religiös?«

Und er sagte: »Ja, genau das.« Und als ich ihn fragte, wieso er das nie vorher erwähnt hatte, sagte er, er hätte schon seit längerem mit mir drüber reden wollen, aber irgendwie wäre nie der richtige Moment gekommen und daß er deshalb keiner christlichen Gruppe beigetreten sei, weil Glaube seiner Meinung nach etwas sehr Privates war, das er nicht mit anderen Leuten teilen wollte.

Jede Wette, daß Dich das überrascht, stimmt's? Obwohl Du wahrscheinlich nicht besonders begeistert darüber bist. Religion, egal welcher Form, war Dir doch immer zuwider, und ich habe auch nie etwas dagegen gesagt, aber jetzt, in diesem Brief, tu ich's: Du hast dich getäuscht, *Claire, und ich weiß auch, warum Du diese Einstellung hast, aber die Art von Religion, der Deine Eltern anhängen, hat mit echtem Christentum nichts zu tun; diese Art von Glauben ist doch bloß pervers, wenn du mich fragst. Echtes Christentum dreht sich um Liebe und Vergebung und Toleranz, nicht darum, irgendwelche Leute zu verurteilen, nur weil sie mal einen Fehler gemacht haben, und es ist absolut nichts Anstößiges daran. Aber ich will Dich überhaupt nicht bekehren. Ich wollte Dir nur sagen, daß es bestimmte Dinge gibt, die mich mit Benjamin verbinden, egal, wie verschieden wir, oberflächlich gesehen, auch sein mögen.*

Ich fragte ihn, wann er zu Gott gefunden hatte, und er erklärte es mir, wenn er auch nicht in die Einzelheiten ging. Als er dreizehn oder vierzehn war, muß er mal ziemlich in der Klemme gesteckt haben; jedenfalls fing er an zu beten, und seine Gebete wurden sofort erhört. Im selben Augenblick! Er meinte, es wäre so was wie ein Wunder gewesen, aber Genaueres weiß ich auch nicht. Er sagte, davon wüßten nur Gott und er allein und daß er selbst Philip nichts davon erzählt hätte. Dann sagte er, doch, einer Person hätte er es erzählt. Lois. Er hätte es ihr erzählt, als sie in der Klinik war, weil er glaubte, daß es ihr helfen würde.

Und so kamen wir auf Lois zu sprechen. Er erzählte mir,

was wirklich an jenem Abend in dem Pub geschah, und ich habe nicht ein Wort davon vergessen.

Ich wußte soviel von der Geschichte wie Du wahrscheinlich auch. Sie war mit ihrem Freund zusammen in dem Pub, als diese Bombe hochging und ihn tötete. Sie wurde schwer am Bein verletzt und mußte noch Monate später an Krücken gehen. Außerdem hatte sie Verbrennungen davongetragen. So gesehen, hatte sie wirklich Glück, aber die seelischen Wunden gingen um vieles tiefer; niemand weiß, wann solche Wunden geheilt sind, und manchmal verheilen sie nie. Lange Zeit stand sie unter Schock; danach schien es ihr besserzugehen, doch dann kamen diese Rückfälle, die schlimmer und schlimmer wurden, bis sie völlig depressiv wurde und schließlich in die Psychiatrie kam. Das war etwa zwei Jahre nach dem Attentat, glaube ich. Soweit ich weiß, kam sie nach ein paar Monaten wieder nach Hause. Aber schon die kleinste Aufregung konnte zuviel sein. Philip hat mir davon erzählt. In dem Augenblick, als die Bombe hochging, lief gerade »I Get a Kick out of You« in der Musikbox – der Cole-Porter-Song –, und danach mußten sie aufpassen, daß dieser Song nicht gerade zufällig irgendwo lief, weil Lois das nicht verkraften konnte und dann sofort Weinkrämpfe bekam.

Wirklich nahe kamen sich Benjamin und Lois während ihrer Zeit in der Klinik. Er besuchte sie immer am Wochenende und nahm sie auf lange Spaziergänge in die Berge mit. Ich weiß nicht, wie oft ihre Eltern zu Besuch kamen, ganz abgesehen von Paul – der Psycho ist wahrscheinlich sowieso nie vorbeigekommen –, aber zu Ben hatte sie die engste Beziehung. Die beiden nannten sich The Rotters' Club, nach irgendeinem Plattentitel (in der Schule wurden sie ja auch die Rotters genannt), und Benjamin erzählte ihr, was die Woche über an der Schule passiert war, wobei er sich immer fragte, ob sie überhaupt zuhörte, weil sie die meiste Zeit über kein Wort sagte. An dem Nachmittag am Kanal erklärte er mir aber, daß sie absolut alles mitbekam, jedes noch so winzige Detail; sie erinnerte sich so gut an seine Geschichten, daß sie am Ende mehr über seine Schulzeit wußte als er selbst. Bei einem seiner Besuche erzählte er ihr auch von diesem Wunder, das ihm widerfahren war. Und allmählich begann sie auch wieder zu sprechen. So erfuhr er, was in dem Pub geschehen war, als die Bombe ihren Freund zerrissen hatte.

Wahrscheinlich ist es ebenfalls so etwas wie ein Wunder, daß dieser Schicksalsschlag Lois und Ben so eng zusammenführte. Gott sorgt eben doch dafür, daß jede Sache auch ihr Gutes hat, verstehst Du. Aber ich will Dir hier ja keine Predigt halten.

Lois' Freund hieß Malcolm. Sie war bis über beide Ohren in ihn verliebt, und als sie an jenem Abend in den Pub gingen, war das nicht bloß ein alltägliches Date. Benjamin wußte Bescheid, weil Malcolm ihm von seinen Plänen erzählt hatte, aber Lois hatte keine Ahnung. Es sollte eine Überraschung sein. Malcolm hatte einen Ring für sie gekauft und wollte um ihre Hand anhalten.

Merkwürdig, aber während ich das hier schreibe, habe ich zwei verschiedene Bilder im Kopf. Einmal das von Malcolm und Lois, wie sie zusammen in dem Pub sitzen, aber gleichzeitig sehe ich mich selbst, wie ich mit Benjamin dort in der Eiseskälte am Kanal stehe, während in ein paar Fabrikfenstern die Lichter angehen und sich auf dem sich kräuselnden Wasser spiegeln. Nur ganz wenige; es war totenstill, fast geisterhaft da draußen, in diesem verlassenen Teil Birminghams, den die Außenwelt so gut wie vergessen hatte. Nur wir beide waren da. Und das mehr oder weniger durch einen Zufall.

»Und? Hat er dann um ihre Hand angehalten?« fragte ich, weil ich wissen wollte, wie die Geschichte ausging, und Benjamin sehr schweigsam geworden war. Die Worte kamen nur zögernd über seine Lippen, und er hatte angefangen zu zittern.

»Nein«, sagte er. »Nein, es kam nicht mehr dazu. Er wollte ihr gerade den Ring geben, aber…«

Er konnte nicht weitersprechen, und ich legte meine Hand auf seinen Arm. Das war schon ziemlich mutig, aber ich dachte gar nicht darüber nach. Er ist ja nun nicht gerade der Typ, den man in den Arm nimmt; körperliche Nähe ist ihm eher unangenehm.

»Und dann«, fuhr er nach einer Ewigkeit fort, »ist es passiert.«

Dann sagte er: »Lois kann sich nicht erinnern, was in den nächsten Minuten geschah. Sie muß furchtbare Schmerzen gehabt haben, aber auch daran kann sie sich nicht erinnern. Um sie herum wurde alles schwarz, und es muß die Hölle los gewesen sein, bevor sie wieder zu sich kam. Alles, woran sie sich erinnert, ist… wie sie nach unten sah und Malcolm erblickte.«

»Was war mit ihm?« fragte ich, und Benjamin sagte: »Sie hielt seinen Kopf in ihrem Schoß.«

Ich weiß, was Du jetzt denkst, wenn Du diese Worte liest; wahrscheinlich dasselbe, was ich dachte, als ich sie hörte. Ich dachte – es war echt blöde von mir, aber ich kann es nicht ändern –, ich dachte, wie romantisch. Zwei Liebende. Er liegt in ihrem Schoß. Sie wiegt ihn sanft, während er stirbt. Vielleicht hauchen sie sich sogar noch ein paar letzte Worte zu. Benjamin meinte, er hätte das auch gedacht, als Lois es ihm das erste Mal erzählte. Aber es war ganz anders.

»Nicht ihn*«, sagte er. »Es war nicht er, den sie festhielt. Es war nicht Malcolm. Es war sein Kopf. Nur sein Kopf.«*

Und während ich das zu verarbeiten versuchte, brachte er noch ein paar Worte mehr hervor. Er sagte: »Eine Bombe… Eine Bombe kann schreckliche Dinge mit einem menschlichen Körper anrichten… Du hast gar keine Ahnung… Da waren Leute, die…«

Und dann sagte er gar nichts mehr. Er fing an zu weinen. Ich nahm ihn in die Arme, und er weinte eine Ewigkeit lang an meiner Brust, ganz tief von innen heraus. Und so saßen wir da, ganz allein, an diesem einsamen, unheimlichen Ort, an den wir uns verirrt hatten. Diesen Nachmittag werde ich nie vergessen.

Ich werde ihn mein Lebtag nicht vergessen.

Was manche Menschen durchmachen müssen…

So, jetzt kennst Du die Geschichte von Benjamin und Lois und Malcolm. Ich frage mich, wo Du wohl sein wirst, wenn Du diese Zeilen liest. Hoffentlich unter der Arkade mit Blick auf die Piazza. Vielleicht mit einem kalt gewordenen Cappuccino vor Dir.

Ich glaube, ich könnte jetzt auch einen Kaffee vertragen.

Im nächsten Brief schreibe ich Dir dann, wie das Wochenende mit Benjamin war. Und laß mich hören, wie es Dir mit Philip ergangen ist. Wir sollten uns niemals aus den Augen verlieren. Die Erinnerungen an unsere Schulzeit sind so kostbar, und doch ist mir schon so viel entfallen. Allein der Spaß, den wir zusammen hatten, als wir die Schülerzeitung gemacht haben! Eine wunderbare Zeit, und Du warst mit das Beste daran.

O Gott, ich werde sentimental. Zeit, Schluß zu machen. Das Leben ruft. Oder zumindest das, was sich augenblicklich so nennt.

Verlier die Arbeit nicht aus den Augen, aber vor allem genieße das Leben dort unten! Und laß Dich nicht von den knackigen Motorroller-Boys einwickeln – die wissen genau, wie gut sie aussehen!

Ciao Chiara, bella amica,
In Liebe Deine

Emily

25

Monate vergingen; dann wurde Cicely krank. Kurz vor den Abschlußprüfungen im Sommer 1978 erkrankte sie an einem Drüsenfieber. Ihre Freunde sagten, sie habe sich zuviel Arbeit zugemutet, ihr kompliziertes Gefühlsleben fordere seinen Tribut. Die üblichen Lästerzungen meinten, sie würde bloß eine ihrer Shows abziehen, das Ganze sei psychosomatisch. Was immer der Wahrheit entsprechen mochte – Cicely hütete drei Wochen lang das Bett, bevor sie zur Erholung zu ihrem Onkel nach Wales geschickt wurde. Die Prüfungen hatte sie verpaßt. Sie würde das vergangene Jahr komplett wiederholen müssen.

Am allerletzten Schultag, dem 20. Juli 1978, traf Emily Benjamin dabei an, wie er gerade seinen Spind ausräumte. Sie hielt ihm eine Karte zum Unterschreiben hin. Es war eine Genesungskarte für Cicely, auf der schon etwa dreißig Leute unterschrieben hatten. Benjamin warf einen Blick auf den bereits adressierten Umschlag, und als erstes sagte er: »Aber das ist ja da, wo wir jedes Jahr hinfahren.«

»Echt? Tja, ihr Onkel lebt auch dort.«

Das Anwesen des Onkels hieß Plas Cadlan und lag in einem Dorf namens Rhîw, durch das Benjamin Dutzende von Malen mit seinen Eltern gefahren war, wenn sie nach Aberdaron oder Bardsey Island wollten. Der Campingplatz, wo sie jedes Jahr mit dem Wohnmobil waren, lag nur fünf Meilen entfernt. Er konnte kaum glauben, daß auch Cicely etwas mit diesem Flecken Erde verband, der ihm in gewisser Weise heilig war; nicht wegen der religiösen Kultstätten aus dem fünften oder sechsten Jahrhundert, sondern weil die Gegend zum Hort seiner kostbarsten Kindheitserinnerungen geworden war. Paul, Lois und seine Eltern würden in zwei Wochen wieder dort sein. Benjamin hatte sich entschlossen, in diesem Jahr zu Hause zu bleiben und sich um seine Großeltern zu kümmern, da sein Großvater an Prostatakrebs erkrankt und zu schwach für eine Reise war. Er hatte sich bereits auf zwei ruhige Wochen eingestellt. Doch jetzt, nachdem er erfahren hatte, daß Cicely dort sein würde …

»Wie lang bleibt sie denn bei ihrem Onkel?« fragte er.

Emily wußte es nicht. Möglich, daß sie den ganzen Sommer in Wales verbrachte, aber vielleicht war sie auch schon nächste Woche wieder in Birmingham. Alles hing von ihrem Gesundheitszustand ab.

Die Nachricht paßte bestens zu diesem Tag, der ohnehin schon durch und durch seltsam war. Seit den Abschlußklausuren war die Schule immer unwirklicher geworden. Richtige Stunden hatten sie nicht mehr. Die etwa dreißig Jungen, die wie Benjamin im Herbst an den Aufnahmeprüfungen für Oxford und Cambridge teilnehmen würden, hielten noch ein paar informelle Treffen ab, bei denen darüber geredet wurde, wie man sich den Sommer über am besten darauf vorbereiten konnte. Die Schulmeisterschaften waren noch in vollem Gange. Davon abgesehen, gab es keinen Anlaß für die Prüfungsabsolventen, überhaupt noch zur Schule zu kommen. Benjamin verbrachte viel Zeit zu Hause, hörte Platten, fuhr in die Stadt, um sich neue zu besorgen, und traf sich gelegentlich mit Jennifer, wobei er sich ein ums andere Mal sagte, daß er endlich mit ihr Schluß machen mußte, bevor sie es tat. Als Captain des Tennisteams (im Cricket hatte er sich bereits als Niete erwiesen) führte er seine Mannschaft zu schmählichen neun Niederlagen hintereinander, wobei jedes Match 6–0, 6–0, 6–0 verloren wurde. Und jetzt, am endgültig letzten Schultag, waren alle auf den Fluren unterwegs; man schwor sich ewige Freundschaft oder (und da wurde es erst richtig emotional) rieb alten Feinden unter die Nase, wie froh man war, sie endlich nicht mehr sehen zu müssen. Es war alles etwas überkandidelt.

Gegen Nachmittag verbreitete sich das Gerücht, im Carlton Club würde eine Party steigen. Als Benjamin nachsehen ging, stellte er fest, daß der Raum von einer Horde Burschen annektiert worden war, von denen keiner Clubmitglied war. Am großen Tisch fand ein Zockermarathon statt; Rauschschwaden hingen schwer in der Luft. Culpepper hielt die Bank und fuhr offenbar ziemlich gut damit. Sein triumphierendes Gelächter war über den halben Flur zu hören. Irgend jemand hatte eine Kiste Portwein aus der Küche stibitzt, die inzwischen so gut wie leer war. Ein Junge namens Foote hatte in den Innenhof gekotzt, wobei die Hälfte der braungelben Soße gegen das weiter unten liegende Bürofenster des Direktors geklatscht war. Anschließend war er von der Schule verwiesen worden, auch wenn die Strafe am letzten Schultag keine rechte pädagogische Wirksamkeit hatte.

Nur einer hielt sich abseits des Tumults. Er saß in einem der Lederfauteuils und trank einen Portwein nach dem anderen, während sich mit jedem Glas mehr Wut und Haß in seine frustrierte Miene mischten. Es war Steve Richards.

Steve hatte sich in den letzten Wochen ziemlich verändert. Er war felsenfest davon überzeugt, daß er in seinen Prüfungsfächern versagt hatte; genauer gesagt, bei einer äußerst wichtigen Physikklausur, die so miserabel gelaufen war, daß er auch seine anderen Klausuren nicht mehr richtig auf die Reihe bekommen hatte. Bei der Abschlußfeier am Wochenende zuvor hatte er mit Benjamin unter vier Augen gesprochen und sich ihm anvertraut. Er wüßte nicht, wie das alles passiert sei. Er sei während der Klausur plötzlich eingeschlafen.

»Du bist eingeschlafen?« wiederholte Benjamin.

»Es muß so gewesen sein. Als ich auf die Uhr gesehen habe, war es Viertel nach zwei, und als ich zum zweiten Mal hinsah, war es schon zehn vor vier. Und auf meinem Bogen stand absolut gar nichts. Nicht eine einzige verdammte Zeile.«

In Benjamins Ohren klang das völlig absurd. »Warst du denn müde?« fragte er.

»Natürlich nicht. Verdammt noch mal, ich war in Topform. Ich kannte den Stoff in- und auswendig.«

»Es gibt da so eine Krankheit, bei der die Leute plötzlich einschlafen«, sagte Benjamin nachdenklich. Er hatte vor kurzem *Der dritte Polizist* von Flann O'Brien gelesen, einen Meilenstein humoristischer Literatur, in dem eine der Hauptfiguren, ein verrückter Wissenschaftler namens De Selby, durch seine Narkolepsie von einer aberwitzigen Situation in die andere stolperte. »Vielleicht solltest du einfach mal zum Arzt gehen.«

»Ich bin nicht krank«, betonte Steve. »Irgend jemand hat dafür gesorgt, daß ich einschlafe.«

»Dafür gesorgt?«

»Die haben irgendwas mit mir angestellt.«

Kurz darauf hatte Benjamin das Gespräch mit einer Ausflucht abgebrochen. Allmählich begann er zu glauben, daß Steve, so wie Cicely auch, zu verbissen gepaukt hatte und sich in irgendwelche fixen Ideen hineinsteigerte. Doch Steve blieb bei seinen Anschuldigungen. Er verbreitete seinen Verdacht weiter und brachte Culpepper damit in Verbindung; er war der Meinung, daß sein alter Rivale ein Komplott gegen ihn geschmiedet hatte, um sich für all die Niederlagen und Demütigungen der letzten zwei Jahre zu rächen. Niemand schenkte ihm Gehör. Alle gingen davon aus, daß die Fehde zwischen Steve und Culpepper Schnee von gestern war und sich mit den anstrengenden Prüfungsvorbereitungen ohnehin von selbst erledigt hatte. Zufällig hatten sie sich sogar an derselben Universität beworben und wohl oder übel akzeptiert, daß sich ihre Wege auch in Zukunft kreuzen würden. Nicht zuletzt war Culpepper in Mr. Nuttalls Fundbüro auf die verschwundene St.-Christopherus-Münze gestoßen und hatte sie Steve persönlich ausgehändigt. Sie hatten sich sogar feierlich die Hand gegeben. Niemand hatte Verständnis für Steves Unterstellungen. Keiner nahm ihn ernst.

Jedenfalls nicht bis zu jenem letzten Schultag.

Nachdem Culpepper ein respektables Sümmchen von seinen glücklosen Mitspielern eingestrichen hatte, einen vom Trommelwirbel seiner Fäuste begleiteten, jubilierenden Jodler ausstieß und sich einen gehörigen Schluck Portwein genehmigte, dem er einen Rülpser folgen ließ, der die Silberpokale in der Glasvitrine zum Erzittern brachte, erhob sich Steve und trat hinter ihn. Als er ihn an der Schulter berührte, lag kalte Wut in seiner Stimme.

»Nur eine kurze Frage, Culpepper. Bist du hier überhaupt Mitglied?«

Culpepper drehte sich gelassen um. Als er sah, wer ihn angesprochen hatte, verzog sich sein Gesicht zu einem verächtlichen Lächeln.

»Komm schon, Richards, sei nicht so ein Arschloch. Wir haben heute den letzten Schultag.«

»Ich bin kein Arschloch. Der Raum hier ist nur für Clubmitglieder, und ich hab dich gefragt, ob du Mitglied bist.«

»Natürlich nicht.«

»Dann mach dich vom Acker.«

»Hör auf mit dem Unsinn.«

»Als Präfekt dieser Schule fordere ich dich auf, diesen Raum umgehend zu verlassen.«

Culpepper gab ein abschätziges Lachen von sich. »Und was willst du machen, wenn ich's nicht tue? Mich vielleicht 'ne Stunde nachsitzen lassen?«

»Genau«, sagte Steve, der sich inzwischen nur allzu bewußt war, daß der gesamte Raum ihrem Disput lauschte.

»Bei der nächsten Gelegenheit brummst du erst mal ein paar Stunden ab.«

»Da ist bloß ein winziger Fehler in deiner Rechnung«, sagte Culpepper nach einer wohl abgemessenen Pause. »Als nächstes kommen nämlich die Aufnahmeprüfungen für Oxford und Cambridge, an denen du ja leider nicht teilnehmen wirst. Zu schade, daß du einfach nicht gut genug bist.« Die schlimmste Beleidigung bewahrte er sich bis ganz zuletzt auf, als er Steve mit jenem Spottnamen bedachte, den schon seit Ewigkeiten niemand mehr benutzt hatte. »Und jetzt laß uns doch freundlicherweise in Ruhe weiterspielen, *Rastus.*«

Mit diesen Worten wandte er sich wieder dem Spiel zu und begann lässig die Karten zu mischen – so lange, bis Steve ihn urplötzlich am Kragen packte und ein unvorstellbar dumpfer Laut erklang, als er Culpeppers Schädel mit mörderischer Wucht gegen die Tischplatte schlug.

»Um Himmels willen, Steve!«

Mit einem Mal war überall Blut. Es ergoß sich über die Karten und rann über die Tischkante. Einen Moment lang blieb Culpepper regungslos liegen – wegen des Schocks wahrscheinlich –, bevor er sich wie ein stockbesoffener Kraftprotz auf die Beine kämpfte und wild um sich stierte. Als er Steve schließlich im Blick hatte, wollte er sich auf ihn stürzen, wurde aber von drei Jungen festgehalten. Zwei andere hatten inzwischen auch Steve gepackt, und ein paar Sekunden lang starrten sich die beiden Rivalen haßerfüllt an, der eine atemlos vor Wut, während sich der andere kaum auf den Beinen halten konnte; Blut strömte über Culpeppers Gesicht und tropfte auf seinen Blazer und das T-Shirt. Bayley rannte los, um Hilfe zu holen, doch als Mr. Warren mit einem Verbandskasten eintraf, sah er gleich, daß ein Krankenwagen gerufen werden mußte. Steve ließ sich widerstandslos zum Zimmer des Direktors führen.

Er war der zweite, der an diesem Tag von der Schule verwiesen werden sollte.

Doug, Philip und Benjamin wollen ihm Beistand leisten, als er vor der Tür des Direktors wartete. Offenbar hatte er geweint, doch er war geradezu unheimlich ruhig, als er das Wort an sie richtete.

»Ihr wißt genau, was passiert ist«, hielt er Doug und Philip vor. »Ihr wart doch auch bei der Klausur dabei. Verdammt noch mal, ich hab mir das nicht ausgedacht.«

Eine Stimme drang durch die Tür. »Richards!«

Dann war er verschwunden.

»Was sollte denn das?« fragte Benjamin. »Was meinte er damit?«

Die drei hatten es sich auf dem Rasen gemütlich gemacht, von dem man die Rugbyanlagen übersah. Es war ein schwülwarmer Nachmittag und mittlerweile bereits nach vier; sie waren so ziemlich die letzten, die sich noch auf dem Schulgelände aufhielten. Seine Freunde hatten ein Viererpack Carling Black Label organisiert, doch Benjamin fühlte sich zur Abstinenz verpflichtet, solange er noch hier zur Schule ging. Für die anderen war es okay; an den Aufnahmeprüfungen für Oxford und Cambridge im Herbst nahmen sie ja nicht mehr teil.

»Steve redet sich da was ein.« Doug sah mit geschlossenen Augen in die Sonne. »Er meint, Culpepper hätte ihm vor der Klausur was in den Tee getan.«

»Was?«

»'ne Droge oder so was.«

Benjamin lachte; allein die Vorstellung machte ihm schon eine Gänsehaut. »Und wie soll er das angestellt haben?«

»Was meinst du, Phil?«

»Wenn das wirklich stimmen sollte«, sagte Philip, »dann muß er es vor unser aller Augen getan haben. Wir waren schließlich im selben Raum.«

»Okay.« Doug setzte sich auf. »Laß uns die Sache einfach noch mal durchgehen.«

»Nicht so schnell«, sagte Benjamin. »Von welchem Raum redet ihr überhaupt?«

Doug und Philip erklärten es ihm. Dreh- und Angelpunkt der ganzen Angelegenheit war, daß die Prüfungskandidaten eine zusätzliche O-Level-Klausur zu absolvieren hatten. Dies führte zu gelegentlichen Problemen mit dem Zeitplan, in diesem Fall dazu, daß Doug, Philip, Harding, Richards, Culpepper, Gidney und Procter an besagtem Dienstagmorgen eine O-Level-Klausur schreiben mußten, obwohl gleichzeitig eine A-Level-Klausur stattfand. Dieser Umstand hatte zur Folge, daß die sieben ihre A-Level-Klausur am Nachmittag nachholen mußten; um sie am Schummeln zu hindern, wurden sie von halb zwölf bis zwei in einem gesonderten Raum untergebracht. Die zweieinhalb Stunden verbrachten sie in Mr. Nuttalls Büro, wo sie Däumchen drehen durften, bis Mr. Tillotson schließlich um Viertel nach eins mit einem Tablett Sandwiches und sieben Teetassen anrückte. (Ausnahmsweise hatte er sich nicht verlaufen.)

»Warte mal 'nen Moment«, sagte Doug. »Wußten wir überhaupt, ob es Tee geben würde?«

»Also, ich schon«, sagte Philip.

»Okay, die Sache mit dem Tee war also klar.« Erneut schloß er die Augen. »Laßt mich mal überlegen. Gut, es gab also Sandwiches und Tee, und zwischendurch hat Culpepper die Münze gefunden. Ist sonst noch was passiert?«

»Na klar. Harding hat doch noch seine Nummer abgezogen.«

»Logo«, sagte Doug trocken. »Seans Gag. Wie konnte ich das vergessen?«

»Seans Gag?« sagte Benjamin, schon um der alten Zeiten willen neugierig, was sein ehemaliger Freund wieder ausgeheckt hatte.

»Erzähl ich dir gleich«, versprach Doug. »Du lachst dir 'nen Ast. Aber eins nach dem anderen. Wann genau hat Culpepper die Münze gefunden?«

»Kurz nachdem Mr. Tillotson uns den Tee gebracht hatte.«

»Sicher?«

»Hundert pro.«

»Tja, und da liegt der Hase im Pfeffer, Leute.«

»Wieso?« fragte Benjamin. »Kannst du das mal genauer erklären?«

»Okay, hört zu.« Doug setzte sich auf, stellte seine Bierdose ins Gras und breitete die Fakten aus. »Erst kommt die Platte mit Mrs. Craddocks leckeren Krabbencreme-Sandwiches. Mampf, mampf, schmatz, schmatz, vielen Dank. Dann wird der Tee gebracht, eine große Kanne für alle. In der Zwischenzeit hat Culpepper angefangen, unter Mr. Nuttalls Regal in der Kiste mit den Fundsachen zu kramen, wahrscheinlich mal wieder auf der Suche nach harten Pornos. Egal, keiner beachtet ihn groß, Culpepper schneidet uns sowieso schon den ganzen Morgen, und Philip und ich sind ja eh *personae non gratae* für ihn – er trägt uns immer noch nach, daß wir damals den Brief von deinem Bruder abgedruckt haben. Wir lassen ihn also ebenfalls links liegen und kümmern uns nicht weiter um ihn.

Tja, und dann schießt er echt den Vogel ab. Leider nicht mit irgendwelchen Blasorgien oder rasierten Mösen, aber auf einmal hält er Steves St.-Christopherus-Münze in der Hand – ihr wißt schon, der Glücksbringer, wegen dem es damals diesen Riesenzoff gab. Culpepper dreht sich um, er versteckt das Ding erst mal noch in der Hand, und dann sagt er – wartet mal, nur daß ich's richtig auf die Reihe kriege –, ja, genau, er sagt: ›Richards, ich glaube, das solltest du dir mal ansehen.‹ Und dann sagt er: ›Obwohl das eigentlich euch alle angeht.‹«

»Stimmt«, sagte Philip. »Genau das hat er gesagt.«

»Also gehen wir *alle* wie ein Mann zu ihm rüber, worauf er die Münze auf Mr. Nuttalls Schreibtisch legt und zu Richards sagt: ›Bitte sehr – glaubst du mir jetzt endlich, daß ich nichts damit zu tun hatte?‹ Steve ist völlig baff und weiß nicht, was er machen soll, und Culpepper sagt: ›Ein Gentleman würde sicher eine Entschuldigung für angemessen halten‹, oder sonst irgendeinen Bockmist in der Art. Und genau das macht Steve auch, er entschuldigt sich, er reicht Culpepper die Hand, will die Sache ein für allemal aus der Welt schaffen, und dann ...«

»Ja, jetzt weiß ich's auch wieder«, unterbrach Philip ihn aufgeregt. »Wir stehen alle um den Tisch herum, und während wir die Münze bestaunen, schenkt Culpepper sich einen Tee ein. *Hinter unserem Rücken.*«

»Genau.« Doug sah Benjamin an. »Und damit kommen wir zu Steves Theorie. Fest steht, daß wir sieben die ganze Zeit unter uns waren – und plötzlich ist Steve todmüde. Außerdem meint er, sein Tee hätte komisch geschmeckt. Er glaubt, daß ihm jemand was in die Tasse getan hat, damit er die Klausur versägt. In Physik – und das war immerhin das wichtigste Fach für ihn.«

»Aber was hat die Münze damit zu tun?«

»Wär doch möglich, daß Culpepper sie trotzdem geklaut hat«, sagte Philip. »Er bewahrt das Teil erst mal ein Jahr auf, ohne zu wissen, was er damit anfangen soll. Doch dann erfährt er, daß wir zwischen den Klausuren in Mr. Nuttalls Büro untergebracht werden, und auf einmal hat er die Idee, wie er Steve die Prüfungen versauen kann – und mit der Münze kann er auch noch das perfekte Ablenkungsmanöver in Szene setzen. Er weiß, daß Mr. Nuttalls Zimmer gleichzeitig das Fundbüro ist. Er tut so, als hätte er die Münze gerade aufgestöbert, und während wir noch blöd gaffen, schüttet er Steve was in den Tee. Nichts leichter als das.«

Benjamin wollte es immer noch nicht glauben, so plausibel das alles auch klingen mochte. »Was soll er ihm denn in den Tee getan haben?«

»Da mußt du mich nicht fragen«, sagte Doug schulterzuckend. »Chemie war noch nie mein Ding. Culpeppers schon.«

Für eine Weile verfielen sie in Schweigen.

»Ich kann mir das nicht vorstellen«, sagte Benjamin schließlich. »So… so mies ist doch kein Mensch.«

»Wenn deine Romane wirklich was werden sollen, mußt du noch 'ne Menge dazulernen«, sagte Doug spöttisch. »Bloß weil du immer den kleinen Lord spielst, heißt das noch lange nicht, daß der Rest der Menschheit genauso funktioniert. Ich trau ihm das jedenfalls zu. Verdammt noch mal, beide wollen dasselbe studieren, und dann auch noch an derselben Uni. Die letzten zwei Jahre hat Steve ihn auf allen Gebieten ausgestochen. Außerdem ist er schwarz. Glaub bloß nicht, daß das keine Rolle spielt. Meinst du im Ernst, Culpepper würde einfach so hinnehmen, daß es in Cambridge genauso weitergeht wie bisher?«

Damit hatte er Benjamin endgültig den Wind aus den Segeln genommen. Ja, alles paßte zusammen. »Wohl eher nicht«, sagte er.

Langsam sank die Sonne, verschmolz mehr und mehr mit dem Dunst. Von der Bristol Road wehte Abgasgestank zu ihnen herüber, lag schwer in der warmen Luft.

»Meinst du nicht, wir sollten irgendwas unternehmen?« fragte Philip. »Das Ganze melden oder so?«

»Was denn?« Düster schüttelte Doug den Kopf. »Wir haben null Beweise.«

»Versteh ich ja, aber…« Benjamin spürte, wie leiser Zorn über die Ungerechtigkeit der Welt in ihm aufwallte. Doch sein Zorn blieb vage, und er sagte nur: »Der arme Steve…«

Philip nickte und fügte hinzu: »Und heute hat er sich endgültig alles versaut.« Seine Bierdose beschrieb einen langsamen, wütenden Bogen, als er sie in Richtung des Rugbyfelds warf. Dann sagte er: »Wir sind ihm noch Hardings Gag schuldig.«

Doug gab ein kurzes, freudloses Lachen von sich. »Erzähl du es ihm.«

Philip sah Benjamin an und fragte: »Willst du's hören?«

»Mhm?« Er hatte bereits vergessen, daß die Geschichte noch weiterging, und war in Gedanken wieder einmal bei Cicely; er dachte daran, daß ihre plötzliche Krankheit sie genauso den Abschluß gekostet hatte wie Steve. Noch so eine Katastrophe. »Ja, klar«, sagte er dann. »Wieso eigentlich nicht?«

»Okay.« Philip seufzte, beugte sich vor und legte die Arme um die Knie; eine spritzige Anekdote eröffnete man so bestimmt nicht. »Na ja, nach der Sache mit der Münze passierte noch etwas, nur ein paar Minuten später. Wir sitzen in Mr. Nuttalls Büro und warten – Steve und Culpepper lesen noch irgendwas nach, Harding schlürft seinen Tee, und wir anderen vier spielen Karten –, als wir plötzlich dieses Geräusch hören. Und dann noch mal. Jemand wirft etwas gegen das Fenster. Culpepper steht also auf, um nachzusehen, was los ist, und als er das Fenster öffnet, steht Ives draußen auf dem Hof – mit 'nem zusammengeknüllten Stück Papier in der Hand. Er wirft den Papierball noch mal hoch, ruft Culpepper zu, das wär für ihn, und rennt sofort wieder weg.

Culpepper macht also wieder das Fenster zu und faltet den Ball auseinander. Und wir sind natürlich alle schwer gespannt, was er da hat. Kommst du drauf?«

Benjamin schüttelte den Kopf.

»Ich sag's dir – den Bogen mit den Prüfungsaufgaben. Für die Physikklausur. Exakt das, was Steve und Culpepper im Leben nicht zu sehen bekommen sollten. Deswegen mußten wir ja überhaupt in Mr. Nuttalls Büro Däumchen drehen.«

»Wow. Und wie war Ives da drangekommen?«

»Egal. Das spielte keine Rolle in dem Moment. An der Physikklausur am Vormittag hatten ungefähr zwanzig Prüflinge teilgenommen; ich meine, jeder von denen hätte den Bogen anschließend in den Müll werfen oder ihm heimlich zustecken können ... was soll's, da gibt's tausend Möglichkeiten. Letztlich entscheidend ist doch der moralische Konflikt, den die Sache nach sich zieht. Oder eben auch nicht, um genau zu sein. Steve hat nämlich kein Problem damit – einer wie er würde den Schrieb einfach wegwerfen, ohne auch nur einen Blick darauf zu werfen –, und Culpepper schon gar nicht: Ist doch wohl keine Frage, daß er sich das Ganze von vorn bis hinten durchliest und anschließend noch mal seine Nase ins Physikbuch steckt. Womit wir endlich zur Kardinalfrage kommen: Welche von beiden Gesinnungen setzt sich durch?

Natürlich gibt es sofort schwer Zoff zwischen Culpepper und Steve, aber nicht zu knapp. Und schließlich mischen wir uns auch noch ein. Es steht also fünf gegen einen. Ich, Doug, Procter, Gidney und Steve stimmen dafür, den Schrieb sofort wieder aus dem Fenster zu werfen. Aber Culpepper will ihn nicht rausrücken. Er will die Biege machen, aber wir kreisen ihn ein, und schließlich legt er sich lang hin, als Steve ihm einen Bodycheck verpaßt. Die beiden gehen sich richtig an die Gurgel, alles nur wegen einem blöden Stück Papier. Nur Harding läßt die Sache anscheinend völlig kalt. Er sitzt einfach bloß da und nippt an seinem Tee, als würde ihm nichts auf der Welt mehr am Arsch vorbeigehen. Doch dann sagt er plötzlich etwas. Er sieht zu, wie die beiden sich da auf dem Boden zum Affen machen, und auf einmal sagt er: ›He, Leute, was für ’nen Tag haben wir eigentlich heute?‹ Worauf Culpepper ›Was?‹ brüllt, so, als wäre das die bescheuertste Frage, die er je gehört hat. Ehrlich gesagt, fanden wir die Frage alle ziemlich bekloppt. Aber dann sagt Harding: ›Schaut doch mal aufs Datum‹, tja, und dann …«

»Und dann?« sagte Benjamin, obwohl er die Pointe bereits vorhersehen konnte.

»Sie haben nachgesehen. Der Bogen war vom 20. Juni 1972.«

Benjamin warf den Kopf in den Nacken und lachte lauthals los, auch wenn mehr Respekt als wirkliches Amüsement darin mitschwang. »Na, logo. Er hat sich einfach ’nen alten

Klausurbogen aus der Bibliothek besorgt. Und Ives macht ja sowieso immer den Laufburschen für ihn.«

Doug starrte mit zu Schlitzen verengten Augen ins Leere. »Du meine Fresse, ich sehe ihn genau vor mir – wie er dasitzt und immer wieder mit diesem bekloppten Siegelring gegen seine Tasse klopft. Kling, kling, kling, und dazu diese völlig unbeteiligte Miene, als könnte er kein Wässerchen trüben. Er geilt sich dran auf, andere durch den Kakao zu ziehen. Steve und Culpepper schlagen sich die Visagen ein, und für ihn ist das alles ein Höllenspaß.« Er trank den Rest seines warmen Biers aus und fuhr fort: »Ja, Höllenspaß, das ist das richtige Wort. Ehrlich, Leute, unser alter Freund Harding…« – er hielt einen Moment inne, um die richtigen Worte zu finden – »…hat 'ne echt teuflische Ader. Sorry, aber mich kann er nicht mehr täuschen.« Er ließ sich ins Gras zurücksinken und rieb sich die Augen. »Was für ein beschissener Tag. Und was für eine beschissene Schule. Wundert mich kein bißchen, daß sie Steve kleingekriegt haben. Hier mußt du einfach irre werden. Ne Brutstätte für Geisteskranke ist das.« Er warf einen Blick zu Benjamin hinüber und grinste. »Schau doch mal in den Spiegel. Ein Präfektenabzeichen und 'ne Schublade voller unvollendeter Meisterwerke, das ist alles, wozu du's hier gebracht hast. Mann, was ist bloß mit dir los?«

Er rappelte sich auf, seine Freunde ebenfalls. Es war Zeit, nach Hause zu gehen.

»Ich kann's echt nicht erwarten, hier endlich wegzukommen«, sagte Doug, während sie dem Schultor entgegenstrebten, um zum letzten Mal in ihrem Leben gemeinsam den 62er zu nehmen. »Ehrlich, Leute, für mich gibt's nur noch London, soviel kann ich euch sagen.«

26

(Anmerkung: Lois' Tagebuch aus dieser Zeit ist zuweilen schwer zu entziffern. Die Zahlen unter dem jeweiligen Datum – zum Beispiel 3 + 260 – beziehen sich auf die Summe von Jahren und Tagen nach Malcolms Tod. Die Sternchen am Ende jedes Eintrags, fünf als Höchstbewertung, scheinen Ausdruck ihrer jeweiligen Stimmung zu sein.)

4. August 1978
3 + 256

Die Reise nach Wales war lang und unbequem; wir mußten es zu dritt auf dem Rücksitz aushalten. Aber das Wetter war grandios, als wir von Penybontfawr losfuhren. Laß uns mal hoffen, daß es so bleibt, was, Lois? Paul meint, das könnten wir vergessen. Die halbe Fahrt über hatte er sein Radio am Ohr und hörte sich den Wetterbericht an. Je mieser die Aussicht, desto besser wurde seine Stimmung. In einem fort ging es: »Regen! Jede Menge Regen! Sturm! Starkes Windaufkommen für den Rest der Woche! Wahrscheinlich sogar Sturmwarnung!« Drei Stunden ging das so. Das kleine Arschloch.

(Nein, nein, nein. Man muß das Gute sehen, Lois. In jedem. *Hör endlich auf, so negativ zu sein.)*

Ben saß einfach nur da und hörte Musik auf seinem Kassettenrecorder. Er hatte Dads Kopfhörer auf, und man konnte kein Wort aus ihm herauskriegen. Macht ja nichts, aber er hört sich nur noch seine eigenen Stücke an. Scheint so, als wäre mein lieber kleiner Bruder ganz schön egozentrisch geworden. Aber das glaube ich eigentlich nicht. Wahrscheinlich denkt er dabei an Cicely, deshalb hört er sie sich immer wieder an. Vielleicht denkt er manchmal sogar an Malcolm. Ab und zu klingt in Bens Stücken etwas von der Musik durch, die er und Malcolm immer gehört haben.

Siehst du, Lois, Menschen sterben nicht. In mancher Hinsicht sind sie immer noch da.

Ich werde ein Auge auf Ben haben. Wieso ist er mit uns in Urlaub gefahren? Eigentlich ist er dazu doch zu alt.

Wir kamen um sieben am Campingplatz an. Obwohl es eigentlich bloß ein Feld ist, oben bei Cilan's Head. Ich war jetzt seit vier Jahren nicht mehr hier. Wie schade, daß Malcolm nie mit uns gefahren ist. Ich hatte ganz vergessen, wie schön es hier ist. So schön und friedlich. Der Himmel ist blau. Im Beschreiben war ich noch nie besonders gut.

Wir stellten das Wohnmobil ab und bauten das Sonnenzelt auf. Mum, Dad und ich schlafen im Wagen, Ben unter der Markise, und Paul hat sein eigenes kleines Zelt. Ich hoffe, er wird möglichst bald weggeweht.

Das war fies, Lois! Echt fies! Daß das nicht wieder vorkommt!

* * *

5. August 1978

3 + 257

Der Regen weckte uns um halb acht. Auf dem Dach des Wohnmobils gibt das immer ein Riesengetöse. Paul hatte also recht mit dem schlechten Wetter; wie er ja leider meistens recht hat.

Erst mal lag ich einfach nur wach. Mum und Dad lauschten ebenfalls den Regentropfen. Mum meinte, es würde bestimmt länger dauern. Dad sah zum Fenster hinaus und sagte, irgendwann würde es schon wieder aufhören. Dann regnete es 16 Stunden lang ohne Pause.

Habe »Mord im Spiegel« ausgelesen und mit »16:50 Uhr ab Paddington« angefangen. Die Romane von Agatha Christie sind irgendwie alle gleich, finde ich.

Paul blieb den ganzen Tag in seinem Zelt. Ich glaube, er ist jetzt in dem Alter, in dem Jungs dauernd an sich rumspielen müssen. Zwischendurch steckte ich den Kopf rein und fragte, ob er sich einen zusätzlichen Zeltmast basteln wollte, aber er zeigte mir bloß den Finger. Solche Witze mag er nicht; aber von mir erwartet ja sowieso keiner, daß ich lustig bin.

Wie Dr. Saunders zu sagen pflegte: Lachen ist das beste Heilmittel, Lois. Komisch, daß er selbst so ein unglaublicher alter Miesepeter war.

Abends habe ich dann Ben im strömenden Regen zur Telefonzelle begleitet. Er wollte Jennifer anrufen. Ich wartete draußen, während er mit ihr sprach; wie das so ist mit diesen Telefonzellen, konnte ich jedes Wort mithören, aber sonderlich viel hatten sie sich anscheinend nicht zu sagen. Es gibt wohl kein Pärchen, das weniger zusammenpaßt als die beiden. Zwischendurch sagte er: »Vermißt du mich schon?«, und dann gab es eine kleine Pause, bevor er sagte: »Stimmt schon, sind ja auch erst zwei Tage.« Egal, war ja auch eine blöde Frage.

Lois, Lois, hab ein bißchen Nachsicht mit deinem kleinen Bruder. Er war auch immer nett zu dir.

Auf dem Rückweg wurde das Wetter noch schlimmer. Der Sturm machte unserem Regenschirm den Garaus, und kurz darauf hakte ich noch mal wegen Jennifer nach. Ich erinnerte Ben daran, daß er schon vor sechs Monaten Schluß mit ihr machen wollte. Er sagte, er würde nur den richtigen Moment abwarten. Worauf ich sagte: »Und wann soll das sein, bei eurer goldenen Hochzeit?« Er sagte: »Ich sehe das als Erfahrung, die mir bei meinem Roman weiterhilft.« Und ich sagte: »Wie soll der denn heißen? Vielleicht ›Der ängstliche Löwe, die Hexe und der Wandschrank‹?«

Heiliger Strohsack, Lois, das war ja wohl echt ätzend! Natürlich ist Jennifer keine Hexe, bloß einfach nicht die Richtige für ihn, und ich will nur das Beste für meinen Benjamin. Aber ich glaube, er weiß das auch, und bestimmt wird er bald etwas unternehmen. Vielleicht früher, als wir alle meinen.

* * * *

6. August 1978
3 + 258

Es regnete die ganze Nacht, und beinah wäre Pauls Zelt wirklich weggeweht worden; vielleicht gibt es ja doch einen Gott. Das wär doch was, wenn der Wind einfach das Zelt wegpusten und er da in seinem Pyjama mitten auf dem Feld liegen würde, mit der Hand an seinem Schniedel. Ich muß schon lachen, wenn ich nur dran denke. Beim Frühstück sagte ich zu ihm: »Paul, du wirst doch hoffentlich nicht deinen politischen Ansichten untreu.« Worauf er sagte: »Was meinst du damit?« Und ich sagte: »Ich hab gesehen, wie du dir's mit links besorgt hast.« Mum und Dad waren echt geschockt von mir, aber allein sein Gesicht war mir die Sache wert.

Trotz des Regens wird meine Stimmung immer besser; vielleicht gebe ich mir heute abend sogar fünf Sterne. Davon abgesehen, läßt der Regen langsam nach. Es ist wirklich schön hier, obwohl man nicht viel unternehmen kann. Benjamin hat schon wieder seine Kopfhörer auf, und ich habe »16:50 Uhr ab Paddington« zu Ende gelesen. Ich hatte gerade die ersten Seiten von »Alibi« gelesen, als Paul seinen Kopf zur Tür reinsteckte und sagte: »Du weißt wahrscheinlich schon, daß es der Ich-Erzähler ist.« Der Kotzbrocken!

Eine Stunde später. Jetzt ist tatsächlich die Sonne herausgekommen. Dad hat den Grill aufgestellt und brät Würstchen; es riecht echt lecker. So können wir endlich mal draußen essen; hier drin ist es immer ziemlich eng, und außerdem beschlagen die Fenster. Mum ist in der Küche und bereitet das restliche Essen vor. Komm jetzt, Lois, schwing dich auf und hilf ihr, das freut sie bestimmt. Na gut, wenn du unbedingt drauf bestehst.

7. August 1978

Fünftausend Jahre sind eine Ewigkeit
für jeden von uns
tot und begraben
in einem Steinkreis unter Gras
murmelnder Regen hüllt
mich ein auf meinem Weg
über die toten Pfade
der Dunkelheit
flüchtig, sterblich sind die
Seelen
Gebein wird Staub
wenn ich es streife

8. August 1978
3 + 260

O Mann, wieso bin ich bloß so ausgerastet! Ein ganzer Tag, und ich kann mich an fast überhaupt nichts erinnern – schon gar nicht, wann ich das geschrieben habe. Es ist echt mies von Paul, beim Dinner von solchen Sachen zu sprechen, wo er genau weiß, wie sehr mir das an die Nieren geht. Mies ist das, einfach nur mies.

Ich erinnere mich, daß ich spazierengegangen bin, aber nicht, daß ich viereinhalb Stunden fort war. Jedenfalls muß das gewesen sein, als es wieder zu regnen anfing, weil Mum sagt, daß ich klatschnaß war, als ich zurückkam. Jetzt gießt es jedenfalls in Strömen, schlimmer als vorher; nicht mehr lange, und wir werden hier weggeschwemmt.

Was ist überhaupt ein Steinkreis?

Ben sagt, ein Steinkreis sei eine Grabkammer aus der Jungsteinzeit (er weiß echt alles). Kommt mir irgendwie bekannt vor; vielleicht habe ich in einem Reiseführer gelesen, daß es hier in der

Gegend Steinkreise gibt. Jedenfalls muß ich das irgendwo in meinem Hinterkopf abgespeichert haben. Trotzdem seltsam, daß ich mich nicht erinnern kann, wo ich gewesen bin.

Egal, es geht mir besser, und das ist die Hauptsache. Ein Segen, Lois, ein echter Segen, das Vergessen.

Aber ich habe mein Versprechen nicht eingehalten! Ich habe gesagt, ich würde ein Auge auf Ben haben, und bis jetzt habe ich überhaupt nichts dergleichen getan; und er ist absolut nicht gut drauf, das merke ich genau. Ich frage mich, ob es einen bestimmten Grund dafür gibt oder ob es bloß mit dem Warten auf seine Prüfungsnoten zu tun hat. Vielleicht ist er auch einfach nur genervt, weil wir vier uns hier so dicht auf der Pelle sitzen und der verdammte Regen mit jeder Minute schlimmer wird.

Warum mache ich mir bloß pausenlos solche Sorgen um Benjamin? Vielleicht verdrängt er ja bloß irgend etwas, wie Dr. Saunders sagen würde. Trotzdem, ich weiß, wo sein Problem liegt; er hat nicht dasselbe wie ich durchgemacht, er weiß nicht wirklich, was das Leben einem alles antun kann, wie es ist, danach wieder ganz von vorn anfangen zu müssen. Er kennt Menschen, denen Furchtbares passiert ist, aber das ist nicht dasselbe. Bis jetzt hat er eigentlich immer Glück gehabt; jeder kann nur froh sein, wenn ihm solche Schicksalsschläge

Wusch! Das war Pauls Zelt. Das muß ich mir ansehen.

Dreißig Minuten später. Heute werden wir wohl alle im Wohnmobil schlafen müssen. Pauls Zelt ist platt, die Markise leckt, und zwei von den anderen Caravans sind vorzeitig nach Hause gefahren. Der Sturm hat Mum fast umgeweht, als sie das Waschwasser wegkippen wollte, und als Dad versuchte, die Markise einzurollen, fing Paul auf einmal an zu singen, in den Ferien sei es am schönsten – da hättest du Dad mal hören sollen! Ich hab ihn noch nie so ausrasten sehen. Tja, während so eines Urlaubs lernt man seine Familie erst so richtig kennen. Wo war ich stehengeblieben? Ach ja, ich sagte, jeder kann nur froh sein, wenn ihm solche Schicksalsschläge erspart bleiben. Klar, Benjamin hat seine Religion, sein Wunder, aber irgendwie glaube ich nicht so recht daran. Ich glaube ihm, daß es genau so passiert ist, aber ich glaube nicht, daß es wirklich Gewicht, wirklich Einfluß auf sein Leben hat – du liebe Güte, ich kann das irgendwie nicht richtig ausdrücken, und jetzt kommt schon die nächste Seite, also, drei Sterne oder vier, was meinst du, Lois? Ich wollte bloß sagen

* * * 1/2

9. August 1978
3 + 261

Wenn er schreiben und komponieren, all seine großen Träume verwirklichen will, dann wird ihm immer etwas fehlen, weil er nie so etwas… O Gott, ich weiß, was ich sagen will, aber ich kann's einfach nicht richtig ausdrücken – also, das war's jedenfalls kaum wert, extra eine neue Seite anzufangen, oder?

Inzwischen (schon wieder ein halber Tag vergangen) war wieder reichlich los; die eine Sache war echt zum Lachen, die andere weniger, obwohl Mum und ich anscheinend die einzigen sind, die hier überhaupt noch etwas zum Lachen finden. Sieht fast so aus, als wären wir langsam die einzigen hier, die sich noch ein bißchen Sinn für Humor bewahrt haben.

Es gießt und stürmt ohne Unterlaß. Dad ist heute morgen um halb sieben mitten im strömenden Regen aufgestanden, um die Markise zu richten und die Schnüre festzuziehen; er war also schon extrem schlecht gelaunt, bevor es wieder Stunk zwischen Paul und Benjamin gab. Diesmal ging es um Doug Anderton. Doug ist gerade mit irgendeiner neuen Freundin in Portugal, und Ben hatte bis zu unserem letzten Tag zu Hause auf einen Brief von ihm gewartet, der aber dann doch nicht kam; jedenfalls fing Paul plötzlich wieder davon an und meinte, ihn würde das nicht besonders überraschen – er hätte sowieso schon immer gewußt, daß Doug Ben am Ende fallen lassen würde wie eine heiße Kartoffel. Er hält Doug für eiskalt und berechnend. (Aber auch nur, weil

Doug ihn damals mit diesem bescheuerten Brief blamiert hat.) Er stocherte dann noch weiter in der Wunde herum und meinte, Ben würde sich nur selbst verarschen – von seinen tollen Freunden würde sich sowieso keiner mehr melden, nach der Schule wäre eh immer alles vorbei. Und dann setzte er noch einen drauf und sagte, Cicely könne er auch total vergessen; die Kleine könne er sich ein für allemal abschminken.

Ben sagte gar nichts, aber ich habe ihn noch nie so tief verletzt gesehen. Ich dachte, er würde jeden Moment zu weinen anfangen. Jetzt sitzt er mir gegenüber auf dem Sofa, und seine Stimmung hat sich immer noch nicht gebessert; ich kann genau sehen, wie es in ihm arbeitet. Keine Ahnung, worüber er nachdenkt.

Die andere Sache war jedenfalls echt lustig. Obwohl Dad einem wirklich leid tun kann. Hier auf dem Campingplatz gibt es keine richtige Toilette; wir haben nur das chemische Klo in unserem Wohnmobil, und das ist immer ziemlich schnell voll, um die Sache beim Namen zu nennen. Jeden zweiten Tag hat Dad also die Aufgabe, das Klo in der Sickergrube am anderen Ende des Felds auszuleeren. Superjob! Und heute stürmte es so stark, daß er vom Wind umgeweht wurde. Volle Kanne, während er gerade dabei war, den Inhalt des Klos zu entsorgen – und auf einmal sitzt er auf seinem Hosenboden, von oben bis unten mit unseren Geschäften verkleistert!

Junge, Junge, er flippte total aus; sein Gebrüll von gestern war gar nichts dagegen. Klitschnaß kam er zurück und fluchte wie ein Fuhrkutscher, während der Sturm dermaßen über das Feld brauste, als wäre für heute Windstärke 10 angesagt (was mich, offen gesagt, nicht wundern würde). Er schrie Mum an: »Diese verdammten Scheißferien bringen mich noch um den Verstand! Andere Leute erholen sich im Urlaub, liegen an ihren Scheißstränden und trinken Cocktails – und ich ersaufe hier fast im Regen und meiner eigenen Kacke!« Er konnte sich überhaupt nicht mehr einkriegen.

Tut mir ja leid, aber ich fand das Ganze irgendwie witzig. Ich konnte mich einfach nicht mehr halten vor Lachen, und damit steckte ich auch noch Mum an. Dad war völlig entgeistert.

Er konnte es nicht fassen, daß wir ihn in seinem Zustand auch noch auslachten; aber so war es ja eigentlich auch nicht, wir lachten einfach nur über den ganzen Schlamassel, in den wir geraten waren, darüber, zu was für einer Katastrophe sich unser Urlaub inzwischen ausgeweitet hatte.

Vielleicht fällt es uns Frauen einfach leichter, solche Situationen von ihrer komischen Seite zu sehen. Benjamin fand es absolut nicht lustig. Gerade eben – vor fünf Minuten – ist er aufgestanden, um aus heiterem Himmel zu verkünden: »Dad hat recht. Diese Ferien sind ein echter Reinfall. Ich verschwinde.«

Was hat er denn jetzt schon wieder?

21:40 Uhr. Tja, jetzt wissen wir's. Benjamin ist weg. Er wollte nach Birmingham zurück, und Dad hat ihn zum Bahnhof nach Pwllheli gefahren. Die Fahrt mit dem Zug dauert elend lang; man muß insgesamt dreimal umsteigen. Hier gießt es immer noch. Wahrscheinlich war es das Beste, was er machen konnte, aber ein bißchen fühle ich mich doch sitzengelassen – jetzt hält mich nur noch Agatha Christie bei Laune.

Ach was, Lois, du schaffst das schon! Du hast schon ganz andere Sachen durchgestanden! Oder weißt du etwa nicht mehr, was Dr. Saunders gesagt hat?

*

27

Der Sturm wütete weiter. Als es dunkel geworden war, konnte Ben kaum noch die Hand vor Augen sehen. Die schmalen, kurvigen Straßen schienen endlos lang zu sein. Kein Wagen fuhr mehr, und den letzten Menschen hatte er vielleicht vor einer Stunde gesehen. Er hatte sich hoffnungslos verirrt. Der Regen peitschte stechend in seine Augen, und die Finsternis war so undurchdringlich, daß er nicht einmal mehr hätte sagen können, ob die Berge nun rechts oder links von ihm lagen. Selbst die einfachsten Orientierungspunkte waren in Nacht und Regen untergegangen.

Nachdem er von seinem Vater am Bahnhof in Pwllheli abgesetzt worden war, hatte Benjamin ihm hinterhergesehen und sich dann schnurstracks aus dem Staub gemacht. Er wollte gar nicht nach Birmingham zurück. Er wollte zu Cicely.

Etwa fünfzehn Minuten ging er die Straße nach Abersoch entlang und hielt den Daumen in den Wind, bevor ihn ein Farmer nach Llanbedrog mitnahm. Auch wenn er es nicht mehr für möglich gehalten hätte, schien sich das Wetter stetig zu verschlechtern. In Glen-y-Weddw kehrte er in einem Pub ein und wartete darauf, daß der Regen ein wenig nachließ, doch die Wolkenbrüche nahmen lediglich mit jeder Minute zu. Gegen acht Uhr stieg Benjamin die Anhöhe nach Mynytho hinauf. Da er gegen den Sturm anmarschieren mußte, kostete es ihn mehr als eine Stunde, bis er endlich das Dorf erreicht hatte; mittlerweile war es schon ziemlich dunkel. Er setzte seinen Weg auf der Straße nach

Botwnnog fort, bog aber alsbald nach links auf einen schmalen Pfad ab, der, wie er dachte, Richtung Meer führte. Bald darauf wurde ihm klar, daß das ein Riesenfehler gewesen war.

Wie lang war es her, daß er den Pub verlassen hatte? Zwei Stunden? Drei? Er hätte längst durch Llangian kommen und die Tiefebene erreichen müssen, die nach Porth Neigwl führte. Irgendwo hatte er die falsche Abzweigung genommen, soviel stand fest. Aber dieser Weg mußte doch einfach zu einer Farm führen, einem Cottage oder Dorf; irgendwo in diesem durchweichten, sturmdurchtosten Landstrich mußte es doch ein lebendes Wesen geben, das ihm den Weg erklärte, ja, vielleicht sogar einen Schlafplatz für die Nacht anbot.

Und dann tauchte unvermittelt ein lebendes Wesen aus dem Dunkel auf. Genau gesagt, waren es sogar drei; drei verschreckte Schafe, die in vollem Galopp den Weg hinunterstoben und deren panisches Blöken die ersten Laute waren, die an seine Ohren drangen, seit er die Straße nach Botwnnog verlassen hatte. Ebenso erschrocken über die grausige Begegnung wie das wollige Trio, rettete sich Benjamin mit einem Sprung zur Seite. Er warf einen Blick über die Schulter und beschleunigte seine Schritte, während ihm durch den Kopf schoß, daß dies kein gutes Omen war. Wenn sich selbst Schafe in dieser Dunkelheit verliefen, welche Chance hatte dann er?

Nach weiteren zwei oder drei Meilen kam er zu einer verlassenen Scheune, deren Torflügel wild im Wind hin und her schwangen. Er warf einen Blick hinein. Auf dem Erdboden lagen ein paar Strohhäufchen; gerade genug, um sich ein Lager für die Nacht zu bereiten, wenn er sie zusammenklaubte. Besonders verlockend fand er den Gedanken nicht. Mittlerweile zitterte er am ganzen Leib; allein die Vorstellung, in seinen klatschnassen Klamotten schlafen und die ganze Nacht den Höllenlärm der auf- und zuschlagenden

Türen ertragen zu müssen, ließ ihn sofort wieder Abstand von der Idee nehmen. Er warf seinen Rucksack auf den Boden und sah in den Sturm hinaus. Draußen herrschte stockfinstere, tiefschwarze Nacht. Er fühlte sich wie der letzte Mensch auf Erden.

Doch dann stieg plötzlich ein Funken Hoffnung in ihm auf, als er in der Ferne einen winzigen Lichtpunkt erspähte. Er war sich sicher, daß das Licht gerade erst zu brennen begonnen hatte; jemand hatte eine Lampe angeknipst. Er mußte los, bevor das Licht wieder verlosch. So schnell wie möglich.

Er nahm seinen Rucksack und rannte den Weg entlang, war aber zu müde, um das Tempo lange durchzuhalten. Er ging in einen zügigen Laufschritt über und spürte sein Herz qualvoll in seiner Brust hämmern. Dann und wann verschwand das Licht, um unvermittelt wieder in Sicht zu geraten; offenbar war das Haus von einer Reihe von Bäumen umgeben. Dann begann die Straße plötzlich steil anzusteigen. Die dicht an dicht stehenden Bäume befanden sich rechts von ihm, fast ein kleiner Wald, was ziemlich untypisch für die sonst so karge Landschaft der Halbinsel war. Dann ertönte ein Donnern, gefolgt von einem zuckenden Blitz, der den Ozean aus dem Dunkel riß, gewaltige, schäumende Brecher, etwa eine Viertelmeile von ihm entfernt. Das mußte Porth Neigwl sein, oder auch Hell's Mouth, wie die Engländer diesen Ort nannten. Rhîw konnte nicht mehr weit entfernt sein. Von dieser Eingebung beflügelt, erklomm er die Anhöhe mit neuer Kraft; er sah das Licht zwar nicht mehr, war aber felsenfest davon überzeugt, daß er es wiederfinden würde. Nach ein paar weiteren hundert Metern erblickte er endlich das, wonach er gesucht hatte: ein an einen Baum genageltes Holzschild, auf dem die Worte »PLAS CADLAN« standen.

Er war sich seiner Erschöpfung nicht bewußt, doch stand er kurz davor, ohnmächtig zu werden. Er stolperte die endlos lange Einfahrt entlang, die ihm wie ein Tunnel vorkam. Das regennasse Astwerk der Bäume wölbte sich über den Weg; er klappte fast zusammen, als ihn ein schwerer Ast am Kopf traf. Dann sah er plötzlich wieder den Lichtschein, diesmal links von sich, näher als je zuvor; eine schier endlose Rhododendron-Hecke ließ ihn wieder verschwinden, doch kurz darauf hatte er endlich das schmiedeeiserne Tor des Anwesens erreicht. Es knarrte laut, als er es aufstieß. Er befand sich auf einem Kiesweg, ging zielstrebig weiter, stolperte dann aber über seine eigenen Füße und landete kopfüber in einer niedrigen, stacheligen Hecke. Er rappelte sich auf und atmete tief durch. Als er über die Kratzer an seiner Hand leckte, schmeckte er sein eigenes warmes Blut.

Vorsichtig setzte er einen Fuß vor den anderen, während er dem Kiesweg weiter folgte, bis er schließlich das Haus erreicht hatte. Das Herz klopfte ihm bis zum Hals. Im Erdgeschoß waren zwei Fenster erleuchtet, und vor der Tür brannte eine kleine Petroleumlampe, die ihren Schein über den um das Haus laufenden Pfad warf; am Ende des Pfads konnte er noch ein kleines Cottage erkennen.

Er war endlich angekommen. Er hatte es geschafft. Der Alptraum war vorüber.

Benjamin klopfte an die Tür; als sie sich öffnete, blickte er in eines der furchterregendsten Gesichter, die er je gesehen hatte. Ein großer, beleibter alter Mann mit wirren grauen Haaren, wettergegerbter Haut und einem gewaltigen, ihm fast bis zur Taille reichenden weißen Bart stand vor ihm auf der Schwelle und sah ihn mit böse funkelnden braunen Augen an. Zuerst sprach er Ben auf walisisch an; als er darauf keine Antwort bekam, knurrte er: »Also, raus mit der Sprache! Was hast du hier zu suchen?«

»Ich … ich bin ein Freund von Cicely«, stammelte Benjamin.

»Du bist *was*?«

»Glyn! Glyn!« Die beschwichtigenden Worte kamen von

einer kleinen, mütterlich wirkenden Frau im gleichen Alter, die hinter ihm aufgetaucht war. »Ja, siehst du denn nicht, daß der Junge tropfnaß ist?« Sie ergriff Benjamin am Arm. »Komm rein, mein Junge, komm rein.«

»Ich bin ein Freund von Cicely«, wiederholte Ben, während das Wasser von seinen Klamotten auf die braunen Fliesen in der Diele tropfte. Ihm fiel einfach nichts anderes ein. Irgendwie mußte er sich ja vorstellen.

»Ich bin Cicelys Tante Beatrice«, sagte die Frau. »Und das ist ihr Onkel Glyn.«

Der alte Mann musterte ihn erneut mit finsterem Blick; diesmal schien es sich aber um so etwas wie eine Begrüßung zu handeln.

»Glyn, hol dem Jungen doch schnell einen Whisky.«

Der Alte brachte ihm einen Whisky pur, den er hastig hinunterschüttete. Als er schließlich in der Küche vor dem warmen Herd saß, begann er noch mehr zu zittern. Sie schenkten ihm noch einen Whisky ein, diesmal mit Ingwer und heißem Wasser versetzt. Und dann mußten sie ihn ins Bett getragen haben.

Als Benjamin erwachte, war er tot. Kein Zweifel, das mußte der Himmel sein. Er hatte sich den Himmel nie weiter vorgestellt, und doch erkannte er sofort, wo er war. Zumindest hörte er, wo er war, denn zuallererst stellte er fest, daß im Himmel die Vögel sangen. Auf Llyn befand er sich jedenfalls bestimmt nicht mehr, da man auf der Halbinsel nie den Gesang von Vögeln hörte, nur das einsame Kreischen der Möwen. Die Stimmen dieser Vögel jedoch vereinten sich zu einem lieblichen, paradiesischen Choral, dessen Kontrapunkt das sonore, melodiöse Summen von Bienen bildete. Es waren die schönsten Klänge, die er je gehört hatte. Außerdem fühlte es sich gut an, im Himmel zu sein; er lag in frischer, weicher Bettwäsche. Durch das Fenster fielen weißgoldene Sonnenstrahlen, brachen sich leicht in den Spitzenvorhängen, die sich sanft in der Brise bauschten. Ein kühler Windhauch liebkoste sein Gesicht. Von draußen drang gedämpftes Rauschen an sein Ohr; Wellen, die an ein fernes Ufer trieben.

Nein, Benjamin hatte sich nie vorgestellt, wie es im Himmel sein mochte, auch wenn ihm schon immer klargewesen war, auf welches Detail es im wesentlichen ankam. Ohne Cicely gab es keinen Himmel.

Und da war sie. Sie saß am Fußende des Betts und betrachtete ihn mit ernstem Blick, während er mühsam die Augen öffnete. Sie trug ein weißes Sommerkleid, und über ihre Schultern fiel ihr langes, goldfarbenes Haar, das wieder nachgewachsen war; sie war blasser und schmaler als je zuvor, und ihre Augen schimmerten in einem Zartblau, wie er es noch nie gesehen hatte.

Dann war es also wahr. Es gab einen Himmel; anscheinend war er gerade angekommen.

»Hallo, Benjamin«, sagte Cicely.

Benjamin setzte sich auf und stellte fest, daß er ein fremdes Nachthemd anhatte. »Hallo«, sagte er.

»Du bist wegen mir gekommen.«

»Irgendwie schon.«

»Ja.« Cicely lächelte. »Ich wußte, du würdest kommen.« Als Benjamin sie verblüfft ansah, fügte sie hinzu: »Ich meinte… Wenn mich jemand besuchen kommen würde, dann du. Hier…«

Sie nahm eine Tasse Tee vom Nachttisch und reichte sie ihm. Offenbar schmeckte der Tee im Himmel so wie überall; etwas weniger Milch hätte es auch getan. Okay, er war also gar nicht im Himmel. Nicht, daß es Benjamin groß gekümmert hätte. Cicely küßte ihn auf die Stirn und flüsterte: »Ich bin so froh, daß du da bist.« Spätestens in dem Moment wußte er, daß er sich ganz woanders befand – der Himmel war überhaupt nichts dagegen.

Der Duft von gebratenem Frühstücksspeck strömte aus der Küche, drang durch den riesigen Korridor und über die nach oben führende Eichentreppe, bis er sich schließlich auch in den Schlafzimmern, dem Eßzimmer, dem Arbeitszimmer, den Badezimmern, der Waschküche und dem Dachboden von Plas Cadlan verbreitet hatte. Benjamin, der mittlerweile gebadet und frische Sachen angezogen hatte, folgte dem Geruch in die dämmerige Küche – viel Sonnenlicht bekam dieser Raum nie ab –, wo er Cicely vorfand, die mit ihrer Tante und ihrem Onkel an einem ausladenden Küchentisch Platz genommen hatte. Es gab Rührei, Wurst, knusprig gebratenen Schinken und riesige Scheiben Weißbrot, die für sich allein schon eine echte Herausforderung waren.

»Ich denke, wir sollten unsere Nichte jetzt aufklären.« Beatrice strahlte über das ganze Gesicht, als Benjamin sich heißhungrig über sein Frühstück hermachte. »Sie glaubt nämlich, daß du extra aus Birmingham gekommen bist, um sie zu sehen.«

Offensichtlich hatte Benjamin trotz seines halb komatösen Zustands doch noch erklären können, daß er ganz in der Nähe Urlaub mit seiner Familie machte. Jetzt erzählte er Cicely die ganze Geschichte noch einmal in aller Ausführlichkeit; sie hatte ja schon geschlafen, als er in Plas Cadlan eingetroffen war.

»Ist doch egal, woher er gekommen ist«, sagte sie zu ihrer Tante. »Ich freu mich einfach, daß er da ist. Benjamin hat schon so viel für mich getan.«

»Bist du zum ersten Mal hier in der Gegend?« fragte Beatrice.

»Oh, nein.« Sofort meinte Benjamin, so etwas wie einen Besitzanspruch geltend machen zu müssen. »Llyn ist für uns schon fast zur zweiten Heimat geworden. Wir kommen schon seit Ewigkeiten mit unserem Wohnmobil hierher.«

Der Tisch erzitterte, als Cicelys Onkel abrupt seine Teetasse absetzte und etwas über die Lippen brachte, das man nur als Knurren bezeichnen konnte. Anscheinend wollte er etwas sagen, wurde aber von seiner Frau unterbrochen, die ihm leise zuredete – »Glyn! Glyn!« –, bevor sie sich wieder an Benjamin wandte: »Mein Mann kann Wohnmobile nicht ausstehen. Wie so vieles andere auch.«

Kurz darauf grummelte Glyn in seinen Bart, er würde jetzt in seine Werkstatt gehen, und verschwand durch die Hintertür. Benjamin frühstückte zu Ende und machte sich dann an den Abwasch, während Cicely abtrocknete.

»Hab ich eben einen Fauxpas begangen?« wollte er wissen, nachdem Beatrice nach oben gegangen war.

»Mach dir keine Gedanken. Bei meinem Onkel tritt man alle paar Minuten in irgendein Fettnäpfchen.« Sie legte das Geschirrtuch beiseite und legte die Arme um seine Hüften. »Oh, Benjamin, ich freu mich so *wahnsinnig*, daß du da bist. Du hast ja gar keine *Ahnung*.« Er erwiderte ihre Umarmung, wenn auch ziemlich steif. Sie ließ ihn los. »Tut mir leid. Ich bin mal wieder furchtbar anlehnungsbedürftig heute.« Sie trocknete weiter ab. »Es ist so einsam hier draußen. Ich meine, die beiden sind wirklich lieb, aber jetzt bin ich schon vier Wochen bei ihnen. Auf Dauer wird man hier echt verrückt.«

»Warst du sehr krank?« fragte Benjamin.

»Oh, ich weiß selbst nicht mehr, wie das kam. Irgendwie ist mir alles zuviel geworden. Ich hatte Grippe oder so was, aber es wurde einfach nicht besser. Bloß immer schlimmer und schlimmer. Ich weiß nicht, vielleicht hatte ich Angst vor den Prüfungen, aber vielleicht war es auch wegen der Sache mit Mr. Ridley. Wie konnte ich mich bloß darauf einlassen? Oh, ich …«

»Sag es nicht«, beschwor Benjamin sie, während er ihr seinen seifigen Zeigefinger an die Lippen legte.

»Was?«

»Daß du echt das Allerletzte bist.«

»Woher wußtest du denn, was ich sagen wollte?«

Benjamin lachte nur und fragte: »Willst du hören, was alles passiert ist, während du krank warst?«

»Ja, klar.«

Und so fing er an zu erzählen; es dauerte fast den ganzen Morgen lang.

Nach dem Lunch führte Beatrice ihn durch das Haus und den Garten. Der Garten war ihr ganzer Stolz.

»Dieses Unwetter war ein echter Segen«, sagte sie, während sie über den akkurat getrimmten Rasen gingen, der trotz des Sonnenscheins immer noch feucht war. »Es tut mir von Herzen leid, daß euer Urlaub so ins Wasser gefallen ist, aber für uns war der Regen ein wahres Geschenk des Himmels. Wie gefallen dir unsere Fliederbäume?«

Benjamin gab zurück, sie wären wirklich schön. Und genau das waren sie auch.

»Irgendwie kommt es mir so vor, als wäre das hier ein besonderer Flecken Erde«, sagte er. »Ganz anders als das, was ich bis jetzt von der Gegend gesehen habe. Ein bißchen wirkt alles wie eine Welt für sich.«

»Ja. Siehst du die Lorbeerbäume da drüben?« Sie wies zu den dicht an dicht stehenden, hohen Bäumen auf dem Hügel hinüber, deren Laub flaschengrün in der Sonne leuchtete. »Sie trennen uns nicht nur von der übrigen Halbinsel, sondern gewähren uns auch Schutz vor dem rauhen Klima. So können auch die Pflanzen viel besser gedeihen. Ich arbeite schon seit zwanzig Jahren an diesem Garten.«

»Das sind ja wirklich wunderschöne Rosen«, sagte Benjamin, froh, daß er endlich mal eine Blume namentlich bestimmen konnte.

»Gleich kommen wir zu unserem Kräutergarten. Diesen Weg haben wir übrigens nach Glyn benannt. Das da sind Forsythien, und da drüben sind Malven und japanische Azaleen. Seine Lieblingspflanzen.«

»Cicely hat mir erzählt, daß Ihr Mann Bildhauer ist«, sagte Benjamin, während er sich unter dem Dickicht hinwegduckte.

»Ich hoffe nur, Cicely ist bald wieder ganz gesund.« Beatrice ignorierte seine Überleitung. »Sie ist so sehr abgemagert. Und immer noch so furchtbar blaß.«

»Ich glaube, es geht ihr viel besser«, sagte er vage.

»Dein Besuch scheint ihr gutzutun. Es wäre schön, wenn du noch etwas länger bleiben könntest. Diese Ranken auf der Azalee hier sind übrigens Clematis orientalis. Und das da drüben links sind Eukalyptusbäume. Ich wußte gar nicht, daß du ein so enger Freund von Cicely bist. Diese Liebschaften, die sie in letzter Zeit hatte, waren ja wohl nicht das richtige für sie. Sie sollte sich endlich mal jemanden suchen, der auch zu ihr paßt.«

Die geradezu mütterliche Sorge, die aus ihren Worten sprach, verwirrte Benjamin ein bißchen; soweit er wußte, waren Beatrice und Cicely nicht direkt miteinander verwandt.

»Was macht eigentlich Cicelys Mutter?« fragte er.

»Sie ist in Amerika. Schon seit zwei Monaten, wegen dieses neuen Stücks. Vielleicht wäre das alles gar nicht passiert, wenn sie nicht... nicht dauernd unterwegs wäre. Nun ja, mir steht es nicht zu, darüber zu urteilen.« Sie näherten sich einem kleinen Cottage mit niedrigem Dach, in dem offenbar jemand mit Hammer und Meißel arbeitete. »Wollen wir ihn nicht stören«, sagte Beatrice, während sie eilig weiterging. »Er muß nächste Woche nach Frankreich. Der Stadtrat von Nantes hat eine Skulptur bei ihm in Auftrag gegeben. Irgendeinen wichtigen öffentlichen Gedenkstein.«

Benjamin entnahm ihren Andeutungen, daß Cicelys Onkel offensichtlich ein Künstler von echtem Rang war. Zwar hatte sie nie von ihm erzählt, aber was ihre Familie anging, war sie seit jeher nicht besonders gesprächig gewesen. Soweit Benjamin wußte, war ihr Vater ein in London lebender Architekt, den sie höchstens ein- oder zweimal im Jahr zu sehen bekam. Ihre Mutter (die mehrmals wieder geheiratet hatte) war eine erfolgreiche Schauspielerin, die zumeist im Ausland arbeitete. Benjamin war es immer so vorgekommen, als lebten diese Leute unter einer Glasglocke, an die er gerade mal seine Nase pressen konnte.

»Sieh mal, dort drüben.« Beatrice wandte sich um und ließ ihren Blick stolz über das Anwesen schweifen. Sie waren inzwischen bei dem schmiedeeisernen Tor angekommen; von dort hatten sie fast das gesamte Haus im Blick, dessen steiles Dach hoch über dem Garten aufragte. »Von hier aus hat man einen besonders schönen Blick auf unser Haus. Der Südwestgiebel hat so etwas Majestätisches, finde ich.«

Benjamin hatte keine Ahnung, welchen Giebel sie meinte; eigentlich wußte er nicht einmal so recht, was ein Giebel war. Soweit er wußte, hatte ihr Haus in Longbridge keine Giebel. Zum ersten Mal an diesem Tag kam ihm seine Familie in den Sinn; er fühlte sich so weit weg, daß er kaum glauben mochte, daß der Campingplatz nur ein paar Meilen entfernt war, gleich auf der anderen Seite von Porth Neigwl.

»Ist das Haus sehr alt?« fragte er, um sich von diesem Gedanken abzulenken.

»Es wurde Ende des sechzehnten Jahrhunderts gebaut«, sagte Beatrice, während sie wieder zurückgingen, »und dann zur Zeit von Königin Victoria erweitert. Als wir es vor zwanzig Jahren kauften, war es kaum mehr als eine Ruine. Wir haben enorm viel Arbeit hineingesteckt.«

»Von so einem Haus habe ich schon immer geträumt.«

»Vielleicht hast du ja später selbst so eins. Cicely hat mir erzählt, du willst Schriftsteller werden.«

»Würde ich gern, ja. Oder vielleicht Komponist.«

»Tatsächlich? Du scheinst ja eine Menge Talente zu haben.«

Das erinnerte Ben daran, daß er sich schon den ganzen Morgen etwas vorgenommen hatte, das er endlich in die Tat umsetzen wollte. Er spürte, daß der richtige Zeitpunkt gekommen war, Cicely eines seiner Tapes vorzuspielen. Als er sie suchen ging, entdeckte er sie schließlich auf der Anhöhe hinter dem Haus; von ihrer Holzbank hatte sie eine perfekte Aussicht über Plas Cadlan und seine Nebengebäude bis hinüber nach Porth Neigwl. Heute lag die See still und friedlich da.

»Hast du dich sehr mit Tantchen gelangweilt?« fragte sie.

»Überhaupt nicht. Ich find's wunderbar hier. Der ganze Ort ist wie ... wie verzaubert.« Cicely lächelte und nahm seine Hand, als er sich neben sie setzte. Mit einem Mal schien es die natürlichste Sache der Welt zu sein, zusammen auf einer Bank zu sitzen und Händchen zu halten. Wie hatte sich das alles nur so schnell zwischen ihnen entwickeln können, innerhalb von kaum mehr als ein paar Stunden? »Cicely«, sagte er, »habt ihr vielleicht irgendwo einen Recorder?«

»Einen Recorder?«

»Einen Kassettenrecorder.«

»Ich glaube ja. Onkel Glyn hört gern Musik bei der Arbeit.«

»Meinst du, wir könnten uns das Gerät mal kurz ausleihen?«

»Bestimmt.« Ihre Augen glänzten erwartungsvoll, als würde sie sich fragen, was er denn nun schon wieder vorhatte. »Ich geh ihn fragen.«

Eine Viertelstunde später saßen sie zusammen auf Cicelys Bett, Glyns tragbaren Kassettenrecorder zwischen sich auf der Überdecke. Benjamin griff nach seinem Rucksack und förderte das Tape zutage, auf dem sich die sieben Stücke befanden, die er *Seascape Nos. 1–7* genannt hatte. Seit zwei Jahren schleppte er das Tape nun schon mit sich herum; das Band war mittlerweile völlig abgenudelt, so oft hatte er sich die Aufnahmen angehört.

»Verrätst du mir jetzt, was du vorhast?« fragte Cicely, während er die Kassette in das Gerät schob.

Benjamin spulte das Tape zum Anfang von *Seascape No. 4*

vor, atmete dann tief durch und sagte: »Hab ich dir mal erzählt, daß ich auch komponiere?«

»Nein«, sagte Cicely überrascht.

»Na ja, manchmal schreibe ich Songs. Und ich dachte ... ich dachte, daß du vielleicht mal einen hören magst.«

»Ja. Na klar. Echt gern.«

»Ich wollte dir nur vorher sagen, daß das Stück ... na ja, in gewisser Weise ist es ein Stück über dich.«

Cicely errötete. »Wieso über mich?«

»Ich hab an dich gedacht, als ich es geschrieben habe. Man könnte sagen, du hast mich dazu inspiriert.«

»Ich ... ich weiß gar nicht, was ich sagen soll. Wann hast du es geschrieben?«

»Vor ungefähr zwei Jahren«, sagte er. Er drückte die Starttaste und lauschte dem Rauschen, das den Anfang der Aufnahme ankündigte.

»Aber ...« Cicely sah ihn erstaunt an. »Aber vor zwei Jahren kannten wir uns doch noch gar nicht.«

Sie verstummte, als die Musik einsetzte.

Benjamin tat sein Bestes, sich seine Nervosität nicht anmerken zu lassen; er wollte sie nicht beim Zuhören stören. Er versuchte, sie nicht anzusehen, um sie nicht zu verunsichern. Aber dann warf er ihr doch wieder einen verstohlenen Blick zu. Es waren die längsten vier Minuten seines Lebens. Die Aufnahmequalität war fürchterlich, das ließ sich nicht anders sagen. Und es schauderte ihn erst recht, als er hörte, wie oft er sich verspielt hatte; das durfte ja wohl nicht wahr sein! Wieso hatte er das Stück nicht öfter geprobt? Wie hatte er sich selbst gegenüber nur so unkritisch sein können? Er hatte seinen Gefühlen für Cicely Ausdruck geben wollen, und was war davon geblieben? Ein matter Widerhall, sonst nichts. Ein Symphonieorchester hätte er gebraucht, das schöpferische Genie eines Ravel oder Sibelius, um auch nur eine Nuance dessen vermitteln zu können, was er für sie empfand.

Und doch konnte er sehen, wie die Musik sie bewegte. Noch immer lauschte sie gebannt, während das Stück sich langsam seinem Ende näherte; ihre Lippen waren leicht geöffnet, ja, sie wiegte sich sogar sanft im Rhythmus. Jetzt kam noch der Schlüsselmoment, jene kleine Wendung in der Melodie, die das Stück zu etwas Besonderem machte – und tatsächlich schien sie die Raffinesse der Harmonie bemerkt zu haben, da sie sich just in diesem Moment zu ihm wandte und über die letzten verklingenden Akkorde sagte: »Oh – was war denn das?«

»Ach, nur ein ganz einfacher Akkordwechsel von g-Moll auf D«, erklärte er stolz. »Man erwartet ihn bloß nicht an der Stelle.«

»Nein. Ich meinte das Geräusch im Hintergrund.«

»Welches Geräusch?«

»Es klang wie eine Katze.«

Das Stück war zu Ende. Benjamin schaltete den Recorder aus.

»Ein Kater. Er heißt Acorn. Dabei hatte ich ihn extra wegen der Aufnahme ausgesperrt.«

»Ich wußte gar nicht, daß du eine Katze hast. Was ist es für eine?«

»Er gehört nicht uns. Es ist der Kater von meinen Großeltern.«

Als Cicely ihm schließlich sagte, wie sehr ihr die Musik gefallen hatte, daß ihr das Stück total unter die Haut gegangen war, spürte er, daß sie es wirklich ernst meinte. Trotzdem war er enttäuscht. Er hätte es ihr nicht vorspielen dürfen. Er hatte einen Fehler gemacht.

»Ich bringe Onkel Glyn das Gerät zurück«, sagte sie und nahm den Recorder an sich. »Ach ja« – sie stand bereits in der Tür – »er will heute abend mit uns in den Pub gehen. In den vier Wochen, die ich jetzt hier bin, hat er mich kein einziges Mal gefragt, und kaum bist du da, will er zusammen mit uns losziehen. Ist doch irre. Ich glaube, er mag dich wirklich.«

Die Sache mit dem Pub machte Benjamin leichte Bauchschmerzen. Was, wenn sie in Abersoch oder Llanengan zufällig seinen Eltern über den Weg liefen? Doch wie sich herausstellte, gab es keinen Grund zur Sorge. Glyns hartnäckige Abneigung gegen Touristen brachte mit sich, daß das Lokal seiner Wahl sich an einem der abgelegensten und einsamsten Orte der Halbinsel befand, etwa zwanzig Autominuten von Plas Cadlan entfernt. Sie kamen durch Aberdaron, wo der Dichter R.S. Thomas Gemeindepfarrer war (»Ein äußerst beeindruckender Mann«, wie Glyn sie informierte), und nahmen dann die kurvige Straße, die oberhalb von Uwchmynydd in die Berge führte. Ein paar hundert Meter vor der Küste lag die kleine Felseninsel Ynis Enlli, Bardsey Island, ein legendärer Wallfahrtsort, wo sich einst auch ein Kloster befunden hatte. Als sie aus dem Wagen stiegen, konnten sie die Umrisse der Insel gerade noch im blauen Dunst der Dämmerung erkennen.

Von außen sah das Lokal nicht im geringsten nach einem Pub aus. Es handelte sich um ein kleines, strohgedecktes Cottage mit weißen Mauern, vor dessen Eingang fünf Schafe grasten; weit und breit war kein anderer Wagen zu sehen, ebensowenig irgendein Schild, das vielleicht Gäste angelockt hätte. Eine Bar gab es nicht, nur ein paar Tische und ein riesiges Eichenfaß, aus dem sich die Kundschaft – wenn man die Gäste so nennen wollte – nach Lust und Laune ihr Bier zapfen konnte. Geld schien hier jedenfalls nicht den Besitzer zu wechseln.

An einem der Tische saßen drei Männer, die sich erhoben, als sie Glyn erkannten. Allgemeines Schulterklopfen und Händeschütteln schloß sich an, während man sich gegenseitig auf walisisch begrüßte; Ben und Cicely wurden mit einem reservierten »Guten Abend« bedacht. Sie setzten sich an einen separaten Tisch; was sich als durchaus ratsam herausstellte. Die vier Männer spielten Cribbage, und während sie zockten, schwangen sie rauhe Reden, um zwischendurch immer wieder in ernstes Schweigen zu verfallen und mißtrauisch zu den hereingeschneiten Engländern hinüberzuschielen.

»Die Kerle hab ich schon öfter gesehen«, sagte Cicely, während sie die Augen verdrehte und mit Todesverachtung an ihrem Bier nippte. »Sie kommen manchmal abends vorbei, meistens, wenn Tantchen schon im Bett ist.«

»Kannst du verstehen, worüber die reden?«

»Bestimmt über Politik. Die sind alle glühende Nationalisten.«

Benjamin war geschockt. Er hatte in den Nachrichten schon öfter von diesen Leuten gehört. Sie zündeten sogar Ferienhäuser an.

»Ist dein Onkel Nationalist?«

»Ja, natürlich. Er hat schon jede Menge Ärger bekommen wegen der Sachen, die er immer wieder in Interviews sagt. Die IRA unterstützt er übrigens auch.«

Benjamins Augen wurden noch größer. Spätestens seit den Bombenanschlägen auf die Birminghamer Pubs hatte niemand mehr – seine Familie, seine Freunde, seine Lehrer, die Politiker, die er aus dem Fernsehen kannte – anderes als Haß und Verachtung für die IRA übrig. Wann immer von der IRA gesprochen wurde, war von Mördern, Psychopathen und Geisteskranken die Rede. Einen anderen Blickwinkel hatte er nie in Erwägung gezogen. Zwar jagte ihm Glyn ein bißchen Angst ein, aber andererseits war er Cicelys Onkel, und da sie ihn offenbar sehr gern hatte, stand für Benjamin außer Frage, daß er im Grunde ein Herz aus Gold haben mußte. Und doch unterstützte er die IRA! Die Attentäter, die Malcolm auf dem Gewissen und Lois soviel Leid zugefügt hatten. Wie um Himmels willen war das möglich? War die Welt am Ende *noch* komplizierter, als er bislang angenommen hatte – gab es denn nicht wenigstens eine Sache, die nicht zwei Seiten hatte? Du liebe Güte, wie konnte jemand wie Doug nur so felsenfest von seinen politischen Standpunkten überzeugt sein, obwohl doch mit jeder Sekunde alles immer nur noch vertrackter wurde?

»Du weißt, was die IRA meiner Schwester angetan hat«, sagte er. Er stellte es einfach fest; einfach so, ohne sich von seinen Gefühlen hinreißen zu lassen.

»Wie geht es ihr?«

Er seufzte. »Ach, gar nicht so schlecht. Eigentlich war sie die letzten Tage ganz gut drauf. Mum und Dad hoffen, daß sie in zwei oder drei Jahren ihren Abschluß nachmachen und dann zur Uni gehen kann.«

»Dabei ist doch alles schon so lange her. Fast vier Jahre, stimmt's?«

»Sie hat ein paar Rückfälle erlitten. Schon Kleinigkeiten können sie völlig aus der Fassung bringen. Erst letzte Woche hat sie wieder die Nerven verloren. Wegen Paul.«

»Was ist denn passiert?«

»Wir haben gegrillt – Dad hatte den Tisch nach draußen gestellt und ein paar Würstchen auf den Rost gelegt. Und dann fing Paul auf einmal an, mich über die Schlägerei zwischen Steve und Culpepper auszufragen – ich hab dir ja von der Sache erzählt. Und Paul konnte den Hals einfach nicht vollkriegen. Dabei interessierte ihn kein bißchen, was der Grund für die Prügelei gewesen war; er war einfach bloß auf Mord und Totschlag aus, von wegen, ob Steve Culpepper wirklich die Nase gebrochen hätte, das Blut müsse ja nur so durch den Raum gespritzt sein und so weiter. Aber Lois verkraftet solches Gerede einfach nicht mehr. Bei so etwas denkt sie immer sofort an Malcolm, daran, wie er damals… wie er damals ausgesehen haben muß. Jedenfalls drehte sie von einer Sekunde auf die andere total durch. Sie schrie Paul an, er sollte endlich damit aufhören, und warf ihren Teller nach ihm. Und dann bekam sie einen Weinkrampf; sie konnte sich überhaupt nicht mehr beruhigen. Am nächsten Morgen wollte sie nicht aufstehen – Dad blieb bei ihr, während wir nach Pwllheli zum Einkaufen fuhren. Als wir dann wiederkamen, war sie weg; sie war schließlich doch aufgestanden und hatte Dad gesagt, sie wollte einen Spaziergang machen. Mum und Dad waren natürlich außer sich vor Sorge, aber ich wußte, daß sie wiederkommen würde. Am späten Nachmittag war sie dann auch wieder zurück, obwohl sie sich an nichts erinnern konnte. Weder daran, was sie gemacht hatte, noch, wo sie gewesen war.«

Cicely nahm seine Hand und drückte sie. Es war mehr als nur eine tröstende Geste.

»Es tut mir so leid, Benjamin. Die arme Lois.«

Er füllte ihre Gläser nach, bevor er Cicely nach ihrer Mutter fragte. Er hatte nicht mal gewußt, daß sie aus Wales kam.

»Ach, sie macht einfach nicht so eine Riesensache daraus wie Onkel Glyn. Es gefällt ihr, sich sozusagen als staatenlos zu betrachten, und bei der Wahl ihrer Männer hat sie auf alles mögliche geachtet, aber bestimmt nicht auf ihre Nationalität. Na ja, im Augenblick ist sie in New York; momentan gibt es für sie nichts als Amerika, Amerika, Amerika.« Cicely senkte die Stimme. »Weißt du, Ben, dieses ganze patriotische Getue ist sowieso ein bißchen dick aufgetragen. Glyn und Mummy sind zwar beide in Aberystwyth geboren, aber in Liverpool aufgewachsen. Onkel Glyn hat lange in England gelebt; er ist erst wieder nach Wales gezogen, als ihm das Haus für einen Spottpreis angeboten wurde, und seitdem macht er einen auf Gutsbesitzer. Und Tantchen kommt ursprünglich aus Tunbridge Wells. Das ändert natürlich nichts an seinen Ansichten. Aber laß dich nicht so von ihm einschüchtern.«

Benjamin sah, daß Cicely langsam müde wurde; kurze Zeit später bemerkte es auch Glyn. Er verabschiedete sich von seinen Bekannten, die zur nächsten Runde übergingen, und fuhr nach Plas Cadlan zurück. Benjamin saß neben ihm auf dem Beifahrersitz.

»Nun dann, Engländer, wie hat dir unser Bier geschmeckt? In den Bumslokalen für euch Touristen kriegst du so was bestimmt nicht. Oder auf irgendeinem ...« – er würgte die Worte hoch, als hätte er Schleim im Hals – »gottverdammten Campingplatz.«

»Hör auf, ihn Engländer zu nennen«, sagte Cicely. »Das ist echt grob von dir.«

Glyn warf ihm einen Seitenblick zu. »Aber du bist doch aus England, nicht?«

»Ja, bin ich.«

»Na also, dann darf ich dich ja wohl auch so nennen. Du schämst dich doch wohl nicht, Engländer zu sein, oder?«

»Sollte ich?«

»Ich persönlich kann Engländer nicht leiden. Und meine Freunde haben sie komischerweise auch gefressen. Und weißt du auch, warum?« Ohne eine Antwort abzuwarten, fuhr er fort: »Ich werd's dir sagen. Wir Waliser hassen die Engländer schon seit Urzeiten, und das werden wir so lange tun, bis sie endlich aufhören, sich in unsere Angelegenheiten einzumischen. Wir hassen sie seit dem 13. Jahrhundert, als Edward der Erste mit seinen Armeen in unser Land einfiel und unsere Frauen und Kinder abschlachten ließ; auch unser König Llewellyn der Zweite fiel im Kampf um sein Land. Ihr habt die Gesetze erlassen, nach denen fortan kein Waliser mehr ein politisches Amt bekleiden durfte. Englische Lords regierten über unser Land, und wir mußten uns euren englischen Gesetzen beugen; überall habt ihr eure Festungen aus dem Boden gestampft, euch unsere Ländereien angeeignet, während ihr unsere Vorfahren in euren Feldzügen gegen Frankreich verheizt habt, in lauter Kriegen, mit denen wir nichts zu tun hatten, die aber obendrein noch mit walisischen Steuergeldern finanziert wurden. Noch mehr haben wir euch Anfang des 15. Jahrhunderts hassen gelernt, als Owain Glyn Dwr uns wieder zu einer Nation zusammenschmieden wollte; halb Nordwales, Cardigan und Powys habt ihr dafür in Schutt und Asche gelegt, unsere Häuser und Kirchen zerstört, ja, sogar unsere Kinder habt ihr zu

Tausenden nach England entführt, als Sklaven und Diener für eure hochherrschaftlichen Sippen.« Glyn fuhr an den Straßenrand und schaltete den Motor ab. Der Wagen war bereits mehrmals auf der engen Straße ins Schlingern gekommen, während er sich weiter und weiter in Rage geredet hatte. »Es war eine furchtbare Zeit, und trotzdem gelang es unseren Barden, unsere Sprache am Leben zu erhalten, unser wunderbares Walisisch, die älteste Sprache auf der ganzen britischen Insel – sag bloß, daß du das wußtest –, aber selbst unsere Sprache durften wir nicht behalten, unsere Identität! Euer Lordprotektor Thomas Cromwell hat sie uns geraubt, 1536, mit seiner sogenannten Vereinigung von Wales und England; ihr habt uns eure Sprache aufgezwungen, euer elendes, trostloses Englisch – plötzlich war es ein Verbrechen, Walisisch zu reden, in drei Teufels Namen! Mit dem gleichen verfluchten Vereinigungsdiktat habt ihr ja 1707 auch die Schotten an die Kandare gelegt. Mit eurem Handelsembargo habt ihr sie erpreßt, ihr eigenes Parlament aufzulösen – gegen ein paar läppische Abgeordnetensitze in Westminster und einen Judaslohn von ein paar hunderttausend Pfund! ›Verraten und verkauft für englisches Gold‹, so hat Robbie Burns das genannt, und Gott weiß, wie recht er hatte! Und anschließend habt ihr ihnen die Daumenschrauben angelegt, sie mit euren Steuern gemolken und eure imperialistischen Abenteuer rund um den Globus mit dem Geld armer schottischer Weber und Bergarbeiter finanziert. Und das ist bis heute so geblieben, sieh dir doch an, mit welchen Steuern ihr das Erdöl aus der Nordsee belegt! Und trotzdem haben weder wir Waliser noch die Schotten so unter eurer Brutalität und Raubgier gelitten wie die Iren. Hat man euch je in der Schule erzählt, mit welcher bestialischen Grausamkeit Elizabeth die Erste und Oliver Cromwell die Iren unterjocht haben? Als Elizabeth 1565 die Besiedelung Irlands vorantrieb, erhob sich das ganze Land gegen die Eindringlinge; die Generäle der Königin überboten sich gegenseitig im Hängen, Foltern, Brennen und Massakrieren unschuldiger Menschen und Familien. Das eroberte Land wurde annektiert und schottischen Siedlern übereignet, und um 1640 schlug Cromwell einen weiteren Aufstand nieder. Er spielte sogar mit dem Gedanken, die gesamte Bevölkerung restlos auszulöschen, kam dann aber auf die Idee, alle Einheimischen in das Gebiet jenseits des Shannon zu deportieren, wobei Tausende und Abertausende getötet oder als Sklaven auf die Westindischen Inseln verschifft wurden. Verdammt noch mal, wundert es dich da noch, daß jeder auch nur halbwegs aufrechte Ire euch Engländer auch heute noch als Unterdrücker empfindet? Überrascht es dich da noch, daß die Schotten euch keinen Zentimeter über den Weg trauen und wir Waliser euch aus tiefster Seele verachten? Glaubst du allen Ernstes, die Maori in Neuseeland und die australischen Aborigines würden euch je verzeihen, daß ihr nichts als Hunger, Krankheiten und nackte Gewalt über ihre Völker gebracht habt? Ihr habt die Welt die längste Zeit an der Nase herumgeführt, ihr ach so zurückhaltenden Engländer mit euren englischen Manieren, eurer Selbstironie und euren Selbstbezichtigungen. Jeder frei denkende Waliser, Schotte oder Ire wird dir dasselbe auf die Frage antworten, was er von euch Engländern hält – daß ihr ein unmenschliches, barbarisches, habgieriges und unersättliches Volk seid. Eine Nation von Schlächtern und Lumpen! *Schlächter und Lumpen*, hast du mich verstanden, Junge?« Mit diesen Worten ließ Glyn das Lenkrad los – er hatte es so fest umklammert, daß seine Fingerknöchel ganz weiß geworden waren –, lehnte sich zurück und holte tief Luft, bevor er fragte: »Hast du irgendwas dazu zu sagen, Engländer?«

Schweigen breitete sich im Wagen aus, bis Benjamin endlich die richtigen Worte gefunden hatte. »Das kann man so sehen«, sagte er.

Glyn ließ wieder den Motor an und fuhr sie nach Hause.

Am folgenden Nachmittag unternahmen Benjamin und Cicely eine Wanderung über die Landzunge von Rhîw; den ganzen Tag hatte die Sonne geschienen, und der Himmel über ihnen war tiefblau und wolkenlos, während sie eine Stille umgab, in der das Summen einer Fliege ein schon fast außergewöhnliches Ereignis darstellte. Ehe sie am Abend zuvor zu Bett gegangen waren, hatten sie sich auf der Schwelle zu Cicelys Zimmer geküßt, so leidenschaftlich und intensiv, daß selbst Benjamin diesen Kuß nicht hatte mißverstehen können. Davon abgesehen, hätten ihm spätestens Cicelys letzte geflüsterte Worte – »Ich könnte jetzt ewig so weitermachen« – die Augen geöffnet, ganz zu schweigen von diesem schönen, scheuen Lächeln, mit dem sie ihn angesehen hatte, bevor sie im Dunkel ihres Zimmers verschwunden war.

Er lag wach bis in die frühen Morgenstunden, während sich seine Gedanken weiter und weiter im Kreis drehten; er konnte sein Glück kaum fassen.

Jetzt stiegen sie die letzten felsigen Meter nach Creigiau Gwineu hinauf. Hier befanden sich die Überreste eines Forts, das wahrscheinlich in der Eisenzeit erbaut worden war, wie ihnen Onkel Glyn erzählt hatte – aber wer mochte sich schon an einem so stillen, heißen Nachmittag wie diesem mit den historischen Gegebenheiten befassen, während tief unter ihnen schaumgekrönte Wellen die Felsen umspülten. Der Abstieg zu den Klippen war weniger anstrengend. Benjamin nahm Cicelys Hand und führte sie den schmalen Pfad entlang; während er ihr den Weg durch den Stechginster bahnte, wurde ihm plötzlich klar, daß er sich mit geradezu traumwandlerischer Sicherheit bewegte, daß er jeden Stein, jeden Grashalm auf Llyn kannte, schon seit seinen Kindertagen, als er mit seinen Eltern, seinen Großeltern und Lois und Paul immer wieder die Gegend erkundet hatte. In gewisser Weise war diese Halbinsel auch sein Land, egal, was immer Glyn dazu sagen mochte.

Kurz vor der Stelle, wo die Klippen ins Meer abfielen, erreichten sie einen breiten Wanderweg, der um die Landspitze herumführte. Sie wandten sich nach links und gingen Richtung Porth Neigwl weiter. Just an der Stelle, wo der Weg wieder ins Landesinnere zu führen begann, ragte ein flacher Felsen aus dem Farngestrüpp, wie für eine Rast gemacht. Er bot gerade genug Platz für zwei Personen, immer vorausgesetzt, daß jene zwei Menschen sich so nahe wie möglich sein wollten.

Benjamin sah hinaus über die Bucht, jenes vier Meilen lange Gestade, das seinen unheilverkündenden Namen all den Seemännern verdankte, die es über die Jahrhunderte in den Tod gelockt hatte; fast friedvoll erstreckte sich das Meer in die Ferne. Der erhabene, aber erst durch Cicelys Gegenwart vollkommene Ausblick erfüllte ihn mit einem undefinierbaren, rätselhaften Glücksgefühl.

»Letztes Jahr um diese Zeit«, sagte er, »war ich mit meinem Großvater auch hier an der Küste.« Er zeigte über die Bucht nach Cilan Head hinüber. »Dort drüben. Was er mir damals gesagt hat, werde ich nie vergessen. Er sagte, bei so einem Anblick müsse man einfach an Gott glauben.«

Cicely schwieg einen Moment. »Und – siehst du das auch so?«

Benjamin wollte gerade antworten, als er plötzlich innehielt. Unvermittelt hatte ein Gefühl der Unsicherheit Besitz von ihm ergriffen, just in dem Moment, als er die Frage aus vollem Herzen bejahen wollte. Seine Gedanken überschlugen sich, ehe er Cicely ansah: »Kann ich dich etwas fragen?«

»Ja, klar. Alles, was du willst.«

»Wie hast du mir das nur vergeben können?«

»Vergeben? Was meinst du?«

»Daß ich damals in meiner Kritik so über dich hergezogen bin.«

»Aber das ist doch schon Ewigkeiten her.«

»Ich weiß. Trotzdem hätte ich dich nicht so verletzen dürfen.«

»Hast du doch gar nicht. Und ich hab dir schon mal gesagt, daß du mir die Augen geöffnet hast. Als Schauspielerin bin ich eine Niete. Ich hab das doch nur wegen meiner Mutter gemacht, und weil ich so selbstverliebt war. Du hast nur die Wahrheit geschrieben. Ich glaube auch nicht, daß du mich kränken wolltest. Du hast es aus demselben Grund getan, aus dem du dieses Stück für mich geschrieben hast. Aus Liebe.«

»Aus Liebe?«

»Ja. Du wolltest mir zeigen, wer ich wirklich bin. Und darum geht es doch, wenn man jemanden *liebt*. Jemanden zu lieben heißt doch, ihm die Augen über sich selbst zu öffnen.«

»Ja«, sagte Benjamin. »Das stimmt.«

Nun hatte er die Antwort auf seine Frage bekommen. Er fühlte sich Cicely inzwischen so nah, daß er eine neue, wahrhaftigere Seite seines Ichs zu entdecken begann; mit einem Mal war er sich gar nicht mehr, ja, alles andere als sicher, ob es Gott wirklich gab. Er war immer ein Zweifler gewesen – nun schien er dazu bestimmt, die Welt mit noch skeptischeren Augen zu sehen.

»Ich weiß es nicht«, sagte er. »Ich weiß nicht, ob ich Großvater zustimmen soll.«

»Das Christentum ist nichts für mich«, stellte sie fest. »Wir könnten eine Menge von den fernöstlichen Religionen lernen, finde ich. Außerdem glaube ich, daß im Grunde alle Religionen den gleichen Gott haben. Tja, ich bin wohl eine Pantheistin.«

»Ein Pantheist ist jemand, der Gott in allem sieht. Könnte sogar sein, daß mein Großvater einer ist.« Sein geliebter Großvater; inzwischen war er ans Bett gefesselt und litt unter chronischen Schmerzen. Benjamin schüttelte die bedrückenden Gedanken ab. »Ich weiß nur, daß es hier wunderschön ist, daß ... daß meine Zukunft untrennbar verbunden ist mit dieser Landschaft.« Cicely warf ihm einen fragenden Blick zu, doch er hatte selbst keine Erklärung für das, was ihm da über die Lippen gekommen war. »Diese Küste ist mein Schicksal«, fügte er nach einer Pause hinzu, aber auch dadurch wurde kaum etwas klarer. »Sorry. Ich weiß selbst, wie düster das klingt.«

Sie legte ihren Kopf an seine Schulter; eine Weile saßen sie schweigend da. Aber seine Worte wollten ihr nicht aus dem Kopf gehen. »Wohin mich wohl mein Leben führen wird?« sagte sie plötzlich. »Ich hab nicht mal ein richtiges Zuhause. In Birmingham habe ich mich nie wirklich wohl gefühlt; eigentlich nirgends, wenn ich ehrlich bin. Aber vielleicht gefällt es mir ja in Amerika.«

»Wieso Amerika?« fragte Benjamin.

Sie zögerte kurz. »Weil ich bald nach Amerika gehe.« Sie spürte, wie Benjamin erstarrte; traurig sah sie ihn an, wohl wissend, wie weh ihm ihre Worte tun mußten. »Aber es ist ja nicht für immer, Ben. Nur für ein paar Monate.«

»Ein paar *Monate*?«

»Nur solange meine Mutter an diesem Theater spielt. Aber es ist sowieso nur eine kleine Bühne, und vielleicht hält sich das Stück ja nur zwei oder drei Wochen. Ben, ich vermisse sie. Und die Gelegenheit, nach Amerika zu gehen, kommt bestimmt nicht so schnell wieder. Sie hat eine Wohnung in Manhattan, und am Wochenende kann sie mir Long Island zeigen ...«

»Aber was ist mit der Schule? Ich dachte, du wolltest deinen Abschluß nachholen.«

»Ich fange erst nach Weihnachten wieder an.« Sie stand auf und zog Benjamin hoch; er spürte ihr Herz klopfen, als sie sich eng an ihn schmiegte. »Ben, ich hab mich dauernd mit den falschen Typen eingelassen. Aber du bist der Richtige. Der erste und einzige, den ich jemals wirklich wollte. Alles ist so wunderschön, und das ist gerade mal der Anfang, verstehst du! Wir werden wunderbare Dinge miteinander erleben, und ich kann genau vor mir sehen, wie schön es wird. Sieh doch mal, was passiert ist. Wir sind so jung, Ben, und trotzdem wissen wir genau, daß wir zusammengehören! Ich bin noch nie in meinem Leben so glücklich gewesen – und das werde ich nicht aufs Spiel setzen. Niemals, für nichts auf der Welt. Was sind denn schon ein paar Monate, verglichen mit dem, was vor uns liegt? Nichts, Benjamin. Überhaupt nichts.«

Er strich ihr das Haar aus der Stirn und fragte: »Wirst du mir schreiben?«

»Ja«, antwortete sie. »Jeden Tag.«

Er sah, wie sich zwei Ozeane in ihren Augen spiegelten, während ihm das Wasser in die Augen stieg, doch trotz seiner Tränen spürte er, wie ein unbeschreibliches, göttliches Glücksgefühl Besitz von ihm ergriff, jetzt, da er endlich die Wahrheit kannte – daß es darum ging, zu lieben und geliebt zu werden.

28

Als Benjamin am folgenden Nachmittag sein verlassenes Elternhaus betrat, stolperte er als erstes über einen Brief auf der Fußmatte, der seine Prüfungsergebnisse enthielt. Er öffnete ihn und stellte fest, daß er in allen Fächern die bestmöglichen Noten erzielt hatte. Das Telefon klingelte. Seine Großmutter war dran: »Wo bist du gewesen? Wir versuchen dich schon seit Tagen zu erreichen.«

»Tut mir leid, Großmama. Ich war viel unterwegs. Wie geht's Großvater?«

»Etwas besser. Aber er kann schon wieder aufstehen. Er läßt dich grüßen.«

Benjamin erzählte ihr von seinen Noten. Er freute sich, es jemandem anvertrauen zu können. Danach rief er Philip an und berichtete ihm ebenfalls davon. Philips Zeugnis war fast genauso gut. Im Herbst konnte er nach Bristol gehen.

»Was ist mit Steve?« wollte Benjamin wissen.

Philip seufzte. »Er ist in Physik durchgefallen. Sonst lauter Dreier und Vierer.«

»Und was heißt das?«

»Das heißt, daß er sein Physikstudium erst mal vergessen kann. Er muß noch mal durch die ganze Mühle.«

»Und Culpepper?«

»Ein Einser in Physik, er hat also, was er braucht. Der mogelt sich schon durch.« Dumpfes Schweigen lag in der Leitung. »Das Leben stinkt ganz schön, was?«

Nach einer weiteren Pause sagte Benjamin: »Tja, wir sollten jedenfalls feiern. Du und ich.«

»Mit Claire. Und Emily. Wie steht's mit heute abend?«

»Besser morgen«, sagte Benjamin. »Heute hab ich noch was zu erledigen.«

Er legte auf und sah die restliche Post durch. Das meiste war ziemlich langweilig, aber über eines mußte er doch lachen. Offenbar war der Streik bei Grunwick endlich vorbei. Den Zeitungen zufolge hatten die Arbeiter schließlich aufgegeben, aber nun waren endlich die Urlaubsfotos von Skagen eingetroffen – fast zwei Jahre nachdem sein Vater sie zum Entwickeln geschickt hatte.

Das, was Benjamin noch zu erledigen hatte, bestand darin, Jennifer auf einen letzten gemeinsamen Drink ins Grapevine einzuladen. Sie lachte mehr als nur einmal, als er ihr von der Katastrophentour nach Wales erzählte. Sie hatte ein gutturales, leicht dreckiges Lachen und einen aufrichtigen Sinn für Humor. Plötzlich wurde ihm klar, daß dies zu den vielen Dingen gehörte, die er an ihr mochte. Was nichts daran änderte, daß er schließlich, nachdem sie sich über die Ferien und die Prüfungsergebnisse ausgetauscht hatten, sein Glas mit diskretem Nachdruck absetzte und sagte: »Ich muß dir noch etwas sagen, Jennifer. Ich finde, wir sollten Schluß machen.«

»Ja, klar«, antwortete sie lächelnd. »Das hätten wir schon lange tun sollen.«

Das verblüffte Ben nun doch. Er hatte zumindest erwartet, daß sie ein bißchen weinen würde. »Ich finde bloß«, sagte er, während er sich fragte, ob sie ihn überhaupt verstanden hatte, »ich finde bloß, wir sind am Ende des Weges angekommen.«

»Oh, Ben. Wir haben den Weg doch nicht mal gefunden. Auch deshalb, weil wir nichts gemeinsam haben. Ich kann doch weder Debussy von Delius unterscheiden noch Baudelaire von Beckett. Ich habe dich zu Tode gelangweilt.«

»Hast du nicht.«

»Sei doch ehrlich, Ben. Zumindest das sind wir uns schuldig.«

»Du könntest wenigstens ein *bißchen* traurig sein«, sagte er.

»Jetzt, wo es an die Uni geht? Soweit ich weiß, gibt es 126 Zimmer in meinem Studentenheim, alle mit eingebautem Kleiderschrank. Das sollte mich doch wohl erst mal beschäftigen.« Sie sah ihm an, daß er den Witz nicht richtig verstand, deshalb fügte sie zögernd hinzu: »Ja, natürlich bin ich traurig. Aber das ist doch kein Grund, ein Drama daraus zu machen. Komm schon, Tiger – du findest bestimmt eine andere.«

Benjamin sah die Gelegenheit, ein kleines Stück Würde wiederzuerlangen. »Die habe ich schon.«

»Oh, wirklich?« sagte Jennifer, so beiläufig, daß es zu seiner klammheimlichen Freude nun ganz und gar nicht überzeugend klang. »Kenne ich sie?«

»Ja. Es ist Cicely.«

Wiederum reagierte sie auf eine Weise, die er zuallerletzt erwartet hätte. Zuerst starrte sie ihn mit offenem Mund an, dann nahm ihr Gesicht einen Ausdruck an, den er in all den Monaten nie an ihr gesehen hatte. Zärtlichkeit lag in ihrem Blick, leise Bestürzung und, mehr noch, Beunruhigung.

»Oh, Ben ... nicht das«, sagte sie. »Nicht sie. Um Himmels willen, nicht du und Cicely.«

»Warum nicht?« fragte er. (Fast hätte er hinzugefügt: »Ist doch sowieso schon jeder mit ihr gegangen.«)

»Hat dich niemand vor ihr gewarnt? Hast du nicht gemerkt, wie sie mit allen spielt? Und wenn sie genug von dir hat, läßt sie dich eiskalt links liegen.«

Er schüttelte den Kopf. »Du kennst sie doch gar nicht. Sie ist ganz anders, wenn man sie richtig kennt.«

»Das«, sagte Jennifer nach einem kurzen Lachen, »ist wirklich das Dümmste, was ich je gehört habe.«

Doch ihre Worte waren Luft für ihn. Was den gesunden

Menschenverstand anging, war Benjamin längst auf einem anderen Planeten. Nun endlich standen ihm alle Türen offen, all die Türen, die aus seinem alten Leben zu ungeahnten Möglichkeiten führten, und nichts, was Jennifer sagen konnte, hätte ihn davon abgehalten, über ihre Schwellen zu schreiten. Kein Einwand der Welt konnte das erschüttern, was er gestern mit Cicely erlebt hatte, als sie zusammen auf der Klippe gestanden hatten, als sie es ihm gesagt und er in ihre Augen geblickt hatte: Augen, in denen sich das klare Wasser doppelt spiegelte, der weit aufgerissene Rachen von Porth Neigwl – die Pforten der Hölle, der tiefe Schlund der Verdammnis.

Grüner Bierdeckel

Doch gibt es Augenblicke im Leben, für die man alles geben würde, Augenblicke, in denen so viele Gefühle mitschwingen, daß sie irgendwie zeitlos werden, so wie jener Moment, als Inger und Emil auf der Bank in dem Rosengarten saßen und in die Kamera lächelten, jener, als Ingers Mutter die Jalousie vor dem Fenster ganz nach oben zog oder als Malcolm die Schatulle mit dem Ring öffnete und meine Schwester um ihre Hand bitten wollte (obwohl es ja nie dazu kam, wie ich inzwischen weiß), und so ein Augenblick ist auch dieser jetzt, während ich mein Guinness an die Lippen führe und mir denke, daß das Leben einfach nicht mehr besser werden kann, von nun an kann es nur bergab gehen, wie also kann ich diesen Moment festhalten, ihn weiter auskosten, bis in alle Ewigkeit verlängern, da ich das Paradies gesehen habe und nichts jemals damit vergleichbar wäre, *et in Arcadia ego*, wie mal irgend jemand gesagt hat, ich weiß nicht mehr, wer, aber vielleicht ist es ja möglich, vielleicht, wenn ich einfach in der Bewegung innehalte und mich nicht mehr rühre, einfach so sitzen bleibe, das Glas fünf Zentimeter vor meinem Mund, und nicht mal mehr zur Bar hinübersehe, wo Sam gerade Nachschub besorgt, vielleicht wird dann alles so bleiben, und nein, ich werde nicht mal den Kopf drehen, um Cicely hinterherzusehen, meiner schönen Cicely, meiner schönen Freundin Cicely – ich weiß, es hört sich unglaublich an, aber es ist wahr, genau das ist sie jetzt –, weil ich weiß, daß ich sie in ein paar Stunden wiedersehen werde, und in der Zwischenzeit stelle ich sie mir einfach vor, wie sie davongeht, vorbei an den Bibliotheksgebäuden, über den Chamberlain Square Richtung Victoria Square, das sanfte Auf und Ab ihrer schmalen Hüften, diese Aura der Versonnenheit, die sie umgibt, sie merkt gar nicht, daß die Leute sie anstarren, wie magisch angezogen zu ihr herüberblicken, wie kann sie da noch an sich zweifeln, allen Ernstes glauben, irgend etwas anderes als außergewöhnlich zu sein, aber sie nimmt es gar nicht wahr, mit den Gedanken irgendwo anders, ohne daß ich wüßte, wo, was ich aber, wie so vieles andere, in den kommenden Jahren ergründen werde, wobei mich meine Vorstellungskraft verläßt, aber ich habe ja meine Erinnerungen, an denen ich mich festhalten kann, unsere gemeinsame Geschichte, wunderbare Erinnerungen, während das Wunderbarste heute morgen passiert ist, aber ich will mir das ganz langsam, mit allem Bedacht ins Gedächtnis rufen, mir jede Einzelheit vergegenwärtigen, alles fing damit an, ja, fing damit an, daß ich allen Ernstes über Dickies Tasche nachdachte, aber Moment, da war noch etwas, das vorher geschah, ja, genau, dieser Traum, obwohl ich mich nicht richtig erinnern kann, wie das eben so mit Träumen ist, als ich erwachte, war plötzlich alles weg, auch wenn ich mich an all die Polizisten erinnern kann, Dutzende und Aberdutzende von Polizisten kamen in dem Traum vor, und auch wenn ich an sich nichts gegen Polizisten habe, machte mir der Anblick angst, jedenfalls in dem Traum, das wird wohl immer eine der großen unbeantwortbaren Fragen bleiben, ob man im Traum derselbe Mensch ist wie im wirklichen Leben, aber egal, jedenfalls war es ein Angsttraum, was auch damit zu tun hatte, daß ich die Gesichter der Polizisten nicht erkennen konnte, auch wenn ich mir nicht sicher bin, ob das so war, weil sie keine Gesichter hatten oder weil die Gesichter unter ihren Helmen verborgen waren, während sie mit gesenkten Köpfen dastanden, Hunderte und Aberhunderte von Polizisten, aber vielleicht kommt mir das im nachhinein nur so vor, ich weiß es nicht mehr genau, jedenfalls war es eine unheimliche Szene, alle bewaffnet mit Schlagstöcken, bereit, auf die Menge loszugehen, um eine Demonstration aufzulösen oder so, wahrscheinlich rührte der Traum daher, daß ich ein paar Tage zuvor Dougs Artikel im *NME* über Blair Peach und die Vorfälle in Southall gelesen hatte, das wäre eine Erklärung, ein schrecklicher Artikel übrigens, womit ich nicht meine, daß er schlecht geschrieben war, ganz im Gegenteil, er war ebenso brillant wie alles aus Dougs Feder, aber das, worum es ging, war schlicht und einfach schrecklich, unbegreiflich, ich frage mich, ob er übertrieben hat, obwohl das kein gutes Licht auf ihn werfen würde, aber um auf diesen Morgen zurückzukommen, ich wachte plötzlich auf, mitten aus diesem Traum, irgend etwas mußte mich geweckt haben, vielleicht Mum, als die Haustür hinter ihr zuschlug, sie unterrichtet ja jetzt an der Schule, vier Tage die Woche, sie ist ja sowieso zufriedener, wenn sie arbeiten kann, ja, sogar glücklicher, ich wünsche ohnehin jedem, daß er so glücklich ist wie ich selbst, auch wenn das kaum möglich sein dürfte, da ich schlicht und einfach der glücklichste Mensch auf der Welt bin, und dann, genau in dem Moment, als ich aufwachte, kam mir, wie so oft, etwas total Unwichtiges in den Sinn, in weniger als dem Bruchteil einer Sekunde, einem noch kürzeren Zeitraum als dem, den ich gerade auszukosten versuche, die Polizisten hatte ich jedenfalls mit einem Mal vergessen, als mir aus heiterem Himmel Dickies Tasche in den Sinn kam, seit Ewigkeiten hatte ich nicht mehr daran gedacht, mindestens zwei oder drei Jahre, so wie auch nicht an Dickie selbst, seit er letzten Sommer die Schule verlassen hatte, mal abgesehen davon, daß ihn zu der Zeit sowieso niemand mehr Dickie nannte, Steve wurde ja auch von keinem mehr Rastus gerufen, eigentlich hieß er Richard Campbell, aber in der Siebten oder so nannten wir ihn Dickie, was wohl irgendwie ausdrücken sollte, daß er ein warmer Bruder war, obwohl mir nicht ganz klar ist, warum wir es gerade auf ihn abgesehen hatten, alle machten doch mal auf Schwuli, nur so zum Spaß, unerklärlich jedenfalls, warum gerade Richard Campbell der Watschenmann war, noch seltsamer allerdings war die Sache mit seiner Tasche, wenn ich mich recht entsinne, war es wohl Harding, der damit anfing, wer auch sonst, ja, es muß Harding gewesen sein, nur er konnte auf die Idee kommen, Dickies Tasche nicht bloß zum Objekt der Verarschung, sondern – ich bin mir voll bewußt, wie abgedreht das klingt – zum Objekt sexueller Begierde auszurufen, zum Sexobjekt, wenn man so will, das Ganze fing jedenfalls immer damit an, daß Dickie morgens mit seiner Tasche in die Klasse kam, einer stinknormalen schwarzen Adidas-Sporttasche, vielleicht ein bißchen abgenutzt, sonst aber absolut identisch mit Hunderten von anderen Taschen, die morgens mit in die Schule gebracht wurden, und sobald er hereinkam, rief irgend jemand: »Dickies Tasche! Dickies Tasche!«, worauf sich alle gleichzeitig auf Dickie stürzten, ihm die Tasche entrissen und sich darüber hermachten (alle heißt natürlich, daß ich ebenfalls dabei war und mich genauso ins Getümmel stürzte) wie bei einer Gruppenvergewaltigung, man kann das einfach nicht anders beschreiben, die Tasche verschwand kurzerhand unter einer Flutwelle von Leibern, während ein kollektives Orgasmusgestöhne losbrach, als alle nacheinander Dickies Tasche durchrammelten, es läßt sich nicht anders sagen, während Dickie selbst verzweifelt zusah, mittlerweile gewöhnt an das obszöne Spektakel, dem er, aus welchen Gründen auch immer, für alle Zeiten hilflos ausgeliefert zu sein schien, an genau dieses Ritual mußte ich denken, als ich aufwachte, ja, und ich gebe zu, daß sich ein Grinsen in meine Züge schlich, offen gesagt, mehr als ein bloßes Grinsen, ich mußte lauthals loslachen und kicherte in mich hinein, einfach aus fiesem, kindischem Spaß, während ich mich gleichzeitig fragte, was Richard Campbell jetzt wohl so macht, wie er an der Uni klarkommt und ob er in zwanzig Jahren ebenfalls darüber lachen kann, was wir mit seiner Tasche getrieben haben, falls er nicht irgendwann zu einem psychopathischen Menschenhasser, ja, vielleicht sogar zum Mörder wird, zumindest kann ich mir nicht vorstellen, daß er ein normales Sexleben führt, aber all das liegt ja weit in der Zukunft, auf die ich noch zurückkomme, glaubt bloß nicht, daß ich die Zukunft vergesse, doch momentan bin ich noch beim heutigen Morgen, als ich aus meinem Traum erwachte und mir plötzlich die Erinnerung an Dickies Tasche durch den Kopf schoß, bevor ich merkte, wie merkwürdig still es im Haus war, schon nach neun, Mum war bereits zur Arbeit, so wie auch Dad und Lois, und Paul war in der Schule, obwohl er, wie mir im selben Moment einfiel, gar nicht zu Hause übernachtet hatte, sondern bei einem Freund, und eigentlich hätte ich auch auf dem Weg zur Arbeit sein müssen, aber schließlich hatte ich einen guten Grund, weshalb ich noch hier war, Cicely nämlich, na klar, Cicely, die in Pauls Zimmer schlief, zum zweiten Mal inzwischen, wenngleich diesmal alles ganz anders war, und zwar *weil außer uns beiden alle ausgeflogen waren*, wir hatten das ganze Haus *für uns allein*, kein Wunder also, daß all diese Schmetterlinge in meinem Bauch rumorten und ich beschlossen hatte, Martin anzurufen und ihm Bescheid zu geben, daß ich heute nicht kommen würde, weil es mir nicht gutginge, aber wie auch immer, ich hatte keine Zeit zu verlieren, jede einzelne Sekunde war kostbar, was also plante ich für den heutigen Tag, schließlich hatten Cicely und ich uns seit langem nicht gesehen, acht Monate, acht endlose, deprimierende Monate, die sie mit ihrer Mutter in New York verbracht hatte, deren Stück zu meinem Pech ein Riesenerfolg gewesen war, und auch wenn wir uns jede Woche geschrieben hatten und ich im Januar für ein paar Tage rübergeflogen war, gestaltete es sich gar nicht so einfach, wieder zusammen zu sein, ich spüre, wie schwer es ihr fällt, sich wieder auf Birmingham einzustellen, und vielleicht war ich manchmal ein bißchen zu zögerlich, zu unschlüssig, schon klar, das ist eben Teil meiner Natur, o ja, langsam erlange ich anscheinend doch ein winziges kleines bißchen Selbsterkenntnis, hoffentlich nicht zu spät, wie der eine oder andere (Doug zum Beispiel) sagen würde, jedenfalls wußte ich zunächst nicht so recht, wie ich den Tag beginnen sollte, und entschied mich dann für das Naheliegendste, ich ging in die Küche, machte Tee und brachte ihr eine Tasse nach oben, jawohl, Tee, Onkel Glyn hätte sicher das eine oder andere Wörtchen dazu zu sagen, was wir Engländer alles mit einer guten Tasse Tee bewerkstelligen, welche Gefühle wir dahinter verbergen, was wir alles damit bezwecken, und da Tee ja ebenfalls zu unseren Errungenschaften aus der Kolonialzeit zählt, wäre das garantiert ein Fest für ihn, aber wen interessiert das schon, wen interessiert schon, was Onkel Glyn zu sagen hätte, ich verschwendete jedenfalls keinen Gedanken an ihn, als ich mit den zwei Bechern über die knarrende Treppe nach oben ging, die elfte Stufe ist es, die knarrt immer am lautesten, frappierend, wie gut man so eine Wohnung kennt, nachdem man achtzehn Jahre in ihr gelebt hat, und ich dachte darüber nach, was ich zu Cicely sagen würde, wenn ich sie geweckt hatte, wie immer dachte ich über Worte nach, ich kann eben mit Worten umgehen und glaube mittlerweile, daß man mit Worten fast alles bewirken kann, aber gleichzeitig begreife ich langsam, hoffentlich nicht zu spät, daß Worte manchmal nicht das Wichtigste sind, manche Situationen verlangen nach etwas, das jenseits der Sprache liegt, genau die Situationen eben, in denen ich immer wieder aufgeschmissen bin, und so war es auch heute morgen, als ich die Tür zu Pauls Zimmer mit der Schulter aufdrückte, mit dem Rücken voran eintrat und die beiden Becher auf den Nachttisch stellte, während ich immer noch darüber grübelte, was ich zu ihr sagen würde, wenn ich sie geweckt hatte, es lag mir auf der Zunge, aber ich weiß nicht mehr, was, weil sie nämlich bereits wach war, wie ich einen Moment später feststellte, und als ich mich auf die Bettkante setzte, setzte sie sich ebenfalls auf, sie war nackt, um Himmels willen, ganz und gar nackt, ich hatte noch meinen Pyjama an, es muß einfach lachhaft ausgesehen haben, Schlafanzüge machen einen ja nun wirklich nicht erotisch attraktiv, doch das schien keine Rolle zu spielen, da sie sich langsam aufsetzte, noch leicht schläfrig, und die Arme um mich legte, ihre nackten Arme, ihre wunderbaren nackten Arme, ich könnte ewig von diesen Armen erzählen, aber meine Gedanken drehen sich weiter, ihr Mund war halb offen, als sie mir mit den Lippen entgegenkam, ich spürte ihre Brüste an meiner Brust, mein Gott, wir kennen uns jetzt seit mehr als zwei Jahren, keiner kann uns vorwerfen, wir hätten irgend etwas überstürzt, alles hat sowieso lange genug gedauert, aber jetzt waren wir angekommen, das Paradies lag direkt vor uns, und in all den Jahren war es das erste Mal, daß ich sie so vor mir sah, von der Berührung ihres nackten Körpers ganz zu schweigen, ihre Brüste schmiegten sich unbeschreiblich weich in meine Hände, während sie mich ganz, ganz sanft küßte, ja, natürlich hatten wir uns schon vorher geküßt, oft sogar, an Küssen herrschte weiß Gott kein Mangel, als ich sie in New York besuchte, soviel ist mal sicher, doch dieser Kuß fühlte sich irgendwie anders an, als würden all unsere vorherigen Küsse jetzt in diesem aufgehen, als würden sich all die unzähligen Augenblicke, die wir miteinander verbracht haben – noch so ein unlösbares Rätsel, niemand weiß schließlich, wie lange ein Augenblick dauert, wer kann ihn schon messen, wer ihn beschreiben, sieht so aus, als wären wir in den Bereichen des Unerforschlichen angelangt –, auf einmal miteinander vereinigen, miteinander zu diesem einen unfaßbaren Moment verschmelzen, der damit anfing, daß sie die Arme um mich legte, keine Ahnung, wie lange er anhielt, ich weiß einfach nicht, wie lange wir dort zusammen waren, in Pauls Zimmer, in seinem Bett, unter seinen beknackten Postern, auf dem einen war eines der lächelnden Bikini-Girls aus *Drei Engel für Charlie*, auf dem anderen, o Gott, das Konterfei von Margaret Thatcher mit dem Slogan »Wählt konservativ!« darunter, ja, ich habe meine Jungfräulichkeit zweimal verloren, das erste Mal an eine Sporttasche und dann schließlich unter einem Plakat von Margaret Thatcher, zugegeben, nicht gerade der verheißungsvollste Beginn einer erotischen Laufbahn, obwohl ich nicht sagen kann, daß ich Mrs. Thatcher große Beachtung geschenkt hätte während dieser zehn Minuten oder drei Stunden, oder wie lange es immer gewesen sein mag, ich schwöre, daß ich niemals zuvor in meinem Leben etwas so Schönes gesehen habe wie das, was Cicely mir zeigte, als sie sich zurücksinken ließ, die Bettdecke beiseite schlug und die Arme ausbreitete, es gibt keine Worte, mit denen sich das beschreiben ließe, nun ja, vielleicht doch, aber die gehören woanders hin, sie sind den Machern von Culpeppers Heften vorbehalten, dem Zauber werden sie nicht gerecht, geschweige denn dem *Geheimnis*, ja, das ist das richtige Wort, dem Geheimnis, das Cicely mir in diesen Momenten enthüllte, dieses Geheimnis, nach dem ich beide Hände ausstreckte, nachdem ich mich aus meinem lächerlichen Schlafanzug gewunden hatte, ich streckte die Hände nach ihr aus, und als meine Fingerspitzen die Pforten des Paradieses berührten, änderte sich ihr Gesichtsausdruck, ich sah genau hin, während ein Lächeln auf ihren Zügen erschien und ein kaum hörbares Stöhnen über ihre Lippen drang, der Hauch eines Flüsterns, ein sanftes Zittern durchlief ihren Körper, aber ich konnte meinen Blick nicht von ihrem Lächeln wenden, es lag etwas darin, das sich nicht in Worte fassen läßt, nein, ich will hier nicht behaupten, ich sei der größte Liebhaber der Welt, davon bin ich weit entfernt, da braucht man nur Jennifer Hawkins zu fragen, ich habe nie behauptet, daß ich nur mit den Fingern schnippen muß, um eine Frau an den Rand der Ekstase zu bringen, aber es war etwas Besonderes zwischen uns, es hatte damit zu tun, was in all den Jahren passiert war, damit, daß es so lange gedauert hatte mit uns, etwas wirklich Besonderes, mehr noch für sie, da es für mich wirklich das erste Mal war, während sie das schon lange hinter sich hatte, doch in gewisser Weise, sagte sie hinterher, sei es auch für sie das erste Mal gewesen, das erste Mal mit jemandem, den sie liebte, und vielleicht lag deshalb dieses Geheimnis in ihrem Lächeln – da ist es wieder, das Wort, es drückt alles am besten aus –, als ich sie berührte, sie zwischen den Beinen berührte, zu ihr kam, ihren Geruch in mich aufnahm, sie schmeckte, mit jeder Faser meiner Zunge schmeckte, ich habe ihren Geschmack noch immer im Mund, ja, ich schmecke Cicely nach wie vor, auch wenn sich ihr Geschmack inzwischen mit Guinness vermischt hat, ich hoffe, daß dieser Geschmack nie vergeht, aber jetzt sollte ich endlich an etwas anderes denken, mich später daran zurückerinnern, ich könnte mich ununterbrochen mit ihr beschäftigen, derjenigen, die die Einzige für mich ist, und schon sehe ich sie wieder vor mir, wie sie über den Victoria Place geht, ja, dort müßte sie inzwischen sein, meine Tagträume und meine Erinnerung, das sind meine Waffen im Kampf gegen die Zeit, alles wird unendlich, ich fürchte nichts, solange Traum und Erinnerung auf meiner Seite sind, sie denkt gerade an mich, ich kann es genau spüren, es sei denn, sie denkt gerade an Helen, durchaus möglich, deshalb wollte sie doch so schnell nach Hause, ihre Mutter hat ihr ja gerade erst vor einer Viertelstunde am Telefon gesagt, sie hätte einen Brief aus Amerika bekommen, von Helen eben, es könnte also sein, daß Cicely gerade an Helen denkt, obwohl ich das eigentlich nicht glaube, sie denkt bestimmt an mich, wenn ich auch nicht weiß, ob sie gerade von mir träumt oder sich an mich erinnert, aber auf einmal kommt mir ein Gedanke, ich könnte davon träumen, wie sie sich an mich erinnert, oder mich auch daran erinnern, wie sie von mir träumt, und so könnte das bis in alle Ewigkeit weitergehen – genau das ist es ja, was ich will! –, wie in einem Spiegelsaal oder, besser gesagt, einem Saal der Erinnerung, ja, das gefällt mir, vielleicht kann ich das irgendwann in einem Gedicht verwenden, als Kapitelüberschrift nehmen oder ein Stück so nennen, und was das Ganze noch perfekter macht, ist der Umstand, daß ich hier im Grapevine sitze, unglaublich, daß mir nie vorher aufgefallen ist, daß der Pub am Paradise Place liegt, näher bin ich dem Paradies nie gewesen, und durch das Fenster sehe ich linker Hand die Masonic Hall und die Municipal Bank, rechter Hand das Baskerville House, und in der Mitte liegt die von einer hübschen weißen Kuppel gekrönte Hall of Memory, aus Portlandstein und aus Cornwall stammendem Granit gemauert (das weiß ich nur, weil Philip es mir erzählt hat, als wir letztens hier unterwegs waren, er wußte einfach alles über diese ganzen Gebäude, offenbar kniet er sich richtig rein, was das angeht, jedenfalls mußte ich mir einmal mehr eingestehen, daß ich seit Ewigkeiten in dieser Stadt lebe, ohne daß ich je einen Gedanken daran verschwendet hätte, daß es sich um Kunstwerke mit einer eigenen Geschichte handelt, aber Philip ist inzwischen so was wie ein Spezialist für Architektur geworden und erklärte mir unter anderem, daß die Hall of Memory eigentlich viel größer hatte werden sollen, doch als sie dann schließlich 1925 gebaut wurde, war ein Großteil der veranschlagten Summe bereits nach dem Krieg in den Wiederaufbau gesteckt worden, und so kam es dazu, daß das Gebäude gerade mal 35 000 Pfund kostete, die Skulpturen sind übrigens von einem Bildhauer namens Albert Toft, und am Tag der Eröffnung standen draußen mehr als 30 000 Menschen an, um den im Krieg Gefallenen ihre Reverenz zu erweisen, ja, Philip wußte absolut alles, und es war einfach großartig, mit ihm als Führer durch die Straßen zu ziehen und die altbekannten Plätze mit neuen Augen zu sehen), mein ganzes Leben scheint sich zu verändern, selbst die Stadt sehe ich jetzt mit anderen Augen, ich sitze hier am Paradise Place mit Blick auf die Hall of Memory, und plötzlich kommt es mir vor, als stünde alles in Zusammenhang mit mir und Cicely, alles ist zur Metapher für unsere Gefühle und die Stadt zu einem lebensgroßen Diagramm unserer Herzen geworden, und ich möchte am liebsten Freudenschreie ausstoßen, auf den Platz hinauslaufen und jedem entgegenrufen, wie sehr ich diese Stadt liebe, ICH LIEBE DIESE STADT!, ICH LIEBE DIESE STADT!, aber Sie kennen mich ja inzwischen gut genug, das paßt irgendwie nicht so recht zu mir, mal abgesehen davon, daß ich alle Zeit der Welt habe, hier zu sitzen und den Augenblick auszukosten, während Cicely gerade über den Victoria Square geht, in Gedanken bei mir, und sich erinnert, ja, ich bin gerade zu dem Schluß gekommen, daß sie sich erinnert, und zwar an den Tag vor einer Woche, als ich nach Heathrow fuhr, um sie abzuholen, und ich versuche mir vorzustellen, was sie wohl dachte oder fühlte (ja, Benjamin, was sie *fühlte*, mach dir ihre Gefühle bewußt), als sie in die Ankunftshalle trat und nach mir Ausschau hielt, ehe sie mich schließlich entdeckte, ich muß ziemlich nervös ausgesehen haben, blaß vor Anspannung und Sehnsucht, aber all das war plötzlich wie weggeblasen, als sie mich erspähte und plötzlich dieses Strahlen in ihre Augen trat, ihr Lächeln flog ihr voran, als sie auf mich zukam, ihre Tasche abstellte und sich die Haare aus dem Gesicht strich, und dann schlang sie die Arme um mich, ich erinnere mich genau, wie sich ihre Wildlederjacke anfühlte, lauter kleine Lederbänder hingen an ihr herunter, wie nennt man die noch mal, na klar, Fransen, so wie bei den Cowboys, wie in aller Welt soll eigentlich jemals ein Schriftsteller aus mir werden, wenn ich nicht mal Klamotten ordentlich beschreiben kann, vielleicht sollte ich mich doch besser als Komponist versuchen, jedenfalls umarmten wir uns, bevor sie mir mit den Lippen entgegenkam, alles passierte wie in Zeitlupe, ich weiß nicht, ob uns jemand beobachtete, aber irgendwie kam es mir so vor, es war einfach unglaublich, sie endlich wieder zu küssen, drei Monate lang hatten wir uns nicht mehr gesehen, ich hatte mir wirklich alle Mühe gegeben, nicht an ihren Gefühlen zu zweifeln, aber manchmal macht man sich eben doch so seine Gedanken, nicht wegen anderer Männer, nein, deswegen habe ich mir keine Sekunde Sorgen gemacht, aber Gefühle können ja auch nachlassen, so was passiert einfach, wäre ja nicht das erste Mal, doch als sie mich an jenem Nachmittag küßte, wußte ich, daß alles in Ordnung war, alles, alles ist wahr, was meine Cicely mir letzten Sommer dort oben gesagt hat, auf den Klippen von Rhîw, ich bin der glücklichste Mensch auf Erden, und dann fuhren wir nach Hause, eine ganz schön lange Fahrt, eigentlich sogar meine bisher längste mit dem Auto, während wir über alles mögliche redeten, obwohl wir uns ja geschrieben hatten und ich deswegen gar nicht soviel zu berichten hatte, über meinen Job gibt's ja kaum etwas zu erzählen, es ist bloß ein stinknormaler Job bei einer Bank, mit dem ich mich bis zum Herbst über Wasser halte, auch wenn die Arbeit mittlerweile ein bißchen interessanter geworden ist, seit ich zur Zentrale versetzt worden bin, doch Cicely wollte zuerst das Neueste über die Streiks hören, sie hatte über Bekannte davon gehört und wußte alles nur aus zweiter Hand, ich glaube nicht, daß Cicely je Zeitung liest, aber durch die Geschichten ihrer Bekannten hatte sie den Eindruck gewonnen, daß sich das gesamte Land am Rande des Abgrunds befand, die Zeitungen schrieben ja schließlich auch vom Winter der Pleiten, und ja, der Winter war tatsächlich eine echte Pleite gewesen, das Wetter war mies wie lange nicht mehr, und irgendwo schien dauernd irgendwer zu streiken, aber diese Greuelmärchen von meterhoch müllverseuchten Straßen und Leichen, die in den Hinterräumen der Beerdigungsinstitute verwesten, weil niemand da war, um sie zu begraben, waren pure Übertreibung, es stand nicht annähernd so schlimm um unser Land, wie ich ihr sagte, auch wenn die Amerikaner offenbar inzwischen glaubten, England würde in Kürze den Kommunisten in die Hände fallen, daß der wirtschaftliche Kollaps nur noch eine

Frage von Tagen war und sich die Armee bereits für den Bürgerkrieg wappnete, doch Cicely hatte all dem tatsächlich Glauben geschenkt, worauf mir klar wurde, warum Doug sie nie so recht für voll genommen hat, sie ist eben das genaue Gegenteil von ihm, naiv, ja, leichtgläubig sogar, aber ehrlich gesagt, ist das einer ihrer Wesenszüge, den ich besonders liebe, sie kann immer noch staunen über all das, was in der Welt geschieht, während Doug diese Fähigkeit, sollte er sie je besessen haben, längst verloren hat, und so kann ich Cicely zum Beispiel einen Song oder ein Stück vorspielen (wenn auch nichts von mir selbst, nein, das wird so bald nicht wieder passieren), das sie unmittelbar, im tiefsten Herzen berührt, und dann fragt sie mich nach dem Komponisten und hundert anderen Dingen, die nur ich ihr sagen kann, was mir wohl auch schmeichelt, ich will das gar nicht in Abrede stellen, aber wenn jemand wie Doug diese Naivität schlicht und einfach als Ignoranz bezeichnet, übersieht er die Unschuld, die darin liegt, die Fähigkeit, mit großen, verwunderten Augen auf die Welt zu blicken, wie auch immer, als ich sie in New York besuchte und irgendwann fragte, ob Jimmy Carter immer noch so populär wie früher sei, verstand sie kein Wort, sie hatte nicht den blassesten Schimmer, von wem ich redete, sie lebte seit vier Monaten in diesem Land, ohne den Namen seines Präsidenten zu kennen, was so wiederum auch nicht stimmt, denn sie hatte den Namen durchaus schon gehört, ohne daß er irgendeinen bleibenden Eindruck bei ihr hinterlassen hätte, nur weil der Name Carter fiel, hieß das nicht, daß sie ihn automatisch mit einem Präsidenten in Verbindung gebracht hätte, abgesehen davon, daß sie auch nicht wußte, daß James Callaghan Premierminister von England war, aber was macht das schon, ganz ehrlich, was macht es schon, wenn man nicht weiß, was um einen herum vor sich geht, es macht absolut keinen Unterschied, wir können sowieso nichts ändern, weder Cicely noch ich werden den Lauf der Welt verändern, und auch Doug nicht, wo wir gerade beim Thema sind, es sei denn, ich schreibe irgendwann etwas, das die Geschichte der Musik in neue Bahnen lenkt, oder daß Cicely mit ihren Gedichten die Herzen einer ganzen Generation von Frauen erobert, sie schreibt seit neuestem nämlich Gedichte, sie hat es mir vor ein paar Wochen in einem ihrer Briefe anvertraut, und als ich sie bat, mir doch ein paar zu schicken, schrieb sie zurück, die meisten seien noch nicht fertig, aber mit dem nächsten Brief kamen dann doch drei Gedichte, genauer gesagt zweieinhalb, aber egal, sie waren gut, wirklich gut, und ich sage das nicht bloß, weil ich so verliebt in sie bin, sondern weil sie ein echtes Gefühl für Melodie und Rhythmus hat und sorgfältig mit den Worten umgeht, wenn sie schreibt, ist sie äußerst kritisch mit sich selbst, weshalb sie auch um so vieles besser schreiben als schauspielern kann, was mich auf den Gedanken bringt, daß wir vielleicht eines weit entfernten Tages beide als Autoren oder Komponisten arbeiten, ja, vielleicht sogar eines dieser berühmten Künstlerpärchen werden, abgesehen davon, daß ich gar nicht berühmt werden will, das brauchen wir nicht, ich wünsche mir lediglich, daß wir unser Leben zusammen verbringen und unsere Träume verwirklichen können, so daß wir in vielleicht vierzig Jahren (ja, ich werde jetzt einen Blick in die Zukunft werfen, denn in die Zukunft flieht es sich genauso gut wie in die Vergangenheit, wenn man die Gegenwart vergessen will, *Das Heute und das Gestern/ leben vielleicht im Morgen weiter/ so wie das Morgen auch im Gestern*, wie schon Eliot geschrieben hat, und ich danke Mr. Serkis, daß er mich mit diesen Zeilen bekannt gemacht hat, so wie auch dem King William's für all die Anregungen und Impulse, die mir auch jetzt noch Ansporn sind, was immer ich in weniger nachsichtigen Momenten sonst gesagt haben mag), in vielleicht vierzig Jahren – ja, wo? –, na klar, in einem Cottage leben werden, nun ja, eigentlich habe ich mir ja immer eine alte Mühle gewünscht, eine Wassermühle irgendwo auf dem

Land, nicht weit von hier, sagen wir, in den Cotwolds oder in Shropshire, obwohl natürlich immer noch die Möglichkeit bleibt, daß wir irgendwann Plas Cadlan erben, in vierzig Jahren sind Glyn und Beatrice ja nicht mehr unter uns, und wem wollen sie ihr Haus sonst hinterlassen, eine schöne Vorstellung, klar, aber ich habe immer noch die alte Wassermühle vor Augen, also, spinnen wir einfach mal rum, okay, da sind wir, mittlerweile schon fast sechzig, tja, haben wir eigentlich Kinder, o Gott, irgendwie ein bißchen früh, um jetzt darüber nachzudenken, aber natürlich haben wir Kinder, auch wenn sie inzwischen schon aus dem Haus sind und wir wieder uns allein überlassen sind, doch auch nach vierzig Jahren sind wir immer noch kein bißchen müde, immer noch jeden Tag neugierig aufeinander, so daß es im Grunde eine Erleichterung ist, daß die Kids uns eine Pause gönnen, ach ja, und nun habe ich auch wieder mehr Zeit, an meiner neuen Symphonie zu arbeiten, ich bin inzwischen bei der siebten oder achten angelangt, dieser Zyklus stellt mein Alterswerk dar, und auch wenn es die »Birmingham-Symphonie« war, mit der ich mir einen Namen gemacht habe, sind es doch diese stilleren, mehr in sich gekehrten, etwas disharmonischeren und komplexeren Kompositionen, an die man sich dereinst als die wahren Meisterwerke erinnern wird, nicht zu vergessen meine Vertonungen von Cicelys Dichtungen, jetzt, da sie zu schreiben begonnen hat, bietet sich uns die Chance, Hand in Hand zusammenzuarbeiten, eine gleichberechtigte Partnerschaft, und so, wie wir tagsüber unsere Inspirationen bündeln, geben wir so manchen Abend rauschende Feste, die unsere Gäste nie vergessen werden, Feste von geradezu legendärem Ruf (sehr schön, Benjamin, wie du dir schon mal die Zeit nach der Zukunft ausmalst, an was sich die Leute einst erinnern werden, wenn sie auf diese großartigen Gesellschaften zurückblicken, dagegen kann die Gegenwart nun weiß Gott nicht anstinken), und nur um mal einen Abend herauszugreifen, tja, wer sind die Gäste, nun, erst einmal natürlich Philip und seine Frau, dann Doug und seine Frau, Claire und ihr Mann, dazu noch Emily und ihr Mann, das sind schon mal acht, mit mir und Cicely also zehn, eine runde Zahl, aber was ist mit Steve, wieso laden wir nicht auch Steve ein, vielleicht deswegen, weil nach den Ereignissen im letzten Jahr völlig offen ist, was aus ihm wird, es fällt mir einfach irre schwer, ihn mir in vierzig Jahren vorzustellen, oder gibt es vielleicht noch einen anderen, schäbigen kleinen Grund, warum ich Steve aus meinem Luftschloß ausschließe, man weiß ja nie, manche Dinge hängen einem eben länger nach, als man glaubt, Cicely und ich haben vor kurzem bei ihm vorbeigesehen, aber er war irgendwie verschlossen, ja, verbittert, und auch wenn er mir persönlich gar nichts vorwirft, konnte ich spüren, daß etwas zwischen uns stand, egal, ich will optimistisch in die Zukunft sehen, voller Zuversicht, alles wird gut, und natürlich wird Steve auch mit dabeisein, zusammen mit seiner Frau, damit wären wir dann zu zwölft, die Zahl gefällt mir sogar fast noch besser, aber haben wir überhaupt genug Platz für so viele Gäste, ach was, na klar bringen wir die unter, wir reden hier schließlich von einer verdammten Wassermühle, sechs Zimmer haben wir da bestimmt, also, alle bleiben über Nacht, und wenn es zwei Uhr morgens ist, wir den letzten Wein getrunken und beschlossen haben, erst morgen aufzuräumen, gehen Cicely und ich nach oben in unser Schlafzimmer, neben dem der Fluß entlangfließt, das leise Rauschen des Wassers dringt zu uns hinauf, während wir uns ausziehen und dann ins Bett fallen, hundemüde und überglücklich, aber wiederum auch nicht so müde, daß wir uns nicht noch spüren wollten, keine Angst, wir treiben es nicht dauernd wie die Karnickel, aber unsere Leidenschaft hat nicht nachgelassen, kein bißchen, wir schlafen immer noch nackt (Pyjamas sind tabu, diese gestreiften Altmänner-Schlafanzüge kommen mir nicht ins Haus), und einen Augenblick später ist Cicely auch schon über mir, ich bin hart und bereit, so wie heute morgen auch, und sie führt mich in sich ein, ja, o Gott, ja, genau wie heute morgen, genau so ist es passiert, nachdem ich von den Pforten des Paradieses zu ihr aufgesehen hatte, all die Geheimnisse, o Cicely, wirst du immer noch genauso schmecken, wird in vierzig Jahren alles noch genauso sein, ich wünsche mir nur eines von dir, daß ich dich jeden Tag wieder aufs neue entdecke, mehr verlange ich nicht vom Leben, laß mich deinen Körper immer wieder wie beim ersten Mal entdecken, so wie heute morgen, deinen Körper, den ich nun endlich nach all der Zeit betrachten konnte, den du mir heute geschenkt hast, deinen wunderbaren jungen, schmalen, blassen Körper, als du mit einem Mal über mir warst und ich deine Brüste küßte, fiel dein Haar über mein Gesicht, erinnerst du dich noch an damals, als du wolltest, daß ich dir die Haare abschneide, ich habe sie immer noch, o ja, ich hätte sie in hundert Jahren nicht weggeschmissen, dein langes blondes Haar fiel über mein Gesicht, so daß ich nicht nur die Brustwarze, sondern auch ein paar Strähnen im Mund hatte, du faßt nach unten und lenkst mich in dich, während du mit der anderen Hand über meine Wange streichst und mein Gesicht zu dir drehst, wieder küssen wir uns, unbeschreiblich sanft und zart ist dieser Kuß, wie oft habe ich mir ausgemalt, wie sich das anfühlen würde, in einer Frau zu sein, aber ich hatte keinen blassen Schimmer, nicht die entfernteste Ahnung, es war nicht nur dein Körper, den ich fühlte, deine Haut an meiner, sondern dieses Gefühl des Verlangens, deiner Hingabe (ja, jetzt weiß ich endlich, was mich wirklich anmacht), sieh dich vor, Benjamin, laß diesen Moment nicht so schnell vorüberziehen, halte ihn noch ein Weilchen fest, laß ihn in der Schwebe, schnell, denk an etwas anderes, was schießt dir da gerade durch den Kopf, irgendwie kommt dir das bekannt vor, es ist ewig her, daß du zuletzt daran gedacht hast, ja, jetzt hab ich's, na klar, es ist ein Songtitel von Hatfield and the North, »Share It«, das paßt doch wohl wie die Faust aufs

Auge, alles scheint heute zu passen, alles fügt sich zusammen, obwohl es merkwürdig ist, daß ich die Platte so lange nicht mehr gehört habe, es war meine absolute Lieblingsscheibe, seit dem Konzert im Barbarella's stand ich einfach total auf sie, mehr als vier Jahre ist das schon her, ich weiß noch genau, wann das war, gerade mal zwei Tage vor Malcolms Tod, was mich an etwas anderes erinnert, an das, was am Montag passiert ist, als ich und Cicely über den Platz bei der Kathedrale gingen, ich hatte Mittagspause, bis die Schule in zwei Wochen wieder anfängt, kommt Cicely mittags immer vorbei, jedenfalls bummelten wir gerade Hand in Hand über den Platz, als wir an diesem Typ vorbeikamen, der auf einer Bank saß und Dosenbier trank, er hatte ein rotes Gesicht und einen gewaltigen Bart, und ehrlich gesagt, roch er auch ein bißchen, erst dachte ich, es wäre einfach nur ein Penner, doch dann dämmerte es mir plötzlich, ich blieb stehen, wandte mich um und zog Cicely mit mir, zurück zu der Bank, ich sah ihm direkt ins Gesicht und fragte ihn, ob er sich an mich erinnern würde, worauf er mich aus leicht trüben Augen anstarrte, er hatte sich bestimmt schon länger einen auf die Lampe gegossen, und sagte, Nee, kein bißchen, was willst du, Wichser?, und ich sagte, Du bist doch Tüten-Reg, und er sagte, Ich weiß, wer ich bin – aber wer bist du?, worauf ich ihm erklärte, daß er damals mit im Barbarella's gewesen war, und als ich Malcolm erwähnte, war es erst, als würde das Licht hinter seinen Augen ausgehen, plötzlich wurden sie ganz dunkel, seine Schultern sackten nach vorn, er sank fast ganz in sich zusammen, bevor er mich wieder ansah und sagte, Jetzt klingelt's wieder, du bist doch dieser kleine Tory-Wichser, nur daß er diesmal kein bißchen amüsiert klang, danach schwieg er erst mal eine Weile, doch schließlich hob er den Kopf, musterte mich von oben bis unten, nahm mich genau ins Auge und sagte, Bist ganz schön groß geworden, und da ich nicht wußte, was ich darauf sagen sollte, stellte ich ihm Cicely vor, er schüttelte ihr herzlich die Hand und sagte mit ausgesuchter, ziemlich gezwungen wirkender Höflichkeit, wobei er jedes einzelne Wort sorgfältig betonte, wie es manche Alkoholiker tun, Es ist mir eine Ehre, Gnädigste, und entschuldigen Sie, wenn ich unanständige Reden führe, aber ich bin nun mal ein Rüpel mit schlechten Manieren, aber Cicely lachte nur und sagte, er solle ruhig reden, wie ihm der Schnabel gewachsen war, und dann wandte er sich wieder an mich und sagte, Treibst du's mit ihr?, was, rein technisch gesehen, ja noch nicht der Fall war, aber er erwartete sowieso keine Antwort, weil er mich als nächstes fragte, was ich inzwischen so machen würde, und als ich antwortete, daß ich vorübergehend bei einer Bank arbeiten und anschließend nach Oxford gehen würde, lachte er nur und sagte, *Menschenfreunde in zerlumpten Hosen* hast du dann ja wohl nicht gelesen, und ich wußte, was er damit sagen wollte, deswegen erwiderte ich ein bißchen eingeschnappt, T.S. Eliot hat übrigens auch für eine Bank gearbeitet, worauf Reg sagte, Ja, klar, weil er eben auch ein Wichser war, aber das sollte bloß ein Witz sein, und dann schwiegen wir beide, ich wollte mich gerade von ihm verabschieden und weitergehen, als er plötzlich fragte, Wie geht's eigentlich deiner Schwester?, und so erzählte ich ihm kurz von Lois, wobei ich kaum darauf einging, wie krank sie gewesen war, und mich statt dessen darüber ausließ, daß sie langsam über den Berg zu sein schien, daß sie sogar einen neuen Freund hatte, einen Anwalt namens Christopher, der ihr erster Freund seit Malcolm war, übrigens ein völlig anderer Typ, das genaue Gegenteil von Malcolm, in jeder Hinsicht, und Tüten-Reg nickte und meinte, er sei froh für sie, das würde ihn wirklich freuen, doch ich konnte sehen, daß die Erinnerungen alte Wunden aufgerissen hatten, und plötzlich schossen ihm Tränen in die Augen, Cicely mußte ihn festhalten, damit er nicht von der Bank fiel, und setzte sich neben ihn, er lehnte sich schwer an ihre Schulter, während er zu mir aufsah und sagte, Es war meine Schuld, es war alles nur meine Schuld, daß sie in diesen Pub gegangen sind, ohne mich wäre Malc noch am Leben, ohne mich hätten die beiden geheiratet, ohne mich wär das alles nicht passiert, eigentlich wollten sie ins Grapevine, und ich hab gesagt, der Laden wär doch voll von lauter feinen Pinkeln, alles war meine Schuld, ich bin schuld an seinem Tod, und ich kniete mich vor ihn hin und sagte, Nein, Reg, ich wußte nicht, ob ich ihn Reg oder Tüten-Reg nennen sollte, beides ging mir nicht gerade locker über die Lippen, egal, jedenfalls sagte ich, Das stimmt nicht, du bist nicht schuld, niemanden trifft irgendeine Schuld, so etwas ist Schicksal oder Vorbestimmung oder Gottes Fügung oder was auch immer, und langsam hatte er sich wieder in der Gewalt, drückte meine Schulter und sagte, Ja, vielleicht hast du recht, Cicely reichte ihm ein Papiertaschentuch, und er wischte sich das Gesicht ab und sagte, Ja, Junge, du hast recht, Gott ist schuld, dieser verdammte Wichser da oben ist schuld, und ich dachte für einen Moment darüber nach, was Gott Malcolm angetan hatte, was er Lois angetan hatte, was er uns allen damit angetan hatte, und sagte, Ja, Reg, genau das ist er, ein total abartiger, beschissener Wichser, und dann mußten wir alle lachen, auch Cicely, sie hatte ja keine Ahnung, was es für mich bedeutete, so etwas zu sagen, sie weiß nichts von Gott und mir, ich habe ihr nie von dem Wunder erzählt, vielleicht werde ich es sogar eines Tages tun, mal davon abgesehen, daß in meinem Leben inzwischen ganz andere Wunder passiert sind, Cicely selbst ist ein Wunder, genau wie die Gefühle, die sie heute morgen in mir ausgelöst hat, und als wir uns schließlich von Tüten-Reg verabschiedeten, setzte er sich auf, ergriff uns beide bei den Händen und sagte, Gott segne euch, Gott segne euch, ihr Wichser, und dann gingen wir weiter, und eigentlich wäre es eine schöne Vorstellung, wenn ich ihn dort zum letzten Mal gesehen hätte, das hätte einen Schlußstrich unter vieles gezogen, aber wie das Leben so spielt, sitzt er so gut wie jeden Tag dort an der Kathedrale, seine Dose Bier in der Hand, ich sehe ihn eigentlich in so gut wie jeder Mittagspause, obwohl wir nicht miteinander reden, wir winken uns bloß manchmal zu, und so ist diese Geschichte, so leid es mir tut, ganz und gar nicht zum Abschluß gebracht, im Gegensatz zu der Sache mit Steve, als Cicely und ich am Samstag nachmittag bei ihm vorbeischauten, sah es wirklich so aus, als sei das unser letztes Treffen, alles fing schon nicht besonders gut an, weil Steve nämlich noch nicht zu Hause war, er war noch bei der Arbeit, worauf wir mit seinen Eltern im Wohnzimmer sitzen mußten, und Mr. und Mrs. Richards können Cicely auf den Tod nicht ausstehen, weil sie der Meinung sind, daß Cicely das Glück ihres Sohnes zerstört hat, damals, als die beiden zusammen in *Othello* spielten – ja, damals fing alles an –, deshalb, weil Steves Freundin Valerie anschließend mit ihm Schluß machte, sie sollen ja auch wirklich gut zueinander gepaßt haben, die Atmosphäre war jedenfalls ziemlich gespannt, während wir dort saßen und auf ihn warteten, und ich fürchte, meine Befangenheit machte das Ganze auch nicht besser, ich schäme mich, es zuzugeben, aber ich war deshalb so befangen, weil ich immer geglaubt hatte, Handsworth wäre ein ziemlich übles Viertel, so eine Art dunkler Außenposten Kolonialafrikas am Rande von Birmingham, jedenfalls hatte ich erst gedacht, in der Gegend könnte man nicht mal seinen Wagen abstellen, ohne daß er demoliert wurde oder nachher ohne Reifen dastand, obwohl es dafür eigentlich keinen Anhaltspunkt gab, auch wenn man Handsworth weiß Gott nicht mit Longbridge vergleichen kann, man spürt sofort, daß hier vieles anders ist, nicht nur wegen all den Schwarzen auf der Straße, den Namen auf den Schaufenstern oder den exotischen Nahrungsmitteln, die man hier kaufen kann, es ist mehr so ein unterschwelliges Gefühl, und ich gebe zu, daß ich mir wie in einem fremden Land vorkam, aber andererseits mochte ich die Gegend gerade deswegen, und plötzlich kam mir der Gedanke, wie eigenartig es doch war, daß ich seit achtzehn Jahren mit all diesen Menschen in einer Stadt lebte, ohne je mit ihnen in Kontakt gekommen zu sein, abgesehen von Steve natürlich, und wie verunsichert, wie eingeschüchtert er gewesen sein mußte, als er ans King William's gekommen war und wir ihn alle wegen seiner Hautfarbe aufgezogen hatten, Rastus hier und Rastus da, Gott noch mal, wir leben wirklich in einem beschissenen Land, soviel ist mir langsam klar, vielleicht hätte ich wirklich mehr auf Doug hören sollen, aber wie auch immer, deswegen fühlte ich mich jedenfalls so befangen, auch wenn sich das Gefühl bald legte, weil Mr. und Mrs. Richards sehr liebenswürdig waren, egal, was sie von Cicely halten mochten, sie luden uns zum Tee ein und fragten sie, wie es in Amerika gewesen war, und dann erzählten sie von Steves Arbeit, leider nicht gerade ein Superjob, er arbeitet bloß in einer Fish-&-Chips-Bude um die Ecke, aber wie sie sagten, muß er einfach nehmen, was er kriegen kann, weil er das Geld braucht, um das verlorene Schuljahr zu wiederholen, auch wenn sie meinten, er würde wahrscheinlich demnächst mehr Gehalt bekommen, der Besitzer habe vor, die Bude zu einem kleinen Restaurant auszubauen, und als sie mir auf mein Nachfragen hin verrieten, wie der Laden hieß, wurde mir plötzlich einen Moment lang übel, aber ich sagte nichts, und dann war auch schon Steve da, die Fish-&-Chips-Bude hatte um halb drei geschlossen, er freute sich wie ein Schneekönig, daß wir gekommen waren, er strahlte über das ganze Gesicht, mich hatte er seit jenem katastrophalen letzten Schultag nicht mehr gesehen, Cicely ohnehin schon seit Ewigkeiten nicht mehr, und über Cicelys Besuch schien er sich ganz besonders zu freuen, er war geradezu gerührt, als sie ihn in die Arme schloß und innig an sich drückte, Cicely ist eben einfach bezaubernd, auch wenn das manche Leute vergessen, aber wir blieben nicht lange in der Wohnung, was mir nur recht war, weil ich die Atmosphäre dort bedrückend fand, keine Frage, es war durchaus gemütlich, warm und sauber und voller exotischer Düfte aus der Küche, aber die Enge und die Ärmlichkeit dieser vier Wände deprimierten mich, ich konnte einfach nicht aus meiner Haut, es war mir peinlich, daß Steves Eltern bei weitem die ärmsten Leute waren, die ich kannte, es machte mich verlegen, daß draußen mein Wagen stand, ein gerade erst zwei Jahre alter Mini, den mir meine Eltern quasi geschenkt hatten, auch wenn ich ihnen jede Woche einen kleinen Teil meines Gehalts überweise, und als wir Richtung Handsworth Park gingen, schämte ich mich dafür, daß mir alles nur so zuzufliegen schien, mein Job bei der Bank, mein Studienplatz und all die anderen Dinge, während Steve im Augenblick mit so gut wie leeren Händen dastand, nur ein Jahr vorher hatte noch alles so ausgesehen, als hätten wir alle dieselben Chancen, aber vielleicht war das alles nur Augenwischerei, nichts als eine Illusion, so wie die ganzen Siege und Niederlagen auf dem Sportplatz wohl doch kein Maßstab dafür sind, wie man später im wirklichen Leben klarkommt, ich hatte von Anfang an ganz andere Möglichkeiten, die alles einfacher machten, ja, ich denke, so ist es, nichts ändert sich, nichts hat sich geändert, und da ist noch so eine Sache, an der sich nichts geändert hat, er ist immer noch verliebt in sie, ja, Steve ist immer noch verliebt in Cicely, an jenem Nachmittag im Park konnte ich es genau merken, es war einfach offensichtlich, für mich sowieso, obwohl ich ihr gegenüber kein Wort darüber fallenließ, als wir wieder allein waren, gut möglich, daß ihr gar nichts weiter aufgefallen ist, sie nimmt solche Sachen oft gar nicht wahr, nein, nicht daß sie es als selbstverständlich betrachtet, von jedermann bewundert zu werden, es ist bloß dieser nahezu intime Umgang, den sie mit Freunden pflegt, sie findet das ganz normal, sie merkt einfach nicht, daß sie damit den anderen das Gefühl gibt, etwas ganz Besonderes für sie zu sein, in Amerika war das genauso, jeder konnte sehen, wie Helen sie anhimmelte, so jemanden wie Cicely hatte sie noch nie getroffen, ihr Vater stand jeden Abend zusammen mit Cicelys Mutter auf der Bühne, so hatten sie sich kennengelernt, und für mich war es absolut faszinierend, mit den beiden um die Häuser zu ziehen, es war im Januar, hauptsächlich erinnere ich mich, wie unglaublich kalt es war, eine solche Eiseskälte wie in New York im Januar habe ich noch nie erlebt, aber speziell kommt mir dieser eine Abend in den Sinn, als wir zusammen ins Kino wollten, uns dann aber auf halber Strecke in dieses Hotel flüchteten, trotz Mänteln und Schals und Handschuhen froren wir wie die Schneider, und dann begann es auch noch wie verrückt zu schneien, Gramercy Park hieß das Hotel, wir gingen in die Bar und bestellten uns erst mal ein paar Whiskys, den Plan, ins Kino zu gehen, bliesen wir kurzerhand ab, wir verbrachten den ganzen Abend dort an der Bar, allein das Ambiente war schon beeindrukkend, lauter alte Schauspieler waren dort, und am Tresen saß ein älterer Herr, ich hätte schwören können, daß es Vincent Price war, er saß den ganzen Abend allein vor seinem Glas, und selbst er konnte die Augen nicht von Cicely lassen, sie zieht die Blicke anderer geradezu magisch auf sich, wird dauernd von wildfremden Leuten angesprochen, fasziniert beobachtete ich, wie nah sich die beiden waren, Cicely und Helen, die von der Westküste stammt und, wie ich gehört habe, so überhaupt gar nichts von einer New Yorkerin an sich hat, ich kenne mich mit Amerika kaum aus, aber offenbar unterscheiden sich die Menschen an Ost- und Westküste wie Tag und Nacht, jedenfalls kannten sich Cicely und Helen seit etwa zwei oder drei Monaten, genau gesehen, hatte sie also weit mehr Zeit mit Helen verbracht als mit mir, was durchaus erklären könnte, weshalb sie einander so vertraut schienen, diese Nähe, die sich in kleinen Jokes äußerte, die nur die beiden selbst verstanden, wenn sie sich wissend anlächelten oder verschwörerische Blicke tauschten, ich will damit gar nicht sagen, daß Cicely sich gegenüber Steve genauso verhielt, als wir an jenem Nachmittag im Park waren, mir geht es nur darum, daß ich, nun ja, daß ich beide Male eifersüchtig wurde, ich spürte einfach, daß sie mir nicht ganz gehörte, es ging mir gegen den Strich, sie mit jemandem teilen zu müssen, auch wenn mir klar war, daß sie sich mit beiden einfach nur gut verstand, daß es egoistisch von mir war, Cicely ganz für mich allein haben zu wollen, sie ist so außergewöhnlich, so einzigartig, daß eigentlich alle sie kennenlernen sollten, alle Menschen auf der ganzen Welt, aber ich kann nun mal nicht aus meiner Haut, »mein Haß kam über dich wie eine Flammenzunge«, genau so fühlte ich mich beide Male, ich empfand nichts als Haß auf Helen, als wir an jenem verschneiten Abend im Gramercy Park Hotel saßen, nichts als Haß auf Steve, als wir an jenem sonnigen Samstag durch den Handsworth Park flanierten, der letzte Samstag im April war's, vor fünf Tagen erst, und doch scheint es schon so lange her, irgendwie war alles so endgültig, die ganze Zeit über hing dieser Hauch von Abschied in der Luft, ich konnte spüren, daß Steve nicht mehr richtig zu uns gehörte, keine Ahnung, wer oder was daran schuld war, vielleicht einfach die Umstände, der Lauf der Dinge, es war ein schreckliches Gefühl, dieses Gefühl, daß unsere gemeinsam verbrachte Schulzeit nur so etwas wie eine Ironie des Schicksals war, daß unsere Zeit am King William's gegen die Norm gewesen war, und nun gehen die Dinge wieder ihren planmäßigen Gang, Steve befindet sich wieder dort, wo er hergekommen ist, es läuft mir eiskalt über den Rücken, wenn ich daran denke, was mit ihm passiert ist, *wie* das alles passiert ist, ob wirklich jemand dafür gesorgt hat, daß er bei der Klausur durchfiel, und das schlimmste daran ist, daß wir die Wahrheit wohl nie erfahren werden, kein Mensch weiß, ob Culpepper ihm an jenem Tag wirklich etwas in den Tee gemischt hat, um Rache an seinem ewigen Rivalen zu nehmen, der ihn dauernd übertrumpfte, nein, wir werden es nie mit Sicherheit wissen, auch wenn gewisse Leute offenbar doch meinen, daß Culpepper seine Finger im Spiel hatte, weil letztes Jahr jemand seinen Wagen abgefackelt hat, irgend jemand hat mitten in der Nacht die Scheibe eingeschlagen und einen Molotowcocktail hineingeworfen, der Wagen brannte komplett aus, und keiner von uns konnte sich das Grinsen verkneifen, als wir von der Neuigkeit hörten, das war nun das mindeste, was er verdient hatte, auch wenn niemand wußte, wer es gewesen war, ein Rätsel scheint direkt das nächste nach sich zu ziehen, alles wird nur immer undurchsichtiger, so wie ja auch das Verschwinden von Claires Schwester, ich glaube nicht, daß es je aufgeklärt wird, ebensowenig wie ich je erfahren werde, was eigentlich in Harding vorging, ich weiß nicht einmal, ob wir uns je wieder über den Weg laufen, er studiert für ein Jahr in Deutschland, ohne überhaupt jemandem gesagt zu haben, an welcher Universität, er hat sich einfach aus unserem Kreis ausgeklinkt, um seiner eigenen seltsamen Wege zu gehen, aber um noch mal auf Culpeppers Wagen zurückzukommen, hege ich den Verdacht, daß Doug etwas mit der Sache zu tun hatte, womit ich nicht sagen will, daß er die nächtliche Aktion selbst durchgezogen hat, aber daß er womöglich ein paar Leute kennt, die solche Dinge für einen in die Hand nehmen, und sie mit den nötigen Informationen versorgt hat, falls Sie verstehen, was ich meine, aber sicher weiß ich es natürlich nicht, was wissen wir je wirklich sicher, und jedesmal, wenn ich Doug darauf anspreche, ignoriert er mich einfach oder wechselt abrupt das Thema, so wie letzten Sonntag auch, ja, Doug haben wir am Sonntag getroffen, noch ein alter Kumpel, den wir wiedergesehen haben, er lebt jetzt in London und war übers Wochenende nach Hause gekommen, zusammen mit seiner neuen Freundin Marianne, er erzählte jede Menge von den Krawallen in Southall, natürlich war er mit dabeigewesen, dort, wo echt die Fetzen geflogen waren, langsam scheint es mir, als sei es Dougs Bestimmung, immer mittendrin zu sein, während es mein Schicksal ist, mich immer gerade woanders zu befinden, wenn die wirklich wichtigen Dinge passieren, dazu verdammt, in der Küche das Teewasser aufzusetzen, während sich gerade die Welt verändert, er hatte einen Artikel über die Krawalle geschrieben und an den *NME* geschickt, obwohl er nicht genau wußte, ob sie ihn auch drucken würden, sie haben inzwischen drei oder vier Plattenkritiken von ihm gebracht, auch wenn man das noch keine regelmäßige Mitarbeit nennen kann, jedenfalls ließ er mich an dem Sonntag sein Manuskript lesen, und heute sehe ich, nachdem ich mir unterwegs den *NME* gekauft habe, daß sie seine Reportage tatsächlich gedruckt haben, nicht das komplette Manuskript, wie mir schnell auffiel, alles, was er über seinen Vater geschrieben hat, ist herausgekürzt worden, mehr als schade, weil das meiner Meinung nach der eindringlichste Teil des Artikels war, es ging darum, daß sein Vater bei einer Demo ebenfalls von einem Polizisten angegriffen und mit einem Schlagstock schwer am Kopf verletzt worden war, und auch wenn er nicht wie Blair Peach ums Leben kam, glaubt Doug, daß sich sein Vater seitdem verändert hat, seine ganze Persönlichkeit, er kann natürlich nicht beweisen, daß das von der damaligen Verletzung herrührt, aber sein Vater hat seitdem immer wieder diese Migräneanfälle und kann auch nicht mehr lange am Stück lesen, obwohl, wie Doug glaubt, noch etwas weit Schlimmeres passiert ist, weil sein Vater seitdem nämlich den Willen zum Kämpfen verloren hat, in Longbridge stehen ja gravierende Veränderungen bevor, der neue Vorstandsvorsitzende, Michael Edwardes – in dem mein Vater einen gottgesandten Retter sieht, der die Firma aus den Klauen der bösen Gewerkschaftsbarone befreien wird, während Doug ihn für den Teufel höchstpersönlich zu halten scheint –, hat bereits die ersten Abteilungen geschlossen und neue Produktionsziele ausgegeben, und Doug meint, früher hätte sein Vater die Streiks an vorderster Front organisiert, während er nun alle Entscheidungen von oben einfach so hinnimmt, Doug glaubt, das hätte alles mit seiner

Kopfverletzung zu tun, die er sich vor anderthalb Jahren bei dem Streik vor dem Grunwick-Labor zugezogen hat, was aber den Leuten beim *NME* anscheinend zu spekulativ war, jedenfalls haben sie die entscheidenden Stellen gekürzt, auch wenn es immer noch ein guter Artikel ist, Doug hat die Dinge wirklich auf den Punkt gebracht, selbst jemandem wie mir, der unsere Polizei immer im besten Licht zu sehen versucht, leuchtet unmittelbar ein, daß in Southall einiges aus dem Ruder gelaufen sein muß, sie hatten die Special Patrol Group eingesetzt, dieselbe Eingreiftruppe, die auch gegen die Streikenden bei Grunwick vorgegangen war, das wären die Schlimmsten, meinte Doug, eine hemmungslos brutale Schlägerbande, die Unruhen gingen los, nachdem die National Front eine Wahlversammlung im Rathaus abhalten wollte, mitten im Herzen von Southall, was allein schon eine Provokation darstellte, da dort eine große asiatische Gemeinde lebt, und es waren Tausende von Demonstranten gekommen, um gegen die Versammlung zu protestieren, die meisten davon friedlich, auch wenn bei solchen Aufmärschen immer ein paar Krawallmacher dabei sind, es kam zu ein paar vereinzelten Zusammenstößen, worauf die Transporter der SPG anrückten und Doug und Marianne zu der Entscheidung kamen, sich aus dem Staub zu machen, solange sie das noch konnten, und sich einer Reihe anderer Demonstranten anschlossen, die ebenfalls zurück zur U-Bahn wollten, doch gab es zu diesem Zeitpunkt nur noch eine Straße, die nicht abgeriegelt worden war, sie drängten sich durch die Menschenmassen an der Hauptstraße und liefen weiter, bis sie plötzlich Schreie hinter sich hörten, und als sie sich umdrehten, sahen sie, wie am anderen Ende der Straße Dutzende und Aberdutzende von Polizisten aus ihren Transportern sprangen, allesamt mit Schutzschilden und Schlagstöcken bewaffnet, und wahllos auf die Menge eindroschen, flüchtende Menschen rannten in Panik die Straße hinunter, direkt auf Doug und Marianne zu, manche hetzten durch Vorgärten oder versuchten, in die Nebengassen zu entkommen, aber die Polizisten waren meist schneller, Marianne sagte, ein Mann hätte nicht weit von ihr auf dem Boden gelegen, ein Weißer, der sich verzweifelt mit den Händen zu schützen versuchte, während vier Polizisten systematisch auf ihn einknüppelten, und als schließlich eine Frau angelaufen kam, Ende Zwanzig oder Anfang Dreißig mochte sie gewesen sein, und die Polizisten anschrie, daß sie damit aufhören sollten, schlug ihr einer der Beamten mit seinem Knüppel direkt ins Gesicht, sie stürzte zu Boden, und sie liefen zu ihr, schleppten sie in den nächsten Vorgarten, wo Marianne das Blut mit einem Taschentuch zu stillen versuchte, all das steht in Dougs Artikel, jedes einzelne Detail, es ist die beste Reportage, die je über Southall geschrieben worden ist, wenn es so etwas wie Gerechtigkeit gibt, wird ihn das berühmt machen oder ihm zumindest neue Aufträge vom *NME* einbringen, er ist einfach begabt, unglaublich begabt, wenn einer von uns Karriere macht, dann er, und auch von Marianne war ich ziemlich beeindruckt, es war verdammt mutig von ihr, dieser Frau in all dem Chaos beizustehen, sie blieben bei ihr, bis ein Krankenwagen eintraf, und besuchten sie dann am nächsten Tag im Krankenhaus, es ging ihr schon wieder besser, sie hatte wenigstens überlebt, im Gegensatz zu jenem Mann namens Blair Peach, einem Neuseeländer, gerade 33 Jahre alt, der am nächsten Morgen seinen Kopfverletzungen erlag, Doug ist davon überzeugt, daß der dafür verantwortliche Polizist nie im Leben zur Rechenschaft gezogen wird, zwar ist eine Untersuchungskommission einberufen worden, aber die stecken ja doch alle unter einer Decke, der Staat wird nicht gegen die eigenen Leute vorgehen, und Marianne lächelt leise, als er das sagt, ich glaube, sie ist ganz auf seiner Seite, auch wenn sie nicht alles so bierernst wie er nimmt, wozu Doug am Sonntag meinte, auch darin läge eben ein Klassenunterschied, die Reichen würden alles mögliche belächeln, weil sie eben nie um etwas kämpfen müßten und ihnen deshalb auch nichts wirklich wichtig sei, die sogenannte Elite könne gar nicht begreifen, daß es bei manchen Dingen um Leben und Tod geht, und ich verstehe auch, was er meint, was ihn allerdings nicht davon abhält, sich mit einer höheren Tochter abzugeben, man merkt schon an ihrem distinguierten Tonfall, wo sie herkommt, ihr Vater lebt offenbar auf einem Landgut in Hertfordshire und besitzt in Schottland noch ein zweites, irgendwie geben die beiden ein seltsames Pärchen ab, auch wenn sie anscheinend echt glücklich miteinander sind, wobei mir plötzlich einfällt, daß Doug schon immer einen Narren an ausgefallenen Frauen gefressen hatte, da war doch auch diese Frau, die er damals kennengelernt hat, als er das erste Mal in London war, er hat doch immer damit herumgeprotzt, was in der Nacht alles gelaufen wäre, man hätte meinen mögen, niemand hätte je zuvor mit einer Frau geschlafen, aus seinem Mund klang das wie *Emmanuelle* und *Der letzte Tango in Paris* zusammen, na ja, vielleicht war es ja wirklich so, außerdem war ich sowieso nie neidisch auf Doug, und jetzt erst recht nicht, selbst ihm ist nicht entgangen, was mit Cicely und mir passiert ist, was wir füreinander empfinden, er meinte, man könne fast hören, wie es zwischen uns knistert, man würde es einfach spüren, und zwischendurch nahm er mich kurz beiseite und fragte, was in aller Welt in Wales passiert war, worauf ich sagte, daß ich es auch nicht wüßte, es war einfach plötzlich passiert, wie aus heiterem Himmel, möglich, daß es etwas mit dem Zauber von Plas Cadlan zu tun hatte, aber vielleicht bestand das eigentliche Geheimnis darin, daß wir uns nach all der Zeit an einem Ort wiederbegegnet waren, der nichts mit der Schule und all dem damit verbundenen Unsinn zu tun hatte, vielleicht waren uns erst dort die Augen aufgegangen, daß wir füreinander bestimmt waren, und ich erzählte ihm, wie unglaublich, wie überwältigend es war, so unfaßbar glücklich zu sein, daß mir jedesmal fast schwindelig wird, wenn ich sie sehe, daß ich kaum noch einschlafen kann und pausenlos Schmetterlinge im Bauch habe, jetzt, wo sie endlich zurück ist aus Amerika, will ich jeden Moment mit ihr bis zur Neige auskosten, das ganze, pralle Leben, jetzt oder nie, heute und für immer, jeder noch so kleine Augenblick hat Gewicht, und wenn er den Leuten, die mich jetzt vielleicht beobachten, noch so profan vorkommen mag, dieser junge Bursche im Anzug da drüben, der gerade sein Guinness an die Lippen führt, täuscht euch mal nicht, das hier ist einer der ganz großen Momente meines Lebens, und deshalb schwelge ich in ihm, so lange, bis er irgendwann platzt, schon heute morgen, als wir uns liebten, war es so, als hätten wir die Zeit viel zu lange ungenutzt verstreichen lassen, dann war es soweit, endlich, nach all der Zeit war ich endlich in ihr, endlich angekommen im Paradies, und als ich sie ansah, meinte ich fast so etwas wie Angst in ihren Augen zu erkennen, Leidenschaft, in die sich eine leise Angst mischte, aber wovor, doch dann wußte ich es plötzlich, weil ich es selbst fühlte, es war der Gedanke, daß alles ganz anders hätte kommen können, daß wir uns um ein Haar für immer verloren, vielleicht niemals zueinander gefunden hätten, wenn ich mich nicht an jenem stürmischen Tag nach Plas Cadlan durchgeschlagen hätte, und dieser Gedanke, der Gedanke, daß all das zwischen uns vielleicht nie geschehen wäre, war kaum zu ertragen, wir müssen beide im selben Moment daran gedacht haben, jäh griff sie in mein Haar und zog mich heftig an sich, wir klammerten uns aneinander fest, als wollten wir uns nie wieder loslassen, wir küßten uns so wild und unbändig, daß es weh tat, und dann ging ein Beben durch Cicelys ganzen Körper, während ein leises Seufzen aus ihrer Kehle drang, erst dachte ich, sie würde weinen, es hätte mich nicht überrascht, ich hatte auch einen Kloß im Hals, aber sie weinte nicht, sie stöhnte laut auf, als sie sich auf mir zu bewegen begann, langsam zuerst, hoch aufgerichtet thronte sie über mir, jetzt bewegt sie sich schneller, immer schneller und schneller, sie preßt die Lippen aufeinander, und ich kann ihre Adern sehen, die Adern, die an ihren Handgelenken hervortreten, während sie meine Arme umklammert, ihre Fingernägel vergraben sich in meinem Fleisch, wir sind ganz nah davor, ganz nah, doch da ist noch eine Sache, die mich nicht losläßt, ein Gedanke, mit dem ich den Moment noch länger hinauszögern kann, etwas, das ich die ganze Zeit zu verdrängen versuche, weil ich mich so mies deswegen fühle, aber ich kann das einfach nicht länger, ich muß endlich mein Gewissen erleichtern, es hat mit Steve und meinem Job zu tun, nachdem ich gerade mal zwei Monate bei der Bank war, rief mich der Filialleiter zu sich ins Büro, um mir zu sagen, daß ich in die Zentrale in der Temple Row versetzt würde, ja, das ginge jetzt alles sozusagen im Schnelldurchlauf, sie bräuchten dort jemanden in der Kreditabteilung, ich konnte es erst kaum glauben, es wurde mir langsam unheimlich, mit welchem Tempo ich die Leiter erklomm, gerade mal drei Tage lang hatte ich die Post öffnen müssen, dann stand ich bereits hinter dem Schalter, um Kunden zu betreuen, meine Kollegen waren völlig von der Rolle und anscheinend sogar ein bißchen sauer, obwohl es insgesamt ein echt nettes Team war, aber offenbar hatte das alles Methode, so wie ich es sehe, picken sie sich vielversprechende junge Universitätskandidaten heraus, um sie für das Bankenwesen zu begeistern, so daß diese nach der Uni direkt bei ihnen einsteigen, ehrlich gesagt, habe ich das nicht vor, wie auch immer, die nächste Stufe bestand jedenfalls darin, daß ich mich als Sachbearbeiter für Kredite in der Zentrale nützlich machen sollte, zwei Tage später ging es bereits los, und so arbeite ich nun nicht mehr in der Filiale am Smallbrook Queensway, sondern in der Temple Row, offen gesagt, ist mir das nur recht, für mich war das schon immer die schönste Gegend von Birmingham, von meinem Bürofenster aus sehe ich direkt auf die St.-Philip's-Kathedrale, hinter der sich das Grand Hotel in der Colmore Row erhebt, zum Lunch kann man sich auf den Platz in die Sonne setzen, ich mag einfach den Anblick all der altehrwürdigen Banken und Versicherungsgebäude, tja, ich frage mich, was Doug wohl dazu sagen würde, ich sehe ihn geradezu vor mir, wie er mir eine seiner Standpauken hält, ich hätte mich ans Establishment verkauft, aber was soll's, was kümmert mich das, all die alten Bauwerke sind wirklich imponierend (allen voran natürlich die Kathedrale, von Philip weiß ich, daß sie von einem Mann namens Thomas Archer entworfen, im Jahr 1715 fertiggestellt wurde und das erste Bauwerk im italianistischen Stil hier in der Stadt war, es ist übrigens die kleinste Kathedrale in ganz England, was für ein großartiger Anblick das damals im 18. Jahrhundert gewesen sein muß, der Dom, der sich majestätisch über der Colmore Row erhob, die in jenen Tagen noch New Hall Lane hieß, und als reiche Fabrikanten und Händler nahe der Kirche ihre Häuser errichteten, nahm schließlich das Gestalt an, was man heute als Temple Row kennt, nur daß die Straße damals noch den Namen Tory Row trug – tja, Doug, das dürfte doch wohl ein gefundenes Fressen für dich sein –, und nur ein paar Jahre später wurde auf der anderen Seite des Platzes die Blue Coat Charity School errichtet, eine Schule für Kinder weniger betuchter Eltern, ja, und auch dieses Gebäude ist beeindruckend anzusehen, es bleibt das Denkmal seiner aufgeklärten Erbauer, unsere Stadt kann sich glücklich schätzen, wenn man an all die Honoratioren denkt, deren liberales Denken und Unternehmertum unser Gemeinwesen über die Jahrhunderte geprägt haben, etwa die Familie Cadbury, die um die Jahrhundertwende eine ganze Siedlung für ihre Arbeiter bauen ließ, Bournville heißt sie, sie sorgten sogar dafür, daß jeder ein kleines Stück Land bekam, so daß die Leute Obstbäume pflanzen und ihre Freizeit im Garten verbringen konnten, statt in den Pub zu gehen, die Cadburys waren nämlich strikte Abstinenzler, und selbst heute, 70 Jahre später, gibt es in Bournville immer noch keine Pubs, wie ich von Philip weiß, aber ich versuche ja nur, dem auszuweichen, was mir wirklich auf der Seele liegt, es wird Zeit, die Geschichte unserer Stadt wieder ad acta zu legen und Farbe zu bekennen), also, nachdem man mich etwa eine Woche lang in meine Aufgaben eingewiesen hatte, nahm ich meinen Platz in der Kreditabteilung ein, statt Kunden am Schalter zu betreuen, arbeite ich jetzt mit meinen neuen Kollegen Martin und Gil in einem hellen Bürozimmer, was mich daran erinnert, daß ich Martin gesagt habe, ich wäre um zwei wieder zurück, eigentlich muß ich bald los, aber Sam holt gerade Nachschub an der Bar, nun ja, ein kurzer Drink geht schon noch, jedenfalls kriegen wir jeden Tag Dutzende von Anträgen, meist von kleineren Betrieben, die uns ihre Bilanzen vorlegen und um die Bewilligung eines Kredits bitten, Summen, die sich zwischen 1000 und 50 000 Pfund bewegen und gewöhnlich einer Erweiterung der jeweiligen Firma dienen sollen, und es ist doch wohl einfach lachhaft, daß ich hier Entscheidungen über die Darlehen treffe, nur weil ich einen Studienplatz in Oxford habe, Mathe war nun wirklich nie meine Stärke, von Wirtschaft habe ich sowieso keinen Schimmer, und trotzdem sitze ich hier und soll über Wohl und Wehe befinden, ich allein kann Hoffnungen und Träume wie Seifenblasen platzen lassen, und obwohl ich möglichst gerecht zu sein versuche, verlangt die Bank von mir, knallharte Maßstäbe anzulegen, es gibt keine Darlehen ohne Sicherheiten, normalerweise werden zwei von drei Anträgen abgelehnt, und letzte Woche reichte mir Gil einen Antrag aus der Filiale in Handsworth herüber, er meinte, ich solle das prüfen, es ging um eine Fish-&-Chips-Bude, deren Betreiber sie zu einem kleinen Restaurant ausbauen wollte, es drehte sich gerade mal um ein paar läppische tausend Pfund, aber das Ganze rechnete sich einfach nicht, abgesehen davon, daß der Laden sowieso nicht besonders zu laufen schien und das Konto des Besitzers seit Monaten in den roten Zahlen war, ich entschied also kurzerhand gegen einen Kredit, schnell und schmerzlos, Antrag abgelehnt, bevor ich am letzten Samstag erfuhr, daß Steve in eben jenem Laden arbeitet, hätte ich den Kredit bewilligt, wäre er zu einer Gehaltserhöhung gekommen, bestimmt nicht viel, klar, aber ein bißchen Auftrieb hätte es ihm doch gegeben, tja, und das war's, ich hab's geschafft, ihm noch einen Knüppel mehr zwischen die Beine zu werfen, ohne es auch nur zu ahnen, oh, Scheiße, Scheiße, Scheiße, ich bin einfach echt das Allerletzte, wie Cicely garantiert gesagt hätte, aber sie sagt das gar nicht mehr, sie akzeptiert sich endlich so, wie sie ist, und das geht allein auf meine Kappe, das nehme ich voll und ganz für mich in Anspruch, tja, und so habe ich tatsächlich etwas bewirkt, eine echt reife Leistung für jemanden in meinem Alter, ich habe einen anderen Menschen glücklich gemacht, im Grunde war es ein Klacks, ich mußte bloß meinem Instinkt folgen, mich von meiner Sehnsucht lenken lassen, seht nur, wo mich das hingeführt hat, ins Zimmer meines kleinen Bruders, in sein Bett, wo Cicely und ich uns heute morgen geliebt haben, und da wären wir wieder, meine schöne, nackte Cicely hält mich ganz fest, die geschmeidigen, zarten Muskeln zwischen ihren Beinen schließen sich ganz und gar um mich, auf und ab, auf und ab, und unsere Lippen verschmelzen immer weiter miteinander, bis, ja, es ist wirklich geschehen, heute morgen, Cicely und ich haben das Paradies gesucht und es schließlich gefunden, und nicht zuletzt entdeckten wir, daß es ein Ort des Lachens war, kein Ort der Tränen, die gibt es dort nicht, einen atemlosen, endlos langen Moment schwiegen wir, waren wir ganz still, bevor wir uns nebeneinander auf das Bett fallen ließen und in die Arme nahmen, und dann fingen wir beide an zu lachen, wir lachten, als könnten wir nie mehr damit aufhören, all das Bangen war vorbei, all das Warten, das lange Sehnen, auf einmal war alles zum Lachen, einfach nur zum Lachen, wie zum Beispiel, daß wir unser erstes Mal im Bett meines kleinen Bruders erlebt hatten und daß es ausgerechnet am Wahltag passiert war, ja, weil heute nämlich Wahltag ist, das Schicksal unseres Landes steht auf Messers Schneide, und auch das ist zum Lachen, ja, ab jetzt werde ich mir nie mehr über irgend etwas Sorgen machen, ich habe das ganze Leben viel zu ernst genommen, wir sind alle viel zu lange traurig gewesen, ab jetzt wird immer alles gut ausgehen, für mich und Cicely und Lois und alle anderen auch, alles ist nur ein Witz, alles ist bloß ein großer, wundervoller Witz, ganz wie in dem Song, den ich seit so vielen Jahren nicht mehr aus dem Kopf kriege.

Mirthless merriment, sickly sentiments
So commonplace, it would bore you to tears,
Give me non-stop laughter, dispel disaster
Or The Rotters' Club might well lop off your ears

Kein Wunder eigentlich, daß uns die Leute im Bus in die Stadt wie die Riesenrösser anglotzten, wir mußten einfach über alles lachen, wir konnten uns schon nicht mehr halten, wenn wir nur aus dem Fenster sahen, und als wir das Grapevine betraten und als erstes Sam Chase sahen, mußte ich schon wieder lachen, aus lauter Freude, Philips Vater endlich einmal wieder zu treffen, ich wußte, daß es ihm wieder richtig gutging, seit die Affäre zwischen seiner Frau und der alten Zuckerpflaume vorbei war, Philip hat mir erzählt, daß er der Sache einen Riegel vorgeschoben hat, und da saß er direkt vis-à-vis von uns, in einen Roman vertieft, *Ulysses*, um genau zu sein, wer hätte das gedacht, er schien sich sehr zu freuen und lud uns auf einen Drink ein, und als Cicely kurz zum Telefonieren ging, sagte er, Das ist das schönste Mädchen, das ich je gesehen habe, worauf ich sagte, Ja, ich weiß, und dann mußte ich schon wieder lachen, und als Cicely nach Hause gegangen war, um nach Helens Brief zu sehen, sagte er, Benjamin, ich weiß ja nicht, was in den Sternen steht, und bereits da mußte ich schon wieder lachen, schließlich weiß jeder, daß Sam immer dann, wenn er das sagt, garantiert irgendwelche Prognosen in petto hat, jedenfalls sagte er, Benjamin, ich weiß ja nicht, was in den Sternen steht, aber heute ist ein besonderer Tag, und auf zwei Dinge geb ich dir Brief und Siegel, worauf ich sagte, Und die wären?, und er zurückgab, Erstens, und dabei hielt er einen Finger hoch, Erstens, daß ihr beide, Cicely und du, immer glücklich miteinander sein werdet, und natürlich mußte ich da schon wieder lachen, weil ich genau wußte, wie recht er hatte, und dann hielt er den nächsten Finger hoch und sagte, Und zweitens, und dabei zeigte er auf eine Zeitung, die jemand auf dem Nebentisch liegengelassen hatte, es war die *Sun*, mit einem Riesenbild von Mrs. Thatcher auf der Titelseite, Und zweitens, sagte er, daß diese Frau in hundert Jahren nicht Premierministerin wird, und dann röhrten wir beide gleichzeitig los, stießen miteinander an, und er sagte, Komm, Junge, ich geb noch einen aus, und in dem Moment dachte ich, daß Gott nicht nur existiert, sondern auch ein begnadeter Clown sein muß, sonst wäre bestimmt nicht alles so urkomisch, von Sams verrückten Voraussagen bis hin zu diesem dunklen Kreis, den mein Glas auf diesem grünen Bierdeckel hinterlassen hat.

An jenem blauschwarzen, sternklaren Abend im Jahr 2003 drehte sich das Restaurant ganz oben im Berliner Fernsehturm unablässig weiter. Sophie, die einzige Tochter von Lois und Christopher, und Patrick, der einzige Sohn von Philip und Claire, blickten durch das Panoramafenster auf den Volkspark Friedrichshain, der mehr als dreihundert Meter unter ihnen lag.

Eine ganze Weile sagte keiner von beiden ein Wort. Sie nippten an ihrem Riesling, sahen aus dem Fenster und dachten an Benjamin.

Schließlich sagte Sophie:

– Wie die den Park verschandeln. Selbst den Brunnen kann man nicht mehr sehen vor lauter Baugerüsten.

– So sieht's doch in der ganzen Stadt aus. Eine einzige große Baustelle. Genauso wie in London.

– Ich weiß. Warum ist die Welt nur so rastlos geworden?

Dann sah sich Sophie nach den anderen Gästen um. Zwei Männer saßen allein an ihren Tischen. Der eine setzte seine Brille auf, um die Speisekarte in Augenschein zu nehmen, der andere streute Zucker in seinen Kaffee. Das, was sie taten, schien banal; doch wer wußte schon, was für Wirbelstürme von Ideen, Erinnerungen und Träumen in diesem Augenblick durch ihre Köpfe tobten? Sie betrachtete ihre traurigen, geistesabwesenden Gesichter und mußte wieder an ihren Onkel Benjamin denken, an die überschwenglichen Gefühle, die er damals, vor so vielen Jahren, empfunden hatte, und an all das, was seitdem geschehen war.

Patrick bemerkte den melancholischen Schatten in ihrem Blick.

– Komm schon, Sophie, schau nicht so bedrückt. Das war doch eine wunderbare Geschichte. Alles, was das Herz begehrt: Freundschaften, Humor, Abenteuer, Liebe. Es ist ja weiß Gott nicht nur Schlechtes passiert.
– Ja. Ja, ich weiß. Aber das ist es nicht. Es ist bloß alles so lange her. Sie waren so jung. Und Benjamin und meine Mutter haben so viel durchgemacht.
– Aber jetzt ist doch alles wieder in Ordnung. Es könnte ihr kaum bessergehen. So wie uns selbst ja auch.
– Ja, stimmt. Da hast du wohl recht.
– Außerdem hatte die Geschichte sogar ein Happy-End.
– Aber richtig zu Ende ist sie trotzdem nicht.
– Das sind Geschichten doch sowieso nie, oder? Jedenfalls nicht wirklich. Man sucht sich nur einen Moment aus, an dem man mit dem Erzählen aufhört. Einen von vielen. Und du hast genau im richtigen aufgehört!

Sophie nickte langsam.

– Ja. Wie glücklich Onkel Benjamin gewesen sein muß! So viel Glück erfahren und daran festhalten können, und sei es nur für diesen Moment.
– Und wir konnten es mit ihm teilen, sagte Patrick.

Sophie dachte, daß er recht hatte. Nachdem es ihr gelungen war, die Aufmerksamkeit des Kellners auf sich zu lenken, wandte sie sich wieder Patrick zu, ein breites Lächeln auf den Lippen, in dem Hoffnung und Vorahnung mitschwangen. Dann sagte sie:

– Tja, das war's. Jetzt bist du an der Reihe.

Nachbemerkung des Autors

Eine Fortsetzung zu *Erste Riten*, die die Ereignisse in den späten neunziger Jahren schildern wird, ist in Vorbereitung.

Danksagung

Die folgenden Bücher haben sich beim Schreiben dieses Romans als informativ, hilfreich oder inspirierend erwiesen:

Chris Upton, *A History of Birmingham* (Phillimore, 1993), Chris Mullin, *Error of Judgment: The Truth about the Birmingham Pub Bombings* (Poolbeg Press, 1997), Peter L. Edmead, *The Divisive Decade: A History of Carribbean Immigration to Birmingham in the 1950s* (Birmingham Library Services, 1999), Martin Walker, *The National Front* (Fontana, 1977), Mike Cronin (ed.), *The Failure of British Fascism: The Far Right and the Fight for Political Recognition* (Macmillan, 1996), John Tyndall, *The Eleventh Hour: A Call for British Rebirth* (Albion Press, 1988), David Widgery, *Beating Time* (Chatto and Windus, 1986), Julie Burchill, *I Knew I Was Right* (Heinemann, 1998), Michael Edwardes, *Back from the Brink: An Apocalyptic Experience* (Collins, 1983), Jonathan Wood, *Wheels of Misfortune: The Rise and Fall of the British Motor Industry* (Sidgwick and Jackson, 1988), Bernie Passingham/Danny Connor, *Ford Shop Stewards on Industrial Democracy* (Institute for Workers' Control, 1977), Jack Dromey/Graham Taylor, *Grunwick: The Workers' Story* (Lawrence and Wishart, 1978), Michael Dummett, *The Death of Blair Peach: The Supplementary Report of the Unofficial Committee of Enquiry* (National Council for Civil Liberties, 1980), David Petrow, *The Bitter Years: The Invasion and Occupation of Denmark and Norway, April 1940 – May 1945* (Hodder and Stoughton, 1975).

Das erste Kapitel von »Die Kleine und der Freak« enthält Zitate echter Kontaktanzeigen aus *Sounds* (1973). Das dritte Kapitel von »Der Schlund der Verdammnis« enthält Zitate aus den Zeitschriften *Woman* (1976) und *Take a Break* (1996). Kapitel 18 enthält Zitate aus *101 Ways to Improve Your Word Power* von Hugh Enfield (The Dickens Press, 1967), *Word Power from the Reader's Digest* (Reader's Digest, 1967), *25 Magic Steps to Word Power* von Dr. Wilfred Funk (Fawcett Publications, 1959) und *Word Power: Talk your Way to Life Leadership* von Vernon Howard (Prentice-Hall, 1958).

Hatfield and the North, *The Rotters' Club*, 1975 erschienen, ist erhältlich auf Virgin Records (CDV2030). Der dritte Teil dieses Romans, »Green Coaster«, wurde vom gleichnamigen Song der High Llamas inspiriert, zu hören auf ihrem Album *Snowbug* (V2 Records, VVR1008972).

Dank für ihre Hilfe, Ratschläge und Ermutigungen geht außerdem an: Philippe Auclair, Daniel Coe, Janet und Roger Coe, Laura Cumming, Paul Daintry, Helena Dela, Charles Drazin, Artemis Gause-Stamboulopoulou, Simon Gidney, Tanja Graf, Andrew Hodgkiss, Tony Lacey, Barèt Magarian, Janine McKeown, Ivor Meredith, Tony Peake, Nicholas Pearson, Guy Perry, Ralph Pite, Pip Pyle, Nicholas Royle, Dave Stewart, Richard Temple und seine Kollegen am Modern Records Centre der Warwick University, Tony Trott, Adama Ulrich, Francis Wheen und Conrad Williams.

Mein besonderer Dank gilt Carlo Feltrinelli und seiner Familie für ihre großzügige Gastfreundschaft in Gargagno, Provinz Brescia, wo ein großer Teil dieses Buches geschrieben wurde.

PIPER

Rick Moody

Bis ich nicht mehr wütend bin

Stories. Aus dem Amerikanischen von Nikolaus Stingl.
332 Seiten. Geb.

Musik und die Erinnerung an gemeinsame Augenblicke sind es, die Rick Moodys Erzähler den Tod seiner Lieblingsschwester ertragen lassen. Und genau wie Moody selbst sucht er nach einer Sprache der Liebe, nach einer Sprache, die Trauer und Wut, Anteilnahme und Zuversicht zugleich in sich tragen kann. Moodys Stories über die amerikanische Familie, über Freundschaft, Mißerfolg und Schmerz lassen sich auf das Wagnis ein, das Unerklärliche menschlicher Regungen zu beschreiben. In ihrer virtuosen Mischung aus Entsetzen und Heiterkeit kommen sie dem Geheimnis unserer Existenz einen Schritt näher.

PIPER ORIGINAL

Polly Samson

Stell dir vor

Roman. Aus dem Englischen von Ulrike Wasel und Klaus Timmermann. 272 Seiten. Klappenbroschur

Nie wird Lizzie den Moment vergessen als ihr Vater, ein begnadeter Maler, sie aus heiterem Himmel verließ. Sie war noch sehr klein damals, Anfang der sechziger Jahre, und lag gerade mit ihrer Mutter in der Badewanne. Zu dritt hatten sie den ganzen Tag draußen gespielt, es muß April gewesen sein, denn überall blühten die Glockenblumen – und abends stand Jack plötzlich in der Tür: »Das hab ich nicht verdient«, sagte er und ging. Für immer.
Fast zwanzig Jahre später flüchtet auch Lizzie. Sie kann ihre Familie nicht mehr ertragen, den neuen »Daddy«, ihre Stiefschwestern, das Leben in der Provinz. In London findet Lizzie einen Job, Freunde, und läßt sich auf eine selbstzerstörerische Affäre mit einem älteren Mann ein. Doch sie muß Jack aufspüren, um die Liebe zu bekommen, die er ihr so lange verweigert hat, um endlich verstehen und verzeihen zu können.

Tony Parsons

One for my Baby

Roman. 362 Seiten. Geb. Aus dem Englischen von Christiane Buchner und Carina von Enzenberg.

Lange saß Alfie Budd auf der feuchten Parkbank und drehte den Hochzeitsring an seinem Finger. Nie mehr würde er Rose küssen, nie mehr neben ihr aufwachen oder ihr beim Schlafen zusehen. Alfie hatte die perfekte Frau gefunden, mit der er den Rest seines Lebens verbringen wollte. Aber er hatte sie wieder verloren – und eine zweite Chance würde es nicht geben, das wußte Alfie nur allzugut. Als dann auch noch sein Vater Opfer eines unaussprechlichen Skandals wird, droht seine altmodische Vorstellung von einer glücklichen Familie ein für allemal zu zerbrechen. Warum, fragt er sich, sollte er ausgerechnet jetzt seine Abende damit verbringen, dieser unmöglichen, wasserstoffblonden Jackie zu ihrem Schulabschluß zu verhelfen? Jackie, der alleinerziehenden Mutter. Doch vielleicht hält gerade sie den Schlüssel zu all seinen Problemen in der Hand ...